大学语文

主编　田维舟

编委（以姓氏笔画为序）

刘媛媛　姜晓红

贾　柯　郭小春

审稿　王晓东

华南理工大学出版社
SOUTH CHINA UNIVERSITY OF TECHNOLOGY PRESS
·广州·

图书在版编目（CIP）数据

大学语文/田维舟主编. —广州：华南理工大学出版社，2018.8
ISBN 978－7－5623－5701－8

Ⅰ.①大… Ⅱ.①田… Ⅲ.①大学语文课－高等学校－教材
Ⅳ.①H19

中国版本图书馆 CIP 数据核字（2018）第 164227 号

DAXUE YUWEN
大学语文
田维舟 主编

出 版 人： 卢家明
出版发行： 华南理工大学出版社
（广州五山华南理工大学 17 号楼，邮编 510640）
http://www.scutpress.com.cn　　E－mail：scutc13@scut.edu.cn
营销部电话：020－87113487　87111048（传真）
责任编辑： 黄丽谊
印 刷 者： 广州市新怡印务有限公司
开　　本： 787mm×1092mm　1/16　**印张：** 20　**字数：** 422 千
版　　次： 2018 年 8 月第 1 版　2018 年 8 月第 1 次印刷
定　　价： 58.00 元

·前　言·

21 世纪新时代背景下，为满足中国高等教育对人文素养培育的需要，进一步弘扬中华传统文化精粹和增强民族文化自信，并与时俱进地提高体育院校教学质量，广州体育学院体育传媒学院组织编写了《大学语文》教材。

这是一部独具匠心的人文教科书。之所以说它独具匠心，不仅在于它凝聚了学院同仁三十余年的心血与智慧，而且充分体现了我校作为全国体育强校在人才培养方面的积极探索与不断进步。它有别于国内其他院校的林林总总的语文教材，可谓广州体育学院真正贯彻“德厚学博，文精武杰”的人才培养目标，立足于因材施教，旨在践行全面育人理念的一部特色教材。

作为高校人文素养教育的重要课程，大学语文是传承中华文化传统的重要阵地，它承载了我们激发学生对母语的热爱、对民族的自信、对中华文化认同的期待，也启发学生将中国文化与世界文化相比照、互鉴和促进。可以说，在传承和发扬古今中外文明的过程中，大学语文扮演着日益重要的角色。

从时代发展的需求来看，大学语文对于提升学生的沟通交流、写作表达与理性思维能力将发挥无可替代的作用。众所周知，语言，尤其是富有感染力的语言对学生人文素养的培养尤为重要。语文也是构建自我意识和个性特点以及真善美的源泉，是社会交际的内在动力。

语文作为人文学科，它能带来丰富的精神资源和不可战胜的精神动力，这也是语文相较于其他学科的独特魅力。而这一点，对于今日体育院校人才培养无疑是应该特别重视的。因为那些优秀的、经典的文学作品，不仅可以激励读者挑战自我、激发潜力，也能充分激发团队的活力与凝聚力，从而不断创造奇迹。我们有理由相信：学生从中外经典文学中获得的精神滋养与智慧启迪完全有望转化为一种战无不胜的体育精神与意志力量。

教材与课堂只是一扇很小的窗口，然而透过这扇窗口，我们可以去探索内在世界与外在世界的互感，去感受诗内功夫与诗外功夫的融合。因此，《大学语文》摒弃了以往过多功利性的参与，而力求从更长远的、精神层面的、全民族的，乃至全人类文明的角度去审视和思考。它力图给予广大学子的是取之不尽用之不竭的一种人文熏陶与精神启迪。如此，我们的文化必将生生不息，我们的精神也会永葆青春。

本书主编田维舟，审稿王晓东，参与编写的人员还有（以姓氏笔画为序）：刘媛媛、姜晓红、贾柯、郭小春。作为一门传统课程，时下源于编者不同的理念与目标，《大学语文》教材的编写可谓林林总总。而本次编写实属一种大胆尝试。基于此，我们也希望能够引起一些争鸣，以便我们更好、更全面地编写出更加符合时代需求和今日学生实际的教材。

编　者

2018年7月

目录

古代文学

现代文学

外国文选

古代文学

Gudai Wenxue

·《诗经》二首·

将仲子

将仲子兮[①]，无逾我里[②]，无折我树杞[③]。岂敢爱之[④]？畏我父母。仲可怀也，父母之言，亦可畏也。

将仲子兮，无逾我墙，无折我树桑。岂敢爱之？畏我诸兄。仲可怀也，诸兄之言，亦可畏也。

将仲子兮，无逾我园，无折我树檀[⑤]。岂敢爱之？畏人之多言。仲可怀也，人之多言，亦可畏也。

朱熹《集注·诗集传·郑风》(上海古籍出版社，1958)

【注释】

①将（qiāng）：愿，请。仲子：对兄弟中排行为第二者的尊称。

②逾（yú）：翻越。里：闾，即里巷大门。

③杞（qǐ）：木名，杞柳。树杞：倒文，即杞树。

④爱：吝惜。这里指舍不得。

⑤檀：木名。

君子于役

君子于役[①]，不知其期[②]，曷其至哉[③]？鸡栖于埘[④]，日之夕矣，羊牛下来。君子于役，如之何勿思！

君子于役，不日不月[⑤]，曷其有佸[⑥]？鸡栖于桀[⑦]，日之夕矣，羊牛下括[⑧]。君子于役，苟无饥渴[⑨]！

朱熹《集注·诗集传·王风》(上海古籍出版社，1958)

【注释】

①君子：旧时妻子对丈夫的称呼。于役：指因兵役、劳役或公务奔走在外。役（yì）：差

役、劳役。

②期：指归期或定期。

③曷（hé）：通“何”，何时。至：回家。

④埘（shí）：鸡窝。

⑤不日不月：无日无月，言时间之长久。

⑥佸（huó）：会面。

⑦桀（jié）：小木桩，鸡栖息的木架。

⑧下括：意即下来。括：通“佸”，会聚。

⑨苟：大概，也许。

阅读提示

《诗经》是我国第一部诗歌总集，收入西周初年至春秋中叶约500年间的诗歌，共305篇，故称“诗三百”，西汉时被尊为儒家经典，始称《诗经》。《诗经》按内容可分为风、雅、颂三部分，其中“风”包括周南、召南、邶、鄘、卫、王、郑、齐、魏、唐、秦、陈、郐、曹、豳等十五国风，共160篇，是《诗经》的精华所在。“雅”分“大雅”“小雅”，共105篇。“颂”是宗庙祭祀的乐歌，分“周颂”“鲁颂”“商颂”，共40篇。

《诗经》内容涉及广泛，较为深入地展示了周代社会的历史风貌。其句式以四言为主，表现手法有赋、比、兴，与风、雅、颂合称“六义”。今天流行的《诗经》版本，是由汉人毛亨、毛苌整理而成，故又称《毛诗》。

《将仲子》是《诗经·郑风》中一首爱情诗。朱熹贬斥说“郑风淫”，而实际上郑风中的爱情诗是《诗经》最为璀璨的篇章之一。《将仲子》采用第一人称的手法，惟妙惟肖地描摹了热恋中女子对情郎逾墙而至的复杂心理。

《君子于役》选自《诗经·王风》。战争是《诗经》的另一个重要题材，这首诗不从正面描写战争，而是借思妇之口，委婉表达了征人怀乡、厌倦战争的主题。

思考与练习

1.《将仲子》采用第一人称手法，对于展示女主人公心态有什么作用？

2.《君子于役》借思妇之口表达了怎样的主题？这样表达有什么好处？

·国　殇[1]·

屈　原

操吴戈兮被犀甲[2]，车错毂兮短兵接[3]。
旌蔽日兮敌若云[4]，矢交坠兮士争先[5]。
凌余阵兮躐余行[6]，左骖殪兮右刃伤[7]。
霾两轮兮絷四马[8]，援玉枹兮击鸣鼓[9]。
天时怼兮威灵怒，严杀尽兮弃原壄[10]。
出不入兮往不反[11]，平原忽兮路超远[12]。
带长剑兮挟秦弓[13]，首虽离兮心不惩[14]。
诚既勇兮又以武，终刚强兮不可凌。
身既死兮神以灵，魂魄毅兮为鬼雄！

朱熹《楚辞集注·九歌·国殇》（上海古籍出版社，1979）

【注释】

①国殇（shāng）：指为国而死的人。殇：无主的鬼魂称之为殇。

②操：拿着。吴戈：战国吴地所制戈，以精良锋利而著名。被：通“披”。犀甲：犀牛皮制的铠甲。

③车错毂兮短兵接：指战事激烈，双方战车交错，士兵短兵相接。错：交错。毂（gǔ）：这里指车轮。短兵：刀剑之类短兵器。

④旌（jīng）：古代用牦牛尾或兼五彩羽毛装饰竿头的旗子。

⑤矢：箭。

⑥凌：欺凌、侵犯。躐（liè）：践踏。行（háng）：行列。

⑦左骖（cān）：古代战车用四匹马拉，中间的两匹为服，服马的左边为骖。殪（yì）：死亡。右：指服马之右的騑。刃伤：为兵刃所伤。

⑧霾（mái）：遮掩、掩埋。絷（zhí）：拴住马足。

⑨援：拿着。枹（fú）：鼓槌。

⑩“天时”二句意为值天之怨恨，所以众人被杀，无人掩埋。怼（duì）：怨恨。严杀：鏖战痛杀。弃原壄（yě）：指骸骨被抛弃在战场无人收敛。壄：同“野”。

⑪出不入兮往不反：指战士抱着义无反顾地必死决心上战场。

⑫平原忽兮路超远：意为弃身原野，魂魄想回归故乡，但离家已经很远了。忽：恍惚，不明的样子。

⑬挟：夹持，携带。秦弓：战国秦地所造的弓，因射程较远而闻名。

⑭首虽离：头与身体分离，指战死。惩：怨恨。

阅读提示

屈原（约前340—约前278），名平，字原，战国末期楚国丹阳（今湖北秭归）人。曾任左徒、三闾大夫等职，虽忠事楚怀王，但却屡遭排挤，怀王死后又因顷襄王听信谗言而被流放，遂自投汨罗江而死。屈原是中国最伟大的浪漫主义诗人之一，代表作品有《离骚》《九歌》《九章》《天问》等，想象奇特，辞采华丽。他开创了“楚辞”这种文体，“书楚语，作楚声，纪楚地，名楚物”，后世模仿者甚众。西汉末年，刘向将屈原、宋玉的作品以及汉代淮南小山、东方朔、王褒、刘向等人的承袭模仿之作辑录成集，定名为《楚辞》。“楚辞”遂又成为诗歌总集的名称。《离骚》乃《楚辞》代表作，故楚辞又称为“骚”或“骚体”。

《国殇》选自屈原《九歌》。“昔楚国南郢之邑，沅、湘之间，其俗信鬼而好祠。其祠，必作歌乐鼓舞以乐诸神。屈原放逐，窜伏其域，怀忧苦毒，愁思沸郁。出见俗人祭祀之礼，歌舞之乐，其词鄙陋，因作《九歌》之曲，上陈事神之敬，下见己之冤结，托之以风谏。”（王逸《楚辞章句》）《九歌》共11篇：《东皇太一》《云中君》《湘君》《湘夫人》《大司命》《少司命》《东君》《河伯》《山鬼》《国殇》《礼魂》。《国殇》是战死疆场将士的祭歌。

思考与练习

1. 请找出诗歌中描写战争的诗句。

2. 请结合学过的屈原的其他作品，谈谈《国殇》中展现了作者怎样的思想感情？

·《古诗十九首》二首·

行行重行行

行行重行行[①]，与君生别离[②]。
相去万余里，各在天一涯[③]。
道路阻且长，会面安可知？
胡马依北风，越鸟巢南枝[④]。

相去日已远，衣带日已缓[5]。
浮云蔽白日，游子不顾返。
思君令人老，岁月忽已晚。
弃捐勿复道，努力加餐饭[6]。

萧统《文选》卷二十九（中华书局，1977）

【注释】

①重行行：行了又行，走个不停。

②生别离：活着而分离。

③天一涯：天一方。

④“胡马”二句：意为鸟兽尚眷恋故土，何况于人。胡马依北风：北方的马来到南方仍依恋北风。胡马：泛指北方的马。越鸟巢南枝：南方的鸟北飞后筑巢于南向的树枝。越鸟：泛指南方的鸟。

⑤缓：宽松。

⑥“弃捐”二句：乃思妇自慰之辞，意为不要再提思念之辞，还是努力吃饭保重身体。捐：弃。

涉江采芙蓉

涉江采芙蓉[1]，兰泽多芳草[2]。
采之欲遗谁[3]？所思在远道。
还顾望旧乡，长路漫浩浩[4]。
同心而离居[5]，忧伤以终老。

萧统《文选》卷二十九（中华书局，1977）

【注释】

①芙蓉：荷花的别名。

②兰泽：生长兰草的低湿之地。

③遗（wèi）：赠送。

④长路漫浩浩：言路途之遥远无际。漫：广大。浩浩：广大无际的样子。

⑤同心而离居：夫妻心同而身隔。

阅读提示

《古诗十九首》，汉代组诗名，南朝梁昭明太子萧统将其选编入《文选》（又称《昭明文选》），题为《古诗十九首》。《文选》注称："并云古诗，盖不知作者"，一般认为十九首诗歌非一时一人之作，大致产生于东汉后期，是早期文人五言诗的重要作品，对后代诗歌发展产生了极为重要的影响。明王世贞称《古诗十九首》为"千古五言之祖"。诗歌多表现了游子思妇的离情别绪，以及士人的彷徨失意，所谓"逐臣弃友、思妇劳人、托境抒情、比物连类、亲疏厚薄、死生新故之感，质言之、寓言之、一唱而三叹之"（王康《古诗十九首绎后序》）。

本文所选二首，表达了汉末文人游子思乡、思妇怀人的深切情感。

思考与练习

1.《行行重行行》中"努力加餐饭"的自勉语表达了主人公什么样的情感？

2. 两首诗歌均借用女子之口表达怀人之情，为什么要采用这种表达方式？对于展示主题有什么作用？

苦寒行[①]

曹操

北上太行山[②]，艰哉何巍巍！
羊肠坂诘屈[③]，车轮为之摧。
树木何萧瑟！北风声正悲。
熊罴对我蹲[④]，虎豹夹路啼。
溪谷少人民，雪落何霏霏！
延颈长叹息[⑤]，远行多所怀。
我心何怫郁[⑥]？思欲一东归。
水深桥梁绝，中路正徘徊。
迷惑失故路，薄暮无宿栖。
行行日已远，人马同时饥。
担囊行取薪，斧冰持作糜[⑦]。
悲彼东山诗[⑧]，悠悠使我哀。

郭茂倩《乐府诗集·相和歌辞》（中华书局，1979）

【注释】

①此诗乃汉乐府《相和歌·清调曲》旧题，曹操借旧题写时事，反映严寒时节太行山行军之艰辛。

②太行山：在山西高原与河北平原间，从东北向西南延伸，西缓东陡。

③羊肠坂：古坂道名，萦曲如羊肠，故称。诘屈：曲折。

④罴（pí）：熊的一种，俗称人熊或马熊。熊、罴：皆为猛兽。

⑤延颈：伸长脖子。

⑥怫郁：忧郁，心情不舒畅。

⑦斧冰：凿冰。糜：粥。

⑧东山：指《诗经·豳风·东山》，该诗以周公东征为历史背景，抒写征人还家的感受，后以东山代表征战。

阅读提示

曹操（155—220），字孟德，沛国谯（今安徽亳州）人。20岁举孝廉，后以大破黄巾军而迁济南相。董卓乱国，曹操起兵讨之，并于建安元年（196）迎汉献帝于许昌；其后统一北方，后成为北方的实际统治者。曹丕称帝后，追尊他为魏武帝。曹操诗歌深受乐府诗歌影响，往往借乐府旧题反映汉末动乱中百姓的苦难，抒发自己的雄心壮志。他的诗歌不尚词藻，感情深挚，展示了苍凉悲壮的风格特点，对建安诗人产生了积极影响。

《三国志·魏书·武帝纪》载，袁绍外甥高干，先降曹操，后又叛变。建安十一年（206）正月，曹操从邺城（今河北临漳县西南）西征据守壶关（在今山西长治市东南）的高干，围城三月后攻克。《苦寒行》约作于西征途中。

思考与练习

1. 请找出诗中描写行军之苦的诗句。

2. 诗歌展现了征人怎样的情感？

3. 诗中展示了曹操诗歌怎样的风格特点？

【附录】

嵩里行

曹 操

关东有义士，兴兵讨群凶。
初期会盟津，乃心在咸阳。
军合力不齐，踌躇而雁行。
势利使人争，嗣还自相戕。
淮南帝称号，刻玺于北方。
铠甲生虮虱，万姓以死亡。
白骨露于野，千里无鸡鸣。
生民百遗一，念之断人肠。

野田黄雀行

曹 植

高树多悲风[①]，海水扬其波[②]。
利剑不在掌，结友何须多？
不见篱间雀，见鹞自投罗[③]。
罗家得雀喜，少年见雀悲。
拔剑捎罗网[④]，黄雀得飞飞。
飞飞摩苍天[⑤]，来下谢少年。

郭茂倩《乐府诗集·相和歌辞》（中华书局，1979）

【注释】

①悲风：凄厉的寒风。

②扬：向上播散。

③鹞（yào）：猛禽名，似鹰而较小，善捕小鸟。

④捎：除去。

⑤摩：接近。

阅读提示

曹植（192—232），字子建，沛国谯（今安徽亳州）人。曹操第三子，曹丕同母弟，封陈王，谥号“思”，故又称陈思王。曹植自幼颖慧，十岁余便诵读诗、文、辞赋数十万言，出言为论，落笔成文，曹操颇为宠爱，一度欲立他为世子。及曹丕、曹叡相继为帝，曹植受到压制猜忌，郁郁而终。曹植的诗文“骨气奇高，词采华茂，情兼雅怨，体被文质”（钟嵘《诗品》），与曹操、曹丕合称“三曹”，是建安文学的代表作家。南朝谢灵运赞其文学成就：“天下才有一石，曹子建独占八斗。”曹植诗歌在吸取乐府民歌的基础上加以提高，极大地推动了五言诗的发展。

建安二十五年（220），曹丕继位，凡与曹植亲近者皆受迫害，曹植身处动辄得咎的逆境，故以诗寄意。《野田黄雀行》塑造了一位“拔剑捎罗网”的少年侠士，借以表达心曲。

思考与练习

1. 诗歌塑造了怎样的黄雀和少年形象？

2. 诗歌展示了作者什么样的心理状态？

和郭主簿① （其一）

陶渊明

蔼蔼堂前林，中夏贮清阴②。
凯风因时来③，回飙开我襟④。
息交游闲业⑤，卧起弄书琴。
园蔬有余滋，旧谷犹储今⑥。
营己良有极⑦，过足非所钦⑧。
舂秫作美酒⑨，酒熟吾自斟。
弱子戏我侧，学语未成音。

此事真复乐，聊用忘华簪⑩。
遥遥望白云，怀古一何深。

逯钦立《陶渊明集》（中华书局，1979）

【注释】

①郭主簿：姓名事迹不详。主簿：州县主管文书的属官。

②“蔼蔼”二句：意为树林茂密，虽在盛夏而清凉。蔼蔼：茂盛的样子。中夏：盛夏。贮：储藏。

③凯风：南风。因时：按照季节。

④回飙：旋风。

⑤息交：罢交往。闲业：指下句所谓琴棋书画等非儒家之正业。

⑥“园蔬”二句：无论园中之菜蔬还是仓廪之稻谷皆食之有余，表明作者对眼前生活的安乐。滋：生长。

⑦营己：谋划自己的生活。良：诚然。极：极限。

⑧过足：超过需要。钦：羡慕。

⑨舂（chōng）：把东西放在石臼或乳钵里捣掉皮壳或捣碎。秫（shú）：黏高粱，多用以酿酒。

⑩华簪（zān）：代指富贵的生活。簪：古人用来绾定发髻或冠的长针。

阅读提示

陶渊明（约365—427），字元亮，一说名潜，字渊明，世称“靖节先生”，浔阳柴桑（今江西九江西南）人。出身于没落士族，先后任江州祭酒、镇军参军、建威参军、彭泽令等职。因不满官场污浊，不甘“为五斗米折腰”，便辞官归隐田园，当时年仅41岁。后征为著作郎，不就。今存诗120余首，文十余篇。有《陶渊明集》。

陶渊明善写田园诗，是古代田园诗派的开创者。他开创了“质而实绮，癯而实腴”“外枯而中膏，似淡而实醇”（苏轼语）的独特风格；开创了妙赏在胸、元气自出、随手天成、不假人工的创作方式；更重要的是他开创了一种醇和的人生境界：亦耕亦读，充实自足，与物无违，与自然融为一体。陶渊明诗多取材田园风光与日常生活，运用朴素的语言和白描的手法，直率地抒写而出，这就使人感到自然、亲切，情感真挚，没有任何人工雕琢的痕迹，引导读者去体味其中悠然冲淡的情致，走进诗人所营造的意境中去。

《和郭主簿》是他辞官归家两年后所作。诗歌描写了夏日乡居的悠闲生活，平淡冲和，意境浑成，具有浓郁的生活气息。该诗共两首，本文所选为第一首。

思考与练习

1. 此诗展示了陶渊明什么样的人生追求？

2. 诗歌体现了陶渊明诗歌的什么特色？

·西洲曲·

忆梅下西洲①，折梅寄江北②。
单衫杏子红，双鬓鸦雏色③。
西洲在何处？两桨桥头渡。
日暮伯劳飞④，风吹乌臼树⑤。
树下即门前，门中露翠钿⑥。
开门郎不至，出门采红莲。
采莲南塘秋，莲花过人头。
低头弄莲子⑦，莲子清如水。
置莲怀袖中，莲心彻底红⑧。
忆郎郎不至，仰首望飞鸿。
鸿飞满西洲，望郎上青楼⑨。
楼高望不见，尽日栏杆头。
栏杆十二曲，垂手明如玉。
卷帘天自高，海水摇空绿。
海水梦悠悠，君愁我亦愁。
南风知我意，吹梦到西洲。

郭茂倩《乐府诗集·杂曲歌辞》（中华书局，1979）

【注释】

①下：往。西洲：地名，应是篇中女子所住之地。

②江北：应当是篇中男子所居之处。

③鸦雏色：形容女子的黑发。鸦雏：幼小的乌鸦。

④伯劳：鸟名，吃昆虫和小鸟，善鸣。后借指离别的亲人或朋友。

⑤乌臼树：落叶树，如胡麻子，多脂肪，可制肥皂及蜡烛等。

⑥翠钿（diàn）：用翠玉镶嵌的首饰。

⑦莲子：谐音“怜子”，意即“爱你”。

⑧莲心：和“怜心”双关，相爱之心。彻底红：红得通透底里。

⑨青楼：青漆涂饰的楼房，六朝以前用以指女子居处。

阅读提示

《西洲曲》，郭茂倩《乐府诗集》收入“杂曲辞类”中，是南朝乐府民歌的代表作品。诗歌通过季节变化的描写，抒写了一位女子对所爱之人的思念，充满着浓厚的生活气息和鲜明的感情色彩。

思考与练习

1. 请找出诗中描写女子心意的句子。
2. 诗篇展示了南朝民歌什么样的艺术风格？

企喻歌（二首）

其一

男儿欲作健，结伴不须多。鹞子经天飞[①]，群雀两向波[②]。

其四

男儿可怜虫，出门怀死忧。尸丧狭谷中，白骨无人收。

郭茂倩《乐府诗集·横吹曲辞》（中华书局，1979）

【注释】

①鹞（yào）子：鹞的俗称。猛禽名，善捕小鸟。

②群雀两向波：指群雀向两边分飞以避开，如水波之分散。

阅读提示

《企喻歌》是北方民歌，郭茂倩《乐府诗集》收入“梁鼓角横吹曲”中。横吹曲本为军乐，马上演奏。梁鼓角横吹曲保存了许多北方民歌，著名的有《企喻歌》《琅琊王歌》《钜鹿公主歌》等。《企喻歌》共四首，本文所选为第一、第四首。

思考与练习

试与《西洲曲》比较，本诗展示了北方民歌与南方民歌哪些不同的风貌？

在狱咏蝉（并序）

骆宾王

余禁所禁垣西①，是法厅事也，有古槐数株焉。虽生意可知，同殷仲文之古树②；而听讼斯在，即周召伯之甘棠③，每至夕照低阴，秋蝉疏引，发声幽息，有切尝闻，岂人心异于曩时④，将虫响悲于前听？嗟乎，声以动容，德以象贤。故洁其身也，禀君子达人之高行；蜕其皮也，有仙都羽化之灵姿。候时而来，顺阴阳之数；应节为变，审藏用之机。有目斯开，不以道昏而昧其视；有翼自薄，不以俗厚而易其真。吟乔树之微风，韵姿天纵；饮高秋之坠露，清畏人知。仆失路艰虞，遭时徽纆⑤。不哀伤而自怨，未摇落而先衰。闻蟪蛄之流声⑥，悟平反之已奏；见螳螂之抱影，怯危机之未安。感而缀诗，贻诸知己。庶情沿物应，哀弱羽之飘零；道寄人知，悯余声之寂寞。非谓文墨，取代幽忧云尔。

西陆蝉声唱⑦，南冠客思侵⑧。
那堪玄鬓影，来对白头吟⑨。
露重飞难进，风多响易沉。
无人信高洁，谁为表予心。

《全唐诗》卷七十八（上海古籍出版社，1986）

【注释】

①垣（yuán）：墙。

②殷仲文之古树：用东晋殷仲文事，殷见大司马桓温府中老槐树，叹曰“此树婆娑，无复生意”，借此自叹不得志。

③周召伯之甘棠：用召公故事，传说周朝召公巡行，听民间之讼而不烦劳百姓，就在甘棠树下断案，后人因相戒不要损伤这树。

④曩时：往时，以前。

⑤徽纆（huīmò）：绳索，古时常特指拘系罪人者。

⑥蟪蛄：蝉的一种。

⑦西陆：指秋天。

⑧南冠：楚冠，楚国的帽子，这里是囚徒之意，用钟仪事。《左传·成公九年》载：楚国人钟仪带着南冠被囚于晋国，后被放归。

⑨“那堪”二句：自己正当盛年，却来默诵《白头吟》那样哀怨的诗句。玄鬓：指蝉的黑色翅膀，这里比喻自己正当盛年。白头吟：乐府曲名，《乐府诗集》解题说是鲍照、张正见、虞世南诸作，皆自伤清直却遭诬谤。

阅读提示

骆宾王（约619—约687），字务光，婺州义乌（今浙江义乌）人，与王勃、杨炯、卢照邻合称“初唐四杰”。曾任武功、明堂、长安主簿。后被诬下狱，年余方获释，出狱后贬临海县丞，怏怏失志。武则天当政，徐敬业起兵讨伐，其军中书檄，皆出自骆宾王之手，其中著名的《讨武氏檄》，名震朝野。徐敬业兵败，骆宾王也“不知所之”。骆宾王少有才名，名作《帝京篇》，当时以为绝唱。其诗“精工俪密，极用事之妙”（胡应麟）。

《在狱咏蝉》是骆宾王身陷囹圄之作。唐高宗仪凤三年（678），骆宾王被诬下狱，狱中作此诗，以表明心志。

思考与练习

1. 作者借物咏志，“蝉”表现了什么样的人格意象？

2. 请结合序文及诗歌，谈谈诗歌表达了作者怎样的志气、情怀？

·春江花月夜·

张若虚

春江潮水连海平，海上明月共潮生。
滟滟随波千万里[1]，何处春江无月明。
江流宛转绕芳甸[2]，月照花林皆似霰[3]。
空里流霜不觉飞，汀上白沙看不见[4]。
江天一色无纤尘，皎皎空中孤月轮。
江畔何人初见月？江月何年初照人？
人生代代无穷已，江月年年只相似。
不知江月待何人，但见长江送流水。
白云一片去悠悠，青枫浦上不胜愁[5]。
谁家今夜扁舟子[6]？何处相思明月楼？
可怜楼上月裴回[7]，应照离人妆镜台。
玉户帘中卷不去，捣衣砧上拂还来[8]。
此时相望不相闻，愿逐月华流照君。
鸿雁长飞光不度[9]，鱼龙潜跃水成文[10]。
昨夜闲潭梦落花，可怜春半不还家。
江水流春去欲尽，江潭落月复西斜。
斜月沉沉藏海雾，碣石潇湘无限路[11]。
不知乘月几人归，落月摇情满江树。

《全唐诗》卷一百一十七（上海古籍出版社，1986）

【注释】

①滟滟（yànyàn）：波光闪动的样子。

②芳甸（diàn）：遍生花草的原野。甸：古时京城郊外称为甸。

③霰（xiàn）：雪珠粒。

④汀（tīng）：水边平地，小洲。

⑤青枫浦：又名双枫浦，在今湖南浏阳境内。

⑥扁（piān）舟：小舟。

⑦裴（péi）回：同“裴回”，即彷徨，徘徊不进的样子。

⑧捣衣砧（zhēn）：捣衣石。

⑨鸿雁：书信。《汉书·苏武传》载：苏武出使匈奴被流放北海牧羊。后汉使托言汉朝天子猎得一只大雁，雁脚上系着帛书，上书苏武在北方沼泽之中，匈奴单于只有让苏武返汉。后用鸿雁比喻书信和传递书信的人。

⑩鱼龙：指鱼书，即书信。文：波纹。

⑪碣石：山名，在河北昌黎县北。潇湘：湘江与潇水的并称，二水在湖南零陵河流。此句以北方之碣石、南方之潇湘极言思妇与离人相隔遥远。

阅读提示

张若虚（约647—约730），扬州（今属江苏扬州）人，曾任兖州兵曹，与贺知章、张旭、包融并称“吴中四士”。张若虚作品多散佚，《全唐诗》仅存两首。

《春江花月夜》是乐府旧题，相传曲创于陈后主，乃宫廷唱和之作。其后隋炀帝杨广也创作了同题作品。虽为旧题，但张若虚此作却赋予了作品不同凡响的艺术魅力，为历代文人词客传诵，此诗也被赞为“以孤篇盖全唐”。诗歌以春江花月夜为描写对象，在思妇怀人的主题中展示了耐人寻味的人生哲理。

思考与练习

1. 请找出诗中描写春、江、花、月、夜景物的句子。
2. 试析诗歌展示的人生哲理。

【附录】

春江花月夜

隋·杨广

暮江平不动，
春花满正开。
流波将月去，
潮水带星来。

•少年行（二首）•

王　维

其　一

新丰美酒斗十千[①]，
咸阳游侠多少年[②]。
相逢意气为君饮[③]，
系马高楼垂柳边[④]。

【注释】

①新丰：古县名，汉高祖七年置，治所在今陕西省临潼西北。斗（dǒu）：量词。十千：一万钱，极言其多。

②咸阳：秦朝都城，故址在今陕西咸阳市东北，此处借指长安。游侠：轻生重义、勇救急难的侠客。

③意气：志趣。

④系（xì）马：拴马。

其　二

出身仕汉羽林郎[①]，
初随骠骑战渔阳[②]。
孰知不向边庭苦[③]，
纵死犹闻侠骨香。

《全唐诗》卷一百二十八（上海古籍出版社，1986）

【注释】

①出身：出仕、做官。羽林郎：禁军官名，汉置，掌宿卫、侍从。

②骠骑：古代将军的名号，即骠骑将军。渔阳：地名，战国燕置渔阳郡，秦汉治所在渔阳（今 北京密云县西南），唐玄宗天宝元年改蓟州为渔阳郡，治所在渔阳（今天津蓟县）。

③孰知：深刻了解。

阅读提示

王维（701—762），字摩诘，祖籍太原祁（今山西祁县），开元九年（721）擢进士第，历右拾遗、监察御史、左补阙等职。安史之乱时，王维陷于长安，虽然服药装哑，但仍被授以伪职。乱平后，责授太子中允，后官至尚书右丞，世称“王右丞”。

王维少有才名，工诗，又长于书画，精通音律，因而他的诗歌能够融书画音乐于其中，苏轼赞之：“味摩诘之诗，诗中有画；观摩诘之画，画中有诗。”王维曾长期隐居辋川别墅，半隐半仕，创作的大量诗歌以描写自然风光和隐居生活称盛，以自然无痕之景，展示高远之境。

《少年行》是王维的七绝组诗，共四首。本文选取了其中的第一、第二首。

思考与练习

请举例说明诗歌塑造了什么样的少年游侠形象。这一形象展示了诗人怎样的人生抱负？

·洛中访袁拾遗不遇①·

孟浩然

洛阳访才子②，
江岭作流人③。
闻说梅花早④，
何如北地春。

《全唐诗》卷一百六十（上海古籍出版社，1986）

【注释】

①洛中：指洛阳。拾遗：古代官职名。

②才子：指袁拾遗。

③江岭：江南岭外之地。岭：这里指大庾岭，唐代时期的罪人常被流放到岭外。流人：被

流放的人，这里指袁拾遗。

④梅花早：梅花早开。

阅读提示

孟浩然（689—740），字浩然，名字同，襄州襄阳（今湖北襄阳）人，世称“孟襄阳”。早年隐居鹿门山，40岁游京师，举进士不第，后返家，曾短暂入张九龄幕府，布衣终身。其诗作长于山水田园和隐逸、行旅等题材，不事雕琢，富于浓厚的生活气息。与王维并称“王孟”。

《洛中访袁拾遗不遇》借好友被流放，抒写心中忿忿不平之气。

思考与练习

1. 以本诗歌为例，说说孟浩然诗歌的特色。
2. 谈谈对比应用在表现诗歌主题的中作用。

·燕歌行·

高　适

开元二十六年，客有从御史大夫张公出塞而还者，作《燕歌行》以示适，感征戍之事，因而和焉。

汉家烟尘在东北①，汉将辞家破残贼。
男儿本自重横行②，天子非常赐颜色。
摐金伐鼓下榆关③，旌旆逶迤碣石间④。
校尉羽书飞瀚海⑤，单于猎火照狼山⑥。
山川萧条极边土，胡骑凭陵杂风雨⑦。
战士军前半死生，美人帐下犹歌舞！
大漠穷秋塞草腓⑧，孤城落日斗兵稀。
身当恩遇恒轻敌，力尽关山未解围。
铁衣远戍辛勤久，玉箸应啼别离后⑨。
少妇城南欲断肠，征人蓟北空回首⑩。

边庭飘飖那可度，绝域苍茫更何有！
杀气三时作阵云，寒声一夜传刁斗[11]。
相看白刃血纷纷，死节从来岂顾勋[12]？
君不见沙场征战苦，至今犹忆李将军[13]！

《全唐诗》卷二百一十三（上海古籍出版社，1986）

【注释】

①汉家：汉朝，唐人常借汉说唐事。烟尘：指战争。

②横行：任意驰走，无所阻挡。

③摐（chuāng）：撞击。金：军中作信号用的乐器——钲。伐：敲击。榆关：山海关。

④旌旆（jīngpèi）：旗帜。逶迤（wēiyí）：蜿蜒曲折。碣石：山名，在河北昌黎县北。

⑤校尉：军职名，此处泛称武官。羽书：羽檄，古代军事文书，插鸟羽以示紧急。瀚海：沙漠，此处指蒙古高原沙漠一带。

⑥单于（chányú）：汉朝匈奴君主的称号，也泛指北方少数民族首领。猎火：古代游牧民族出兵打仗的战火。狼山：狼居胥山，古山名，汉元狩四年（前119）霍去病出代郡塞击匈奴，封狼居胥山。

⑦凭陵：侵犯。

⑧腓（féi）：枯萎。

⑨玉箸（zhù）：眼泪。

⑩蓟（jì）北：蓟州在今天津市以北，蓟北泛指蓟州以北的边地。

⑪刁斗：古代军中铜制炊具，容量一斗，白天用作炊具，晚上击以巡更。

⑫死节从来岂顾勋：从来为国死难的人都不是为了个人的功勋。死节：为国捐躯。

⑬李将军：指汉代名将李广。

阅读提示

高适（约703—约765），字达夫，渤海蓨（今河北沧县）人。历任淮南节度使 、西川节度使，官至散骑常侍，封渤海县侯。高适的诗歌直抒胸臆，不尚雕饰，大多写边塞生活和个人感悟，以边塞诗最为出色。与岑参并称“高岑”。

本诗为乐府旧题。序云“感征戍之事”，展示了慷慨激昂的战事和边塞生活。

思考与练习

1. 诗歌如何描写边塞战士的战斗和生活？

2. 诗歌展示了高适边塞诗的哪些特点?

·逢入京使[①]·

岑　参

故园东望路漫漫[②],
双袖龙钟泪不干[③]。
马上相逢无纸笔,
凭君传语报平安[④]。

《全唐诗》卷二百〇一(上海古籍出版社,1986)

【注释】

①入京使:回京的使者。

②故园:指长安。漫漫:广大无际的样子,极言路途遥远。

③龙钟:沾湿的样子,言流泪。

④凭:依靠。传语:捎口信。

阅读提示

岑参(715—769),荆州江陵(今湖北江陵)人。天宝三年(744)中进士,授兵曹参军。后历任大理评事、虢州长史等职,官至嘉州刺史,故世称岑嘉州。

岑参曾两赴边塞,天宝八年(749)入安西四镇节度使高仙芝幕府,天宝十三年(754)又入安西北庭节度使封常清幕。边塞生活使得岑参的诗歌境界开阔,他的边塞诗描写了边塞奇异的风光,歌颂了将士们勇往无畏的战斗精神,拓展了边塞诗的题材和境界。与高适并称"高岑"。

《逢入京使》以马逢回京使者、托带平安口信的日常之景,借以表达边塞将士思乡之情。

思考与练习

1. 作者是如何借助一个细小的场面表达内心复杂的情感?

2. 边塞将士思乡之情与报国之志在诗中如何得以展示?

李白诗二首

登金陵凤凰台①

凤凰台上凤凰游，凤去台空江自流。
吴宫花草埋幽径②，晋代衣冠成古丘③。
三山半落青天外④，一水中分白鹭洲⑤。
总为浮云能蔽日⑥，长安不见使人愁。

《李太白全集》（中华书局，1977）

【注释】

①金陵：即今南京。凤凰台：故址在今南京市凤凰山。《江南通志》载：“（南朝）宋元嘉十六年（439），有三鸟翔集山间，文彩五色，状如孔雀，音声谐和，众鸟群附，时人谓之凤凰。起台于山，谓之凤凰台，山曰凤台山，里曰凤凰里。”

②吴宫：三国时孙权建造的宫殿。

③晋代：东晋建都南京，故指此。衣冠：古代士以上戴冠，故以衣冠代称缙绅、士大夫。丘：坟墓。

④三山：山名，在南京市西南，三峰并列、南北相连，故得名。半落：形容三山有一半被云遮住。

⑤一水：又做二水。白鹭洲：在南京西长江中，把长江分割成两道，所以说“一水中分白鹭洲”。

⑥浮云能蔽日：比喻奸臣遮拦贤臣。

侠客行①

赵客缦胡缨②，吴钩霜雪明③。
银鞍照白马，飒沓如流星④。
十步杀一人，千里不留行⑤。
事了拂衣去，深藏身与名。

闲过信陵饮[⑥]，脱剑膝前横。
将炙啖朱亥，持觞劝侯嬴[⑦]。
三杯吐然诺，五岳倒为轻[⑧]。
眼花耳热后，意气素霓生[⑨]。
救赵挥金锤，邯郸先震惊[⑩]。
千秋二壮士，烜赫大梁城。
纵死侠骨香，不惭世上英。
谁能书阁下，白首太玄经[⑪]。

《李太白全集》（中华书局，1977）

【注释】

①行：古代乐府诗的一种体裁，音节、格律一般比较自由，采用五言、七言、杂言，形式也多变化。

②赵客：战国时燕赵尚武多豪侠之士，后以“赵客”泛指侠士。缦胡缨（yīng）：少数民族没有文饰的帽带。缦：没有花纹的布帛。胡：古代称北方少数民族为胡。缨：系帽子的带子。

③吴钩：相传吴人善铸钩，故称，也泛指利剑。钩：兵器，形似剑而曲。霜雪明：指宝刀锋刃像霜雪一样明亮。

④飒沓（sàtà）：疾速的样子。

⑤“十步”二句：语出《庄子·说剑》，“臣之剑十步一人，千里不留行”，意指侠客剑术高明，可十步与人搏击而杀之，然后千里逃遁，不见踪迹。

⑥信陵：信陵君，战国四公子之一。魏公子无忌，魏昭王少子、安釐王异母弟，安釐王继位封为信陵君，为人礼贤下士，门下食客号称三千。

⑦朱亥、侯嬴均为信陵君门客。朱亥本为屠夫，侯嬴原为魏国都城大梁的门官，两人都受到信陵君的礼遇，为其所用。炙：烤肉。啖：吃。觞（shāng）：古代酒器。

⑧“三杯”二句：侠客重然诺，既作出了承诺，就看得比五岳还重。然诺：允诺，答应。五岳：北岳恒山、西岳华山、中岳嵩山、东岳泰山、南岳衡山，是五大名山的总称。

⑨素霓（sùní）：白虹。

⑩“救赵”二句：用朱亥锤杀晋鄙的故事。《史记·魏公子列传》载：秦军兵围邯郸，赵国向魏求救。魏王派晋鄙率军救赵，却令其按兵不动。信陵君窃兵符矫旨代晋鄙，晋鄙生疑，朱亥掏出重达四十斤的铁锥杀掉晋鄙，信陵君于是得以率魏军解了邯郸之围。

⑪“谁能”二句用反问，意指与其如扬雄辈在书阁之中白首穷经，不如学侠客行侠仗义，

“事了拂衣去，深藏身与名”。太玄经：汉代扬雄所作。

阅读提示

李白（701—762），字太白，号青莲居士。祖籍陇西郡成纪（今甘肃平凉静宁县南）。先世隋末以罪徙西域，后移居四川。李白二十余岁“仗剑去国，辞亲远游”，游历了国各地。天宝初，唐玄宗征召李白入朝，为供奉翰林，但不久即被放还。安史之乱时，李白应邀进入永王李璘幕府，永王兵败，李白被长流夜郎。后遇赦得还，依族叔当涂县令李阳冰，不久即病卒。

李白生活在盛唐时期，其诗歌是盛唐气象的典型代表。李白生性豪迈，不以功名显露，却高自期许。他的诗歌，豪迈飘逸，具有典型的浪漫主义艺术特征，想象丰富奇特，语言清新自然，意境奇妙，被称为“诗仙”。李白诗歌对后世影响深远，广获赞誉。贺知章呼之为“谪仙人”，杜甫赞其“白也诗无敌，飘然思不群；清新庾开府，俊逸鲍参军”，韩愈云“李杜文章在，光焰万丈长”。

《登金陵凤凰台》乃诗人登金陵凤凰台怀古抒情之作，是李白脍炙人口的一首律诗。《侠客行》是一首歌颂侠客的古体五言诗，借侠客之事抒写诗人对拯危济难、用世立功的向往。

思考与练习

1.《登金陵凤凰台》体现了李白诗歌的哪些特点？

2.《侠客行》体现了李白性格中的哪些特点？

·无家别·

杜　甫

寂寞天宝后[①]，园庐但蒿藜。我里百余家，世乱各东西。
存者无消息，死者为尘泥[②]。贱子因阵败[③]，归来寻旧蹊[④]。
久行见空巷，日瘦气惨凄[⑤]。但对狐与狸，竖毛怒我啼[⑥]。
四邻何所有，一二老寡妻。宿鸟恋本枝[⑦]，安辞且穷栖。
方春独荷锄，日暮还灌畦[⑧]。县吏知我至，召令习鼓鞞[⑨]。
虽从本州役[⑩]，内顾无所携[⑪]。近行止一身，远去终转迷[⑫]。
家乡既荡尽，远近理亦齐[⑬]。永痛长病母，五年委沟溪[⑭]。

生我不得力，终身两酸嘶[15]。人生无家别，何以为蒸黎[16]。

李谊《杜甫草堂诗注》（四川人民出版社，1982）

【注释】

①天宝后：指安史之乱以后。

②为尘泥：与尘土同腐。为：一本作“委”。

③贱子：士兵自称。阵败：指九节度兵邺城之败。

④旧蹊：旧路，因园庐已为蒿藜掩没，道路莫辨，故云“寻”。

⑤日瘦：日光黯淡。

⑥我啼：“啼我”的倒词，对我号叫。

⑦本枝：本生的树枝，比喻本土、家乡。《古诗十九首》：“胡马依北风，越鸟巢南枝。”

⑧灌畦：即浇菜。

⑨习鼓鞞（pí）：指再次被征。鼓：军中用的小战鼓。

⑩州役：在本州服役。

⑪内顾：回顾家里。携：携贰，变心。

⑫“近行”二句：言在近地服役，胜于远行之不知何往为好。

⑬“家乡”二句：既已无家可归，近行、远去亦无二致。齐：同。

⑭五年：此诗作于乾元二年，上距天宝十四载安禄山作乱，整整五年。

⑮终身两酸嘶：意为母子二人都饮恨终身。酸嘶：失声痛哭。嘶：失声。

⑯蒸黎：蒸民。

阅读提示

杜甫（712—770），字子美，生于河南巩县（今河南省巩义市），唐代伟大的现实主义诗人。他出身于“奉儒守官”之家，祖父杜审言是初唐著名诗人。因远祖杜预为京兆杜陵（今陕西省西安市长安区东北）人，所以杜甫常常自称“杜陵布衣”“杜陵野老”。

杜甫生活在唐王朝由盛转衰的时期，一生身经战乱，饱受苦难，忧国忧民。他的诗真实地反映了当时广阔的社会生活，充分反映了民生疾苦，充满了忧患意识，被后世誉为“诗史”。在艺术上，杜诗诸体兼擅，无体不工。杜甫晚年尤擅律诗，显示出极高的艺术才能和创造性，因而被尊称为“诗圣”。杜诗的风格多种多样，但最具有特征性、最基本的风格是沉郁顿挫。现存诗1450多首。

此诗托一邺城溃败回家又被征服役的士兵的自述，反映安史之乱以后的丧乱景象。战乱后，出征者已不存家属，故名“无家别”。

思考与练习

1. 结合本诗体会“层层转折”的写法。

2. 如果百姓不能成为百姓，那么君王呢？

长恨歌[1]

白居易

汉皇重色思倾国[2]，御宇多年求不得[3]。
杨家有女初长成[4]，养在深闺人未识[5]。
天生丽质难自弃，一朝选在君王侧。
回眸一笑百媚生，六宫粉黛无颜色[6]。
春寒赐浴华清池[7]，温泉水滑洗凝脂。
侍儿扶起娇无力，始是新承恩泽时。
云鬓花颜金步摇[8]，芙蓉帐暖度春宵[9]。
春宵苦短日高起，从此君王不早朝。
承欢侍宴无闲暇，春从春游夜专夜。
后宫佳丽三千人，三千宠爱在一身。
金屋妆成娇侍夜[10]，玉楼宴罢醉和春[11]。
姊妹弟兄皆列土[12]，可怜光彩生门户[13]。
遂令天下父母心，不重生男重生女。
骊宫高处入青云，仙乐风飘处处闻。
缓歌慢舞凝丝竹[14]，尽日君王看不足。
渔阳鼙鼓动地来[15]，惊破霓裳羽衣曲[16]。
九重城阙烟尘生，千乘万骑西南行[17]。
翠华摇摇行复止[18]，西出都门百余里[19]。
六军不发无奈何，宛转蛾眉马前死[20]。
花钿委地无人收，翠翘金雀玉搔头[21]。
君王掩面救不得，回看血泪相和流。
黄埃散漫风萧索[22]，云栈萦纡登剑阁[23]。

峨嵋山下少人行，旌旗无光日色薄。
蜀江水碧蜀山青，圣主朝朝暮暮情。
行宫见月伤心色[24]，夜雨闻铃肠断声[25]。
天旋地转回龙驭[26]，到此踌躇不能去。
马嵬坡下泥土中，不见玉颜空死处。
君臣相顾尽沾衣，东望都门信马归。
归来池苑皆依旧，太液芙蓉未央柳[27]。
芙蓉如面柳如眉，对此如何不泪垂。
春风桃李花开夜，秋雨梧桐叶落时。
西宫南内多秋草，落叶满阶红不扫[28]。
梨园弟子白发新[29]，椒房阿监青娥老[30]。
夕殿萤飞思悄然，孤灯挑尽未成眠。
迟迟钟鼓初长夜，耿耿星河欲曙天[31]。
鸳鸯瓦冷霜华重[32]，翡翠衾寒谁与共[33]。
悠悠生死别经年[34]，魂魄不曾来入梦[35]。
临邛道士鸿都客[36]，能以精诚致魂魄[37]。
为感君王辗转思，遂教方士殷勤觅。
排空驭气奔如电，升天入地求之遍。
上穷碧落下黄泉[38]，两处茫茫皆不见。
忽闻海上有仙山，山在虚无缥缈间。
楼阁玲珑五云起，其中绰约多仙子[39]。
中有一人字太真[40]，雪肤花貌参差是[41]。
金阙西厢叩玉扃[42]，转教小玉报双成[43]。
闻道汉家天子使，九华帐里梦魂惊[44]。
揽衣推枕起徘徊，珠箔银屏迤逦开[45]。
云髻半偏新睡觉，花冠不整下堂来。
风吹仙袂飘飘举，犹似霓裳羽衣舞。
玉容寂寞泪阑干[46]，梨花一枝春带雨。
含情凝睇谢君王，一别音容两渺茫。
昭阳殿里恩爱绝[47]，蓬莱宫中日月长[48]。
回头下望人寰处[49]，不见长安见尘雾。
唯将旧物表深情[50]，钿合金钗寄将去[51]。

钗留一股合一扇，钗擘黄金合分钿[52]。
但令心似金钿坚[53]，天上人间会相见。
临别殷勤重寄词，词中有誓两心知。
七月七日长生殿，夜半无人私语时[54]。
在天愿作比翼鸟，在地愿为连理枝。
天长地久有时尽，此恨绵绵无绝期[55]。

谢思炜《白居易诗集校注》（中华书局，2006）

【注释】

①唐宪宗元和元年（806）十二月，白居易初任盩厔（今陕西省周至县）县尉时，与友人陈鸿、王质夫同游仙游寺，谈起50年前的“天宝遗事”（唐玄宗与杨贵妃的旧事），很有感慨。当时王质夫提议以文学作品来记述这段故事，后来白居易写了这首长诗《长恨歌》，陈鸿写了传奇小说《长恨歌传》。

②汉皇：原指汉武帝刘彻，这里借指唐玄宗李隆基。唐人创作为避讳，常以汉代唐。倾国：可使全国人倾倒的美女。

③御宇：统治天下。

④杨家有女初长成：指杨玉环，本为蜀州司户杨玄琰之女，由叔父养大。17岁被册封为玄宗之子寿王李瑁妃。22岁，玄宗命她出宫为道士。27岁被玄宗册封为贵妃。

⑤养在深闺人未识：这是有意避开这段宫廷史实。

⑥六宫粉黛无颜色：在杨玉环的美貌对比下，六宫的女子黯然失色。六宫：古代皇帝立六宫，正寝在前，燕寝在后，皇后、妃子等人居住。粉黛：妇女化妆用品，这里代指宫中的后妃等。无颜色：黯然失色。

⑦华清池：即华清池温泉，在今陕西省临潼的骊山下，也称华清宫。唐玄宗每年春、冬季都到此度假游乐。

⑧云鬓：双鬓如云，指杨贵妃如云的美发。花颜：如花的容貌。金步摇：一种金首饰，上面缀有珠宝之类，随妇女走路时摇动。

⑨芙蓉帐：绣着莲花帐子。

⑩金屋：原典故“金屋藏娇”，出自《汉武故事》，这里指杨贵妃住处。

⑪醉和春：醉态中含着春情。

⑫姊妹弟兄皆列土：这里指杨玉环被册封为贵妃后，其父母姊妹兄长等都受到封赏。列土：古代帝王将某地分封给贵族高官叫“列土分茅”，后指封赏爵位官职。

⑬可怜：这里是可羡，令人羡慕的意思。

⑭丝竹：指弦乐器和管乐器。

⑮渔阳鼙鼓动地来：指天宝十四年（755）冬，安禄山在范阳起兵叛乱。渔阳：唐时郡名，辖今北京平谷区及河北省蓟县等地。当时属于平卢、范阳、河东三镇节度使安禄山辖区。鼙（pí）鼓：骑兵用的小鼓，这里泛指战鼓。

⑯霓裳羽衣曲：本为西域一种乐舞，据说是唐玄宗开元年间西凉节度使杨敬述进献，并经唐玄宗加工润色而成。

⑰九重城阙烟尘生，千乘万骑西南行：这是对当时历史的简要叙述，衬托出本诗所写故事的时代背景，让读者了解李杨爱情悲剧的发生缘由。九重城阙：指京城长安。烟尘生：战火起。天宝十五年（756）六月，安禄山破潼关，逼近长安，唐玄宗带领杨贵妃等匆忙出逃。

⑱翠华：指皇帝的仪仗队用羽毛装饰的旗帜。

⑲西出都门百余里：指马嵬坡，距长安一百多里。这里指禁卫军到此发生“马嵬兵变”。

⑳六军不发无奈何，宛转蛾眉马前死：指当时护送唐玄宗的陈玄礼将军的部下到马嵬坡后不肯向蜀中进发，先杀死杨国忠，后又迫使唐玄宗赐杨贵妃自缢。宛转：哀怨缠绵，不忍割舍的样子。蛾眉：古代用以代指美女，这里指杨贵妃。

㉑花钿、翠翘、金雀、玉搔头：都是用金玉珠宝等制成的各种形状小首饰，这里指杨贵妃所佩戴的头饰。委地：丢弃在地，暗示杨贵妃已经倒地身亡。

㉒黄埃：黄沙尘土。散漫：弥漫的样子。

㉓云栈：高入云霄的山间栈道。萦纡：萦回盘绕的样子。剑阁：剑阁关，在今四川省剑阁县北，是由秦地入蜀的要道。

㉔行宫见月伤心色：指唐玄宗看到美好月光又想起杨贵妃而伤心。行宫：皇帝外出临时所住的地方。见月伤心色：见月色伤心。

㉕闻铃肠断声：闻铃声肠断，也是表示唐玄宗思念的悲痛。

㉖天旋地转回龙驭：指唐肃宗至德二年（757），郭子仪率大军打败安史叛军收复长安。天旋地转：时局转变。一作“天旋日转”。回龙驭：指唐玄宗由蜀地回京。龙驭：皇帝的车驾。

㉗太液芙蓉未央柳：这里都是代指唐代长安皇宫内的池苑宫殿。太液：汉代皇宫中的池名。未央：汉代有未央宫。

㉘西宫南内多秋草，落叶满阶红不扫：唐玄宗回京后成了“太上皇”，先居南内，后被迫迁居西宫。这里用“多秋草”“落叶满阶红不扫”，暗示一片冷清萧条景象，正是玄宗已失权势的象征，隐含宫廷内部矛盾斗争。诗人将李杨爱情悲剧故事置于这种政治形势的变迁中再加补叙。西宫：指太极宫。南内：指兴庆宫。

㉙梨园弟子：据记载，当年曾召宫女三百人教练歌舞，随时应诏表演，号称“皇帝梨园弟子”。这里指唐玄宗当年训练出来的乐工舞女。梨园：唐玄宗开元年间设置的宫中教习音乐的

机构。

㉚椒房：古代后妃居住的殿房用花椒和泥抹墙，故称椒房。阿监：宫中的侍从女官。青娥：指年轻的宫女。“梨园”二句以唐玄宗左右的侍从人员都已从当年的年轻有为变成白发老人了，暗示唐玄宗回京后的处境。

㉛耿耿：明亮的样子。

㉜鸳鸯瓦：屋顶上一俯一仰相对合在一起的瓦。

㉝翡翠衾：布面绣有翡翠鸟的被子。

㉞悠悠：长远，指杨、李生死相隔，分别已久远。经年：年复一年。

㉟魂魄：指杨玉环的亡魂。

㊱临邛：今四川邛崃市。鸿都：汉代都城洛阳的宫殿名，这里借指长安。

㊲精诚：至诚，诚心。致：招致，招来。

㊳穷：尽，这里是找遍的意思。碧落：天空。黄泉：地下。

㊴绰约：形容女子体态柔美的样子。

㊵太真：亦作“玉真”，杨玉环被放出宫做道士时的道号。

㊶参差：仿佛，差不多。

㊷金阙：黄金装饰的宫殿门楼。玉扃（jiōng）：玉石做的门环。

㊸小玉：吴王夫差小女名。双成：西王母的侍女。小玉、双成都是神话传说中的女子，这里借指杨玉环（太真）在仙宫的侍女。

㊹九华帐：装饰华美的帐子。

㊺珠箔银屏逦迤开：指杨玉环从卧室走出来，珠帘、银屏一个接一个打开。逦迤（yǐlǐ）：连绵不断，一个接一个。

㊻寂寞：指神色黯然凄伤。阑干：纵横，这里指眼泪不断流下来。

㊼昭阳殿：汉成帝宠妃赵飞燕住过的宫殿，这里代指杨玉环生前的住所。

㊽蓬莱：传说中的海上仙山，这里指杨玉环死后的住处。

㊾人寰：人间。

㊿旧物：杨玉环生前与唐玄宗的定情物。

51钿合：镶嵌着珠宝金花的首饰合。寄将去：托方士捎带回去。

52钗留一股合一扇，钗擘黄金合分钿：把金钗、钿合分成两半，自留一半，另一半托带给唐玄宗。擘（bò）：用手把东西分开。

53但令：只愿。

54七月七日长生殿，夜半无人私语时：指回忆当年唐玄宗与杨玉环在“七夕”于长生殿相会时的盟誓。据陈寅恪《元白诗笺证稿》：“长生殿七夕私誓为后来增饰之物语，并非当时真确之事实。”“玄宗临幸温汤必在冬季、春初寒冷之时节。今详检两唐书玄宗记无一次于夏日炎暑时幸骊山。”故白居易这里所写可能是诗人想象虚拟之词。长生殿：骊山华清宫内的宫殿。

⑤绵绵：久长不断。

阅读提示

白居易（772—846），字乐天，晚年号香山居士，下邽人（今陕西渭南人），生于新郑（今河南新郑）。唐代伟大的现实主义诗人，中唐新乐府诗歌运动的倡导者与实践者。他幼年跟随父亲在中原一带度过，从小聪慧，童年已学作诗。16岁时进京，已有诗名。29岁中进士，曾任秘书省校书郎、翰林学士、左拾遗。后因上书言事，得罪权贵，被贬为江州司马。以后转任忠州、杭州、苏州刺史，官至刑部尚书。

在诗歌理论上，白居易提出“文章合为时而著，歌诗合为事而作”的著名文学主张。他创作的《新乐府》《秦中吟》等讽喻诗正体现这一主张，针砭现实，指陈时弊，反映人民的疾苦，揭露统治者与豪门贵族的种种罪恶与腐朽，讽刺尖锐，抨击有力，历来受到人们的重视与肯定。他的两首长篇叙事诗《长恨歌》《琵琶行》及其他一些抒情小诗也深受读者欢迎与好评。白诗语言通俗，声调优美，音律和谐，雅俗共赏，流传很广，对后世产生了深远影响。史上与元稹齐名，并称“元白”。

今存白诗2800多首，文800多篇。有《白氏长庆集》传世。

思考与练习

1. 本诗如何表现李杨之间的爱情？
2. 如何看待李杨之间的爱情？

夜上受降城闻笛[1]

李　益

回乐烽前沙似雪[2]，受降城外月如霜。
不知何处吹芦管[3]，一夜征人尽望乡。

《全唐诗》（中华书局，1960）

【注释】

①贞观二十年，唐太宗曾亲临灵州接受突厥一部的投降，“受降城”之名即由此而来。《宋史·张舜民传》仍沿袭唐时称呼，把灵州呼作受降城。历来注家对李益此诗中“受降城”的所在地虽然说法不一，但都认为是指唐代朔方道大总管张仁愿所筑的东、西、中三受降城中的西城。考之记载，三受降城都在今内蒙古自治区境内黄河的北面，西城在临河，与唐太宗受降的灵州了不相涉。

②回乐烽：回乐县的烽火台，回乐故城在今宁夏回族自治区灵武县西南。

③芦管：一种管乐器。陈旸《乐书》：“芦管之制，胡人截芦为之，大概与觱篥相类，出于北国者也。”

阅读提示

李益（748—827），字君虞，姑臧（今甘肃武威县）人。大历四年（769）进士，曾任郑县尉、幽州节度使刘济从事、秘书少监，最后官至礼部尚书。李益曾居边塞十余年，出入戎幕，故其诗多写军中生活，意气慷慨，尤以七绝的成就最高。如《夜上受降城闻笛》等，格调较为悲凉。胡应麟称其七绝以“神秀”见长，他说：“七言绝，开元以下，便当以李益为第一。”（《诗薮》）

思考与练习

本诗如何巧妙表达作者对战争的态度？

左迁至蓝关示侄孙湘①

韩　愈

一封朝奏九重天，夕贬潮阳路八千②。
欲为圣明除弊事，肯将衰朽惜残年！
云横秦岭家何在？雪拥蓝关马不前③。
知汝远来应有意，好收吾骨瘴江边。

韩愈《昌黎先生文集》（北京图书馆出版社，2006）

【注释】

①左迁：汉时依上古法朝列以右为尊，故谓降秩为左迁。

②潮阳：元和十四年公为刑部侍郎，上表极谏佛骨事，帝大怒，将抵死，持示宰相崔群、裴度，群、度力言愈忠，愿少宽，假以来谏诤，帝稍解，乃贬潮州刺史。“潮阳”亦作“潮州”。

③拥：或作“掩”。

阅读提示

韩愈（768—824），字退之，河阳（今河南孟州）人，自称昌黎（今河北卢龙县）人。唐宋八大家之一，思想家。少贫，父母早亡，由兄长抚养成人。贞元八年（792）登第，做过多年的幕僚，贞元十七年（801）入仕长安，其后任监察御史，州刺史、县令、都官员外郎、比部郎中、史馆修撰、兵部侍郎、吏部侍郎等职，卒后追赠礼部尚书，谥曰“文”，称“韩文公”。有《韩昌黎集》四十卷，《外集》十卷，《师说》等。

韩愈是唐代古文运动的积极倡导者。主张文以载道，文道合一，以道为主。坚持“词必己出”“陈言务去”，重视作家的道德修养，提出养气论，提出“不平则鸣”的论点。

其诗狠重险硬、雄浑奇崛。其散文众体兼擅，卓然自立。长于说理，善于抒情，气势磅礴，意味隽永。

思考与练习

分析此诗的风格。

明妃曲[①]（其一）

王安石

明妃初出汉宫时，泪湿春风鬓脚垂[②]。
低徊顾影无颜色，尚得君王不自持。
归来却怪丹青手，入眼平生几曾有。
意态由来画不成，当时枉杀毛延寿[③]。
一去心知更不归，可怜着尽汉宫衣。

寄声欲问塞南事[④]，只有年年鸿雁飞。

家人万里传消息，好在毡城莫相忆。

君不见咫尺长门闭阿娇[⑤]，人生失意无南北。

王安石《临川先生文集》（北京图书馆出版社，2004）

【注释】

①《明妃曲》是用乐府旧题写成的咏昭君诗，原作两首，此选其一。明妃即王嫱，字昭君，西汉南郡秭归（今湖北兴山县）人。汉元帝刘奭宫女。竟宁元年（前33）诏令她去匈奴和亲，远嫁匈奴呼韩邪单于被立为宁胡阏氏（yānzhī），终死匈奴。晋朝人避司马昭之讳，改称明君或明妃。

②春风：美丽的面庞。

③毛延寿：汉元帝时画师。据吴均《西京杂记》载：汉元帝后宫嫔妃众多，不能一一亲见，便派画师为其画像，以便按图召幸。毛延寿借机勒索，昭君自恃貌美不肯行贿，被丑化相貌而未得元帝召见。后昭君被遣去和亲辞别汉宫时，元帝才发现她的美貌为后宫第一，但悔之已晚，于是追究其事，诛毛延寿。

④塞南：塞南和塞北对称，泛指南方，此指汉朝。塞：边境险要之处。

⑤长门闭阿娇：汉武帝刘彻的皇后陈阿娇，失宠后被幽禁在长门宫。

阅读提示

王安石（1021—1086），字介甫，晚号半山。江西临川（今江西抚州）人，世称临川先生。北宋著名的政治家和文学家。幼年好学，22岁中进士。他曾向仁宗皇帝上万言书，提出变法主张，以革新弊政。神宗时，升任宰相，得以依靠神宗实行变法，因保守派激烈反对，两次被迫辞职。晚年退居江宁（今南京市）。曾封荆国公，世称王荆公，

王安石在诗词、散文方面都有所成就，入选“唐宋八大家”。他写了大量的直接批判现实的诗歌，也写了不少咏史诗，往往直陈其事，或发议论，却少用比兴，但其咏物、写景、抒情诗，却雅丽脱俗、含蓄冲淡。其散文议论犀利，雄健峭拔。他主张文章应“有补于世”，以适用为本。有《临川集》等传世。

思考与练习

1. 王安石在《明妃曲》中有何创见？

2. 本诗中哪两处发议论体现了宋诗主理的特色？

·游金山寺·

苏　轼

我家江水初发源①，宦游直送江入海②。
闻道潮头一丈高，天寒尚有沙痕在③。
中泠南畔石盘陀④，古来出没随波涛。
试登绝顶望乡国⑤，江南江北青山多⑥。
羁愁畏晚寻归楫⑦，山僧苦留看落日。
微风万顷靴纹细⑧，断霞半空鱼尾赤⑨。
是时江月初生魄⑩，二更月落天深黑。
江中似有炬火明⑪，飞焰照山栖乌惊。
怅然归卧心莫识，非鬼非人竟何物⑫？
江山如此不归山⑬，江神见怪惊我顽⑭。
我谢江神岂得已⑮，有田不归如江水⑯。

苏轼《苏轼全集》（上海古籍出版社，2000）

【注释】

①我家江水初发源：《尚书·禹贡》："岷山导江。"以为长江发源于岷山。岷山在四川北部，岷江从此山发源，南流经眉山，至乐山入长江。苏轼是眉山人，故云家于长江发源处。

②宦游直送江入海：苏轼因作宦外出，路经镇江，已近海边。故云。

③天寒尚有沙痕在：此时天寒水落，沙岸上还留有涨潮的痕迹。

④中泠：泉名，在金山西北。盘陀：山石大而不平，即指金山。

⑤乡国：家乡。

⑥江南江北青山多：意谓山多挡住了视线。

⑦羁愁：旅客思乡的愁绪。畏晚：怕天晚。归楫：指回镇江的船。楫：本指小桨，用以代船。

⑧万顷：宽阔的江面。靴纹：比喻波纹。

⑨鱼尾赤：鲤鱼赤尾，故以喻片片晚霞之色。

⑩初生魄：初发光。魄：光。

⑪炬火明：火炬的亮光。

⑫非鬼非人竟何物：指那似火焰的东西。此上四句作者自注："是夜所见如此。"

⑬江山如此：意谓江山有如此的美景。

⑭见怪：责怪我。"见"是古汉语中表示对我如何之词，今语中尚残存此种用法。顽：愚蠢。

⑮谢：告诉。岂得已：不得已。

⑯有田不归如江水：如果我有田而不归耕，有江水为证，这是指着水发誓的话。古人指物为誓常用"有如"。如：彼。意谓有那……作证。

阅读提示

苏轼（1037—1101），字子瞻，号东坡居士，眉州眉山（今属四川）人。北宋大文学家。他一生都与"熙宁变法""元祐复辟"的政治斗争纠葛在一起，因反对新法，又不赞成复辟后完全否定新法，而长期外贬，远放惠州、儋州（今海南儋州）。徽宗即位后赦还，次年病逝于常州，追谥文忠。

苏轼多才多艺，诗、文、词、书、画都有极高造诣。与父洵、弟辙合称"三苏"，均入"唐宋八大家"。其文畅达，与欧阳修并称"欧苏"；其诗清新，与黄庭坚并称"苏黄"；其词豪放，与辛弃疾并称"苏辛"。苏轼在中国文学史上占有极高的地位。

苏轼中年才开始作词，他把传统诗学引入歌词创作，"以诗为词"（沈增植《菌阁琐谈》），"性情之外不知有文字"（元好问《新轩乐府引》），拓展了词的天地，提高了词的境界，形成了一种音调更婉转、情感更深细、意境更优美、字面更妍丽，而又境界阔大、情思超旷的作品，既豪放旷逸，又不失韶秀深美、风流蕴藉独特词风。有词360余首传世，石声淮、唐玲玲的《东坡乐府编年笺注》是最完备的读本。

宋神宗熙宁三年（1070），苏轼在京城任殿中丞直馆判官告院，权开封判官。当时王安石秉政，大力推行新法。苏轼写了《上神宗皇帝书》《拟进士对御试策》等文，直言不讳批评新法，自然引起当道的不满。苏轼深感仕途险恶，主动请求外任，熙宁四年（1071），乃有通判杭州的任命，苏轼当时三十五岁。他七月离京赴任，十一月初三，途经镇江金山，访宝觉、圆通二僧，夜宿寺中而作此诗。

思考与练习

1. 分析此诗的结构。
2. 此诗表现苏轼怎样的心情？

·寄黄几复·

黄庭坚

我居北海君南海[1]，寄雁传书谢不能[2]。
桃李春风一杯酒，江湖夜雨十年灯[3]。
持家但有四立壁[4]，治病不蕲三折肱[5]。
想得读书头已白[6]，隔溪猿哭瘴溪藤[7]。

黄宝华《黄庭坚选集》(上海古籍出版社，1991)

【注释】

①我居北海君南海：《左传》僖公四年："君处北海，寡人处南海，唯是风马牛不相及也。"引的是春秋时楚使对齐侯说的话，齐在北方，楚在南方，都近海。德平旧属齐，四会旧属楚，相距遥远，但《左传》意在说明下句"风马牛不相及"，即互不相干。

②寄雁传书：出自《汉书·苏武传》。寄：托。谢：辞谢。旧又有雁飞不过衡阳（属湖南）的传说，当然也飞不到岭南（广东），"谢不能"也就不足为怪。

③桃李春风一杯酒，江湖夜雨十年灯：上句写昔时两人的欢聚，下句写十年分离的孤寂。对照分明。相忆之情，不言而喻。

④四立壁：《史记·司马相如列传》："家居徒四壁立。"易"四壁立"为"四立壁"，不仅属对工稳，语更奇峭。

⑤治病不蕲三折肱：《左传》定公十三年："三折肱知为良医。"本谓治病经验丰富，便能成为良医。蕲：求。

⑥想得读书头已白：我想象得到你读书已读白了头，以见其读书之勤之久，志在追求学问。"想得"与雁不传书、"头已白"与"十年"暗相呼应。

⑦猿哭：意谓与书声相应和者仅此。杜甫《九日》："殊方落日玄猿哭。"瘴（zhàng）溪：瘴气笼罩的溪流。旧说岭南多瘴气，故云。瘴气是亚热带地区山林中湿热蒸发易生传染病的疫气。

阅读提示

黄庭坚（1045—1105），字鲁直，自号山谷道人，洪州分宁（今江西修水县）人。黄庭坚于英宗治平四年（1067）中进士，历任叶县尉、知太和县等职。神宗元丰八年（1085），任秘书省校书郎，后兼《神宗实录》检讨官。哲宗绍圣元年（1094），以修《神宗实录》不实的罪名，贬涪州别驾，黔州安置，因自号涪翁，后徙戎州。徽宗立，召还，行至江陵，因作《荆南承天院塔记》被谤，羁管宜州（今广西宜州）。崇宁四年（1105），卒于宜州。

其诗风格生硬奇峭，但也有清新流畅之作。他还擅长书法，与苏（轼）、米（芾）、蔡（襄）并称“北宋四大家”。

此诗作于神宗元丰八年，当时黄庭坚于监德州（今山东德州市）德平镇。黄几复，名介，江西南昌人，与黄庭坚于熙宁九年（1076）同科出身，在岭南做官十年，时任四会县（今属广东）县令。诗中表达了与朋友久别相忆之情。

思考与练习

1. 理解诗中典故的含义。
2. 此诗比较充分地体现了黄庭坚诗歌的特点，试析之。

定风波[①]

苏　轼

三月七日沙湖道中遇雨[②]。雨具先去，同行皆狼狈，余不觉。已而遂晴，故作此。

莫听穿林打叶声，何妨吟啸且徐行[③]。竹杖芒鞋轻胜马[④]，谁怕？一蓑烟雨任平生[⑤]。

料峭春风吹酒醒[⑥]，微冷，山头斜照却相迎。回首向来萧瑟处[⑦]，归去，也无风雨也无晴。

郭伯勋《宋词三百首详析》（中华书局，2005）

【注释】

①定风波：唐教坊曲名，又名定风流、定风波令等。敦煌曲子辞《定风波》中有“问儒士，谁人敢去定风波”句，可见“定风波”本有平定叛乱之意。此调8体，此词属62字双调正体。

②沙湖：“黄州（黄冈治所）东南三十里为沙湖，亦曰螺师店。”（《东坡志林》卷一）

③吟啸：吟咏，长啸。表示意态闲适。《晋书·阮籍传》：“登山临水，啸咏自若。”

④芒鞋：即草鞋。

⑤一蓑烟雨：披蓑衣，冒风雨。

⑥料峭：形容风寒，俗语“冷的尖”。

⑦萧瑟处：指刚才所经风雨吹打木叶作响之地。

阅读提示

苏轼简介见《游金山寺》。

此词写于神宗元丰五年（1082），在黄州沙湖行路途中遇雨的一件小事，表现词人处在贬谪当中胸怀开朗、心头平静的一面。

思考与练习

如何理解“竹杖芒鞋轻胜马”？

·渔家傲·

范仲淹

塞下秋来风景异，衡阳雁去无留意[①]，四面边声连角起[②]。千嶂里，长烟落日孤城闭。浊酒一杯家万里[③]，燕然未勒归无计[④]。羌管悠悠霜满地[⑤]。人不寐，将军白发征夫泪。

中国社会科学院文学研究所《两宋词选》（人民文学出版社，1981）

【注释】

①衡阳雁去：雁向衡阳飞去。衡阳（今湖南衡阳市）旧城南有回雁峰，相传大雁到此不再南飞。

②边声：边地的声音，如马鸣、风号等。角：军中号角。

③浊酒：未经过滤的米酒。

④燕（yān）然未勒：《后汉书·窦宪传》载，窦宪追击北单于，登燕然山（今蒙古国的杭爱山），去塞三千余里，刻石记功而还。勒：刻。

⑤羌（qiāng）管：即羌笛，出自羌（古代西北少数民族）地。

阅读提示

范仲淹（989—1052），字希文，吴县（今江苏苏州市）人。曾驻守西北边疆，西夏不敢侵犯。政治上主张改革。官至枢密副使，参知政事。谥文正。他是一代名臣，而善写柔情，言浅情深，工于造语。存词甚少，而风格多样。

范仲淹在仁宗康定元年（1040）八月，任陕西经略安抚副使兼知延州（今陕西延安），抗击西夏。庆历元年（1041）四月调知耀州（今陕西耀州）。《渔家傲》词即作于这个时期。

思考与练习

为什么会造成“将军白发征夫泪”？

青玉案

贺 铸

凌波不过横塘路①，但目送、芳尘去②。锦瑟华年谁与度③？月桥花院，琐窗朱户④，只有春知处。　飞云冉冉蘅皋暮⑤，彩笔新题断肠句⑥。试问闲愁都几许⑦？一川烟草⑧，满城风絮⑨，梅子黄时雨⑩。

郭伯勋《宋词三百首详析》（中华书局，2005）

【注释】

①凌波：形容女性步履轻盈。曹植《洛神赋》写洛神的步态：“凌波微步，罗袜生尘。”横塘：龚明之《中吴记闻》载：贺铸“有小筑（按：即别墅）在盘门之南十余里，地名横塘，方回往来其间”。

②芳尘：美人经过时扬起的尘土，此借指美人。

③锦瑟：绘有彩色花纹的瑟。《周礼·乐器图》：“饰以宝玉者曰宝瑟，绘纹如锦曰锦瑟。”李商隐《锦瑟》：“锦瑟无端五十弦，一弦一柱思华年。”

④琐窗：雕饰着连琐花纹的窗格子。鲍照《玩月城西门廨中诗》：“蛾眉蔽珠栊，玉钩隔琐窗。”琐亦作锁。

⑤蘅皋（gāo）：长着香草的水边高地。曹植《洛神赋》：“尔乃税驾乎蘅皋，秣驷乎芝

田。”曹植中途休息，于此见到洛神。

⑥彩笔：《南史·江淹传》：“淹少以文章显，晚节才思微退。……尝宿于冶亭，梦一丈夫自称郭璞，谓淹曰：‘吾有笔在卿处多年，可以见还。’淹乃探怀中得五色笔一以授之。尔后为诗，绝无美句。时人谓之才尽。”成语“江郎才尽”源于此。

⑦都：总共。几许：多少。

⑧一川：一片，满地。

⑨风絮：随风飘扬的柳絮。

⑩梅子黄时雨：指每年6月中下旬至7月上半月之间，出现在我国长江中下游、台湾等地区的连阴雨。因时当梅子黄熟，故称“黄梅雨”或“梅雨”。

阅读提示

贺铸（1052—1125），字方回，号庆湖遗老，卫州共城（今河南）人。著名的藏书家、校勘学家、词人。贺家七世为武官。其仕宦生涯也从武弁开始。神宗熙宁初，他十七八岁，以门荫入仕；后二十余年一直在低级侍卫武官的阶梯上缓慢迁升，由右班殿直做到西头供奉，任过的差遣计有监军器库门、监临城（今属河北）酒税、摄临城令、监磁州（今河北磁县）都作院、和州（今安徽和县）管界巡检等。

他的文学创作成绩是多方面的，“诗文皆高，不独工长短句”（《老学庵笔记》）。所作词取材广泛，思想内容丰富，举凡抒怀书愤、览古咏史，言情体物，绘景记游，无施不可，各臻其妙。其词风格“盛丽如游金张之堂，而妖冶如揽嫱施之祛，幽洁如屈宋，悲壮如苏李”（张耒）。

钟振振校注的《东山词》（上海古籍出版社，1989）是贺铸最完备的作品集。

贺铸退居苏州时，某日因看见了一位女郎，便生了倾慕之情，写出了这篇名作。

思考与练习

1. 词中的“闲愁”指什么？

2. 体会此词虚实相结合的写法。

水龙吟·登建康赏心亭[①]

辛弃疾

楚天千里清秋，水随天去秋无际[②]。遥岑远目[③]，献愁供恨[④]，玉簪螺髻[⑤]。落日楼头，断鸿声里，江南游子[⑥]。把吴钩看了，栏杆拍遍[⑦]，无人会，登临意[⑧]。　　休说鲈鱼堪脍，尽西风，季鹰归未[⑨]？求田问舍，怕应羞见，刘郎才气[⑩]。可惜流年[⑪]，忧愁风雨[⑫]，树犹如此[⑬]！倩何人唤取，红巾翠袖，揾英雄泪[⑭]！

辛弃疾《稼轩长短句》(上海人民出版社，1975)

【注释】

①《水龙吟·登建康赏心亭》："水龙吟"是词牌名，"登建康赏心亭"是这首词的标题。建康：今江苏南京，为六朝（东吴、东晋、宋、齐、梁、陈）都城。赏心亭：《景定建康志》说它"在（城西）下水门城上，下临秦淮，尽观赏之胜"。

②"楚天"二句：写作者登高远望，一目千里。天高云淡的秋天是多么空旷开阔啊，滚滚长江水流向天边，眼前一望无际。楚天：泛指长江中下游一带，战国时曾属楚国。水：指长江。

③遥岑远目：这是"远目遥岑"的倒文。遥岑：远山。这里指长江以北沦陷区的群山。远目：向远处眺望。

④献愁供恨：远山在说愁道恨。用拟人手法承接"遥岑远目"，山犹如此，人何以堪？

⑤玉簪螺髻：比喻远山看起来就像美人头上的碧玉簪、青螺髻。韩愈《送桂州严大夫》"江作青罗带，山如碧玉簪"，以女性的妆饰比喻山河之美，辛词进而用之表现山河沦落之悲，化阔大气象为温情柔肠，是"摧刚为柔"，把家国之恨与词的柔婉特性相结合的一种艺术表现，至为情深。玉簪：碧玉做的簪子。螺髻：螺形的发髻。

⑥"落日"三句：渲染一种苍凉、悲壮气氛。看似景语，实则情语。通过夕阳西下，暗喻南宋局势危殆；通过离群孤雁的哀鸣，暗喻自己身世的飘零；江南游子，则是自指。断鸿：失群的孤雁。

⑦把吴钩看了，栏杆拍遍：这是两个细节描写，极奇警、极沉痛，是诗词中少见的悲剧英雄特写镜头。吴钩：传说为吴王阖闾所制的一种弯形宝刀，这里泛指刀剑兵等。

⑧无人会：诗人的抱负没有人能够理解。会：领会，理解。欧阳修《蝶恋花》："无人会

得凭栏意。”登临意：登高远望引发的家国之恨、报国无门和年华徒逝等复杂意绪。

⑨“休说”三句：反用张翰莼鲈之思的典故。《世说新语·识鉴》：西晋张翰（字季鹰）在洛阳做官，见秋风起，便思念苏州家乡的莼菜羹和鲈鱼脍，于是辞官返乡。休说：不要说家乡风味之美，因为有家不能回，说之无益！归未：以疑问表示否定（即秋已过尽而季鹰仍未能归，弃官归隐之意）。

⑩“求田”三句：正用许汜与刘备对话的典故。《三国志·陈登传》：一次许汜去看望陈登，陈登不理他，并且自己睡上床，让许睡下床。后来许将此事告诉刘备，刘备说：你有国士之名，如今天下大乱，本该忧君忧国，你却求田问舍，陈登为什么要对你客气？如果是我，我要睡在百尺楼上，让你睡在地下，岂止相差上下床！这里借“刘郎才气”以明志，瞧不起那些在国难当头时只为自己打算的人。求田问舍：即买地置屋、经营小家庭。刘郎才气：像刘备一样有远大抱负。刘郎：刘备，泛指有大志之人。

⑪流年：年华如流水。

⑫风雨：风雨飘摇中的国势。苏轼《满庭芳》：“思量，能几许，忧愁风雨，一半相妨。”

⑬树犹如此：《世说新语·言语》：晋朝桓温北征，见到他早年栽种的柳树，粗已十围，便感叹说：“木犹如此，人何以堪！”这里借桓温事，浇词人心中块垒。辛弃疾绍兴三十二年（1162）渡江投奔朝廷，到写此词时，已经过了七八年，其间只担任过江阴签判、建康通判等地方官，想到国事飘摇，和自己当初追杀窃印叛逃的义端，及以五十骑直入金营抓获叛将张安国的英气，而南归朝廷后不但不能请缨北伐，而且任凭流年似水而去，其郁闷痛切无可发泄，只能借“木犹如此”的典故来表达。

⑭“倩何人”三句：请谁叫来歌女，给我擦去这英雄失意的泪水！吴则虞《辛弃疾选集》：“此等处必须如此落笔，方见蕴藉。纯是慷慨悲歌，金戈铁马，反失情致。”唐圭璋《唐宋词简释》说，这13个字“豪气浓情，一时并集，如闻垓下之歌”。即项羽垓下与虞姬永诀之歌：“力拔山兮气盖世，时不利兮骓不逝。骓不逝兮可奈何，虞兮虞兮奈若何！”倩（qiàn）：请求。唤取：即在游宴娱乐场合，叫唤歌妓。取：一说语助词，无实义。红巾翠袖：女子的装束，代指歌妓或美人。揾（wèn）：擦。

阅读提示

辛弃疾（1140—1207），字幼安，号稼轩，历城（今山东济南）人。南宋杰出的爱国词人。22岁参加耿京领导的抗金义军。他是一位以气节自负、以功业自许、有将相之才的豪杰之士，但从23岁南归朝廷后，40多年里有一半时间被罢官在家闲居，一生力主抗战，却一直遭受排挤，以致一腔才情与悲愤，无可抒发，一泄于词。他的作品题材广泛，境界阔大，风格以雄浑沉郁、豪放激越为主调，又能以婉约、典雅、素淡的格调显示其绚丽姿态，是豪放词派的集大成者。邓广铭《稼轩词编年笺注》辑词626首。

思考与练习

1. 这首词的上片借景抒情，下片用典使事，上下片之间的内在联系是什么？

2. “遥岑远目，献愁供恨，玉簪螺髻”三句，运用了哪些修辞手法？它们在表达上有何作用？

【附录】

丑奴儿·书博山道中壁

少年不识愁滋味，爱上层楼。爱上层楼，为赋新词强说愁。　　而今识尽愁滋味，欲说还休。欲说还休，却道天凉好个秋。

辛弃疾《稼轩长短句》（上海人民出版社，1975）

这首词是辛弃疾被劾去职，闲居带湖时（1181—1192）所作。他常闲游于博山道中，风景如画，却无心赏玩。眼看国事日非，自己无能为力，一腔愁绪无法排遣，遂在博山道中一壁上题了这首词。

扬州慢[1]

姜　夔

淳熙丙申至日[2]，余过维扬[3]。夜雪初霁[4]，荠麦弥望[5]。入其城则四顾萧条，寒水自碧，暮色渐起，戍角悲吟[6]；余怀怆然，感慨今昔，因自度此曲[7]。千岩老人以为有黍离之悲也[8]。

淮左名都[9]，竹西佳处[10]，解鞍少驻初程[11]。过春风十里[12]，尽荠麦青青。自胡马窥江去后[13]，废池乔木[14]，犹厌言兵。渐黄昏、清角吹寒[15]，都在空城。　　杜郎俊赏[16]，算而今[17]，重到须惊。纵豆蔻词工[18]，青楼梦好[19]，难赋深情。二十四桥仍在[20]，波心荡，冷月无声。念桥边红药[21]，年年知为谁生。

郭伯勋《宋词三百首详析》（中华书局，2005）

【注释】

①扬州慢：姜夔自度曲。

②淳熙丙申：孝宗淳熙三年（1176）。至日：即冬至日。

③维扬：扬州的别名。《尚书·禹贡》有“淮海维扬州”，故有此称。

④霁（jì）：此指雪停变晴。

⑤荠麦：野麦。弥望：满眼。

⑥戍角：守兵吹的号角。

⑦自度（duó）此曲：自己创制《扬州慢》这个词调。

⑧千岩老人：萧德藻字东夫，号千岩老人，福建闽清人，绍兴三十一年进士，负有诗名，姜夔从其学诗。黍离之悲：对故国的怀念。《诗经·王风·黍离》首句即“彼黍离离”，诗中感慨故宫荒废，长满禾黍，以悼念西周王朝之覆灭。

⑨淮左：宋代在淮水下游南岸设置淮南东路（方位以东为左），故扬州一带属淮左。

⑩竹西：扬州城东禅智寺侧有竹西亭，那一带环境很清幽。杜牧《题扬州禅智寺》：“谁知竹西路，歌吹是扬州。”

⑪初程：起初一段路程。

⑫春风十里：形容扬州的繁华。

⑬胡马窥江：金兵于高宗建炎三年（1129）和绍兴三十一年（1161）两次南侵，占领扬州，窥探长江。这里就二次而言。

⑭废池：被毁的城池（护城河）。乔木：指古老而高大的树木。《诗经·周南·汉广》：“南有乔木，不可休息。”

⑮清角：清亮的号角声。

⑯杜郎：指唐代诗人杜牧。俊赏：卓越的鉴赏力。

⑰算：料想。

⑱豆蔻：杜牧《赠别》：“娉娉袅袅十三余，豆蔻梢头二月初。”杨慎《丹铅总录》云：“牧之诗咏娼女，言美而少，如豆蔻花之未开。”

⑲青楼：歌儿、舞女住地，妓院所在。杜牧《遣怀》：“十年一觉扬州梦，赢得青楼薄幸名。”

⑳二十四桥：一说今扬州西郊古有“二十四桥”，相传有二十四个美人吹箫于此，故名。杜牧《寄扬州韩绰判官》：“二十四桥明月夜，玉人何处教吹箫？”一说唐时扬州极盛，城内可记的桥共24座，北宋时还存7座。（沈括《梦溪笔谈·补笔谈》卷三）

㉑红药：即芍药花。王观《扬州芍药谱》：“扬之芍药甲天下。”一说“二十四桥”一名

“红药桥”，桥边盛长红芍药花。

阅读提示

姜夔（1154—1221），字尧章，号白石道人，鄱阳（今江西鄱阳）人。姜夔屡试不第，一生未入仕途。其精于书画、擅长音乐、能诗善文，具有多方面艺术才能。其词清空，有《白石道人诗集》《白石道人歌曲》。

此词是22岁的姜夔初访扬州之作。名都两次遭遇洗劫，词人万分伤时感事，悲从中来，写下了这首词。

思考与练习

分析此词的写作手法。

［双调］夜行船·秋思

马致远

【夜行船】百岁光阴一梦蝶，重回首往事堪嗟。今日春来，明朝花谢，急罚盏夜阑灯灭[①]。

【乔木查】想秦宫汉阙，都做了衰草牛羊野，不恁么渔樵没话说[②]。纵荒坟横断碑，不辨龙蛇[③]。

【庆宣和】投至狐踪与兔穴[④]，多少豪杰！鼎足虽坚半腰里折，魏耶？晋耶？

【落梅风】天教你富，莫太奢，没多时好天良夜。富家儿更做道你心似铁，争辜负了锦堂风月。

【风入松】眼前红日又西斜，疾似下坡车。不争镜里添白雪，上床与鞋履相别。莫笑巢鸠计拙，葫芦提一向装呆。

【拨不断】名利竭，是非绝，红尘不向门前惹。绿树偏宜屋角遮，青山正补墙头缺，更那堪竹篱茅舍。

【离亭宴煞】蛩吟罢一觉才宁帖[⑤]，鸡鸣时万事无休歇，争名利何年是彻！看密匝匝蚁排兵，乱纷纷蜂酿蜜，急攘攘蝇争血。裴公绿野堂[⑥]，陶令白莲社[⑦]。爱秋来时那些：和露摘黄花，带霜分紫蟹，煮酒烧红叶。想人生有限杯，浑几个重阳节？人问我顽童记者：便北海探吾来[8]，道东篱醉了也！

王起《元明清散曲选》（人民文学出版社，1998）

【注释】

①急罚盏夜阑灯灭：意为赌酒人赶快把受罚之酒喝完，（否则）夜阑灯灭酒就喝不完了。夜阑：夜深。

②恁么：如此，这样。

③不辨龙蛇：不辨何年。龙蛇：这里指年份，如龙年、蛇年。也就是说碑上刻的那些字都看不出来了。

④投至：乃至。

⑤蛩（qióng）：蟋蟀。宁贴：平静，安静。

⑥裴公绿野堂：裴公即唐人裴度，唐宪宗时累官至中书侍郎同平章事，以讨平蔡州吴元济，封晋国公。后退居洛阳，筑绿野草堂，与白居易、刘禹锡等饮酒吟咏其中。

⑦陶令白莲社：陶令指晋代诗人陶潜。白莲社是晋时高僧慧远等所立，在庐山之麓。无名氏的《白莲社高贤传》，其中即有陶潜传。

⑧北海：指后汉曾为北海相的孔融，尝自谓“座上客常满，樽中酒不空，吾无忧矣”。

阅读提示

马致远，字不详，晚号东篱，以示效陶渊明之志。大都（今北京）人。生年当在至元（1264）之前，卒年当在至治元年（1321）到泰定元年（1324）之间。曾任江浙行务官吏。

他的杂剧作品见于著录的约有15种，今存《汉宫秋》《荐福碑》《岳阳楼》《青衫泪》《陈抟高卧》《任风子》六种，另有《黄粱梦》，是他与其他艺人合作的。

今存小令115首，套数22首，另有残套4首。作品的内容，以感叹历史兴亡、歌颂隐逸生活、吟咏山水田园风光为主，具有诗词的意境和秀丽的画面感，语言自然清丽，雅俗相兼。

这套套曲表现了马致远超然绝世的生活态度。

思考与练习

1. 作者从哪几个角度写人生的无常？

2. 作者的处世态度是什么？

[中吕] 卖花声·怀古

张可久

阿房舞殿翻罗袖[①]，金谷名园起玉楼[②]，隋堤古柳缆龙舟[③]。不堪回首，东风还又，野花开暮春时候。

美人自刎乌江岸，战火曾烧赤壁山，将军空老玉门关。伤心秦汉，生民涂炭，读书人一声长叹。

王起《元明清散曲选》（人民文学出版社，1998）

【注释】

①阿房：指阿房宫。

②金谷名园：指晋石崇所筑的金谷园。

③隋堤：隋炀帝时沿通济渠、邗沟河岸修筑的御道，道旁植杨柳，后人谓之隋堤。

阅读提示

张可久（约1270—1348），字小山，庆元路（路治今浙江宁波）人。据《录鬼簿》及其他零星记载，张可久曾做过负责地方税务的“首领官”、桐庐典史等吏职，据说他在至正初已七十余岁，尚为昆山幕僚。他的一生大约就是在时隐时仕、辗转下僚中度过的，所以他的散曲涉及较多的是隐居和游荡江湖的生活。他曾在江苏、浙江一带，以及东南等其他地区游历过，正如他自己所说的“半纸虚名，万里修程”（《上小楼·春思》），是很形象的概括。

张可久专攻散曲，特别致力于小令，他的《小山乐府》存小令855首，套数9首，为元人留存散曲最富者，与乔吉并称“元散曲两大家”。

明人朱权说：“其词清而且丽，华而不艳，有不吃烟火食气，真可谓不羁之材，若被太华之仙风，招蓬莱之海月，诚词林之宗匠也。”（《太和正音谱》）

此曲反映了张可久极富于人民性的历史观点。

思考与练习

此曲由两首小令曲组成，试分析这两首小令曲在写法上的异同。

·长相思·

纳兰性德

山一程，水一程，身向榆关那畔行[①]，夜深千帐灯。　　风一更，雪一更，聒碎乡心梦不成[②]，故园无此声。

纳兰性德《饮水词笺校》（中华书局，2005）

【注释】

①榆关：山海关。那畔：那边。谓此时正向关外行进。

②聒（guō）：吵闹之声。

阅读提示

纳兰性德（1655—1685），原名成德，字容若，号楞伽山人，是清代最为著名的词人之一。满洲正黄旗人，大学士明珠长子。其词出语天然，性情真挚，感悟深切。有《通志堂集》《纳兰词》（又名《饮水词》）。

这首词作于康熙二十一年（1682）二月，作者身为一等侍卫扈从康熙皇帝北上盛京（今沈阳）祭扫祖墓、祭祀长白山途中所作。康熙帝因在上一年平定了长达九年的三藩之乱，心中很高兴，于上元节（农历正月十五）在华清宫召宴内阁翰林等，号为“升平嘉宴”。时过一月，又有此北上之行。

思考与练习

分析此词的结构和用语特点。

论语·先进（节选）

孔　子

子路、曾皙、冉有、公西华侍坐[①]。

子曰："以吾一日长乎尔，毋吾以也[②]。居则曰[③]：'不吾知也'！如或知尔，则何以哉？"

子路率尔而对曰："千乘之国[④]，摄乎大国之间[⑤]，加之以师旅[⑥]，因之以饥馑[⑦]；由也为之，比及三年，可使有勇，且知方也[⑧]。"

夫子哂之[⑨]。

"求，尔何如？"

对曰："方六七十，如五六十，求也为之，比及三年，可使足民；如其礼乐，以俟君子。"

"赤，尔何如？"

对曰："非曰能之，愿学焉。宗庙之事[⑩]，如会同[⑪]，端章甫[⑫]，愿为小相焉[⑬]。"

"点，尔何如？"

鼓瑟希，铿尔，舍瑟而作，对曰："异乎三子者之撰[⑭]。"

子曰："何伤乎[⑮]？亦各言其志也。"

曰："莫春者[⑯]，春服既成[⑰]；冠者五六人[⑱]，童子六七人，浴乎沂[⑲]，风乎舞雩[⑳]，咏而归。"

夫子喟然叹曰："吾与点也[㉑]。"

三子者出，曾皙后。曾皙曰："夫三子者之言何如？"

子曰："亦各言其志也已矣！"

曰："夫子何哂由也？"

曰："为国以礼，其言不让，是故哂之。"

"唯求则非邦也与？"

"安见方六七十、如五六十而非邦也者？"

"唯赤非邦也与？"

"宗庙、会同，非诸侯而何？赤也为之小，孰能为之大？"

《十三经注疏下·论语注疏》卷一一（上海古籍出版社，1997）

【注释】

①子路：姓仲，名由。曾皙：名点。冉有：名求。公西华：名赤。四人均为孔子学生。

②毋吾以也：无人用我。

③居：即平居，平日。

④千乘之国：古时一车四马为一乘。诸侯大国地方百里，出车千乘，称千乘之国。

⑤摄：迫近。

⑥师旅：军队。

⑦饥馑：饥荒，此言国外有军队侵犯，国内又有灾荒。

⑧知方：知道方向，懂得道理。

⑨哂（shěn）：微笑。此处有嘲笑的意思。

⑩宗庙：古代帝王、诸侯、大夫、士祭祀祖先的处所。此处宗庙之事即指祭祀。

⑪如：或者。会同：《周礼·春官·大宗伯》："时见曰会，殷见曰同。"古代诸侯朝见天子之称。郑玄注："时见者，言无常期；殷，犹众也。"后亦泛指朝会与诸侯间的会晤。

⑫端：玄端，古代礼服。章甫：礼帽。

⑬小相（xiàng）：赞礼的人。古代行朝聘、盟会、享宴、祭祀等礼仪，必有襄助之人。其人曰"相"，其事曰"相礼"，作"相"的人身份有卿、大夫、士三级，小相是最低一级的士，也有人认为"小"是谦辞。

⑭撰：善言。赞美以上三人的言词，而己见与之不同。

⑮何伤乎：有什么妨碍呢？

⑯莫：同"暮"。

⑰春服：夹衣。成：定。

⑱冠（guàn）：古代贵族子弟年二十为成年，行冠礼。

⑲沂：水名，源出山东邹县东北，西经曲阜，与洙水合，入于泗水，与大、小沂河不同。

⑳风乎舞雩（yú）：在舞雩台上乘凉。《水经注·泗水》："沂水北对稷门，亦曰雩门，门南隔水，有雩坛，坛高三丈，曾点所欲风舞处也。"在今曲阜市南。

㉑吾与点也：我同意曾点的主张。

阅读提示

孔子（前551—前479），名丘，字仲尼，鲁国陬邑（今山东曲阜）人。孔子是我国民族文化发展史上一个极重要的人物。孔子曾在鲁国做过官，也曾游说四方，其主要活动是聚众讲学，建立了中国古代第一个私家学派——儒家。他还整理过许多重要的古代典籍。

德国哲学家雅斯贝斯在其重要著作《历史的起源与目标》一书中提出“轴心时代”的观念。他认为，公元前800—公元前200年间这五百年，是人类历史中最重要的时代，是其后人类历史车轮围绕其旋转的时代，人之所以为人，人类潜能的深度与广度之充分展露，是从轴心时代的哲学觉醒开始的。而此阶段的中国社会正处于先秦时期。孔子是轴心时代伟大的教育家和思想家。

孔子所处的春秋时代，以血缘氏族为基础的政治制度崩溃瓦解，而基于文化认同的“诸夏”民族共同体正在形成。这是中国人的文化自觉最初发生的年代，一些人开始思考天道、人生和世界秩序等方面的问题，原先由贵族所垄断的文化教育也正逐渐流入民间。孔子正是这一时代精神的代表人物与集大成者，遂开战国诸子百家之先河。

《论语》专门记录孔子的言行，是研究他的生活、思想的重要资料。《论语》是早期语录体散文，语言比较接近口语，明白易懂；文字简括，一般只叙说自己的观点，而不加以充分的论证。由于孔子对现实人生和社会生活往往有很深刻的认识，故《论语》中颇多言简意赅、富于哲理性和启发性的语句。

本文选自《论语》中较富有文学色彩的一章。它通过孔子与其弟子坐而言志的描写，表现了四位弟子不同的性格以及师生对话时融洽的气氛。

思考与练习

1. 选文反映出子路、曾皙、冉有、公西华四个人怎样的性格？
2. 结合其他《论语》文本，谈谈你对孔子的认识。
3. 为什么孔子说“吾与点也”？

天时不如地利

孟　子

孟子曰：“天时不如地利[①]，地利不如人和[②]。”

“三里之城，七里之郭，环而攻之而不胜。夫环而攻之，必有得天时者矣；然而不胜者，是天时不如地利也。城非不高也，池非不深也，兵革非不坚利也，米粟非不多也；委而去之[③]，是地利不如人和也。故曰：域民不以封疆之界[④]，固国不以山溪之险，威天下不以兵革之利。得道者多助，失道者寡助。寡助之至，亲戚畔之[⑤]；多助之至，天下顺之。

以天下之所顺，攻亲戚之所畔，故君子有不战⑥，战必胜矣。”

《十三经注疏下·孟子注疏》卷四（上海古籍出版社，1997）

【注释】

①天时：一般指时令、气候，但这里偏指时日干支、阴阳五行、孤虚旺相之类是否对作战有利。地利：指城高池深、山川险要等对攻守有利的地理形势。

②人和：指民心和乐及人心所向等。

③委：弃。

④域民：居民。

⑤畔：通“叛”，背叛。

⑥君子：指推行仁政的明君。有不战：意指不应或不必用战争的手段解决问题时就不用战争。

阅读提示

孟子（约前372—约前289），名轲，邹（今山东邹县）人，主要活动在战国前期。鲁国贵族孟孙氏的后代。孟子敬仰孔子，发展了孔子的学说，成为孔子之后的儒家大师。孟子也是轴心时代重要的思想家。“孔子在中国历史中之地位，如苏格拉底之在西洋历史，孟子在中国历史中之地位，如柏拉图之在西洋历史，其气象之高明亢爽亦似之。”（冯友兰《中国哲学史》）孟子主张施仁政，使人民安居乐业。他提出的理想社会，是一种黎民不饥不寒，老者安享晚年之乐的小康景象，崇尚“民贵君轻”的政治制度。

《孟子》共七篇，记述孟子的言行。该书是孟子和他的门徒共同完成的。从体制上说，《孟子》基本上仍属于语录体，但比《论语》已有一进步发展。

本选文体现了孟子“民和为贵”的思想。

思考与练习

1. 为什么说“天时不如地利，地利不如人和”？

2. 怎么理解文中的“道”？

3. 结合《孟子》文本，谈谈孟子的“人本主义”？

自祭文

陶渊明

岁惟丁卯①，律中无射②。天寒夜长，风气萧索③，鸿雁于征，草木黄落。陶子将辞逆旅之馆，永归于本宅。故人凄其相悲，同祖行于今夕④。羞以嘉蔬，荐以清酌。候颜已冥，聆音愈漠⑤。呜呼哀哉！茫茫大块，悠悠高旻，是生万物，余得为人。自余为人，逢运之贫，箪瓢屡罄，絺绤冬陈⑥。含欢谷汲，行歌负薪，翳翳柴门，事我宵晨，春秋代谢，有务中园，载耘载耔，乃育乃繁。欣以素牍⑦，和以七弦。冬曝其日，夏濯其泉。勤靡余劳，心有常闲。乐天委分，以至百年⑧。惟此百年，夫人爱之⑨，惧彼无成，愒日惜时⑩。存为世珍，殁亦见思。嗟我独迈，曾是异兹。宠非己荣，涅岂吾缁⑪？捽兀穷庐⑫，酣饮赋诗⑬。识运知命，畴能罔眷。余今斯化，可以无恨。寿涉百龄，身慕肥遁⑭，从老得终⑮，奚所复恋！寒暑逾迈，亡既异存，外姻晨来，良友宵奔，葬之中野，以安其魂。窅窅我行⑯，萧萧墓门，奢耻宋臣⑰，俭笑王孙⑱，廓兮已灭，慨焉已遐⑲，不封不树⑳，日月遂过。匪贵前誉，孰重后歌？人生实难，死如之何？呜呼哀哉！

袁行霈《陶渊明笺注》（中华书局，2003）

【注释】

①丁卯：指宋文帝元嘉四年（427）。

②律中无射：指夏历九月。古代将乐律与历法附会，以十二律应十二月。陶渊明卒于此年十一月。

③风气：亦作“凉风”。

④祖行：古人出行时的祭神仪式，这里指出殡前一夕的祭奠。

⑤“候颜”二句：指晤面和闻声都已不可能。

⑥絺绤（chīxì）：葛布精者称絺，粗者称绤。

⑦素牍：书籍。

⑧以：亦作慰。

⑨夫（fú）人：众人。

⑩愒（kài）日：贪恋时光。愒：亦作“渴”。

⑪涅：黑色染料。缁（zī）：黑色。

⑫捽兀（zuōwù）：意气傲慢的样子。

⑬饮：亦作“歌”。

⑭肥遁：隐居。

⑮从：亦作“以”。

⑯窅（yáo）窅：隐晦、深远的样子。

⑰奢耻宋臣：宋臣桓魋（tuí）作石椁（棺），三年没完成，孔子叹以为奢侈。

⑱俭笑王孙：汉代杨王孙临终，遗嘱命其子裸葬，未免又过吝啬。俭：亦作“非、美”。

⑲遐：亦作“多”。

⑳封：封墓，积土成高坟。树：墓地植树。

阅读提示

陶渊明简介见《和郭主簿》。

本文表达了陶渊明浓厚的人生意趣，悠长的哲理思索，旷达中含着悲凉，飘逸中透着沉重。

思考与练习

1. 怎样理解陶渊明的生死观？
2. 人应当“贵前誉”还是“重后歌”？抑或皆可？

·送薛存义序·

柳宗元

河东薛存义将行，柳子载肉于俎，崇酒于觞，追而送之江浒[①]，饮食之。且告曰：“凡吏于土者，若知其职乎？盖民之役，非以役民而已也。凡民之食于土者，出其什一佣乎吏，使司平于我也。今我受其值怠其事者，天下皆然。岂惟怠之，又从而盗之。向使佣一夫于家，受若值，怠若事，又盗若货器，则必甚怒而黜罚之矣。以今天下多类此[②]，而民莫敢肆其怒与黜罚者，何哉？势不同也。势不同而理同，有达于理者，得不恐而畏乎！”

存义假令零陵二年矣，早作而夜思，勤力而劳心；讼者平，赋者均，老弱无怀诈暴憎[③]。其为不虚取直也的矣[④]，其知恐而畏也审矣。吾贱且辱，不得与考绩幽明之说[⑤]，于其往也，故赏以酒肉，而重之以辞。

柳宗元《柳河东集》（上海人民出版社，1957）

【注释】

①之：本无“之”字。

②以：亦本无“以”字。

③怀诈暴憎：亦作“宁怀诈暴慑”，心怀欺诈、外露憎恨。

④的：确实。下句“审”义同。

⑤考绩幽明：语本于《尚书·尧典》：“三载考绩。三考，黜陟幽明。”黜，罢降。陟，擢升。幽，愚暗。明，贤明。

阅读提示

柳宗元（773—819），字子厚，河东解（今山西运城）人。贞元九年（793）中进士。贞元十二年（796）任秘书省校书郎。两年后，中博学宏词科，调为集贤殿书院正字。贞元十七年（801），调为蓝田尉。两年后又调回长安任监察御史里行，时年31岁，与韩愈同官。柳宗元因对朝廷的黑暗深感忧虑，萌生改革愿望，参加了王叔文、王伾的永贞革新。革新失败后柳宗元先贬永州，后贬柳州。他屡屡被贬，一直到元和十四年（819），这种贬斥的厄运还没有离开他，而当唐宪宗因裴度的请求下诏召回他时，他却与世长辞了，年仅47岁。柳宗元的集子为刘禹锡所编，题为《柳河东集》。

柳宗元的诗歌具有简洁、靖深、温丽、含蓄的特点。其散文理论与韩愈相近，提出了“文者以明道”的原则，要求文章具有“辅时及用”的作用。其文自然流畅，清新隽永。

本文阐述了官吏的职责和官民的关系，闪烁着民主思想的光辉。

思考与练习

1. 柳宗元眼中的官民关系是怎样的？

2. 为什么官吏会“受其值怠其事”？

·墨池记·

曾巩

临川之城东[①]，有地隐然而高，以临于溪，曰新城。新城之上，有池洼然而方以长，曰王羲之之墨池者。荀伯子《临川记》云也[②]。羲之尝慕张芝[③]，临池学书，池水尽黑，此为其故迹，岂信然邪？

方羲之之不可强以仕，而尝极东方，出沧海，以娱其意于山水之间。岂其徜徉肆恣，而又尝自休于此邪？羲之之书晚乃善，则其所能，盖亦以精力自致者，非天成也。然后世未有能及者，岂其学不如彼邪？则学固岂可以少哉！况欲深造道德者邪？墨池之上，今为州学舍。教授王君盛恐其不章也，书"晋王右军墨池"之六字于楹间以揭之，又告于巩曰："愿有记。"惟王君之心，岂爱人之善，虽一能不以废，而因以及乎其迹邪？其亦欲推无事，以勉其学者邪？夫人之有一能，而使后人尚之如此，况仁人庄士之遗风馀思，被于来世者如何哉！

庆历八年九月十二日，曾巩记。

陈杏珍，晁继周《曾巩集》（中华书局，1984）

【注释】

①临川：宋江南西路抚州治所，今江西临川。

②荀伯子：南朝宋颍阴（今河南许昌）人，曾任临川内史。著有《临川记》六卷。

③张芝：张芝学书事见《晋书》本传。张芝，东汉人，苦练书法，甚至将布帛写成黑色，染制黑衣而穿，终于成为"草圣"。

阅读提示

曾巩（1019—1083），字子固，建昌军南丰（今江西南丰县）人。嘉祐二年（1057）登进士第，开始步入仕途，历任越州、齐、襄、洪等州知州，后升任中央国家史馆修撰，官至中书舍人。卒后追谥文定，后人称为南丰先生。北宋政治家、文学家、散文家，唐宋八大家之一。今存《元丰类稿》50卷，通行的有《四部丛刊》及《四部备要》。

曾巩从事政治、学术和文学创作的年代，在北宋仁宗、英宗、神宗三朝。曾巩在政治上主张革新，在学术上崇尚儒学。曾巩的散文继承、发扬了我国古代散文"文以载道"的传统，倡导“文道合一”，强调要“蓄道德而能文章”（《寄欧阳台人书》）。

其文雅赡浑厚，文格高古，严谨条畅而有法度，语言峻洁有力。

仁宗庆历八年（1048）九月，曾巩来到临川，凭吊东晋书法家王羲之的墨池遗迹。州学教授王盛请他为“晋王右军墨池”作记，于是有了《墨池记》。本文是叙议结合的说理名篇，题小意宏，言近旨远，层层推进，且委婉多姿，体现了作者谨严明洁的风格。

思考与练习

1. 道德修炼也应当勤学苦练吗？
2. 文章是怎样娓娓道出主题的？

项脊轩志

归有光

项脊轩，旧南阁子也。室仅方丈，可容一人居。百年老屋，尘泥渗漉[①]，雨泽下注，每移案，顾视无可置者。又北向，不能得日，日过午已昏。余稍为修葺，使不上漏。前辟四窗，垣墙周庭[②]，以当南日，日影反照，室始洞然[③]。又杂植兰、桂、竹、木于庭，旧时栏楯[④]，亦遂增胜。借书满架，偃仰啸歌，冥然兀坐，万籁有声。而庭阶寂寂，小鸟时来啄食，人至不去。三五之夜，明月半墙，桂影斑驳，风移影动，珊珊可爱。

然余居于此，多可喜，亦多可悲。先是，庭中通南北为一；迨诸父异爨[⑤]，内外多置小门墙，往往而是。东犬西吠，客逾庖而宴，鸡栖于厅，庭中始为篱，已为墙，凡再变矣。家有老妪[⑥]，尝居于此。妪，先大母婢也[⑦]，乳二世，先妣抚之甚厚[⑧]。室西连于中闺，先妣尝一至。妪每谓予曰：“某所，而母立于兹。”妪又曰：“汝姊在吾怀，呱呱而泣；娘以指叩门扉，曰：‘儿寒乎？欲食乎？’吾从板外相为应答。……”语未毕，余泣，妪亦泣。

余自束发，读书轩中，一日，大母过余曰：“吾儿，久不见若影，何竟日默默在此，大类女郎也？”比去，以手阖门，自语曰：“吾家读书久不效，儿之成，则可待乎！”顷之，持一象笏至[⑨]，曰：“此吾祖太常公宣德间执此以朝[⑩]，他日汝当用之！”瞻顾遗迹，如在昨日，令人长号不自禁。

轩东故尝为厨；人往，从轩前过。余扃牖而居[⑪]，久之，能以足音辨人。轩凡四遭火，得不焚，殆有神护者。

项脊生曰："蜀清守丹穴，利甲天下，其后秦皇帝筑女怀清台⑫。刘玄德与曹操争天下，诸葛孔明起陇中。方二人之昧昧于一隅也，世何足以知之？余区区处败屋中，方扬眉瞬目，谓有奇景；人知之者，其谓与坎井之蛙何异？"

余既为此志，后五年，吾妻来归，时至轩中，从余问古事，或凭几学书。吾妻归宁，述诸小妹语曰："闻姊家有阁子，且何谓阁子也？"其后六年，吾妻死，室坏不修。其后二年，余久卧病无聊，乃使人复葺南阁子，其制稍异于前。然自后余多在外，不常居。

庭有枇杷树，吾妻死之年所手植也，今已亭亭如盖矣。

段承校《归震川诗文选》（江苏古籍出版社，2002）

【注释】

①渗漉（shènlù）：液体向下滴流。

②垣墙：院墙。

③洞然：明亮。

④栏楯（shǔn）：栏杆。纵为栏，横曰楯。

⑤迨（dài）诸：等到。爨（cuàn）：烧火做饭。

⑥老妪：老妇人。

⑦婢：古代罪人的眷属没入官为婢，后通称受役使的女子。

⑧先妣：亡母。

⑨象笏（hù）：象牙制的手板。

⑩太常公：指归有光祖母的祖父夏昶。昶字仲昭，昆山人，明成祖永乐进士，曾任太常寺卿。宣德：明宣宗年号（1426—1435）。

⑪扃牖（jiōngyǒu）：关闭窗户。

⑫蜀清守丹穴，利甲天下，其后秦皇帝筑女怀清台：《史记·货殖列传》："巴寡妇清，其先得丹穴（朱砂矿），而擅其利数世，家亦不訾。清，寡妇也，能守其业，用财自卫，不见侵犯。秦皇帝以为贞妇而客之，为筑女怀清台。"

阅读提示

归有光（1507—1571），字熙甫，昆山（今属江苏）人，散文家。嘉靖进士，官长兴令、南京太仆寺丞。归有光对文学既不主张复古，也反对模拟的文风，为文主张根于六经，宣扬道德；比较重视文学的抒情作用，认为"圣人者，能尽天下之至情者也"，因而有部分散文写得相当感人。有《震川先生集》等。

《项脊轩志》这篇文章，是分两次写成的。前三段写于嘉靖三年（1524，归有光18岁），亦是本文；“余既为此志”以下一段则是十余年后（嘉靖十八年，1539），作者览旧作而续写的。

思考与练习

1. 结合本文体会“豪华落尽见真淳”的含意？
2. 文中叙述了几悲几喜？
3. 选出你最喜欢的段落仔细品读，体会其中的思想情感。

朱子家训

朱用纯

黎明即起，洒扫庭除[①]，要内外整洁。
即昏便息，关锁门户，必亲自检点[②]。
一粥一饭，当思来处不易；
半丝半缕，恒念物力维艰[③]。
宜未雨而绸缪[④]，毋临渴而掘井。
自奉必须俭约[⑤]，宴客切勿流连。
器具质而洁，瓦缶胜金玉[⑥]；
饭食约而精[⑦]，园蔬愈珍馐。
勿营华屋，勿谋良田。
三姑六婆[⑧]，实淫盗之媒；
婢美妾娇，非闺房之福。
童仆勿用俊美，妻妾切忌艳妆。
祖宗虽远，祭祀不可不诚；
子孙虽愚，经书不可不读[⑨]。
居身务期质朴，教子要有义方[⑩]。
莫贪以外之财，莫饮过量之酒。
与肩挑贸易，毋占便宜；

见穷苦亲邻，须加温恤[11]。

刻薄成家，理无久享；伦常乖舛[12]，立见消亡。

兄弟叔侄，须分多润寡[13]；长幼内外，宜法肃辞严。

听妇言，乖骨肉[14]，岂是丈夫；重资财，薄父母，不成人子。

嫁女择佳婿，毋索重聘；娶媳求淑女，勿计厚奁[15]。

见富贵而生谄容者，最可耻；遇贫穷而作骄态者，贱莫甚。

居家戒争讼，讼则终凶；处世戒多言，言多必失。

勿恃势力而凌逼孤寡；毋贪口腹而恣杀生禽。

乖僻自是[16]，悔误必多；颓惰自甘[17]，家道难成。

狎昵恶少[18]，久必受其累；屈志老成[19]，急则可相依。

轻听发言，按知非人之谮诉[20]，当忍耐三思；

因事相争，焉知非我之不是，须平心再想。

施惠无念，受恩莫忘[21]。

凡事当留余地，得意不宜再往。

人有喜庆，不可生妒忌心；人有祸患，不可生喜幸心。

善欲人见，不是真善[22]；恶恐人知，便是大恶。

见色而起淫心，报在妻女；匿怨而用暗箭，祸延子孙。

家门和顺，虽饔飧不济[23]，亦有余欢；

国课早完[24]，即囊橐无余[25]，自得其乐。

读书志在圣贤，非徒科第；为官心存君国，岂计身家。

守分安命，顺时听天。为人若此，庶乎近焉。

朱用纯撰《增广贤文·朱子家训》（书海出版社，2001）

【注释】

①庭除：门前面的台阶叫庭除。

②点：细心察看。

③恒：常常。

④绸缪：《诗经·豳风·鸱鸮》："迨天之未阴雨，彻彼桑土，绸缪牖户。"这里指做好雨前的各种准备工作，即"未雨绸缪"之意。

⑤自奉：对自己的奉养，也就是自己的生活消费。

⑥瓦缶：是一种瓦质容器，俗称瓦罐。

⑦约：简约，简要，在这里当"简单"讲。

⑧三姑六婆：据陶宗仪《辍耕录》，三姑指尼姑、道姑、卦姑，六婆指牙婆、媒婆、师婆、虔婆、药婆、稳婆。

⑨经书：经是指“五经”，即《诗经》《书经》《易经》《礼记》《春秋》；书是指“四书”，即《论语》《孟子》《大学》《中庸》。

⑩义方：合乎义理的法则。《左传》：“臣闻爱子，教子以义方。”义方就是教导子弟的正确方法。

⑪温：指温存，殷切慰问。恤：抚恤。

⑫伦常：人类相处的伦理道德。伦是指人伦，即君臣、父子、夫妇、兄弟、朋友。常是指五常，即仁、义、礼、智、信。乖：冲突。舛：错乱。

⑬分多：从多的里边分出一部分，即把多的减少。润：修饰，此指增添。寡：少。

⑭骨肉：比喻至亲。《吕氏春秋·精通》：“父母之于子也，子之于父母也，一体而两分，同气而异息……痛疾相救，忧思相感，生则相欢，死则相哀，此之谓骨肉之亲。”此句意为乖离骨肉之情。

⑮奁（lián）：嫁妆，旧时为嫁女而置备的衣物、用具。李清照《凤凰台上忆吹箫》：“任宝奁尘满，日上帘钩。”

⑯乖僻：形容一个人言行怪异。自是：自以为正确。此句意为一个性情古怪偏激的人常常认为自己所作所为是对的。

⑰颓：颓废，精神不振作。惰：懒惰。甘：自己心甘情愿。

⑱狎昵：不拘礼节的亲近叫狎昵。恶少：即行为不良的少年。

⑲屈志：就是屈就的意思，高才任低职叫屈就。老成：即老成持重的正人君子。《诗经·大雅》：“虽无老成人，尚有典刑。”

⑳谮诉：以虚伪的事实诬陷别人叫谮诉。

㉑施惠无念，受恩莫忘：施予恩惠于人，不要牢记；接受别人的恩惠，要牢记报答。

㉒善欲人见，不是真善：此句的大意是一个人做了好事想要别人知道，这不是真正的做好事。善：行善，即做好事。

㉓饔飧（yōngsūn）：指一日三餐。早餐叫饔，晚餐叫飧。

㉔国课：国家规定的租税。

㉕囊橐（nángtuó）：大袋叫囊，小袋叫橐。

阅读提示

朱用纯（1627—1698），字致一，自号柏庐，江苏昆山人（今昆山市）。著名理学家、教育家。朱用纯自幼致力读书，曾考取秀才，志于仕途，清入关明亡后不再求取功名，居乡教授学生，并潜心研究程朱理学，主张知行并进、躬行实践，一时颇负盛名。康熙曾多次征召，然均为先生所拒绝。曾用精楷手写数十本教材用于教学。与徐枋、杨无咎号称“吴中三高士”。康熙三十七年（1698）染疾，临终前嘱弟子：“学问在性命，事业在忠孝。”著有《删补易经蒙引》《四书讲义》《劝言》《耻耕堂诗文集》《愧讷集》《毋欺录》等。

《朱子家训》是以家庭道德为主的启蒙教材。《朱子家训》仅524字，却精辟地阐明了修身治家之道，是一篇家教名著。其中许多内容继承了中国传统文化的优秀特点，比如尊敬师长、勤俭持家、邻里和睦等，在今天仍然有现实意义。

思考与练习

1. 归纳“朱子家训”中所包含的传统思想？
2. 哪些思想今天还应当继承？哪些应当批判？

·论梁元帝读书·

王夫之

江陵陷，元帝焚古今图书十四万卷。或问之，答曰：“读书万卷，犹有今日，故焚之。”未有不恶其不悔不仁而归咎于读书者，曰：“书何负于帝哉？”此非知读书者之言也。帝之自取灭亡，非读书之故，而抑未尝非读书之故也。取帝之所撰著而观之，搜索骈丽，攒集影迹，以夸博记者，非破万卷而不能。于其时也，君父悬命于逆贼，宗社垂丝于割裂；而晨览夕披，疲役于此，义不能振，机不能乘，则与六博投琼[①]、耽酒渔色也，又何以异哉？夫人心一有所倚，则圣贤之训典，足以锢志气于寻行数墨之中，得纤曲而忘大义，迷影迹而失微言，且为大惑之资也，况百家小道，取青妃白之区区者乎[②]？

呜呼！岂徒元帝之不仁，而读书止以导淫哉？宋末胡元之世，名为儒者，与闻格物之正训，而不念格之也将以何为。数“五经”《语》《孟》文字之多少而总记之，辨章句合离呼应之形声而比拟之，饱食终日，以役役于无益之较订，而发为文章，侈筋脉排偶以为工，于身心何与耶？于伦物何与耶[③]？于政教何与耶？自以为密而傲人之疏，自以为专而傲人之散，自以为勤而傲人之惰。若此者，非色取不疑之不仁[④]。好行小慧之不知哉[⑤]？其穷也，以教而锢人之子弟；其达也，以执而误人之国家；则亦与元帝之兵临城下而讲《老子》[⑥]，黄潜善之虏骑渡江而参圆悟者[⑦]，奚别哉？抑与萧宝卷、陈叔宝之酣歌恒舞[⑧]，白刃垂头而不觉者，又奚别哉？故程子斥谢上蔡之玩物丧志[9]，有所玩者，未有不丧者也。梁元、隋炀、陈后主、宋徽宗皆读书者也[10]，宋末胡元之小儒亦读书者也，其迷均也。

或曰："读先圣先儒之书，非雕虫之比，固不失为君子也。"夫先圣先儒之书，岂浮屠氏之言书写读诵而有功德者乎？读其书，察其迹，析其字句，遂自命为君子，无怪乎为良知之说者起而斥之也。乃为良知之说，迷于其所谓良知，以刻画而仿佛者，其害尤烈也。

夫读书将以何为哉？辨其大义，以立修己治人之体也；察其微言，以善精义入神之用也。乃善读者，有得于心而正之以书者，鲜矣；下此而如太子弘之读《春秋》而不忍卒读者[11]，鲜矣。下此而如穆姜之于《易》[12]，能自反而知愧者，鲜矣。不规其大，不研其精，不审其时，且有如汉儒之以《公羊》废大伦[13]，王莽之以讥二名待匈奴[14]，王安石以国服赋青苗者[15]，经且为蠹[16]。而史尤勿论已。读汉高之诛韩、彭而乱萌消[17]，则杀亲贤者益其忮毒；读光武之易太子而国本定[18]，则丧元良者启其偏私[19]；读张良之辟谷以全身[20]，则炉火彼家之术进[21]；读丙吉之杀人而不问[22]，则怠荒废事之陋成。元高明之量以持其大体，元斟酌之权以审于独知，则读书万卷，止以导迷，顾不如不学无术者之尚全其朴也。

故子曰："吾十有五而志于学。"志定而学乃益，未闻无志而以学为志者也。以学而游移其志，异端邪说，流俗之传闻，淫曼之小慧，大以蚀其心思，而小以荒其日月，元帝所为至死而不悟者也。恶得不归咎于万卷之涉猎乎？儒者之徒，而效其卑陋，可勿警哉？

王夫之《读通鉴论》（中华书局，1975）

【注释】

①六博：古代博戏名。共十二棋，六黑六白，两人相博，每人六棋，故名。投琼：即掷骰子。

②取青妃（pèi）白：也说"妃青俪白"，比喻卖弄文字技巧。

③伦物：人伦物理。

④色取不疑之不仁：出自《论语·颜渊》："色取仁而行违，居之不疑。"意为表面上似乎爱好仁德，实际行为却不如此，可是自己竟以仁人自居而不加疑惑。

⑤好行小慧：喜欢卖弄小聪明。出自《论语·卫灵公》："群居终日，言不及义，好行小慧，难矣哉！"不知：同"不智"。

⑥元帝之兵临城下而讲《老子》：《梁书·元帝纪》："（承圣三年）九月辛卯，世祖（即元帝）于龙光殿述《老子》义，尚书左仆射王褒为执经，乙巳，魏遣其柱国万纽子谨率大众来寇。冬十月丙寅，魏军至于襄阳，萧詧率众会之，丁卯停讲，内外戒严。"

⑦黄潜善之虏骑渡江而参圆悟者：黄潜善，宋高宗南渡时宰相，虏骑渡江而参圆悟。《宋史·黄潜善传》："郓、濮相继陷没，宿、泗屡警，右丞许景衡以扈卫单弱，请帝避其锋，潜善

以为不足虑，率同列听浮屠克勤说法。”浮屠，佛教徒。克勤，北宋末南宋初僧人，高宗建炎元年住持金山寺，适高宗于十月至扬州，入对，赐号圆悟禅师，绍兴五年逝世。

⑧抑与萧宝卷、陈叔宝之酣歌恒舞：萧宝卷，即南朝齐东昏侯，荒淫无度，梁兵围京城甚急，犹在含德殿吹笙歌作《女儿子》。是夜卧未熟，为部下所杀。陈叔宝，即陈后主。在位时盛修宫室，无时休止，君臣酣饮，从夕达旦，以此为常。宠幸贵妃张丽华。隋兵临江，犹奏伎纵酒，作诗不辍，后与贵妃逃于井中，被俘。

⑨程子斥谢上蔡之玩物丧志：程子，即程颢，字伯淳，学者称明道先生，北宋理学家。谢上蔡，名良佐，字显道，上蔡（今属河南）人，程门弟子，学者称上蔡先生。《宋元学案》卷十四《明道学案下》：《程氏遗书》曰："良佐昔录五经语作一册，伯淳见之，谓曰'玩物丧志'。"

⑩梁元、隋炀、陈后主、宋徽宗皆读书者也：梁元，梁元帝萧绎，嗜读书，藏书十四万卷。隋炀，即隋炀帝杨广。《资治通鉴》卷一八一："帝好读书著述。……初，西京嘉则殿有书三十七万卷，帝命秘书监柳顾言等铨次，除其复重猥杂，得正御本三万七千馀卷，纳于东都修文殿；又写五十副本，简为三品，分置西京、东都、宫省官府。其正书，皆装翦华净，宝轴锦褾。于观文殿前为书室十四间……帝幸书室，户扉及厨扉皆自启。"陈后主，陈叔宝，魏徵称"后主每引宾客，对贵妃等游宴，则使诸贵人及女学士，与狎客共赋新诗，互相赠答，采其尤艳丽者以为曲词，被以新声"。宋徽宗，赵佶，不仅工书善画，而且知乐能词。

⑪太子弘之读《春秋》：《新唐书·三宗诸子传》："孝敬皇帝弘，显庆元年立为皇太子。受《春秋左氏》于率更令郭瑜，至楚世子商臣弑其君，喟而废卷曰：'圣人垂训，何书此耶？'瑜曰：'孔子作《春秋》，善恶必书，褒善以劝，贬恶以诫，故商臣之罪，虽千载犹不得灭。'弘曰：'然所不忍闻，愿读他书。'"弘为高宗子，武后所生，上元二年（675）从幸合璧宫，遇鸩死，年二十四，谥为孝敬皇帝。

⑫穆姜：春秋时鲁宣公夫人，鲁成公之母。《左传·襄公九年》：穆姜和叔孙侨如私通，想驱逐鲁国执政季文子、孟献子而占其家财，又想废掉成公而立其庶弟。成公死，子襄公立，将其迁于东宫。曾命卜史占卦，得"艮"之"随"，有出走之象，卜史劝其速出，可以免。但她认为"有四德者，'随'而无咎，我皆无之，岂'随'也哉？我则取恶，能无咎乎？必死于此，弗得出矣"。后遂死于东宫。

⑬汉儒之以《公羊》废大伦：《后汉书·光武帝纪》："（建武十七年）废皇后郭氏为中山太后，立贵人阴氏为皇后。（十八年）诏曰：'《春秋》之义，立子以贵。东海王阳，皇后之子，宜承大统。皇太子彊，崇执谦退，愿备藩国，父子之情，重久违之。其以彊为东海王，立阳为皇太子，改名庄。'"（刘）庄即是后来的汉明帝。所谓"《春秋》之义，立子以贵"，说见于《公羊传》。《公羊传·隐公元年》："立嫡以长不以贤，立子以贵不以长。桓（鲁桓公）何以贵？母贵也。母贵则子何以贵？子以母贵，母以子贵。"汉光武将原皇太子刘彊降为藩王，

而立刘庄为皇太子，以其母贵为皇后之故，即依循《公羊传》中“立子以贵”之义。大伦：《孟子·滕文公上》：“教以人伦：父子有亲，君臣有义，夫妇有别，长幼有叙，朋友有信。”又《论语·微子》：“子路曰：‘不仕无义。长幼之节，不可废也；君臣之义，如之何其废之？欲洁其身，而乱大伦。’”

⑭王莽之以讥二名待匈奴：《汉书·匈奴传》：“莽奏令中国不得有二名（两个字的名），因使使者以讽单于，宜上书慕化为一名，汉必加厚赏。单于从之，上书言：‘幸得备藩臣，窃乐太平圣制。臣故名囊知牙斯，今谨更名曰知。’莽大悦。”《公羊传·定公六年》：“季孙斯、仲孙忌帅师围运（地名，同‘郓’）。此仲孙何忌也，曷为谓之仲孙忌？讥二名。二名，非礼也。”此为本文“讥二名”之所本。讥：谴责，非议。

⑮王安石以国服：《周礼·地官司徒·泉府》：“凡民之贷者，与其有司辨而授之，以国服为之息，凡国之财用取具焉。岁终，则会其出入而纳其余。”国服，原为一地区所出产品之意。王安石用此经文推行青苗法。《宋史·王安石传》：“青苗法者，以常平籴本作青苗钱，散与人户，令出息二分，春散秋敛。”苏辙《再论青苗状》所云“熙宁之初，王安石、吕惠卿用事，首建青苗之法，其实放债取利，而妄引《周官·泉府》之言，以文饰其事”，即指此事。

⑯经且为蠹：言以上汉儒、王莽、王安石之妄用经义，犹如蠹鱼之蛀蚀经文。

⑰汉高：汉高祖刘邦。韩：韩信。彭：彭越。

⑱光武之易太子而国本定：即汉光武帝废太子刘彊，另立刘庄为太子事。

⑲元良：《礼记·文王世子》：“一有元良，万国以贞，世子之谓也。”后因以元良为太子之代称。

⑳张良之辟谷以全身：《史记·留侯世家》：“留侯曰：‘愿弃人间事，欲从赤松子游耳。’乃学辟谷，道引轻身。”辟谷：不食五谷。辟谷及行道引之术，古人以为可以长生。

㉑炉火：指道家烧丹炼汞之术。彼家：儒家称佛、道为彼家。

㉒丙吉之杀人而不问：《汉书·丙吉传》：“吉又尝出，逢清道，群斗者死伤横道，吉过之不问。掾史独怪之。吉前行，逢人逐牛，牛喘吐舌。吉止驻，使骑吏问：‘逐牛行几里矣？’掾史独谓丞相前后失问。或以讥吉，吉曰：‘民斗相杀伤，长安令、京兆尹职所当禁备逐捕……宰相不亲小事，非所当于道路问也。方春少阳用事，未可大热，恐牛近行用暑故喘，此时气失节，恐有所伤害也，三公典调和阴阳，职当忧，是以问大。’掾史乃服，以吉知大体。”

阅读提示

王夫之（1619—1692），湖南衡阳人，字而农，号姜斋，别号买姜翁、一瓠道人等。因晚年隐居衡阳县金兰乡石船山（今衡阳境内），自署船山老人，或船山老农、船山遗老、船山病叟，学者尊称船山先生。他是爱国志士，亲身参加了反抗清廷民族压迫的战斗，通过对当时社会的深入思考，对明朝灭亡教训的总结，认识到并深入批判了封建专制制度的严重弊端，成为站在时代前列的启蒙思想家。《船山全书》（岳麓书社，1988）收录其著述71种，371卷，800余万字。

本文选自王夫之的笔记《读通鉴论》，题目为编者所加。文章指出，读书既不能“玩物丧志”，更不能不知鉴别导向错误，而要有“高明之量”和“斟酌之权”，以有益于身心和社会之用。

思考与练习

1. 王夫之认为读书的目的是什么？怎样理解？

2. 如何理解“志定而学乃益”和“吾十有五而志于学”中的“志”？

·神话三则·

黄帝蚩尤之战①

有系昆之山者，有共工之台②，射者不敢北向③。有人衣青衣，名曰黄帝女魃④。蚩尤作兵伐黄帝，黄帝乃令应龙攻之冀州之野⑤。应龙畜水，蚩尤请风伯雨师⑥，纵大风雨。黄帝乃下天女曰魃，雨止，遂杀蚩尤。魃不得复上，所居不雨。叔均言之帝⑦，后置之赤水之北⑧。

袁珂《山海经校注·大荒北经》（巴蜀书社，1996）

【注释】

①黄帝：上古帝名，称轩辕氏，传说为华夏民族祖先。蚩尤：传说中上古部落首领，与黄帝争斗，落败。

②共工：传说中上古部落首领，曾与颛顼争为帝，怒而触不周之山。

③射者不敢北向：意为射者畏惧共工，不敢向北射箭。

④魃（bá）：黄帝女，传说为旱神。

⑤应龙：传说中有翅膀的龙，善于行云蓄水。冀州：上古九州之一，大约在今山西、河北及河南部分。

⑥风伯：风神。雨师：雨神。

⑦叔均：传说为后稷弟之子，继承祖业，播种百谷，并开始用牛耕地。

⑧赤水：传说中水名。

精卫填海①

又北二百里，曰发鸠之山②，其上多柘木③。有鸟焉，其状如乌，文首、白喙、赤足④，名曰精卫，其鸣自詨⑤。是炎帝之少女名曰女娃⑥，女娃游于东海，溺而不返，故为精卫，常衔西山之木石，以堙于东海⑦。

袁珂《山海经校注·北山经》（巴蜀书社，1996）

【注释】

①精卫：传说中鸟名。又名鸟誓、冤禽、志鸟，俗呼帝女雀。

②发鸠：传说中山名。

③柘（zhè）木：木名，桑科。

④文首：头上有花纹。喙（huì）：鸟兽嘴。

⑤其鸣自詨（xiāo）：意为这种鸟的叫声像自己呼叫自己，“精卫”即为鸟叫之声。詨：呼叫。

⑥炎帝：传说中上古部族首领，即神农氏。少：年幼的。

⑦堙（yīn）：填，堵塞。

女娲补天①

往古之时，四极废②，九州裂③，天不兼覆，地不周载④。火爁炎而不灭⑤，水浩洋而不息⑥，猛兽食颛民⑦，鸷鸟攫老弱⑧。于是，女娲炼五色石以补苍天，断鳌足以立四极⑨，杀黑龙以济冀州，积芦灰以止淫水⑩。苍天补，四极正，淫水涸⑪，冀州平，狡虫死⑫，颛民生。

高诱《诸子集成·淮南子·览冥训》（浙江古籍出版社，1999）

【注释】

①女娲：风姓，传说中抟黄土做人、创造人类的女性大神，为蛇身人首形象。

②四极：古代神话传说中撑着天空四方的擎天柱。废：倒塌。

③九州：传说古代中国分为九州，九州的说法各书所载不一，后世以“九州”泛指中国。裂：分裂、割裂。

④“天不”二句：因天倾地裂，天不能完全地覆盖大地，地也无法完好地承载万物。兼覆：整个地覆盖。周载：完整地承载。

⑤爁（làn）炎：火势蔓延。

⑥浩洋：水流广阔。

⑦颛（zhuān）：善良。

⑧鸷（zhì）鸟：凶猛的鸟。攫（jué）：鸟兽以爪抓取。

⑨鳌（áo）：传说中海中能负山的大鳖或大龟。

⑩淫水：泛滥的大水。

⑪涸：干涸。

⑫狡虫：传说中的兽名，其状如犬而豹文，其角如牛。

阅读提示

《山海经》是保留上古神话最多的一部古籍，大致成书于战国初年到汉代初年之间，是一部记载中国古代神话、地理、植物、动物、矿物、物产、巫术、宗教、医药、民俗、民族的著作，反映的文化现象地负海涵、包罗万汇。

《淮南子》又名《淮南鸿烈》，由西汉淮南王刘安主持编写，书中也保存了大量神话故事。

中国上古神话是原始先民在社会实践中创造出来的，它的内容涉及自然环境和社会生活的各个方面，既包括世界的起源，又包括人类的命运，努力向人们展示“自然与人类命运的富有教育意义的意象”。中国上古神话呈现着零散式、片段式的特点，而这些零散的神话故事正是借助《山海经》《淮南子》等作品得以存现。本文所选黄帝蚩尤之战、精卫填海、女娲补天等神话故事展示了先民丰富的生活和不屈不挠的斗争。

思考与练习

1. 所选三则神话展示了中国先民什么样的民族特征？
2. 与西方神话相比，中国神话有何特点？
3. 试论中国上古神话精神？

《世说新语》二则

刘义庆

管宁华歆共园中锄菜[1]

管宁、华歆共园中锄菜，见地有片金，管挥锄与瓦石不异[2]，华捉而掷去之[3]。又尝同席读书[4]，有乘轩冕过门者[5]，宁读如故，歆废书出看[6]。宁割席分坐，曰："子非吾友也！"

刘义庆《世说新语·德行》（上海古籍出版社，1982）

【注释】

①管宁（158—241）：字幼安，北海朱虚（今山东临朐）人，以德行著称。汉末乱世，避乱辽东。后，魏文帝、明帝等屡征不至，隐居终老。华歆（157—232）：字子鱼，平原高唐（今山东禹城西南）人，入魏，官至太尉，死谥敬侯。

②不异：没有什么不同。

③捉：拾取。

④尝：曾经。席：坐卧铺垫用具，由竹篾、苇篾或草编织成的平片状物。

⑤轩冕：古时大夫以上官员的所乘的车、所戴的礼帽。

⑥废书：放下书本。

刘伶病酒[1]

刘伶病酒，渴甚[2]，从妇求酒[3]。妇捐酒毁器[4]，涕泣谏曰："君饮太过，非摄生之道[5]，必宜断之[6]！"伶曰："甚善。我不能自禁，唯当祝鬼神自誓断之耳[7]！便可具酒肉[8]。"妇曰："敬闻命[9]。"供酒肉于神前，请伶祝誓。伶跪而祝曰："天生刘伶，以酒为名[10]，一饮一斛，五斗解酲[11]。妇人之言，慎不可听！"便引酒进肉，隗然已醉矣[12]。

刘义庆《世说新语·任诞》（上海古籍出版社，1982）

【注释】

①刘伶：西晋沛国（治所在今安徽淮北濉溪）人，字伯伦，"竹林七贤"之一。平生嗜

酒，曾作《酒德颂》，宣扬老庄思想和纵酒放诞之情趣，以示对“礼”的蔑视。病酒：饮酒过量呈现病态。

②渴：意指急切地想喝酒。甚：很，非常。

③从：向。

④捐：弃。

⑤摄生：养生。

⑥宜：应该。断：戒除。

⑦祝：祝祷。此句意为，只有向鬼神祷告发誓才能戒酒。

⑧具：准备。

⑨闻命：接受命令。

⑩以酒为名：以纵酒为名。

⑪斛（hú）：量词。古代一斛为十斗，南宋末改为五斗。酲（chéng）：病酒，酒醉后神志不清。

⑫隗（wéi）然：醉倒的样子。隗：倾颓，倒塌。

阅读提示

《世说新语》，南朝志人小说。南朝宋刘义庆撰。记述了汉末到东晋士族的轶事和言谈，全书分德行、言语、政事、文学等三十六门。汉末以来，士林中清谈、品评人物之风盛行，小说通过一言一行展现人物肖像和精神品貌，言简意赅，意味隽永，书中不少故事都成为传世名篇。

刘义庆（403—444），字季伯，刘宋宗室，袭封临川王，雅好文学，广招四方文学之士，编有《世说新语》《幽明录》等书。

本书所选二则，文虽短小，但通过片言只语展示了人物品貌。第一则故事通过管宁、华歆对金钱、权贵的不同态度，以展示二人品格的优劣。第二则故事则以刘伶病酒这看似疯癫的行为，展示晋初士人高压之下无以排解的痛苦。

思考与练习

1. 文中对管宁、刘伶的描写体现了魏晋时代什么样的思想倾向？
2. 你还能举出哪些展示魏晋文人“风度”的例子？

·虬髯客传·

杜光庭

隋炀帝之幸江都也，命司空杨素守西京[1]。素骄贵，又以时乱，天下之权重望崇者，莫我若也，奢贵自奉，礼异人臣。每公卿入言，宾客上谒[2]，未尝不踞床而见[3]，令美人捧出。侍婢罗列，颇僭于上[4]。末年愈甚，无复知所负荷、有扶危持颠之心[5]。

一日，卫公李靖以布衣上谒[6]，献奇策。素亦踞见。公前揖曰："天下方乱，英雄竞起。公为帝室重臣，须以收罗豪杰为心，不宜踞见宾客。"素敛容而起[7]，谢公，与语，大悦，收其策而退。

当公之骋辩也，一妓有殊色，执红拂[8]，立于前，独目公。公既去，而执拂者临轩指吏曰："问去者处士第几？住何处？"公具以对。妓诵而去。公归逆旅[9]。其夜五更初，忽闻叩门而声低者，公起问焉。乃紫衣戴帽人，杖揭一囊。公问谁。曰："妾，杨家之红拂妓也。"公遽延入[10]。脱衣去帽，乃十八九佳丽人也。素面画衣而拜[11]。公惊答拜。曰："妾侍杨司空久，阅天下之人多矣。无如公者。丝萝非独生[12]，愿托乔木，故来奔耳。"公曰："杨司空权重京师，如何？"曰："彼尸居余气[13]，不足畏也。诸妓知其无成，去者众矣。彼亦不甚逐也。计之详矣。幸无疑焉。"问其姓，曰："张。"问其伯仲之次[14]。曰："最长。"观其肌肤仪状，言词，气性，真天人也。公不自意获之，愈喜愈惧，瞬息万虑不安。而窥户者无停屦[15]。数日，亦闻追讨之声，意亦非峻。乃雄服乘马[16]，排闼而去[17]。将归太原。行次灵石旅舍[18]，既设床，炉中烹肉且熟。张氏以发长委地，立梳床前。公方刷马，忽有一人，中形，赤髯而虬[19]，乘蹇驴而来[20]。投革囊于炉前，取枕欹卧[21]，看张梳头。公怒甚，未决，犹刷马。张熟视其面，一手握发，一手映身摇示公，令勿怒。急急梳头毕。敛衽问其姓[22]。卧客答曰："姓张。"对曰："妾亦姓张。合是妹。"遽拜之。问第几。曰："第三。"问妹第几。曰："最长。"遂喜曰："今多幸逢一妹。"张氏遥呼："李郎且来见三兄！"公骤拜之。遂环坐。曰："煮者何肉？"曰："羊肉，计已熟矣。"客曰："饥。"公出市胡饼[23]。客抽腰间匕首，切肉共食。食竟，余肉乱切送驴前食之，甚速。客曰："观李郎之行，贫士也。何以致斯异人？"曰："靖虽贫，亦有心者焉。他人见问，故不言。兄之问，则不隐耳。"具言其由。曰："然则将何之？"曰："将避地太原。"曰："然吾故非君所致也。"曰："有酒乎？"曰："主人西，则酒肆也。"公取酒一斗。既巡，客曰："吾有少下酒物，李郎能同之乎？"曰："不敢。"于是开革囊，取一人头并心肝。

却头囊中，以匕首切心肝，共食之。曰："此人天下负心者，衔之十年[24]，今始获之。吾憾释矣。"又曰："观李郎仪形器宇[25]，真丈夫也。亦闻太原有异人乎?"曰："尝识一人，愚谓之真人也。其余，将帅而已。"曰："何姓?"曰："靖之同姓。"曰："年几?"曰："仅二十。"曰："今何为?"曰："州将之子。"曰："似矣。亦须见之。李郎能致吾一见乎?"曰："靖之友刘文静者[26]，与之狎[27]。因文静见之可也。然兄何为?"曰："望气者言太原有奇气，使访之。李郎明发，何日到太原?"靖计之日。曰："达之明日日方曙，候我于汾阳桥。"言讫[28]，乘驴而去，其行若飞，回顾已失。

公与张氏且惊且喜，久之，曰："烈士不欺人[29]。固无畏。"促鞭而行，及期，入太原。果复相见。大喜，偕诣刘氏。诈谓文静曰："有善相者思见郎君，请迎之。"文静素奇其人，一旦闻有客善相，遽致使迎之。使回而至，不衫不履，裼裘而来[30]，神气扬扬，貌与常异。虬髯默然居末坐，见之心死，饮数杯，招靖曰："真天子也!"公以告刘，刘益喜，自负。既出，而虬髯曰："吾得十八九矣。然须道兄见之。李郎宜与一妹复入京。某日午时，访我于马行东酒楼，楼下有此驴及瘦驴，即我与道兄俱在其上矣。到即登焉。"又别而去，公与张氏复应之。

及期访焉。宛见二乘。揽衣登楼，虬髯与一道士方对饮，见公惊喜，召坐。围饮十数巡，曰："楼下柜中，有钱十万。择一深隐处驻一妹。某日复会于汾阳桥。"如期至，即道士与虬髯已到矣。俱谒文静。时方弈棋，揖而话心焉。文静飞书迎文皇看棋[31]。道士对弈，虬髯与公傍待焉。俄而文皇到来，精采惊人，长揖而坐[32]。神气清朗，满坐风生，顾盼炜如也[33]。道士一见惨然，下棋子曰："此局全输矣！于此失却局哉！救无路矣！复奚言?"罢弈而请去。

既出，谓虬髯曰："此世界非公世界。他方可也。勉之，勿以为念。"因共入京。虬髯曰："计李郎之程，某日方到。到之明日，可与一妹同诣某坊曲小宅相访[34]。李郎相从一妹，悬然如磬[35]。欲令新妇祗谒[36]，兼议从容，无前却也[37]。"言毕，吁嗟而去[38]。公策马而归。即到京，遂与张氏同往。至一小版门子[39]，扣之，有应者，拜曰："三郎令候李郎一娘子久矣。"延入重门，门愈壮。婢四十人，罗列廷前。奴二十人，引公入东厅。厅之陈设，穷极珍异，箱中妆奁冠镜首饰之盛[40]，非人间之物。巾栉妆饰毕[41]，请更衣，衣又珍异。既毕，传云："三郎来!"乃虬髯纱帽裼裘而来，亦有龙虎之状，欢然相见。催其妻出拜，盖亦天人耳。遂延中堂，陈设盘筵之盛，虽王公家不侔也[42]。四人对馔讫，陈女乐二十人，列奏于前，若从天降，非人间之曲。食毕，行酒。家人自堂东舁出二十床[43]，各以锦绣帕覆之。既陈，尽去其帕，乃文簿钥匙耳。虬髯曰："此尽宝货泉贝之数。吾之所有，悉以充赠。何者？欲以此世界求事，当或龙战三二十载，建少功业。今既有主，住亦何为？太原李氏，真英主也。三五年内，即当太平。李郎以奇特之才，辅清平之主，竭心尽善，必极人臣。一妹以天人之姿，蕴不世之艺，从夫之贵，以盛轩裳㊹。非一妹不能识李郎，非李郎不能荣一妹。起陆之贵，际会如期，虎啸风生，龙腾云萃，固非偶然也。持余之赠，以佐真主，赞功业也，勉之哉！此后十年，当东南数千里外有异事，是吾得事之秋也。一妹与李郎可洒酒东南相贺。"因命家童列拜，曰："李郎一妹，是汝主也！"言讫，与其妻从一奴，乘马而去。数步，遂不复见。公据其宅，乃为豪家，得以助文皇缔构之资㊺，遂匡天下㊻。

贞观十年，公以左仆射平章事㊼。适南蛮入奏曰："有海船千艘，甲兵十万，入扶余国㊽，杀其主自立。国已定矣。"公心知虬髯得事也。归告张氏，具衣拜贺，沥酒东南祝拜之。乃知真人之兴也，非英雄所冀。况非英雄者乎？人臣之谬思乱者，乃螳臂之拒走轮耳㊾。我皇家垂福万叶㊿，岂虚然哉。或曰："卫公之兵法，半乃虬髯所传耳。"

鲁迅《唐宋传奇集》（齐鲁书社，1997）

【注释】

①杨素：字处道，弘农华阴（今属陕西）人，隋时，官拜太子太师，封楚公，权倾一时。

②谒（yè）：晋见，拜见。

③踞床：两腿分开坐在床上，表示待人傲慢的姿态。床：古代坐具。

④僭（jiàn）：超越本分，冒用在上者的职权、名义行事。

⑤负荷：承担、责任。有扶危持颠之心：指挽回处于危难中的国家或人。此句意指杨素骄纵，不再有担当国家责任、救助国家于危难的责任心。

⑥李靖（571—649）：字药师，雍州三原（今陕西三原县东北）人。曾辅佐唐高祖、唐太宗反隋建唐，唐时封卫国公，世称李卫公，善于用兵，长于谋略，著有兵书数种。

⑦敛容：收起笑容，脸色变得严肃。

⑧拂：拂尘。

⑨逆旅：旅馆。

⑩遽：赶快。延：迎接。

⑪素面：不施脂粉的天然容貌。画衣：彩绣的衣服。

⑫丝萝：丝与女萝，泛指藤萝之类的植物。

⑬尸居余气：像死尸一样，还存一口气，指人行将亡。

⑭伯仲之次：兄弟姊妹间的排行。

⑮窥户：从门口窥视。屦（jù）：以麻、葛、皮等制成的鞋子，亦泛指鞋。此句意指李靖惧怕，不停到门口察看是否有人追踪。

⑯雄服乘马：男装骑马。

⑰排闼（tà）：推开门。

⑱次：旅行所居处所。灵石：山西省县名，距太原约150千米。

⑲髯（rán）：胡须。虬（qiú）：弯曲。

⑳蹇（jiǎn）驴：跛蹇驽弱的驴子。

㉑攲（qī）：斜倚，斜靠。

㉒敛衽：整饬衣襟，表示恭敬。

㉓胡饼：烧饼。

㉔衔：怀恨。

㉕仪形：仪容、形体。器宇：气概、仪表。

㉖刘文静（568—619）：字肇仁，彭城（今江苏徐州）人。隋末，他与裴寂、李世民共同协助李渊出兵反隋，入唐后任民部尚书、陕东道行台左仆射，封鲁国公。

㉗狎：亲近。

㉘讫（qì）：结束。

㉙烈士：有壮志的人。

㉚不衫不履，裼裘而来：衣着不整的样子，借以形容李世民不拘礼仪、洒脱不羁的形貌。衫：无袖开衩上衣，多为单衣。履：鞋子。裼（xī）裘：袒露里衣。

㉛文皇：唐太宗谥文武大圣皇帝，故称文皇。

㉜长揖：拱手高举，自上而下行礼。

㉝炜如：有光彩的样子。

㉞坊曲：泛指街巷。

㉟悬然如磬（qìng）：形容空无所有，极贫。

㊱祗（zhī）谒：恭敬地进见。

㊲却：推却，推辞。

㊳吁嗟（xūjiē）：叹词，表示感慨。

㊴小版门子：小木门。

㊵妆奁：女子梳妆用的镜匣。

㊶巾：戴头巾。栉：（zhì）：梳理头发。

㊷侔（móu）：相当。

㊸舁（yú）：抬。

㊹轩裳：指车服。

㊺缔构：缔造、开创。

㊻匡：匡正。

㊼左仆射（yè）平章事：唐初，设尚书令及左右仆射为尚书省长官，左仆射为实际上的

朝廷首宰。平章事：同中书门下平章事简称，即参与政事之意，初设于唐太宗时。

㊽扶余国：古国名，约在今东北一代。

㊾螳臂之拒走轮耳：犹言不自量力，必将招致失败。

㊿万叶：万世。

阅读提示

唐传奇是中国小说发展史上独特的一笔，被鲁迅称为“始有意为小说”。唐传奇是指唐代流行的文言小说，作者大多以记、传名篇，以史家笔法，传奇闻逸事。传奇之名，起于晚唐裴铏小说集《传奇》。唐传奇题材广泛，大多取材于现实生活，其题材涉及婚姻爱情、神仙鬼怪、历史传说等，描写侠客题材的作品也留下了不少传世名篇，如《聂隐娘》《红线》《昆仑奴》《虬髯客传》《谢小娥传》等，其中《虬髯客传》最为出色。

《虬髯客传》相传为杜光庭所作。杜光庭（850—933），字圣宾，号东瀛子，缙云人。唐懿宗时，考进士未中，后到天台山入道。僖宗时，为供奉麟德殿文章应制。随僖宗入蜀，后来追随前蜀王建，官至户部侍郎，赐号传真天师。晚年辞官隐居四川青城山。

思考与练习

红拂女、李靖、虬髯客被称为“风尘三侠”，试析小说中三者各自的性格特点？

过五关斩六将

罗贯中

前至一关，名东岭关。把关将姓孔，名秀，引五百军兵在岭上把守。当日关公押车仗上岭，军士报知孔秀，秀出关来迎。关公下马，与孔秀施礼。秀曰：“将军何往？”公曰：“某辞丞相，特往河北寻兄。”秀曰：“河北袁绍，正是丞相对头；将军此去，必有丞相文凭。”公曰：“因行期慌迫，不曾讨得。”秀曰：“既无文凭，待我差人禀过丞相，方可放行。”关公曰：“待去禀时，须误了我行程。”秀曰：“法度所拘，不得不如此。”关公曰：“汝不容我过关乎？”秀曰：“汝要过去，留下老小为质。”关公大怒，举刀就杀孔秀。秀退入关去，鸣鼓聚军，披挂上马，杀下关来，大喝曰：“汝敢过去么！”关公约退车仗，纵马提刀，竟不打话，直取孔秀。秀挺枪来迎。两马相交，只一合，钢刀起处，孔秀尸横马下。众军便走。关公曰："军士休走。吾杀孔秀，不得已也，与汝等无干。借汝众军之口，传语曹丞相，言孔秀欲害我，我故杀之。"众军俱拜于马前。关公即请二夫人车仗出关，望洛阳进发。

早有军士报知洛阳太守韩福。韩福急聚众将商议。牙将孟坦曰："既无丞相文凭，即系私行，若不阻挡，必有罪责。"韩福曰："关公勇猛，颜良、文丑俱为所杀。今不可力敌，只须设计擒之。"孟坦曰："某有一计：先将鹿角拦定关口，待他到时，小将引兵和他交锋，佯败诱他来追，公可用暗箭射之。若关某坠马，即擒解许都，必得重赏。"商议停当，人报关公车仗已到。韩福弯弓插箭，引一千人马排列关口，问："来者何人？"关公马上欠身言曰："吾汉寿亭侯关某，敢借过路。"韩福曰："有曹丞相文凭否？"关公曰："事冗不曾讨得。"韩福曰："吾奉丞相钧命，镇守此地，专一盘诘往来奸细。若无文凭，即系逃窜。"关公怒曰："东岭孔秀，已被吾杀。汝亦欲寻死耶？"韩福曰："谁人与我擒之？"孟坦出马，轮双刀来取关公。关公约退车仗，拍马来迎。孟坦战不三合，拨回马便走，关公赶来。孟坦只指望引诱关公，不想关公马快，早已赶上，只一刀，砍为两段。关公勒马回来，韩福闪在门首，尽力放了一箭，正射中关公左臂。公用口拔出箭，血流不住，飞马径奔韩福，冲散众军。韩福急走不迭，关公手起刀落，带头连肩，斩于马下。杀散众军，保护车仗。

关公割帛束住箭伤，于路恐人暗算，不敢久住，连夜投汜水关来。把关将乃并州人氏，姓卞，名喜，善使流星锤，原是黄巾余党，后投曹操，拨来守关。当下闻知关公将到，寻思一计，就关前镇国寺中，埋伏下刀斧手二百余人，诱关公至寺，约击盏为号，欲图相害。安排已定，出关迎接关公。公见卞喜来迎，便下马相见。喜曰："将军名震天下，谁不敬仰！今归皇叔，足见忠义！"关公诉说斩孔秀、韩福之事。卞喜曰："将军杀之是也。某见丞相，代禀衷曲。"关公甚喜，同上马过了汜水关，到镇国寺前下马。众僧鸣钟出迎。

原来那镇国寺乃汉明帝御前香火院，本寺有僧三十余人。内有一僧，却是关公同乡人，法名普净。当下普净已知其意，向前与关公问讯，曰："将军离蒲东几年矣？"关公曰："将及二十年矣。"普净曰："还认得贫僧否？"公曰："离乡多年，不能相识。"普净曰："贫僧家与将军家只隔一条河。"卞喜见普净叙出乡里之情，恐有走泄，乃叱之曰："吾欲请将军赴宴，汝僧人何得多言！"关公曰："不然，乡人相遇，安得不叙旧情耶？"普净请关公方丈待茶。关公曰："二位夫人在车上，可先献茶。"普净教取茶先奉夫人，然后请关公入方丈。普净以手举所佩戒刀，以目视关公。公会意，命左右持刀紧随。卞喜请关公于法堂筵席。关公曰："卞君请关某，是好意，还是歹意？"卞喜未及回言，关公早望见壁衣中有刀斧手，乃大喝卞喜曰："吾以汝为好人，安敢如此！"卞喜知事泄，大叫：

"左右下手!"左右方欲动手，皆被关公拔剑砍之。卞喜下堂，绕廊而走，关公弃剑，执大刀来赶。卞喜暗取飞锤，掷打关公。关公用刀隔开锤，赶将入去，一刀劈卞喜为两段。随即回身来看二嫂，早有军人围住，见关公来，四下奔走。关公赶散，谢普净曰："若非吾师，已被此贼害矣。"普净曰："贫僧此处难容，收拾衣钵，亦往他处云游也。后会有期，将军保重。"关公称谢，护送车仗，往荥阳进发。

荥阳太守王植，却与韩福是两亲家；闻得关公杀了韩福，商议欲暗害关公，乃使人守住关口。待关公到时，王植出关，喜笑相迎。关公诉说寻兄之事。植曰："将军于路驱驰，夫人车上劳困，且请入城，馆驿中暂歇一宵，来日登途未迟。"关公见王植意甚殷勤，遂请二嫂入城。馆驿中皆铺陈了当。王植请公赴宴，公辞不往；植使人送筵席至馆驿。关公因于路辛苦，请二嫂晚膳毕，就正房歇定；令从者各自安歇，饱喂马匹。关公亦解甲憩息。却说王植密唤从事胡班听令曰："关某背丞相而逃，又于路杀太守并守关将校，死罪不轻！此人武勇难敌，汝今晚点一千军围住馆驿，一人一个火把，待三更时分，一齐放火，不问是谁，尽皆烧死。吾亦自引军接应。"胡班领命，便点起军士，密将干柴引火之物，搬于馆驿门首，约时举事。胡班寻思："我久闻关云长之名，不识如何模样，试往窥之。"乃至驿中，问驿吏曰："关将军在何处？"答曰："正厅上观书者是也。"胡班潜至厅前，见关公左手绰髯，于灯下凭几看书。班见了，失声叹曰："真天人也!"公问何人，胡班入拜曰："荥阳太守部下从事胡班。"关公曰："莫非许都城外胡华之子否?"班曰："然也。"公唤从者于行李中取书付班。班看毕，叹曰："险些误杀忠良!"遂密告曰："王植心怀不仁，欲害将军，暗令人四面围住馆驿，约于三更放火。今某当先去开了城门，将军急收拾出城。"关公大惊，忙披挂提刀上马，请二嫂上车，尽出馆驿。果见军士各执火把听候。关公急来到城边，只见城门已开。关公催车仗急急出城。胡班还去放火。关公行不到数里，背后火把照耀，人马赶来，当先王植大叫："关某休走!"关公勒马，大骂："匹夫！我与你无仇，如何令人放火烧我?"王植拍马挺枪，径奔关公，被关公拦腰一刀，砍为两段。人马都赶散。关公催车仗速行，于路感胡班不已。

行至滑州界首，有人报与刘延。延引数十骑，出郭而迎。关公马上欠身而言曰："太守别来无恙!"延曰："公今欲何往?"公曰："辞了丞相，去寻家兄。"延曰："玄德在袁绍处，绍乃丞相仇人，如何容公去?"公曰："昔日曾言定来。"延曰："今黄河渡口关隘，夏侯惇部将秦琪据守，恐不容将军过渡。"公曰："太守应付船只若何?"延曰："船只虽有，不敢应付。"公曰："我前者诛颜良、文丑，亦曾与足下解厄。今日求一渡船而不与，何也?"延曰："只恐夏侯惇知之，必然罪我。"关公知刘延无用之人，遂自催车仗前进。到黄河渡口，秦琪引军出问："来者何人?"关公曰："汉寿亭侯关某也。"琪曰："今欲何往?"关公曰："欲投河北去寻兄长刘玄德，敬来借渡。"琪曰："丞相公文何在?"公曰：

“吾不受丞相节制，有甚公文！”琪曰：“吾奉夏侯将军将令，守把关隘，你便插翅也飞不过去！”关公大怒曰：“你知我于路斩戮拦截者乎？”琪曰：“你只杀得无名下将，敢杀我么？”关公怒曰：“汝比颜良、文丑若何？”秦琪大怒，纵马提刀，直取关公。二马相交，只一合，关公刀起，秦琪头落。关公曰：“当吾者已死，余人不必惊走。速备船只，送我渡河。”军士急撑舟傍岸。关公请二嫂上船渡河。渡过黄河，便是袁绍地方。关公所历关隘五处，斩将六员。后人有诗叹曰：

挂印封金辞汉相，寻兄遥望远途还。马骑赤兔行千里，刀偃青龙出五关。忠义慨然冲宇宙，英雄从此震江山。独行斩将应无敌，今古留题翰墨间。

关公于马上自叹曰：“吾非欲沿途杀人，奈事不得已也。曹公知之，必以我为负恩之人矣。”

罗贯中《三国演义》（上海古籍出版社，2004）

阅读提示

《三国演义》，又称《三国志通俗演义》，是中国第一部长篇章回体小说，与《水浒传》《西游记》《红楼梦》并称为四大名著。《三国演义》描写的时间，自东汉末年黄巾起义始，至西晋统一全国止，在广阔的社会历史背景上，展示出那个时代尖锐复杂又极具特色的政治军事冲突，对后世产生了极其深远的影响。《三国演义》开创了历史演义小说的先河，并成为这一流派小说的杰出代表，在其身后，历史演义小说蔚为大观。

《三国演义》成书于元末明初，作者罗贯中。罗贯中（约1330—约1400），号湖海散人，一生著作颇丰，著有《赵太祖龙虎风云会》《隋唐两朝志传》《残唐五代史演义》《三遂平妖传》等多部作品。

《三国演义》成书之前，三国故事早已在民间广为流传，并以各种不同的艺术形式为普通老百姓所熟知，仅金、元演出的三国剧目即达30多种。元代也出现了新安虞氏所刊《全相三国志平话》。罗贯中在民间传说、戏曲、话本等基础上，结合陈寿《三国志》和裴松之注的史料，创作了《三国演义》。《三国演义》借风云突变的三国历史，塑造了曹操、司马懿、刘备、诸葛亮、关羽、张飞等脍炙人口的人物形象，表达了“向往国家统一、歌颂忠义英雄”的主题。

本文节选自《三国演义》第二十七回《美髯公千里走单骑　汉寿侯过五关斩六将》，题目为编者所加。本回故事背景是，因战事不济，关羽为保护刘备的两位夫人不得已投降曹操，但立下三约：只降汉帝不降曹操；二夫人以刘备俸禄养赡，余人不得到门；但知刘备去向，不管千里万里，便当辞去。本回，关羽得知刘备投奔袁绍，千里追随，过五关斩六将，尽显英雄本色。

思考与练习

1. 关公通过五处关隘，小说分别采用了什么样的描写手法，同中求异？

2. 故事展现了关羽什么样的性格特点？

3. 鲁迅称关公为“义绝”，本回故事如何展现了关公之“义”？

·智取生辰纲·

施耐庵

次日早起五更，在府里把担仗都摆在厅前。老都管和两个虞候又将一小担财帛[①]，共十一担，拣了十一个壮健的厢禁军，都做脚夫打扮。杨志戴上凉笠儿，穿着青纱衫子，系了缠带行履麻鞋，跨口腰刀，提条朴刀。老都管也打扮做上客人模样。两个虞候假装做跟的伴当。各人都拿了条朴刀，又带几根藤条。梁中书付与了札付书呈[②]，一行人都吃得饱了，在厅上拜辞了梁中书。看那军人担仗起程，杨志和谢都管、两个虞候监押着，一行共是十五人，离了梁府，出得北京城门，取大路投东京进发。五里单牌，十里双牌[③]。此时正是五月半天气。虽是晴明得好，只是酷热难行。昔日吴七郡王有八句诗道：

玉屏四下朱阑绕，簇簇游鱼戏萍藻。簟铺八尺白虾须，头枕一枚红玛瑙。六龙惧热不敢行，海水煎沸蓬莱岛。公子犹嫌扇力微，行人正在红尘道。

这八句诗单题着炎天暑月，那公子王孙，在凉亭上水阁中，浸着浮瓜沉李，调冰雪藕避暑，尚兀自嫌热。怎知客人，为些微名薄利，又无枷锁拘缚，三伏内只得在那途路中行。今日杨志这一行人，要取六月十五日生辰，只得在路途上行。自离了这北京五七日，端的只是起五更趁早凉便行，日中热时便歇。五七日后，人家渐少，行客又稀，一站站都是山路。杨志却要辰牌起身，申时便歇。那十一个厢禁军，担子又重，无有一个稍轻，天气热了，行不得，见着林子便要去歇息。杨志赶着催促要行。如若停住，轻则痛骂，重则藤条便打，逼赶要行。两个虞候虽只背些包裹行李，也气喘了行不上。杨志也嗔道：“你两个好不晓事！这干系须是俺的！你们不替洒家打这夫子，却在背后也慢慢地挨。这路上不是耍处。”那虞候道：“不是我两个要慢走，其实热了行不动，因此落后。前日只是趁早凉走，如今怎地正热里要行？正是好歹不均匀。”杨志道：“你这般说话，却似放屁。前日行的须是好地面，如今正是尴尬去处，若不日里赶过去，谁敢五更半夜走？”两个虞候口里不道，肚中寻思："这厮不直得便骂人！"

杨志提了朴刀，拿着藤条，自去赶那担子。两个虞候坐在柳阴树下等得老都管来。两个虞候告诉道："杨家那厮，强杀只是我相公门下一个提辖。直这般会做大④。"老都管道："须是我相公当面分付，道休要和他鳖拗⑤，因此我不做声。这两日也看他不得。权且奈他。"两个虞候道："相公也只是人情话儿，都管自做个主便了。"老都管又道："且奈他一奈。"当日行到申牌时分，寻得一个客店里歇了。那十个厢禁军雨汗通流，都叹气吹嘘，对老都管说道："我们不幸做了军健，情知道被差出来，这般火似热的天气，又挑着重担。这两日又不拣早凉行，动不动老大藤条打来，都是一般父母皮肉，我们直恁地苦！"老都管道："你们不要怨怅，巴到东京时，我自赏你。"众军汉道："若是似都管看待我们时，并不敢怨怅。"又过了一夜。次日天色未明，众人起来，趁早凉起身去。杨志跳起来喝道："那里去！且睡了，却理会。"众军汉道："趁早不走，日里热时走不得，却打我们。"杨志大骂道："你们省得甚么！"拿了藤条要打。众军忍气吞声，只得睡了。当日直到辰牌时分，慢慢地打火，吃了饭走。一路上赶打着，不许投凉处歇。那十一个厢禁军口喃喃讷讷地怨怅，两个虞候在老都管面前絮絮聒聒地搬口。老都管听了，也不着意，心内自恼他。

话休絮繁。似此行了十四五日，那十四个人，没一个不怨怅杨志。当日客店里，辰牌时分，慢慢地打火，吃了早饭行。正是六月初四日时节，天气未及晌午，一轮红日当天，没半点云彩，其日十分大热。古人有八句诗道：

祝融南来鞭火龙，火旗焰焰烧天红。日轮当午凝不去，万国如在红炉中。五岳翠干云彩灭，阳侯海底愁波竭。何当一夕金风起，为我扫除天下热。

当日行的路，都是山僻崎岖小径，南山北岭。却监着那十一个军汉，约行了二十余里路程。那军人们思量要去柳阴树下歇凉，被杨志拿着藤条打将来，喝道："快走！教你早歇。"众军人看那天时，四下里无半点云彩。其时那热不可当。但见：

热气蒸人，嚣尘扑面。万里乾坤如甑，一轮火伞当天。四野无云，风寂寂波翻海沸；千山灼焰，必剥剥石烈灰飞。空中鸟雀命将休，倒颠入树林深处；水底鱼龙鳞角脱，直钻入泥土窖里。直教石虎喘无休，便是铁人须汗落。

当时杨志催促一行人在山中僻路里行，看看日色当午，那石头上热了，脚疼走不得。众军汉道："这般天气热，兀的不晒杀人。"杨志喝着军汉道："快走！赶过前面冈子去，却再理会。"正行之间，前面迎着那土冈子。众人看这冈子时，但见：

顶上万株绿树，根头一派黄沙。嵯峨浑似老龙形，险峻但闻风雨响。山边茅草，乱丝丝攒遍地刀枪；满地石头，磣可可睡两行虎豹。休道西川蜀道险，须知此是太行山。

当时一行十五人奔上冈子来，歇下担仗。那十四人都去松阴树下睡倒了。杨志说道："苦也！这里是甚么去处，你们却在这里歇凉！起来，快走！"众军汉道："你便剁做我七八段，其实去不得了。"杨志拿起藤条，劈头劈脑打去。打得这个起来，那个睡倒。杨志无可奈何。只见两个虞候和老都管气喘急急，也巴到冈子上松树下坐了喘气。看这杨志打那军健，老都管见了，说道："提辖，端的热了走不得，休见他罪过。"杨志道："都管，你不知，这里正是强人出没的去处，地名叫做黄泥冈。闲常太平时节，白日里兀自出来劫人，休道是这般光景，谁敢在这里停脚！"两个虞候听杨志说了，便道："我见你说好几遍了，只管把这话来惊吓人。"老都管道："权且教他们众人歇一歇，略过日中行如何？"杨志道："你也没分晓了。如何使得！这里下冈子去，兀自有七八里没人家。甚么去处，敢在此歇凉！"老都管道："我自坐一坐了走，你自去赶他众人先走。"杨志拿着藤条喝道："一个不走的，吃俺二十棍。"众军汉一齐叫将起来。数内一个分说道："提辖，我们挑着百十斤担子，须不比你空手走的。你端的不把人当人！便是留守相公自来监押时，也容我们说一句。你好不知疼痒，只顾逞办！"杨志骂道："这畜生不呕死俺，只是打便了。"拿起藤条，劈脸便打去。老都管喝道："杨提辖且住，你听我说。我在东京太师府里做奶公时，门下官军见了无千无万，都向着我喏喏连声。不是我口栈，量你是个遭死的军人，相公可怜，抬举你做个提辖，比得草芥子大小的官职，直得人恁地逞能。休说我是相公家都管，便是村庄一个老的，也合依我劝一劝，只顾把他们打，是何看待！"杨志道："都管，你须是城市里人，生长在相府里，那里知道途路上千难万难。"老都管道："四川、两广也曾去来，不曾见你这般卖弄。"杨志道："如今须不比太平时节。"都管道："你说这话，该剜口割舌。今日天下怎地不太平？"

杨志却待再要回言，只见对面松林里影着一个人在那里舒头探脑家望。杨志道："俺说甚么，兀的不是歹人来了！"撇下藤条，拿了朴刀，赶入松林里来，喝一声道："你这厮好大胆，怎敢看俺的行货！"只见松林里一字儿摆着七辆江州车儿⑥，七个人脱得赤条条的在那里乘凉。一个鬓边老大一搭朱砂记，拿着一条朴刀，望杨志跟前来。七个人齐叫一声："呵也！"都跳起来。杨志喝道："你等是甚么人？"那七人道："你是甚么人？"杨志又问道："你等莫不是歹人？"那七人道："颠倒问，我等是小本经纪，那里有钱与你。"杨志道："你等小本经纪人，偏俺有大本钱。"那七个人问道："你端的是甚么人？"杨志道："你等且说那里来的人？"那七人道："我等弟兄七人，是濠州人，贩枣子上东京去，路途打从这里经过。听得多人说，这里黄泥冈上如常有贼打劫客商。我等一面走，一头自说道：'我七个只有些枣子，别无甚财赋。'只顾过冈子来。上得冈子，当不过这热，权且在这林子里歇一歇，待晚凉了行。只听得有人上冈子来，我们只怕是歹人，因此使这个兄弟出来看一看。"杨志道："原来如此，也是一般的客人。却才见你们窥望，惟恐是歹人，因此赶来看一看。”那七个人道：“客官请几个枣子了去。”杨地道：“不必。”提了朴刀，再回担边来。

老都管道：“既是有贼，我们去休。”杨志说道：“俺只道是歹人，原来是几个贩枣子的客人。”老都管道：“似你方才说时，他们都是没命的。”杨志道：“不必相闹，俺只要没事便好。你们且歇了，等凉些走。”众军汉都笑了。杨志把朴刀插在地上，自去一边树下坐了歇凉。没半碗饭时，只见远远地一个汉子，挑着一付担桶，唱上冈子来。唱道：

“赤日炎炎似火烧，野田禾稻半枯焦。农夫心内如汤煮，楼上王孙把扇摇。”

那汉子口里唱着，走上冈子来，松林里头歇下担桶，坐地乘凉。众军看见了，便问那汉子道：“你桶里是甚么东西？”那汉子应道：“是白酒。”众军道：“挑往那里去？”那汉子道：“挑去村里卖。”众军道：“多少钱一桶？”那汉子道：“五贯足钱。”众军商量道：“我们又热又渴，何不买些吃，也解暑气。”正在那里凑钱。杨志见了，喝道：“你们又做甚么？”众军道：“买碗酒吃。”杨志调过朴刀杆便打，骂道：“你们不得洒家言语，胡乱便要买酒吃，好大胆！”众军道：“没事又来鸟乱。我们自凑钱买酒吃，干你甚事，也来打人。”杨志道：“你这村鸟理会的甚么！到来只顾吃嘴，全不晓得路途上的勾当艰难。多少好汉，被蒙汗药麻翻了。”那挑酒的汉子，看着杨志冷笑道：“你这客官好不晓事，早是我不卖与你吃，却说出这般没气力的话来。”

正在松树边闹动争说，只见对面松林里那伙贩枣子的客人，都提着朴刀走出来问道：“你们做甚么闹？”那挑酒的汉子道：“我自挑这酒过冈子村里卖，热了在此歇凉。他众人要问我买些吃，我又不曾卖与他。这个客官道我酒里有甚么蒙汗药。你道好笑么？说出这般话来。”那七个客人说道：“我只道有歹人出来，原来是如此。说一声也不打紧。我们倒着买一碗吃。既是他们疑心，且卖一桶与我们吃。”那挑酒的道：“不卖，不卖。”这七个客人道：“你这鸟汉子也不晓事。我们须不曾说你。你左右将到村里去卖，一般还你钱。便卖些与我们，打甚么不紧。看你不道得舍施了茶汤[7]，便又救了我们热渴。”那挑酒的汉子便道：“卖一桶与你不争，只是被他们说的不好。又没碗瓢舀吃。”那七人道：“你这汉子忒认真，便说了一声打甚么不紧。我们自有椰瓢在这里。”只见两个客人去车子前取出两个椰瓢来，一个捧出一大捧枣子来。七个人立在桶边，开了桶盖，轮替换着舀那酒吃。把枣子过口。无一时，一桶酒都吃尽了。七个客人道：“正不曾问得你多少价钱。”那汉子道：“我一了不说价[8]，五贯足钱一桶，十贯一担。”七个客人道：“五贯便依你五贯，只饶我们一瓢吃。”那汉道：“饶不的。做定的价钱。”一个客人把钱还他，一个客人便去揭开桶盖，兜了一瓢，拿上便吃。那汉去夺时，这客人手拿半瓢酒，望松林里便走。那汉赶将去，只见这边一个客人从松林里走将出来，手里拿一个瓢，便来桶里舀了一瓢酒。那汉看见，抢来劈手夺住，望桶里一倾，便盖了桶盖，将瓢望地下一丢，口里说道：“你这客人好不君子相！戴头识脸的，也这般罗唣。”

那对过众军汉见了，心内痒起来，都待要吃。数中一个看着老都管道：“老爷爷，与我们说一声。那卖枣子的客人买他一桶吃了，我们胡乱也买他这桶吃，润一润喉也好。其实热渴了，没奈何，这里冈子上又没讨水吃处。老爷方便！”老都管见众军所说，自心里也要吃得些，竟来对杨志说：“那贩枣子客人已买了他一桶酒吃，只有这一桶，胡乱教他们买了避暑气。冈子上端的没处讨水吃。”杨志寻思道：“俺在远远处望，这厮们都买他的酒吃了，那桶里当面也见吃了半瓢，想是好的。打了他们半日，胡乱容他买碗酒吃罢。”杨志道：“既然老都管说了，教这厮们买吃了便起身。”众军健听了这话，凑了五贯足钱来买酒吃。那卖酒的汉子道：“不卖了，不卖了。”便道：“这酒里有蒙汗药在里头。”众军陪着笑说道：“大哥，直得便还言语！”那汉道：“不卖了，休缠。”这贩枣子的客人劝道：“你这个鸟汉子，他也说得差了，你也忒认真，连累我们也吃你说了几声。须不关他众人之事。胡乱卖与他众人吃些。”那汉道：“没事讨别人疑心做甚么。”这贩枣子客人把那卖酒的汉子推开一边，只顾将这桶酒提与众军去吃。那军汉开了桶盖，无甚舀吃，陪个小心，问客人借这椰瓢用一用。众客人道：“就送这几个枣子与你们过酒。”众军谢道：“甚么道理。”客人道：“休要相谢，都是一般客人，何争在这百十个枣子上。”众军谢了，先兜两瓢，叫老都管吃一瓢，杨提辖吃一瓢。杨志那里肯吃。老都管自先吃了一瓢。两个虞候，各吃一瓢，各吃一瓢。众军汉一发上，那桶酒登时吃尽了。杨志见众人吃了无事，自本不吃，一者天气甚热，二乃口渴难熬，拿起来只吃了一半，枣子分几个吃了。那卖酒的汉子说道：“这桶酒吃那客人饶两瓢吃了，少了你些酒，我今饶了你众人半贯钱罢。”众军汉把钱还他。那汉子收了钱，挑了空桶，依然唱着山歌，自下冈子去了。

只见那七个贩枣子的客人，立在松树傍边，指着这一十五人说道：“倒也！倒也！”只见这十五个人，头重脚轻，一个个面面厮觑，都软倒了。那七个客人从松树林里推出这七辆江州车儿，把车子上枣子都丢大地上，将这十一担金珠宝贝，却装在车子内，叫声：“聒噪！”一直望黄泥冈下推了去。杨志口里只是叫苦，软了身体，扎挣不起。十五人眼睁睁地看着那七个人都把这金宝装了去，只是起不来，挣不动，说不的。

我且问你：这七人端的是谁？不是别人，原来正是晁盖、吴用、公孙胜、刘唐、三阮这七个。却才那个挑酒的汉子，便是白日鼠白胜。却怎地用药？原来挑上冈子时，两桶都是好酒。七个人先吃了一桶。刘唐揭起桶盖，又兜了半瓢吃，故意要他们看着，只是叫人死心塌地。次后，吴用去松林里取出药来，抖在瓢里，只做赶来饶他酒吃。把瓢去兜时，药已搅在酒里，假意兜半瓢吃，那白胜劈手夺来，倾在桶里。这个便是计策。那计较都是吴用主张。这个唤做“智取生辰纲”。

施耐庵《水浒传》（人民文学出版社，1997）

【注释】

①虞候：古官职名，宋时指官僚雇用的侍从。

②札付：公文。

③单牌、双牌：古代驿路旁记里数之标志，单数里程称为单牌，双数里程称为双牌。

④做大：自大，摆架子。

⑤鳖拗：别扭。

⑥江州车儿：一种手推的独轮车，便于山地运输。相传为诸葛亮在巴郡江州县（属今重庆市）创制，故称。

⑦不道得：不思量，岂不是。

⑧一了：从来，一直。

阅读提示

《水浒传》，中国第一部歌颂农民起义的长篇章回体小说，英雄传奇小说代表作。小说取材于北宋末年宋江起义的故事，通过对众多草莽英雄不同人生经历和反抗道路的描写，鲜明地凸显了“乱自上作”“官逼民反”的主题，同时也塑造了108位形象生动、个性鲜明的水浒英雄。

小说作者，学术界一般认为是施耐庵作。施耐庵，生平不详，约是元末明初钱塘（今浙江杭州）人，元末曾中进士，在钱塘为官三年，因不满官场黑暗，弃官归里，后创作《水浒传》。

本文节选自《水浒传》第十六回《杨志押送金银担　吴用智取生辰纲》，题目为编者所加。

思考与练习

1. 杨志是怎样一步步失陷生辰纲的？

2. 失陷生辰纲是杨志走上梁山的转折点，请分析杨志在押解途中表现了怎样的性格特征？

红楼梦（节选）

曹雪芹

第三十三回

原来宝玉会过雨村回来听见了，便知金钏儿含羞赌气自尽，心中早又五内摧伤，进来被王夫人数落教训，也无可回说。见宝钗进来，方得便出来，茫然不知何往，背着手，低头一面感叹，一面慢慢的走着，信步来至厅上。刚转过屏门，不想对面来了一人正往里走，可巧儿撞了个满怀。只听那人喝了一声“站住!”宝玉唬了一跳，抬头一看，不是别人，却是他父亲，不觉的倒抽了一口气，只得垂手一旁站了。贾政道：“好端端的，你垂头丧气嗐些什么？方才雨村来了要见你，叫你那半天你才出来；既出来了，全无一点慷慨挥洒谈吐，仍是葳葳蕤蕤[①]。我看你脸上一团思欲愁闷气色，这会子又咳声叹气。你那些还不足，还不自在？无故这样，却是为何？”宝玉素日虽是口角伶俐，只是此时一心总为金钏儿感伤，恨不得此时也身亡命殒，跟了金钏儿去。如今见了他父亲说这些话，究竟不曾听见，只是怔呵呵的站着。

贾政见他惶悚[②]，应对不似往日，原本无气的，这一来倒生了三分气。方欲说话，忽有回事人来回：“忠顺亲王府里有人来，要见老爷。”贾政听了，心下疑惑，暗暗思忖道：“素日并不和忠顺府来往，为什么今日打发人来？”一面想一面令“快请”，急走出来看时，却是忠顺府长史官，忙接进厅上坐了献茶。未及叙谈，那长史官先就说道：“下官此来，并非擅造潭府[③]，皆因奉王命而来，有一件事相求。看王爷面上，敢烦老大人作主，不但王爷知情，且连下官辈亦感谢不尽。”贾政听了这话，抓不住头脑，忙陪笑起身问道：“大人既奉王命而来，不知有何见谕[④]，望大人宣明，学生好遵谕承办。”那长史官便冷笑道：“也不必承办，只用大人一句话就完了。我们府里有一个做小旦的琪官，一向好好在府里，如今竟三五日不见回去，各处去找，又摸不着他的道路，因此各处访察。这一城内，十停人倒有八停人都说，他近日和衔玉的那位令郎相与甚厚。下官辈等听了，尊府不比别家，可以擅入索取，因此启明王爷。王爷亦云：‘若是别的戏子呢，一百个也罢了，只是这琪官随机应答，谨慎老诚，甚合我老人家的心，竟断断少不得此人。’故此求老大人转谕令郎，请将琪官放回，一则可慰王爷谆谆奉恳，二则下官辈也可免操劳求觅之苦。”

说毕，忙打一躬。

贾政听了这话，又惊又气，即命唤宝玉来。宝玉也不知是何原故，忙赶来时，贾政便问："该死的奴才！你在家不读书也罢了，怎么又做出这些无法无天的事来！那琪官现是忠顺王爷驾前奉承的人，你是何等草芥，无故引逗他出来，如今祸及于我。"宝玉听了唬了一跳，忙回道："实在不知此事。究竟连'琪官'两个字不知为何物，岂更又加'引逗'二字！"说着便哭了。贾政未及开言，只见那长史官冷笑道："公子也不必掩饰。或隐藏在家，或知其下落，早说了出来，我们也少受些辛苦，岂不念公子之德?"宝玉连说不知，"恐是讹传，也未见得。"那长史官冷笑道："现有据证，何必还赖？必定当着老大人说了出来，公子岂不吃亏？既云不知此人，那红汗巾子怎么到了公子腰里?"宝玉听了这话，不觉轰去魂魄，目瞪口呆，心下自思："这话他如何得知！他既连这样机密事都知道了，大约别的瞒他不过，不如打发他去了，免的再说出别的事来。"因说道："大人既知他的底细，如何连他置买房舍这样大事倒不晓得了？听得说他如今在东郊离城二十里有个什么紫檀堡，他在那里置了几亩田地几间房舍。想是在那里也未可知。"那长史官听了，笑道："这样说，一定是在那里。我且去找一回，若有了便罢，若没有，还要来请教。"说着，便忙忙的走了。

贾政此时气的目瞪口歪，一面送那长史官，一面回头命宝玉："不许动！回来有话问你!"一直送那官员去了。才回身，忽见贾环带着几个小厮一阵乱跑。贾政喝令小厮"快打，快打!"贾环见了他父亲，唬的骨软筋酥，忙低头站住。贾政便问："你跑什么？带着你的那些人都不管你，不知往那里逛去，由你野马一般!"喝令叫跟上学的人来。贾环见他父亲盛怒，便乘机说道："方才原不曾跑，只因从那井边一过，那井里淹死了一个丫头，我看见人头这样大，身子这样粗，泡的实在可怕，所以才赶着跑了过来。"贾政听了惊疑，问道："好端端的，谁去跳井？我家从无这样事情，自祖宗以来，皆是宽柔以待下人。——大约我近年于家务疏懒，自然执事人操克夺之权[5]，致使生出这暴殄轻生的祸患[6]。若外人知道，祖宗颜面何在!"喝令快叫贾琏、赖大、来兴。小厮们答应了一声，方欲叫去，贾环忙上前拉住贾政的袍襟，贴膝跪下道："父亲不用生气。此事除太太房里的人，别人一点也不知道。我听见我母亲说……"，说到这里，便回头四顾一看。贾政知意，将眼一看众小厮，小厮们明白，都往两边后面退去。贾环便悄悄说道："我母亲告诉我说，宝玉哥哥前日在太太屋里，拉着太太的丫头金钏儿强奸不遂，打了一顿。那金钏儿便赌气投井死了。"话未说完，把个贾政气的面如金纸，大喝"快拿宝玉来!"一面说，一面便往里边书房里去，喝令"今日再有人劝我，我把这冠带家私[7]，一应交与他与宝玉过去！我免不得做个罪人，把这几根烦恼鬓毛剃去，寻个干净去处自了，也免得上辱先人下生逆子之罪。"众门客仆从见贾政这个形景，便知又是为宝玉了，一个个都是啖指咬舌，连忙退出。那贾政喘吁吁直挺挺坐在椅子上，满面泪痕，一叠声“拿宝玉！拿大棍！拿索子捆上！把各门都关上！有人传信往里头去，立刻打死！”众小厮们只得齐声答应，有几个来找宝玉。

那宝玉听见贾政吩咐他“不许动”，早知多凶少吉，那里承望贾环又添了许多的话。正在厅上干转[8]，怎得个人来往里头去捎信，偏生没个人，连焙茗也不知在那里。正盼望时，只见一个老姆姆出来。宝玉如得了珍宝，便赶上来拉他，说道：“快进去告诉：老爷要打我呢！快去，快去！要紧，要紧！”宝玉一则急了，说话不明白，二则老婆子偏生又聋，竟不曾听见是什么话，把“要紧”二字只听作“跳井”二字，便笑道：“跳井让他跳去，二爷怕什么？”宝玉见是个聋子，便着急道：“你出去叫我的小厮来罢。”那婆子道：“有什么不了的事？老早的完了。太太又赏了衣服，又赏了银子，怎么不了事的！”

宝玉急的跺脚，正没抓寻处，只见贾政的小厮走来，逼着他出去了。贾政一见，眼都红紫了，也不暇问他在外流荡优伶，表赠私物，在家荒疏学业，淫辱母婢等语，只喝令“堵起嘴来，着实打死！”小厮们不敢违拗，只得将宝玉按在凳上，举起大板打了十来下。贾政犹嫌打轻了，一脚踢开掌板的，自己夺过来，咬着牙狠命盖了三四十下[9]。众门客见打的不祥了[10]，忙上前夺劝。贾政那里肯听，说道：“你们问问他干的勾当可饶不可饶！素日皆是你们这些人把他酿坏了，到这步田地还来解劝。明日酿到他弑君杀父，你们才不劝不成！”

众人听这话不好听，知道气急了，忙又退出，只得觅人进去给信。王夫人不敢先回贾母，只得忙穿衣出来，也不顾有人没人，忙忙赶往书房中来，慌的众门客小厮等避之不及。王夫人一进房来，贾政更如火上浇油一般，那板子越发下去的又狠又快。按宝玉的两个小厮忙松了手走开，宝玉早已动弹不得了。贾政还欲打时，早被王夫人抱住板子。贾政道：“罢了，罢了！今日必定要气死我才罢！”王夫人哭道：“宝玉虽然该打，老爷也要自重。况且炎天暑日的，老太太身上也不大好，打死宝玉事小，倘或老太太一时不自在了，岂不事大！”贾政冷笑道：“倒休提这话。我养了这不肖的孽障，已不孝，教训他一番，又有众人护持；不如趁今日一发勒死了，以绝将来之患！”说着，便要绳索来勒死。王夫人连忙抱住哭道：“老爷虽然应当管教儿子，也要看夫妻分上。我如今已将五十岁的人，只有这个孽障，必定苦苦的以他为法，我也不敢深劝。今日越发要他死，岂不是有意绝我。既要勒死他，快拿绳子来先勒死我，再勒死他。我们娘儿们不敢含怨，到底在阴司里得个依靠。”说毕，爬在宝玉身上大哭起来。贾政听了此话，不觉长叹一声，向椅上坐了，泪如雨下。王夫人抱着宝玉，只见他面白气弱，底下穿着一条绿纱小衣皆是血渍，禁不住解下汗巾看，由臀至胫，或青或紫，或整或破，竟无一点好处，不觉失声大哭起来，“苦命的儿吓！”因哭出“苦命儿”来，忽又想起贾珠来，便叫着贾珠哭道：“若有你活着，便死一百个我也不管了。”此时里面的人闻得王夫人出来，那李宫裁王熙凤与迎春姊妹早已出来了。王夫人哭着贾珠的名字，别人还可，惟有宫裁禁不住也放声哭了。贾政听了，那泪珠更似滚瓜一般滚了下来。

正没开交处，忽听丫鬟来说：“老太太来了。”一句话未了，只听窗外颤巍巍的声气说道：“先打死我，再打死他，岂不干净了！”贾政见他母亲来了，又急又痛，连忙迎接出来，只见贾母扶着丫头，喘吁吁的走来。贾政上前躬身陪笑道：“大暑热天，母亲有何生气亲自走来？有话只该叫了儿子进去吩咐。”贾母听说，便止住步喘息一回，厉声说道：“你原来是和我说话！我倒有话吩咐，只是可怜我一生没养个好儿子，却教我和谁说去！”贾政听这话不象，忙跪下含泪说道：“为儿的教训儿子，也为的是光宗耀祖。母亲这话，我做儿的如何禁得起？”贾母听说，便啐了一口，说道：“我说一句话，你就禁不起，你那样下死手的板子，难道宝玉就禁得起了？你说教训儿子是光宗耀祖，当初你父亲怎么教训你来！”说着，不觉就滚下泪来。贾政又陪笑道：“母亲也不必伤感，皆是作儿的一时性起，从此以后再不打他了。”贾母便冷笑道：“你也不必和我使性子赌气的。你的儿子，我也不该管你打不打。我猜着你也厌烦我们娘儿们。不如我们赶早儿离了你，大家干净！”说着便令人去看轿马，“我和你太太宝玉立刻回南京去！”家下人只得干答应着。贾母又叫王夫人道：“你也不必哭了。如今宝玉年纪小，你疼他，他将来长大成人，为官作宰的，也未必想着你是他母亲了。你如今倒不要疼他，只怕将来还少生一口气呢。”贾政听说，忙叩头哭道：“母亲如此说，贾政无立足之地。”贾母冷笑道：“你分明使我无立足之地，你反说起你来！只是我们回去了，你心里干净，看有谁来许你打。”一面说，一面只令快打点行李车轿回去。贾政苦苦叩求认罪。

贾母一面说话，一面又记挂宝玉，忙进来看时，只见今日这顿打不比往日，又是心疼，又是生气，也抱着哭个不了。王夫人与凤姐等解劝了一会，方渐渐的止住。早有丫鬟媳妇等上来，要搀宝玉，凤姐便骂道：“糊涂东西，也不睁开眼瞧瞧！打的这么个样儿，还要搀着走！还不快进去把那藤屉子春凳抬出来呢。”众人听说连忙进去，果然抬出春凳来，将宝玉抬放凳上，随着贾母王夫人等进去，送至贾母房中。

彼时贾政见贾母气未全消，不敢自便，也跟了进去。看看宝玉，果然打重了。再看看王夫人，“儿”一声，“肉”一声，“你替珠儿早死了，留着珠儿，免你父亲生气，我也不白操这半世的心了。这会子你倘或有个好歹，丢下我，叫我靠那一个！”数落一场，又哭“不争气的儿”。贾政听了，也就灰心，自悔不该下毒手打到如此地步。先劝贾母，贾母含泪说道：“你不出去，还在这里做什么！难道于心不足，还要眼看着他死了才去不成！”贾政听说，方退了出来。

此时薛姨妈同宝钗、香菱、袭人、史湘云也都在这里。袭人满心委屈，只不好十分使出来，见众人围着，灌水的灌水，打扇的打扇，自己插不下手去，便越性走出来到二门前，令小厮们找了焙茗来细问："方才好端端的，为什么打起来？你也不早来透个信儿！"焙茗急的说："偏生我没在跟前，打到半中间我才听见了。忙打听原故，却是为琪官金钏姐姐的事。"袭人道："老爷怎么得知道的？"焙茗道："那琪官的事，多半是薛大爷素日吃醋，没法儿出气，不知在外头唆挑了谁来，在老爷跟前下的火。那金钏儿的事是三爷说的，我也是听见老爷的人说的。"袭人听了这两件事都对景，心中也就信了八九分。然后回来，只见众人都替宝玉疗治。调停完备，贾母令"好生抬到他房内去"。众人答应，七手八脚，忙把宝玉送入怡红院内自己床上卧好。又乱了半日，众人渐渐散去，袭人方进前来经心服侍，问他端的。

曹雪芹《红楼梦》（人民文学出版社，1982）

【注释】

①葳（wēi）葳蕤（ruí）蕤：精神不振的样子。

②惶悚：惊惶害怕的样子。

③潭府：深宅大院。这里用作对别人住宅的尊称。

④有何见谕：有什么话要告诉，一种客气的说法。谕：告知，用于上对下。

⑤克夺之权：生杀予夺之权。

⑥暴殄（tiǎn）：指残暴毁灭他人生命。轻生：指不重视自己的生命而自杀。

⑦冠带家私：官职和家产。冠带：以官服指代官爵。

⑧干转：很着急地转来转去，毫无办法的样子。

⑨盖：这里指打得很狠，如铺天盖地一般。

⑩不祥：指打得太重，甚至有生命危险。

阅读提示

曹雪芹（约1715—约1763），名沾，字梦阮，号雪芹，又号芹溪、芹圃，祖籍辽宁铁岭，生于南京，约13岁时迁回北京。曹雪芹爱好广泛，对诗书、绘画、金石、园林、中医、织补、工艺、饮食等均有所研究。他以坚韧不拔的毅力，历经多年艰辛，终于创作出极具思想性、艺术性的伟大作品——《红楼梦》。

《红楼梦》是"一部具有高度思想性和高度艺术性的伟大作品，代表古典小说艺术的最高成就之一，也是中国古代四大名著之一。它以荣国府的日常生活为中心，以宝玉、黛玉、宝钗的爱情婚姻悲剧及大观园中点滴琐事为主线，以金陵贵族名门贾、史、王、薛四大家族由鼎盛走向衰亡的历史为暗线，展现了穷途末路的封建社会终将走向灭亡的必然趋势。并以其曲折隐晦的表现手法、凄凉深切的情感格调、强烈高远的思想底蕴，在中国古代民俗、封建制度、社会图景、建筑金石等各领域皆有不可替代的研究价值，达到中国古典小说的高峰，被誉为‘中国封建社会的百科全书’”。

本文所节选的段落出自《红楼梦》第三十三回，通过宝玉挨打这样一件生活中的小事，体现出封建大家庭不同人物的鲜明特色，折射出家庭内部与外部各类矛盾的交织，透视出当时社会整体的价值观念。《红楼梦》这样一部巨著，即便是一个片段的解读，都需要联系全书整体的架构与思想来领会其深刻的思想内涵。

思考与练习

1. 通过宝玉挨打的原因及宝玉挨打后众人的表现，分析宝玉的人物特征及众人对他的态度？

2. 贾政痛打宝玉的过程中，作者几次写到他流泪？他为什么流泪？每次流泪所表现的思想感情一样吗？

3. 分析王夫人及贾母在宝玉挨打后的表现，体现出什么样的思想意义？

·施润泽滩阙遇友（节选）·

冯梦龙

还带曾消纵理纹，返金种得桂枝芬。从来阴骘能回福[①]，举念须知有鬼神。

这首诗引着两个古人阴骘的故事。第一句说：还带曾消纵理纹，乃唐朝晋公裴度之事。那裴度未遇时，一贫如洗，功名蹭蹬[②]。就一风鉴[③]，以决行藏。那相士说：“足下功名事，且不必问。更有句话，如不见怪，方敢直言。”裴度道：“小生因在迷途，故求指示，岂敢见怪！”相士道：“足下螣蛇纵理纹入口，数年之间必致饿死沟渠。”连相钱俱不肯受。裴度是个知命君子，也不在其意。一日，偶至香山寺闲游，只见供卓上光华耀目。近前看时，乃是一围宝带。裴度捡在手中，想道：“这寺乃冷落所在，如何却有这条宝带？”翻阅了一回，又想道：“必有甚贵人，到此礼佛更衣。祗候们不小心，遗失在此。定然转来寻觅。”乃坐在廊庑下等候。不一时，见一女子走入寺来，慌慌张张，径望殿上而去。向供桌上看了一看，连声叫苦，哭倒于地。裴度走向前问道：“小娘子因何恁般啼泣？”那女子道：“妾父被人陷于大辟，无门伸诉。妾日至此恳佛阴祐。近日幸得从轻赎镮[④]。妾家贫无措，遍乞高门。昨得一贵人矜怜，助一宝带。妾以佛力所致，适携带呈于佛前，稽首叩谢。因赎父心急，竟忘收此带，仓忙而去。行至半路方觉。急急赶来取时，已不知为何人所得。今失去这带，妾父料无出狱之期矣！”说罢又哭。裴度道：“小娘子不必过哀，是小生收得，故在此相候。”把带递还。那女子收泪拜谢：“请问姓字，他日妾父好来叩谢。”裴度道：“小娘子有此冤抑，小生因在贫乡，不能少助为愧。还人遗物，乃是常事，何足为谢！”不告姓名而去。过了数日，又遇向日相士，不觉失惊道：“足下曾作何好事来？”裴度答云：“无有。”相士道：“足下今日之相，比先大不相牟。阴德纹大见，定当位极人臣，寿登耄耋，富贵不可胜言！”裴度当时犹以为戏语。后来果然出将入相，历事四朝，封为晋国公，年享上寿。有诗为证：

纵理纹生相可怜，香山还带竟安然。淮西荡定功英伟，身系安危三十年。

第二句说是：返金种得桂枝芬。乃五代窦禹钧之事。那窦禹钧，蓟州人氏，官为谏议大夫，年三十而无子。夜梦祖父说道：“汝命中已该绝嗣，寿亦只在明岁。及早行善，或可少延。”禹钧唯唯。他本来是个长者，得了这梦，愈加好善。一日薄暮，于延庆寺侧，拾得黄金三十两，白金二百两。至次日清早，便往寺前守候。少顷，见一后生涕泣而来。禹钧迎住问之，后生答道：“小人父亲身犯重罪，禁于狱中，小人遍恳亲知，共借白金二百两，黄金三十两。昨将去赎父，因主库者不在而归。为亲戚家留款，多吃了杯酒，把东西遗失，今无以赎父矣！”窦公见其言已合银数，乃袖中摸出还之，道：“不消着急，偶尔拾得在此，相候久矣！”这后生接过手，打开看时，分毫不动，叩头泣谢。窦公扶起，分外又赠银两而去。其他善事甚多，不可枚举。一夜，复梦祖先说道：“汝合无子无寿。今有还金阴德种种，名挂天曹，特延算三纪，赐五子显荣。”窦公自此愈积阴功。后果连生五子：长仪，次俨，三侃，四偁，五僖，俱仕宋为显官。窦公寿至八十二，沐浴相别亲戚，谈笑而卒。长乐老冯道有诗赠之云：

燕山窦十郎，教子有义方。灵椿一株老，丹桂五枝芳。

说话的，为何道这两桩故事？只因亦有一人曾还遗金，后来虽不能如二公这等大富大贵，却也免了一个大难，享个大大家事。正是：

种瓜得瓜，种豆种豆。一切祸福，自作自受。

说这苏州府吴江县离城七十里，有个乡镇，地名盛泽，镇上居民稠广，土俗淳朴，俱以蚕桑为业。男女勤谨，络纬机杼之声，通宵彻夜。那市上两岸绸丝牙行[⑤]，约有千百余家，远近村坊织成绸匹，俱到此上市。四方商贾来收买的，蜂攒蚁集，挨挤不开，路途无伫足之隙；乃出产绵绣之乡，积聚绫罗之地。江南养蚕所在甚多，惟此镇处最盛。有几句口号为证：

东风二月暖洋洋，江南处处蚕桑忙。蚕欲温和桑欲干，明如良玉发奇光。缲成万缕千丝长，大筐小筐随络床。美人抽绎沾唾香，一经一纬机杼张。咿咿轧轧谐宫商，花开锦簇成匹量。莫忧入口无餐粮，朝来镇上添远商。

且说嘉靖年间，这盛泽镇上有一人，姓施名复，浑家喻氏，夫妻两口，别无男女。家中开张绸机，每年养几筐蚕儿，妻络夫织，甚好过活。这镇上都是温饱之家，织下绸匹，必积至十来匹，最少也有五六匹，方才上市。那大户人家积得多的便不上市，都是牙行引客商上门来买。施复是个小户儿，本钱少，织得三四匹，便去上市出脱。一日，已积了四匹，逐匹把来方方折好，将个布袱儿包裹，一径来到市中。只见人烟辏集，语话喧阗，甚是热闹。施复到个相熟行家来卖。见门首拥着许多卖绸的，屋里坐下三四个客商。主人家跕在柜身里，展看绸匹，估喝价钱。施复分开众人，把绸递与主人家。主人家接来，解开包袱，逐匹翻看一过，将秤准了一准，喝定价钱，递与一个客人道："这施一官是忠厚人，不耐烦的，把些好银子与他。"那客人真个只拣细丝称准，付与施复。施复自己也摸出戥子来准一准，还觉轻些，又争添上一二分，也就罢了。讨张纸包好银子，放在兜肚里，收了戥子包袱，向主人家拱一拱手，叫声有劳，转身便走。行不上半箭之地，一眼觑见一家街沿之下，一个小小青布包儿。施复趱步向前，拾起袖过，走到一个空处，打开看时，却是两锭银子，又有三四件小块，兼着一文太平钱儿。把手攧一攧，约有六两多重。心中欢喜道："今日好造化！拾得这些银子，正好将去凑做本钱。"连忙包好，也揣在兜肚里，望家中而回。一头走，一头想："如今家中见开这张机，尽够日用了。有了这银子，再添上一张机，一月出得多少绸，有许多利息。这项银子，譬如没得，再不要动他。积上一年，共该若干，到来年再添上一张，一年又有多少利息。算到十年之外，便有千金之富。那时造什么房子，买多少田产。"正算得熟滑，看看将近家中，忽地转过念头，想道："这银两若是富人掉的，譬如牯牛身上拔根毫毛，打什么紧，落得将来受用。若是客商的，他抛妻弃子，宿水餐风，辛勤挣来之物，今失落了，好不烦恼。如若有本钱的，他拚这账生意扯直，也还不在心上。傥然是个小经纪，只有这些本钱，或是与我一般样苦挣过日，或卖了绸，或脱了丝，这两锭银乃是养命之根，不争失了，就如绝了咽喉之气，一家良善，没甚过活，互相埋怨，必致鬻身卖子。傥是个执性的，气恼不过，肮脏送了性命，也未可知。我虽是拾得的，不十分罪过。但日常动念，使得也不安稳。就是有了这银子，未必真个营运发积起来。一向没这东西，依原将就过了日子。不如原往那所在，等失主来寻，还了他去，到得安乐。"随复转身而来。正是：

多少恶念转善，多少善念转恶。劝君诸善奉行，但是诸恶莫作。

当下施复来到拾银之处，靠在行家柜边，等了半日，不见失主来寻。他本空心出门的，腹中渐渐饥饿。欲待回家吃了饭再来，犹恐失主一时间来，又不相遇，只得忍着等候。少顷，只见一个村庄后生，汗流满面，闯进行家，高声叫道："主人家，适来银子忘记在柜上，你可曾捡得么？”主人家道：“你这人好混帐！早上交银子与了你，这时节却来问我。你若忘在柜上时，莫说一包，再有几包也都拿去了。”那后生连把脚跌道：“这是我的种田工本，如今没了，却怎么好？”施复问道：“约莫有多少？”那后生道：“起初在这里卖的丝银六两二钱。”施复道：“把什么包的？有多少件数？”那后生道：“两大锭，又是三四块小的，一个青布银包包的。”施复道：“恁样，不消着急。我拾得在此，相候久矣！”便去兜肚里摸出来，递与那人。那人连声称谢，接过手，打开看时，分毫不动。那时往来的人，当做奇事，拥上一堆，都问道：“在那里拾的？”施复指道：“在这阶沿头拾的。”那后生道：“难得老哥这样好心，在此等候还人。若落在他人手里，安肯如此！如今到是我拾得的了，情愿与老哥各分一半。”施复道：“我若要，何不全取了，却分你这一半？”那后生道：“既这般，送一两谢仪与老哥买果儿吃。”施复笑道：“你这人是个呆子！六两三两都不要，要你一两银子何用！”那后生道：“老哥，银子又不要，何以相报？”众人道：“看这位老兄，是个厚德君子，料必不要你报。不若请到酒肆中吃三杯，见你的意罢了。”那后生道：“说得是。”便来邀施复同去。施复道：“不消得，不消得，我家中有事，莫要担阁我工夫。”转身就走，那后生留之不住。众人道：“你这人好造化！掉了银子，一文钱不费，便捞到手。”那后生道：“便是！不想世间原有这等好人。”把银包藏了，向主人说声打搅，下阶而去。众人亦赞叹而散。也有说：“施复是个呆子，拾了银子不会将去受用，却呆站着等人来还。”也有说：“这人积此阴德，后来必有好处。”不题众人。且说施复回到家里，浑家问道：“为甚么去了这大半日？”施复道：“不要说起，将到家了，因着一件事，复身转去，担阁了这一回。”浑家道：“有甚事担阁？”施复将还银之事，说向浑家。浑家道：“这件事也做得好。自古道：‘横财不富命穷人。’傥然命里没时，得了他反生灾作难，到未可知。”施复道：“我正为这个缘故，所以还了他去。”当下夫妇二人，不以拾银为喜，反以还银为安。衣冠君子中，多有见利忘义的，不意愚夫愚妇到有这等见识。

从来作事要同心，夫唱妻和种德深。万贯钱财如粪土，一分仁义值千金。

自此之后，施复每年养蚕，大有利息，渐渐活动。那育蚕有十体，二光，八宜等法，三稀五广之忌。第一要择蚕种。蚕种好，做成茧小而明厚坚细，可以缫丝。如蚕种不好，但堪为绵纩，不能缫丝，其利便差数倍。第二要时运。有造化的，就蚕种不好，依般做成丝茧；若造化低的，好蚕种，也要变做绵茧。北蚕三眠，南蚕俱是四眠。眠起饲叶，各要及时。又蚕性畏寒怕热，惟温和为得候。昼夜之间，分为四时。朝暮类春秋，正昼如夏，深夜如冬，故调护最难。江南有谣云：

做天莫做四月天，蚕要温和麦要寒。秧要日时麻要雨，采桑娘子要晴干。

那施复一来蚕种拣得好，二来有些时运。凡养的蚕，并无一个绵茧，缫下丝来，细员匀紧，洁净光莹，再没一根粗节不匀的。每筐蚕，又比别家分外多缫出许多丝来。照常织下的绸拿上市去，人看时光彩润泽，都增价竞买，比往常每匹平添钱多银子。因有这些顺溜，几年间，就增上三四张绸机，家中颇颇饶裕。里中遂庆个号儿叫做施润泽。却又生下一个儿子，寄名观音大士，叫做观保。年才二岁，生得眉目清秀，倒好个孩子。话休烦絮。那年又值养蚕之时，才过了三眠，合镇阙了桑叶。施复家也只勾两日之用，心下慌张，无处去买。大率蚕市时，天色不时阴雨，蚕受了寒湿之气，又食了冷露之叶，便要僵死，十分之中，只好存其半，这桑叶就有余了。那年天气温暖，家家无恙，叶遂短阙。且说施复正没处买桑叶，十分焦躁，忽见邻家传说洞庭山余下桑叶甚多，合了十来家过湖去买。施复听见，带了些银两，把被窝打个包儿，也来赶船。这时已是未牌时候，开船摇橹，离了本镇。过了平望，来到一个乡村，地名滩阙。这去处在太湖之傍，离盛泽有四十里之远。天已傍晚，过湖不及，遂移舟进一小港泊住，稳缆停桡，打点收拾晚食，却忘带了打火刀石。众人道："那个上涯去取讨个火种便好？"施复却如神差鬼使一般，便答应道："待我去。"取了一把麻骨[6]，跳上岸来，见家家都闭着门儿。你道为何，天色未晚，人家就闭了门？那养蚕人家，最忌生人来冲。从蚕出至成茧之时，约有四十来日，家家紧闭门户，无人往来。任你天大事情，也不敢上门。当下施复走过几家，初时甚以为怪，道："这些人家，想是怕鬼拖了人去，日色还在天上，便都闭了门。"忽地想起道："呸！自己是老看蚕，到忘记了这取火乃养蚕家最忌的。却兜揽这帐！如今那里去讨？"欲待转来，又想道："方才不应承来，到也罢了。若空身回转，教别个来取得时，反是老大没趣。或者有家儿不养蚕的，也未可知。"依旧又走向前去。只见一家门儿半开半掩，他也不管三七廿一，做两步跨到檐下，却又不敢进去。站在门外，舒颈望着里边，叫声："有人么？"里边一个女人走出来，问道："什么人？"施复满面陪着笑道："大娘子，要相求个火儿。"妇人道："这时节，别人家是不肯的。只我家没忌讳。便点个与你也不妨得。"施复道："如此，多谢了！"即将麻骨递与。妇人接过手，进去点出火来。施复接了，谢声打搅，回身便走。走不上两家门面，背后有人叫道："那取火的转来，掉落东西了。"施复听得，想道："却不知掉了甚的？"又复走转去。妇人说道："你一个兜肚落在此了。"递还施复。施复谢道："难得大娘子这等善心。"妇人道："何足为谢！向年我丈夫在盛泽卖丝，落掉六两多银子，遇着个好人拾得，住在那里等候。我丈夫寻去，原封不动，把来还了，连酒也不要吃一滴儿。这样人方是真正善心人！"施复见说，却与他昔年还银之事相合，甚是骇异，问道："这事有几年了？"妇人把指头扳算道："已有六年了。"施复道："不瞒大娘子说，我也是盛泽人，六年前也曾拾过一个卖丝客人六两多银子，等候失主来寻，还了去。他要请我，也不要吃他的。但不知可就是大娘子的丈夫？"妇人道："有这等事！待我教丈夫出来，认一认可是？"施复恐众人性急，意欲不要，不想手中麻骨火将及点完。乃道："大娘子，相认的事甚缓，求得个黄同纸去引火时，一发感谢不尽。"妇人也不回言，径往里边去了。顷刻间，同一个后生跑出来。彼此睁眼一认，虽然隔了六年，面貌依然，正是昔年还银义士！正是：

一叶浮萍归大海，人生何处不相逢。

当下那后生躬身作揖道："常想老哥，无从叩拜，不想今日天赐下顾。"施复还礼不迭。二人作过揖，那妇人也来见个礼。后生道："向年承老哥厚情，只因一时仓忙，忘记问得尊姓大号住处。后来几遍到贵镇卖丝，问主人家，却又不相认。四面寻访数次，再不能遇见。不期到在敝乡相会，请里面坐。"施复道："多承盛情垂念。便有几个朋友，在舟中等候火去作晚食，不消坐罢。"后生道："何不一发请来？"施复道："岂有此理！"后生道："既如此，送了火去来坐罢！"便教浑家取个火来。妇人即忙进去。后生问道："老哥尊姓大号？今到那里去？"施复道："小子姓施，名复，号润泽。今因缺了桑叶，要往洞庭山去买。"后生道："若要桑叶，我家尽有，老哥今晚住在寒舍，让众人自去，明日把船送到宅上，可好么？"施复见说他家有叶，好不欢喜。乃道："若宅上有时，便省了小子过湖，待我回覆众人自去。"妇人将出火来，后生接了，说："我与老哥同去。"又分付浑家，快收拾夜饭。当下二人拿了火来至船边，把火递上船去。众人一个个眼都望穿，将施复埋怨道："讨个火什么难事！却去这许多时？"施复道："不要说起，这里也都看蚕，没处去讨。落后相遇着这位相熟朋友，说了几句话，故此迟了，莫要见怪！"又道："这朋友偶有余叶在家中，我已买下，不得相陪列位过湖了。包袱在舱中，相烦拿来与我。"众人捡出付与。那后生便来接道："待我拿罢！"施复叫道："列位，暂时抛撇，归家相会。"别了众人，随那后生转来。乃问道："适来忙促，不曾问得老哥贵姓大号。"答道："小子姓朱名恩，表字子义。"施复道："今年贵庚多少？"答道："二十八岁。"施复道："恁样，小子叨长老哥八年。"又问："令尊令堂同居么？"朱恩道："先父弃世多年，止有老母在堂，今年六十八岁了，吃一口长素。"二人一头说，不觉已至门首。朱恩推开门，请施复屋里坐下。那桌上已点得灯烛。朱恩放下包裹道："大嫂快把茶来。"声犹未了，浑家已把出两杯茶，就门帘内递与朱恩。朱恩接过来，递一杯与施复。自己拿一杯相陪。又问道："大嫂，鸡可曾宰么？"浑家道："专等你来相帮。"朱恩听了，连忙把茶放下，跳起身要去捉鸡。原来这鸡就罩在堂屋中左边，施复即上前扯住道："既承相爱，即小菜饭儿也是老哥的盛情，何必杀生！况且此时鸡已上宿，不争我来又害他性命，于心何忍！"朱恩晓得他是个质直之人，遂依他说，仍复坐下道："既如此说，明日宰来相请。"叫浑家道："不要宰鸡了，随分有现成东西，快将来吃罢，莫饿坏了客人。酒烫热些。"施复道："正是忙日子，却来蒿恼。幸喜老哥家没忌讳还好。"朱恩道："不瞒你说，旧时敝乡这一带，第一忌讳是我家。如今只有我家无忌讳。"施复道："这却为何？"朱恩道："自从那年老哥还银之后。我就悟了这道理。凡事是有个定数，断不由人，故此绝不忌讳，依原年年十分利息。乃知人家都是自己见神见鬼，全不在忌讳上来。妖由人兴，信有之也。”施复道：“老哥是明理之人，说得极是。”朱恩又道：“又有一节奇事。常年我家养十筐蚕，自己园上叶吃不来，还要买些。今年看了十五筐，这园上桑又不曾增一棵两棵，如今够了自家，尚余许多，却好又济了老哥之用。这桑叶却像为老哥而生，可不是个定数？”施复道：“老哥高见，甚是有理。就如你我相会，也是个定数。向日你因失银与我识面；今日我亦因失物，尊嫂见还。方才言及前情，又得相会。”朱恩道：“看起来，我与老哥乃前生结下缘分，才得如此。意欲结为兄弟，不知尊意若何？”施复道：“小子别无兄弟，若不相弃，可知好哩。”当下二人就堂中八拜为交，认为兄弟。施复又请朱恩母亲出来拜见了。朱恩重复唤浑家出来，见了结义伯伯。一家都欢欢喜喜。不一时，将出酒肴，无非鱼肉之类，二人对酌。朱恩问道：“大哥有几位令郎？”施复答道：“只有一个，刚才二岁。不知贤弟有几个？”朱恩道：“止有一个女儿，也才二岁。”便教浑家抱出来，与施恩视看。朱恩又道：“大哥，我与你兄弟之间，再结个儿女亲家何如？”施复道：“如此最好。但恐家寒攀陪不起。”朱恩道：“大哥何出此言！”两下联了姻事，愈加亲热，杯来盏去，直饮至更馀方止。朱恩寻扇板门，把凳子两头阁着，支个铺儿在堂中右边，将荐席铺上。施复打开包裹，取出被来摊好。朱恩叫声安置，将中门闭上，向里面去了。施复吹息灯火，上铺卧下，翻来覆去，再睡不着。只听得鸡在笼中不住吱吱喳喳，想道：“这鸡为甚只管咭咶？”约莫一个更次，众鸡忽然乱叫起来，却像被什么咬住一般。施复只道是黄鼠狼来偷鸡，霍地立起身，将衣服披着急来看这鸡。说时迟，那时快，才下铺，走不上三四步，只听得一时响亮，如山崩地裂，不知甚东西打在铺上，把施复吓得半步也走不动。且说朱恩同母亲浑家正在那里饲蚕，听得鸡叫，也认做黄鼠狼来偷，急点火出来看。才动步，忽听见这一响，惊得跌足叫苦道：“不好了！是我害了哥哥性命也！怎么处？”飞奔出来。母妻也惊骇道：“坏了！坏了！”接脚追随。朱恩开了中门，才跨出脚，就见施复站在中间，又惊又喜道：“哥哥，险些儿吓杀我也！亏你如何走得起身，脱了这祸？”施复道：“若不是鸡叫得慌，起身来看，此时已为齑粉矣！不知是甚东西打将下来？”朱恩道：“乃是一根车轴阁在上边，不知怎地却掉下来？”将火照时，那扇门打得粉碎，凳子都跌到了。车轴滚在壁边，有巴斗粗大。施复看了，伸出舌头缩不上去。此时朱恩母妻见施复无恙，已自进去了。那鸡也寂然无声。朱恩道：“哥哥起初不要杀鸡，谁想就亏他救了性命！”二人遂立誓戒了杀生。有诗为证：

昔闻杨宝酬恩雀，今见施君报德鸡。物性有知皆似此，人情好杀复何为？

当下朱恩点上灯烛，卷起铺盖，取出稻草，就地上打个铺儿与施复睡了。到次早起身，外边却已下雨。吃过早饭，施复便要回家。朱恩道：“难得大哥到此，须住一日，明早送回。”施复道：“你我正都在忙时，总然留这一日，各不安稳。不如早得我回去，等空闲时，大家宽心相叙几日。”朱恩道：“不妨得！譬如今日到洞庭山去了。住在这里话一日儿。”朱恩母亲也出来苦留。施复只得住下。到巳牌时分，忽然作起大风，扬沙拔木，非常利害。接着风，就是一阵大雨。朱恩道：“大哥，天遣你遇着了我，不去得还好。他们过湖的，有些担险哩！”施复道：“便是。不想起这等大风，真个好怕人子！”那风直吹至晚方息。雨也止了。施复又住了一宿。次日起身时，朱恩桑叶已采得完备。他家自有船只，都装好了。吃了饭，打点起身。施复意欲还他叶钱，料道不肯要的，乃道：“贤弟，想你必不受我叶钱，我到不虚文了。但你家中脱不得身，送我去便担阁两日工夫。若有人顾一个摇去，却不两便？”朱恩道：“正要认着大哥家中，下次好来往，如何不要我去？家中也不消得我。”施复见他执意要去，不好阻挡。遂作别朱恩母妻，下了船。朱恩把船摇动。刚过午，就到了盛泽。施复把船泊住，两人搬桑叶上岸。那些邻家也因昨日这风，却担着愁担子，俱在门首等候消息。见施复到时，齐道：“好了，回来也！”急走来问道：“他们那里去了不见？共买得几多叶？”施复答道：“我在滩阙遇着亲戚家，有些余叶送我，不曾同众人过湖。”众人俱道：“好造化！不知过湖的怎样光景哩？”施复道：“料然没事。”众人道：“只愿如此便好。”施复就央几个相熟的，将叶相帮搬到家里。谢声有劳。众人自去。浑家接着，道：“我正在这里忧你，昨日恁样大风，不知如何过了湖？”施复道：“且过来见了朱叔叔，慢慢与你细说。”朱恩上前深深作揖，喻氏还了礼。施复道：“贤弟请坐。大娘快取茶来，引孩子来见丈人。”喻氏从不曾见过朱恩，听见叫他是贤弟，又称他是孩子丈人，心中惑突，正不知是兀谁。忙忙点出两杯茶，引出小厮来。施复接过茶，递与朱恩。自己且不吃茶，便抱小厮过来，与朱恩看。朱恩见生得清秀，甚是欢喜，放下茶，接过来抱在手中。这小厮却如相熟的一般，笑嘻嘻全不怕生。施复向浑家说道：“这朱叔叔便是向年失银子的，他家住在滩阙。”喻氏道：“原来就是向年失银的，如何却得相遇？”施复乃将前晚讨火落了兜肚，因而言及，方才相会，留住在家，结为兄弟。又与儿女联姻，并不要宰鸡，亏鸡警报，得免车轴之难。所以不曾过湖，今日将叶送回。前后事细细说了一遍。喻氏又惊又喜，感激不尽，即忙收拾酒肴款待。正吃酒间，忽闻得邻家一片哭声。施复心中怪异，走出来问时，却是昨日过湖买叶的翻了船，十来个人都淹死了。只有一个人得了一块船板，浮起不死。亏渔船上救了回来报信。施复闻得，吃这惊不小。进来说向朱恩与浑家听了，合掌向天称谢。又道：“若非贤弟相留，我此时亦在劫中矣！”朱恩道：“此皆大哥平昔好善之报，与我何干！”施复留朱恩住了一宿。到次早，朝膳已毕，施复道：“本该留贤弟闲玩几日，便是晓得你家中事忙，不敢担误在此。过了蚕事，然后来相请。”朱恩道：“这里原是不时往来的，何必要请。”施复又买两盒礼物相送，朱恩却也不辞。别了喻氏，解缆开船。施复送出镇上，方才分手。正是：

只为还金恩义重，今朝难舍弟兄情。

且说施复是年蚕丝利息比别年更多几倍。欲要又添张机儿，怎奈家中窄隘，摆不下机床。大凡人时运到来，自然诸事遇巧。施复刚愁无处安机床，恰好间壁邻家住着两间小房，连年因蚕桑失利，嫌道住居风水不好，急切要把来出脱，正凑了施复之便。那邻家起初没售主时，情愿减价与人。及至施复肯与成交，却又道方员无真假，比原价反要增厚，故意作难刁蹬，直征个心满意足，方才移去，那房子还拆得如马坊一般。施复一面唤匠人修理，一面择吉铺设机床。自己将把锄头去垦机坑，约莫锄了一尺多深，忽锄出一块大方砖来。揭起砖时，下面圆圆一个坛口，满满都是烂米。施复说道："可惜这一坛米，如何却埋在地下？"又想道："上边虽然烂了，中间或者还好。"丢了锄头，把手去捧那烂米，还不上一寸，便露出一搭雪白的东西来。举目看时，不是别件，却是腰间细，两头旗（走乔），凑心的细丝锭儿。施复欲待运动，恐怕被匠人们撞见，沸扬开去。急忙原把土泥掩好，报知浑家。直至晚上，匠人去后，方才搬运起来，约有千金之数。夫妻们好不欢喜！施复因免了两次大难，又得了这注财乡，愈加好善。凡力量做得的好事，便竭力为之。做不得的，他也不敢勉强，因此里中随有长者之名。夫妻依旧省吃俭用，昼夜营运。不上十年，就长有数千金家事。又买了左近一所大房居住，开起三四十张绸机，又讨几房家人小厮，把个家业收拾得十分完美。儿子观保，请个先生在家，教他读书，取名德胤。行聘礼定了朱恩女儿为媳。俗语说得好：六亲合一运。那朱恩家事也颇颇长起。二人不时往来，情分胜如嫡亲。

冯梦龙《醒世恒言》（陕西人民出版社，1985）

【注释】

①阴骘（yīnzhì）：原指默默地使安定，转指阴德，后引申为默默行善的德行，亦作"阴德""阴功"。

②蹭蹬（cèngdèng）：比喻困顿不顺利。

③风鉴：看相算命的人。

④赎锾（shúhuán）：赎罪的钱。

⑤牙行：古代市场中为买卖双方介绍交易、评定商品质量、价格的居间行商。

⑥麻骨：即麻杆，浸沤后晾干，可用于照明，起火把的作用。

阅读提示

小说演进至明清，呈现出极度繁荣的状态。无论文言白话、长篇短制，均涌现了大量优秀作品。明清白话短篇小说以"三言"为代表。"三言"即明代小说家冯梦龙编纂的短篇小说集

《喻世明言》《警世通言》《醒世恒言》的合称。以“三言”为代表的明清拟话本小说是明清文人模拟宋元话本的创作形式进行的创作，“三言”中的作品或改编自宋元旧制，或出自冯梦龙自创，但实际上，冯梦龙的改编不仅仅是模写，更是文本重构，小说打上了冯氏思想的深深烙印。冯梦龙主张“情教”说，提倡“借男女之真情，发名教之伪药”，“三言”中对自然“人性”的宣扬举处皆是。当然，冯梦龙的思想又是复杂的，也充斥了道家消极避世的思想以及维护封建伦理道德的思想。

冯梦龙（1574—1646），字犹龙，又字子犹，号龙子犹、墨憨斋主人等。南直隶苏州府长洲县（今江苏苏州）人。冯梦龙在小说、戏曲、民歌、笑话等通俗文学的创作、搜集、整理中做出了杰出的贡献，不仅编纂了拟话本的传世之作“三言”，还留下了历史小说《新列国志》，民歌《桂枝儿》《山歌》，笔记小品《智囊》《古今谈概》，传奇《双雄记》等作品。

本文节选自《醒世恒言》第十八卷《施润泽滩阙遇友》，主要表现了明代手工业者之间简单质朴的友谊，当然，文中也流露出了因果报应、封建说教等思想。

思考与练习

1. 请找出小说中关于明代苏州风土人情描写的段落，分析故事展开的社会背景。
2. 小说在描写施复、朱恩友情时展示了他们怎样的性格特征？
3. 怎样理解小说中流露出来的因果报应思想？

关大王独赴单刀会（节选）

关汉卿

（鲁肃上，云）欢来不似今朝，喜来那逢今日。小官鲁子敬是也[①]。我使黄文持书去请关公，欣喜许今日赴会，荆襄地合归还俺江东。英雄甲士已暗藏壁衣之后[②]，令人江上相候，见船到便来报我知道。

（正末关公引周仓上[③]，云）周仓，将到那里也？（周云）来到大江中流也。（正云）看了这大江，是一派好水也呵！（唱）

【双调新水令】大江东去浪千叠[④]，引着这数十人驾着这小舟一叶。又不比九重龙凤阙[⑤]，可正是千丈虎狼穴。大夫心别[⑥]，我觑这单刀会似赛村社[⑦]。

（云）好一派江景也呵！（唱）

【驻马听】水涌山叠，年少周郎何处也[⑧]？不觉的灰飞烟灭，可怜黄盖转伤嗟[⑨]。破曹的樯橹一时绝，鏖兵的江水由然热[⑩]，好教我情惨切！（云）这也不是江水，（唱）二十年流不尽的英雄血！

（云）却早来到也，报复去[⑪]。（卒报科[⑫]）（做相见科）（鲁云）江下小会，酒非洞里之长春，乐乃尘中之菲艺[⑬]，猥劳君侯屈高就下[⑭]，降尊临卑，实乃鲁肃之万幸也。（正云）量某有何德能，着大夫置酒张筵[⑮]，既请必至。（鲁云）黄文，将酒来。二公子满饮一杯。（正云）大夫饮此杯。（把盏科）（正云）想古今咱这人过日月好疾也呵！（鲁云）过日月是好疾也。光阴似骏马加鞭，浮世似落花流水。（正唱）

【胡十八】想古今立勋业，那里也舜五人、汉三杰[⑯]？两朝相隔数年别，不付能见者[⑰]，却又早老也。开怀的饮数杯，（云）将酒来。（唱）尽心儿待醉一夜。

（把盏科）（正末云）你知"以德报德，以直报怨"么[⑱]？（鲁云）既然将军言"以德报德，以直报怨"，借物不还者谓之怨。想君侯文武全材，通练兵书，习《春秋》《左传》，济拔颠危[⑲]，匡扶社稷，可不谓之仁乎？待玄德如骨肉，觑曹操若仇雠[⑳]，可不谓之义乎？辞曹归汉，弃印封金[㉑]，可不谓之礼乎？坐服于禁，水淹七军[㉒]，可不谓之智乎？且将军仁义礼智俱足，惜乎止少个信字，欠缺未完。再若得全个信字，无出君侯之右也[㉓]。（正云）我怎生失信？（鲁云）非将军失信，皆因令兄玄德公失信。（正云）我哥哥怎生失信来？（鲁云）想昔日玄德公败于当阳之上，身无所归，因鲁肃之故，屯军三江夏口。鲁肃又与孔明同见我主公[㉔]，即日兴师拜将，破曹兵于赤壁之间。江东所费巨万，又折了首将黄盖[㉕]。因将军贤昆玉无尺寸地[㉖]，暂借荆州以为养军之资；数年不还。今日鲁肃低情曲意，暂取荆州，以为救民之急；待仓廪丰盈[㉗]，然后再献与将军掌领。鲁肃不敢自专[㉘]，君侯台鉴不错[㉙]。（正云）你请我吃筵席来那，是索荆州来？（鲁云）没、没、没，我则这般道。孙、刘结亲，以为唇齿[㉚]，两国正好和谐。（正唱）

【庆东原】你把我真心儿待，将筵宴设，你这般攀今览古[㉛]，分甚枝叶[㉜]？我根前使不着你"之乎者也""诗云子曰"，早该豁口截舌[㉝]！有意说孙、刘，你休目下番成吴越[㉞]！

（鲁云）将军原来傲物轻信！（正云）我怎么傲物轻信？（鲁云）当日孔明亲言：破曹之后，荆州即还江东。鲁肃亲为代保。不思旧日之恩，今日恩变为仇，犹自说"以德报德，以直报怨"。圣人道："信近于义，言可复也"[㉟]。去食去兵，不可去信[㊱]。"大车无輗，小车无軏，其何以行之哉[㊲]？"今将军全无仁义之心，枉作英雄之辈。荆州久借不还，却不道"人无信不立！"（正云）鲁子敬，你听的这剑界么[㊳]？（鲁云）剑界怎么？（正云）我这剑界，头一遭诛了文丑[㊴]，第二遭斩了蔡阳[㊵]，鲁肃呵，莫不第三遭到你也？（鲁云）没、没，我则这般道来。（正云）这荆州是谁的？（鲁云）这荆州是俺的。（正云）你不知，听我说。（唱）

【沉醉东风】 想着俺汉高皇图王霸业，汉光武秉正除邪[41]，汉献帝将董卓诛，汉皇叔把温侯灭[42]，俺哥哥合情受汉家基业。则你这东吴国的孙权，和俺刘家却是甚枝叶？请你个不克己先生自说[43]！

（鲁云）那里甚么响？（正云）这剑界二次也。（鲁云）却怎么说？（正云）这剑按天地之灵，金火之精，阴阳之气，日月之形；藏之则鬼神遁迹，出之则魑魅潜踪[44]；喜则恋鞘沉沉而不动，怒则跃匣铮铮而有声。今朝席上，倘有争锋，恐君不信，拔剑施呈[45]。吾当摄剑[46]，鲁肃休惊。这剑果有神威不可当，庙堂之器岂寻常[47]；今朝索取荆州事，一剑先教鲁肃亡。（唱）

【雁儿落】 则为你三寸不烂舌[48]，恼犯我三尺无情铁[49]。这剑饥餐上将头，渴饮仇人血。

【得胜令】 则是条龙向鞘中蛰[50]，虎在坐间踅呆[51]。今日故友每才相见，休着俺弟兄每相间别[52]。鲁子敬听者，你内心休乔怯[53]，畅好是随邪[54]，吾当酒醉也。

（鲁云）臧宫动乐[55]。（臧宫上，云）天有五星，地攒五岳[56]，人有五德，乐按五音。五星者：金、木、水、火、土。五岳者：常、恒、泰、华、嵩。五德者：温、良、恭、俭、让。五音者[57]：宫、商、角、徵、羽。（甲士拥上科）（鲁云）埋伏了者。（正击案，怒云）有埋伏也无埋伏？（鲁云）并无埋伏。（正云）若有埋伏，一剑挥之两段！（做击案科）（鲁云）你击碎菱花[58]。（正云）我特来破镜！（唱）

【搅筝琶】 却怎生闹炒炒军兵列，休把我当拦者！（云）当着我的，呵呵！（唱）我着他剑下身亡，目前流血。便有那张仪口、蒯通舌[59]，休那里躲闪藏遮。好生的送我到船上者，我和你慢慢的相别。

（鲁云）你去了倒是一场伶俐[60]。（黄文云）将军，有埋伏哩。（鲁云）迟了我的也。（关平领众将上，云）请父亲上船，孩儿每来迎接哩。（正云）鲁肃，休惜殿后[61]。（唱）

【离亭宴带歇指煞】 我则见紫袍银带公人列[62]，晚天凉风冷芦花谢，我心中喜悦。昏惨惨晚霞收，冷飕飕江风起，急飐飐帆招惹[63]。承管待、承管待，多承谢、多承谢。唤梢公慢者，缆解开岸边龙，船分开波中浪，棹搅碎江心月[64]。正欢娱有甚进退，且谈笑不分明夜[65]。说与你两件事先生记者：百忙里趁不了老兄心[66]，急且里倒不了俺汉家节[67]。（并下）

题目　孙仲谋独占江东地[68]

　　　　请乔公言定三条计[69]

正名　鲁子敬设宴索荆州

　　　　关大王独赴单刀会

《关汉卿戏剧集·关大王独赴单刀会》（人民文学出版社，1976）

【注释】

①鲁子敬：鲁肃，字子敬。

②壁衣：蒙盖或装饰墙壁的帐幕，用布帛或织锦做成。

③正末：杂剧中男角色的一种名称，剧中又简称为“正”。

④大江东去浪千叠：苏轼《念奴娇·赤壁怀古》词有“大江东去，浪淘尽，千古风流人物”及“樯橹灰飞烟灭”句。

⑤九重龙凤阙：指封建时代帝王的宫殿。

⑥大夫心别：豪杰心情不同于一般人。心别：别有胸怀。

⑦觑（qù）：看。赛村社：即“赛社”，周代蜡祭的遗俗。宋以后，每年农历十月农事完毕后，乡村里巷举行祭田神的祭祀活动，村民相聚饮酒作乐，称为“赛社”。

⑧周郎：东吴大都督周瑜。

⑨黄盖：东吴大将。赤壁之战时，曾与周瑜定计，诈降曹操，采用火攻大败曹军。

⑩由然：仍然、照旧。

⑪报复：回报。

⑫科：元杂剧术语，表示剧中人物的动作、表情。

⑬酒非洞里之长春，乐乃尘中之菲艺：这里没有好酒，也没有好的歌舞技艺。洞里：指神仙的住处。长春：神话传说中仙人酿的酒。尘中：指人世间。菲艺：不高明的技艺。

⑭猥劳君侯：有劳您大驾光临我们这小地方。猥（wěi）劳：即劳驾，是一种客气的说法，猥是谦词。君侯：指关羽，君候是对古代诸侯的尊称。

⑮着：让。大夫：指鲁肃。

⑯那里也：说什么。舜五人：相传舜手下有五位贤臣，即禹、弃、契、皋陶、后夔。汉三杰：辅助汉高祖刘邦取得天下的张良、韩信、萧何。

⑰不付能：同“不甫能”，即好不容易。

⑱以德报德，以直报怨：用恩德报答别人的恩情，用公正的态度对待别人的怨恨。语出《论语·宪问》。

⑲济拔颠危：帮助别人从危险中解脱出来。

⑳雠（chóu）：仇敌、仇人。

㉑辞曹归汉，弃印封金：关羽兵败不得已屈事曹操，被封为汉寿亭侯。后，关羽探知刘备消息，遂挂印封金，拜书告辞，离开曹操奔赴刘备身边。汉：蜀汉，此指刘备。弃印：指放弃曹操汉寿亭侯的封爵。封金：把金银封置起来，表示不受曹操赏赐。

㉒坐服于禁，水淹七军：曹操派于禁统领七支部队攻打樊城，庞德为先锋，关羽决襄江之

水淹七军，生擒庞德。

㉓右：古时以右为尊，故以右指较高的地位，引申为尊贵、重要。

㉔主公：国主，此指孙权。

㉕折了首将黄盖：赤壁之战时，黄盖用苦肉计取信于曹操。此句所指之事疑与后来小说有异。

㉖昆玉：称呼他人弟兄的敬词。

㉗仓廪（lǐn）：贮藏米谷的仓库。

㉘自专：专断独行。

㉙台鉴不错：裁夺得很对。台：旧时对人的敬称。鉴：观察、审视。

㉚孙、刘结亲，以为唇齿：三国故事。孙权与刘备结成联盟对付曹操，并将其妹嫁给刘备，东吴和蜀汉成了姻亲之邦、唇齿之国。唇齿之国：喻指国家与国家之间利害关系十分密切。

㉛攀今览古：谈今说古。

㉜枝叶：瓜葛，意指亲属关系。

㉝豁口截舌：豁开嘴，割掉舌头，意思是怪他多嘴。

㉞吴越：吴国和越国，春秋时两个敌对的国家，以此指敌对关系。

㉟信近于义，言可复也：所守的约言符合义，说的话就能兑现。语出《论语·学而》。鲁肃引经据典，为自己索荆州辩解。

㊱去食去兵，不可去信：宁可无食、无兵，也不可没有信用。语出《论语·颜渊》。

㊲大车无輗（ní），小车无軏（yuè），其何以行之哉：人如果不讲信用，就像大车没有輗，小车没有軏，凭什么行动呢。语出《论语·为政》。古代的牛车叫大车，马车叫小车，车前均有驾牲口的横木，横木上有活塞，大车上的叫輗，小车上的叫軏。没有輗或軏，就不能套牲口，车就不会转动、行进。

㊳剑界：剑响。传说宝剑在鞘中自己发出响声，表示杀人的征兆。

㊴文丑：三国故事中袁绍的大将，为关羽所杀。

㊵蔡阳：三国故事中曹操的部将，关羽过五关时将他杀死。

㊶汉光武：东汉的开国皇帝刘秀。

㊷温侯：吕布，受封侯为温侯，史载为曹操所杀。

㊸克己：约束己身。语出《论语·颜渊》“克己复礼为仁”。

㊹魑魅（chīmèi）：传说中山林里能害人的怪物。

㊺施呈：本义是发泄、表达，这里是施展的意思。

㊻摄剑：拔剑。

㊼庙堂之器：犹言国家的宝物。庙堂：本指朝廷，此代指国家。

㊽三寸不烂舌：犹言能说会道。

㊾恼犯：激怒，激恼。三尺：指剑。古代的剑约三尺长，故通常用来代称剑。

㊿蛰（zhé）：藏起来。

51坐间：登时，很快的时间。

52间别：离间、分离。

53乔怯：伪装害怕。

54畅好：正好，正是。随邪：放肆，胡闹。

55臧官：鲁肃军中负责音乐的官员。

56攒（cuán）：聚在一起。

57五音：宫、商、角、徵、羽，中国古代音乐中的“五音”，表示音阶高低。古时对别人的名字要避讳。羽是关羽的名讳。鲁肃命臧官动乐，念到羽字，甲士即拥上，显然这是个暗号，也同时表示对关羽的不敬。故下文关羽也以“我特来破镜”相回答。镜与敬谐音，鲁肃字子敬，关羽的答语也是对鲁肃表示不敬。

58击碎菱花：打破镜子。菱花：镜子。古时用铜镜，背面所铸花纹一般为菱花，因此用菱花作镜子的代称。

59张仪口、蒯（kuǎi）通舌：比喻善辩，会说话。张仪：战国时魏人，曾游说六国连横事秦。蒯通：楚汉时说客，韩信用他的计谋平定齐地。

60伶俐：干净利落。

61休惜殿后：是嘲讽鲁肃的话。殿后：指埋伏在殿后的甲兵。

62紫袍银带：古代官员的服饰，此处用来代指高级官员。公人：指官员。

63急飐（zhǎn）飐：船帆抖动的样子。

64棹（zhào）：船桨。

65明夜：白天和夜晚。

66趁：此处同“称”。趁心即“称心”。

67急且里：匆忙急迫之间。节：气节。

68孙仲谋：即孙权，字仲谋。

69乔公：即乔国老，东吴的老臣。三条计：指本出戏第一、二折鲁肃确定的迫使关羽交荆州的三条计策。第一计是利用酒宴机会，历述孙刘联盟破曹的友谊和联姻情义，在祝贺刘备“称主于汉中”时指出暂借的荆州应当归还，这叫“饮酒席中间，以礼索取荆州”，此乃上策；第二计是扣留关羽过江船只，软禁关羽，使其“自知中技”，被迫献还荆州，此乃中策；第三计是在上述二计行不通时，则“暗藏甲士”，擒住关羽作为人质，逼刘备归还荆州，此乃下策。

阅读提示

关汉卿（约1220—1300），号已斋叟，元代大都（今北京）人。明人贾仲明称他为“梨园首领”“杂剧班头”，名列元曲四大家（关汉卿、白朴、马致远、郑光祖）之首。他博学能文，滑稽多智，曾长期生活于民间的歌场戏院中，不但与歌场、艺人关系密切，而且深通表演艺术，常粉墨登场。他以浓厚的生活积累、高度的文化修养和杰出的写作才能，一生共创作了六十多种杂剧，有力地促进了元杂剧的繁荣。

关汉卿杂剧现存十五种，题材广泛，其中最负盛名的有《感天动地窦娥冤》《赵盼儿风月救风尘》《诈妮子调风月》《关大王独赴单刀会》等。作品题材广泛，既有针砭时弊的现实主题，又有对英雄人物的歌颂，还有许多爱情题材的作品。关汉卿的杂剧结构完整，情节曲折，人物形象鲜明，语言质朴生动，富有个性。

《关大王独赴单刀会》是一部历史题材的杂剧，敷演三国时关羽应鲁肃邀请到江东赴宴的故事而成。剧本以“曹操占了中原，孙仲谋占了江东，刘玄德占了西蜀”的局势为背景，以鲁肃向关羽讨还荆州的举动为契机，围绕关、鲁冲突，刻画出叱咤风云的英雄关羽形象。

本文所选第四折是全剧高潮。开篇写关羽单刀赴会，面对滔滔江水，吊古览今，唱出了脍炙人口的【双调新水令】和【驻马听】。这两支曲子，化用苏轼《念奴娇·赤壁怀古》的语言和意境，描绘出天高水阔、大江奔流的雄奇场面，刻画出关羽在即将到来的一场险恶斗争前那种一往无前的英雄气概，同时融入了关汉卿本人对历史的深沉慨叹，成为表现英雄情怀的千古绝唱。

思考与练习

1. 分析本文关羽的人物形象。
2. 分析【双调新水令】和【驻马听】这两段唱词对表现人物性格有何作用？
3. 分析【离亭宴带歇指煞】这段唱词表现了人物怎样的心情？
4. 这一杂剧表现了作者什么样的思想感情？

现代文学

Xiandai Wenxue

·雪落在中国的土地上·

艾　青

雪落在中国的土地上，
寒冷在封锁着中国呀……

风，
像一个太悲哀了的老妇，
紧紧地跟随着
伸出寒冷的指爪
拉扯着行人的衣襟，
用着像土地一样古老的话，
一刻也不停地絮聒着……
那从林间出现的，
赶着马车的
你中国的农夫，
戴着皮帽
冒着大雪
你要到哪儿去呢？

告诉你，
我也是农人的后裔——
由于你们的
刻满了痛苦的皱纹的脸
我能如此深深地，
知道了
生活在草原上的人们的
岁月的艰辛。

而我，
也并不比你们快乐啊
——躺在时间的河流上
苦难的浪涛
曾经几次把我吞没而又卷起——
流浪与监禁，
已失去了我的青春的最可贵的日子，
我的生命
也像你们的生命，
一样的憔悴呀

雪落在中国的土地上，
寒冷在封锁着中国呀……

沿着雪夜的河流，
一盏小油灯在徐缓地移行，
那破烂的乌篷船里，
映着灯光，垂着头，
坐着的是谁呀？
——啊，你，
蓬发垢面的小妇，
是不是？
你的家，
——那幸福与温暖的巢穴——
已被暴戾的敌人，
烧毁了么？
是不是？
也像这样的夜间，
失去了男人的保护，
在死亡的恐怖里，
你已经受尽敌人刺刀的戏弄？

咳，就在如此寒冷的今夜，
无数的
我们的年老的母亲，
都蜷伏在不是自己的家里，
就像异邦人，
不知明天的车轮，
要滚上怎样的路程……
——而且
中国的路
是如此的崎岖，
是如此的泥泞呀。

雪落在中国的土地上。
寒冷在封锁着中国呀……

透过雪夜的草原
那些被烽火所啮啃着的地域，
无数的，土地的垦植者
失去了他们所饲养的家禽
失去了他们肥沃的田地，
拥挤在，
生活的绝望的污巷里：
饥馑的大地，
朝向阴暗的天
伸出乞援，
颤抖着的两臂。

中国的痛苦与灾难，
像这雪夜一样广阔而又漫长呀！

雪落在中国的土地上，
寒冷在封锁着中国呀……

中国，
我的在没有灯光的晚上，
所写的无力的诗句，
能给你些许的温暖么？

艾青《艾青诗选》（人民文学出版社，2006版）

阅读提示

艾青（1910—1996），原名蒋海澄，浙江金华人，中国现当代诗人。1932年在上海加入中国左翼美术家联盟，以战斗的现实主义诗歌参加革命文学运动。1933年第一次用艾青的笔名发表长诗《大堰河——我的保姆》，轰动诗坛，后陆续出版诗集《大堰河》（1939）、《火把》（1941）、《向太阳》（1947）等。艾青的自由体诗歌语言朴素沉郁，笔触雄浑，感情热烈，倾诉了在动荡时代里对祖国和人民的情感，成为时代和民族的代言人。他把诗歌美学追求和传统诗歌的时代使命完美结合在一起，成为当时诗歌创作的主流话语。中华人民共和国成立后他曾任《人民文学》副主编、中国作家协会副主席等，出版的诗集有《欢呼集》《春天》《艾青选集》《诗论》《论诗》《新诗论》等著作。1985年，获法国文学艺术最高勋章。

《雪落在中国的土地上》是一首深沉而激越的爱国之歌。全诗通过一幅幅现实画面的构图描写，形象地再现了日本侵略者给中华民族、中国人民带来的苦痛与灾难。诗人用递进的迭句和复沓独特的方式抒发忧虑的心绪和执着的情感。

思考与练习

1. 从这首诗分析诗人的个性和他的诗的审美特色。
2. 分析本诗的主旋律。
3. 试析本诗中中国形象的塑造。

·诗八首·

穆旦

一

你底眼睛看见这一场火灾，
你看不见我，虽然我为你点燃
唉，那烧着的不过是成熟的年代，
你底，我底。我们相隔如重山！

从这自然底蜕变程序里，
我却爱上了一个暂时的你。
即使我哭泣，变灰，变灰又新生，
姑娘，那只是上帝在玩弄他自己。

二

水流山石间沉淀下你我，
而我们成长，在死底子宫里。
在无数的可能里一个变形的生命
永远不能完成他自己。

我和你谈话，相信你，爱你，
这时候就听见我底主暗笑，
不断地他添来另外的你我
使我们丰富而且危险。

三

你底年龄里的小小野兽，
它和青草一样地呼吸，
它带来你底颜色，芳香丰满，

它要你疯狂在温暖的黑暗里。

我越过你大理石的理智殿堂，
而为它埋藏的生命珍惜；
你我底手底接触是一片草场。
那里有它底固执，我底惊喜

四

静静地，我们拥抱在
用语言所能照明的世界里，
而那未形成的黑暗是可怕的，
那可能的和不可能的使我们沉迷。

那窒息着我们的
是甜蜜的未生即死的言语，
它底幽灵笼罩，使我们游离，
游进混乱的爱底自由和美丽。

五

夕阳西下，一阵微风吹拂着田野，
是多么久的原因在这里积累。
那移动了的景物移动我底心
从最古老的开端流向你，安睡。

那形成了树木和屹立的岩石的，
将使我此时的渴望永存，
一切在它底过程中流露的美
教我爱你的方法，教我变更。

六

相同和相同溶为怠倦，
在差别间又凝固着陌生；

是一条多么危险的窄路里，
我制造自己在那上面旅行。

他存在，听从我底指使，
他保护，而把我留在孤独里，
他底痛苦是不断的寻求
你底秩序，求得了又必须背离。

七

风暴，远路，寂寞的夜晚，
丢失，记忆，永续的时间，
所有科学不能祛除的恐惧
让我在你底怀里得到安憩——

呵，在你底不能自主的心上，
你底随有随无的美丽的形象，
那里，我看见你孤独的爱情
笔立着，和我底平行着生长！

八

再没有更近的接近，
所有的偶然在我们间定型；
只有阳光透过缤纷的枝叶
分在两片情愿的心上，相同。

等季候一到就要各自飘落，
而赐生我们的巨树永青，
它对我们的不仁的嘲弄
（和哭泣）在合一的老根里化为平静。

穆旦《穆旦诗文集》第一卷（人民文学出版社，2006）

阅读提示

穆旦（1918—1977），原名查良铮，祖籍浙江海宁，1918 年生于天津。现代九叶诗派成员，著名诗人和诗歌翻译家。他的诗歌受英国的艾略特、奥登等现代主义诗人的影响，诗歌观念上主张现实、象征、玄学完美结合。出版的诗集有《探险队》(1945)、《穆旦诗集（1939—1945)》(1947)、《旗》(1948)、《穆旦诗选》(1986) 等。有《欧根·奥涅金》(1957)、《唐璜》(1980)、《英国现代诗选》(1985) 等大量译文作品。

《二十世纪中国文学大师文库》评价穆旦说："穆旦呈现了开创与总结的集合，他以西方现代诗学为参照，吸收现代生活语汇，建构了独立的意象符号系统，为20世纪中国现代诗学带来了革命性震荡。穆旦潜入现代人类灵与肉的搏斗的内部，其诗的力度、深度与强度抵达了空前的水准，构成中国现代知识分子的一部心灵史"。

诗组里的八首诗从"初恋""热恋"，到第三部分开始转折，进入宁静的"沉思"，对爱的体味。第七、八两首诗，进入整组诗的最后一部分——爱情的升华，就像一首交响乐一样，进入最后主题的升华，奏出了一曲爱情和生命的颂歌。

思考与练习

1. 诗组里的八首诗充满了现代人情与理之间的冲突，它们是如何表达现代人的情欲困境的？

2. 分析本诗结构的构思特点。

3. 谈谈诗组里的八首诗的现代性。

·有关大雁塔·

韩　东

有关大雁塔
我们又能知道些什么
有很多人从远方赶来
为了爬上去
做一次英雄
也有的还来做第二次
或者更多
那些不得意的人们

那些发福的人们
统统爬上去
做一做英雄
然后下来

走进这条大街
转眼不见了
也有有种的往下跳
在台阶上开一朵红花
那就真的成了英雄——
当代英雄
有关大雁塔
我们又能知道些什么
我们爬上去
看看四周的风景
然后再下来

杨晓民主编《中国当代诗人诗选》（河北教育出版社，2004）

阅读提示

韩东（1961—），南京人。1982 年毕业于山东大学哲学系。曾任陕西财经学院等高校教师。1985 年组织“他们文学社”，主编《他们》1～5 期，被认为是“第三代诗歌”的最主要的代表，形成了对第三代诗群产生重要影响的“他们诗群”。认为“诗到语言为止”，强调口语写作的重要性，他们的作品对中国现代诗歌的发展产生了积极的促进作用。1992 年受聘于广东省作家协会，为合同制作家，后转聘于深圳尼克艺术公司，为江苏省作家协会理事。1990 年加入中国作家协会。韩东著有小说集《西天上》《我的柏拉图》《我们的身体》；长篇小说《扎根》《我和你》《知青变形记》；诗集《白色的石头》（1992）、《吉祥的老虎》、《爸爸在天上看我》；诗文集《交叉跑动》，散文《爱情力学》，访谈录《毛焰访谈录》等。其作品被译成多种文字。

在诗人的笔下，大雁塔没有传统象征意义，贯穿全诗的是处于社会场域边缘的“我们”与代表权威与英雄主义的“大雁塔”之间的矛盾对立，这首诗颠覆了朦胧诗人们对于个人英雄主义、崇高、信仰的歌吟礼赞，表现了平民意识的觉醒，叙述冷静为本诗的特点。

思考与练习

1. 分析本诗的语言特点。

2. 阅读韩东《有关大雁塔》和杨炼《大雁塔》，体会韩东诗歌中意象形态与传统诗歌的不同。

【附录】

大雁塔（节选）

杨　炼

一次又一次，我留在这里
望着复归沉寂的苍老的大地
望着我的低垂的手掌，被犁杖、刀柄
磨得粗硬的黄土高原和华北平原
我的肩头：秦岭和太行山
望着吱吱作响的独轮车、扁担
怎样在我心上压出一道道伤口，迷茫的
情歌飘荡着，乌云似的
遮住我的眼睛，而我的兄弟们呵
骑在水牛背上，依旧那样悠然自得
仿佛什么事情也不曾发生过
我留在这里，悲愤地望着这一切
我说心在汩汩地淌血

一次又一次，已经千年
在中国，古老的都城
黑夜围绕着我，泥泞围绕着我
我被判卖，我被欺骗
我被夸耀和隔绝着
与民族的灾难一起，与贫穷、麻木一起
固定在这里
陷入沉思

·黑夜的献诗·

——献给黑夜的女儿

海　子

黑夜从大地上升起
遮住了光明的天空
丰收后荒凉的大地
黑夜从你内部上升

你从远方来，我到远方去
遥远的路程经过这里
天空一无所有
为何给我安慰

丰收之后荒凉的大地
人们取走了一年的收成
取走了粮食取走了马
留在地里的人，埋得很深

草叉闪闪发亮，稻草堆在火上
稻谷堆在黑暗的谷仓
谷仓中太黑暗，太寂静，太丰收
也太荒凉，我在丰收中看到了阎王的眼睛

黑雨滴一样的鸟群
从黄昏飞入黑夜
黑夜一无所有
为何给我安慰

走在路上
放声歌唱
大风刮过山冈
上面是无边的天空

1989年2月2日

海子《海子诗歌精选》(长江文艺出版社，2009)

阅读提示

海子(1964—1989)，原名查海生，安徽省安庆市怀宁县高河镇查湾村人。1983年毕业于北京大学法律系，后任教于中国政法大学哲学教研室。海子是继“朦胧诗”之后20世纪80年代中后期新诗派的代表人物。他的诗艺独特，诗歌具有抒情性和先锋性的特色。创作有将近200万字的诗歌、小说、戏剧、论文。已出版作品有长诗《土地》和短诗选集《海子、骆一禾作品集》等。

在本诗中，海子抒情的核心是“黑夜”。海子钟情于黑夜。黑夜的品格来源于“遮蔽”与“敞开”的对立统一。体验黑夜本身的涌起、涌现，神秘给人带来探寻的欲望。

思考与练习

1. “黑夜”与“天空”具有同构的性质，这一点在本诗中就有体现，体味“天空一无所有/为何给我安慰”的意蕴。

2. “黑夜的献诗”将这首诗的身份表达得很清楚：“献”是献出，是捐献、捐赠，是将什么带到什么之前。这里暗示着一股涌泉的力量。实际上，人们祭献的对象也是人们从中汲取的那种东西，所赠之物正是从祭献对象身上分有的，因此，“祭献—倒出”的过程，也是一个返回、被纳的过程。这里暗示着一股涌泉的力量是什么？

一　切

北　岛

一切都是命运
一切都是烟云
一切都是没有结局的开始
一切都是稍纵即逝的追寻
一切欢乐都没有微笑
一切苦难都没有泪痕
一切语言都是重复
一切交往都是初逢
一切爱情都在心里
一切往事都在梦中
一切希望都带着注释
一切信仰都带着呻吟
一切爆发都有片刻的宁静
一切死亡都有冗长的回声

北岛《北岛诗歌集》(南海出版社，2003)

阅读提示

北岛（1949—），原名赵振开，中国当代诗人，为朦胧诗代表人物之一。1978 年与芒克等人创办《今天》杂志。1989 年移居国外，曾一度旅居瑞典等七个国家。2007 年，北岛到香港中文大学任教，结束其近 20 年的欧美各国漂泊式生活。多次获诺贝尔文学奖提名，是当今影响最大，也最受国际承认的中国诗人。著有诗集《太阳城札记》《北岛诗选》《北岛顾城诗选》等。

本诗歌创作开始于“文化大革命”后期，反映了从迷惘到觉醒的一代青年的心声，也由于这段经历，造成了诗人独特的“冷抒情”的方式——出奇的冷静和深刻的思辨具有高度概括力的悖论式警句，形成了北岛诗独有的振聋发聩的艺术力量。

思考与练习

1. 如何理解一连串的判断句——一种宣言色彩的表述方式？
2. 有人认为本诗感情颓废、不健康，你如何理解？
3. 此诗和舒婷的《这也是一切》有何异同之处？

【附录】

这也是一切

舒　婷

不是一切大树
都被风暴折断；
不是一切种子
都找不到生根的土壤；
不是一切真情
都流失在人心的沙漠里；
不是一切梦想
都甘愿被折掉翅膀。
不，不是一切
都像你说的那样，
不是一切火焰
都只燃烧自己
而不把别人照亮；
不是一切星星
都仅指示黑暗
而不报告曙光；
不是一切歌声
都只掠过耳旁
而不留在心上。
不，不是一切
都像你说的那样！
不是一切呼吁都没有回响；

不是一切失却都无法补偿；
不是一切深渊都是灭亡；
不是一切灭亡都覆盖在弱者头上；
不是一切心灵
都可以踩在脚下，烂在泥里；
不是一切后果都是眼泪血印，
而不展现欢容。
一切的现在都孕育着未来，
未来的一切都生长于它的昨天。
希望，而且为它斗争，
请把这一切放在你的肩上。

·死　火·

鲁　迅

我梦见自己在冰山间奔驰。

这是高大的冰山，上接冰天，天上冻云弥漫，片片如鱼鳞模样。山麓有冰树林，枝叶都如松杉。一切冰冷，一切青白。

但我忽然坠在冰谷中。

上下四旁无不冰冷，青白。而一切青白冰上，却有红影无数，纠结如珊瑚网。我俯看脚下，有火焰在。

这是死火。有炎炎的形，但毫不摇动，全体冰结，像珊瑚枝；尖端还有凝固的黑烟，疑这才从火宅中出，所以枯焦。这样，映在冰的四壁，而且互相反映，化为无量数影，使这冰谷，成红珊瑚色。

哈哈！

当我幼小的时候，本就爱看快舰激起的浪花，洪炉喷出的烈焰。不但爱看，还想看清。可惜他们都息息变幻，永无定形。虽然凝视又凝视，总不留下怎样一定的迹象。

死的火焰，现在先得到了你了！

我拾起死火，正要细看，那冷气已使我的指头焦灼；但是，我还熬着，将他塞入衣袋中间。冰谷四面，登时完全青白。我一面思索着走出冰谷的法子。

我的身上喷出一缕黑烟，上升如铁线蛇。冰谷四面，又登时满有红焰流动，如大火聚，将我包围。我低头一看，死火已经燃烧，烧穿了我的衣裳，流在冰地上了。

“唉，朋友！你用了你的温热，将我惊醒了。”他说。

我连忙和他招呼，问他名姓。

“我原先被人遗弃在冰谷中，”他答非所问地说，“遗弃我的早已灭亡，消尽了。我也被冰冻冻得要死。倘使你不给我温热，使我重行烧起，我不久就须灭亡。”

“你的醒来，使我欢喜。我正在想着走出冰谷的方法；我愿意携带你去，使你永不冰结，永得燃烧。”

“唉唉！那么，我将烧完！”

“你的烧完，使我惋惜。我便将你留下，仍在这里罢。”

“唉唉！那么，我将冻灭了！”

“那么，怎么办呢?”

“但你自己，又怎么办呢?”他反而问。

“我说过了：我要出这冰谷……”

“那我就不如烧完！”

他忽而跃起，如红彗星，并我都出冰谷口外。有大石车突然驰来，我终于碾死在车轮底下，但我还来得及看见那车就坠入冰谷中。

“哈哈！你们是再也遇不着死火了！”我得意地笑着说，仿佛就愿意这样似的。

一九二五年四月二十三日

鲁迅《野草》（人民文学出版社，2003）

阅读提示

鲁迅（1881—1936），原名周樟寿，字豫山，后改名周树人，字豫才，浙江绍兴人。中国20世纪伟大的文学家与思想家。1918年5月，用“鲁迅”的笔名，在《新青年》发表中国现代文学史上第一篇白话小说《狂人日记》，成为中国现代小说的开端，开辟了中国文学（小说）发展的一个新的时代。鲁迅的小说集《呐喊》《彷徨》是中国现代小说的成熟之作。鲁迅这两部重要的小说集，从“为人生”的“启蒙主义”的文学观念出发，开创了表现中国农民与知识分子的两大现代文学主要题材。鲁迅一生著作颇丰，是中国现代文学的脊梁。主要有《呐喊》《彷徨》《野草》《朝花夕拾》《热风》《华盖集》《而已集》《南腔北调集》《三闲集》《二心集》《准风月谈》《花边文学》《且介亭杂文》等杂文集和书信集《两地书》。学术著作主要有《中国小说史略》《汉文学史纲要》。

《野草》是鲁迅的现代散文诗集。1919年，鲁迅在发表一组类似《野草》的散文诗时，将其命名“自言自语”，何其芳以“独语”来称之。《野草》开创了中国现代“独语体”的文体风格，周作人评价这是鲁迅文中“最个人化的”，本就是“个人的文学之尖端”。“独语”，构建了一个与现实相对立、自我心灵升华的另一个世界。《野草》里，鲁迅以死火、过客、雪、影、求乞者、地狱、战士等一系列客观形象与主观意志相结合的意象，构成一个统一的整体，呈现了自己灵魂的最深处，进行了更深层次的自我生命的剖析，表达出“希望”与“绝望”之间刻骨体验得出的生命哲学。

《死火》，是鲁迅关于“火”的想象，这不是单一的自然视角，而是从“生命”与“死亡”的双向视角去哲学地想象“火”。

思考与练习

1. 鲁迅描写的“火”，是一种基于主观意趣的想象，与常识的有所区别，体现了作者怎样的一种独特体验与思维？

2. 鲁迅为什么将“火”与“冰”的景致一起并置？注意这两种相背自然景象的连接、转换所带来的思考。

·回忆鲁迅先生·

萧　红

鲁迅先生的笑声是明朗的，是从心里的欢喜。若有人说了什么可笑的话，鲁迅先生笑得连烟卷都拿不住了，常常是笑得咳嗽起来。

鲁迅先生走路很轻捷，尤其使人记得清楚的，是他刚抓起帽子来往头上一扣，同时左腿就伸出去了，仿佛不顾一切的走去。

鲁迅先生不大注意人的衣裳，他说：“谁穿什么衣裳我看不见的……”

鲁迅先生生病，刚好了一点，窗子开着，他坐在躺椅上，抽着烟，那天我穿着新奇的火红的上衣，很宽的袖子。

鲁迅先生说：“这天气闷热起来，这就是梅雨天。”他把他装在象牙烟嘴上的香烟，又用手装得紧一点，往下又说了别的。

许先生忙着家务跑来跑去，也没有对我的衣裳加以鉴赏。

于是我说："周先生，我的衣裳漂亮不漂亮？"

鲁迅先生从上往下看了一眼："不大漂亮。"

过了一会又加着说："你的裙子配的颜色不对，并不是红上衣不好看，各种颜色都是好看的，红上衣要配红裙子，不然就是黑裙子，咖啡色的就不行了；这两种颜色放在一起很混浊……你没看到外国人在街上走的吗？绝没有下边穿一件绿裙子，上边穿一件紫上衣，也没有穿一件红裙子而后穿一件白上衣的……"

鲁迅先生就在躺椅上看着我："你这裙子是咖啡色的，还带格子，颜色混浊得很，所以把红衣裳也弄得不漂亮了。"

"……人瘦不要穿黑衣裳，人胖不要穿白衣裳；脚长的女人一定要穿黑鞋子，脚短就一定要穿白鞋子；方格子的衣裳胖人不能穿，但比横格子的还好；横格子的，胖人穿上，就把胖子更往两边裂着，更横宽了，胖子要穿竖条子的，竖的把人显得长，横的把人显得宽……"

那天鲁迅先生很有兴致，把我一双短统靴子也略略批评一下，说我的短靴是军人穿的，因为靴子的前后都有一条线织的拉手，这拉手据鲁迅先生说是放在裤子下边的……

我说："周先生，为什么那靴子我穿了多久了而不告诉我，怎么现在才想起来呢？现在不是不穿了吗？我穿的这不是另外的鞋吗？"

"你不穿我才说的，你穿的时候，一说你该不穿了。"

那天下午要赴一个筵会去，我要许先生给我找一点布条或绸条束一束头发。许先生拿了来米色的绿色的还有桃红色的。经我和许先生共同选定的是米色的。为着取笑，把那桃红色的，许先生举起来放在我的头发上，并且许先生很开心地说着：

"好看吧！多漂亮！"

我也非常得意，很规矩又顽皮地在等着鲁迅先生往这边看我们。

鲁迅先生这一看，他就生气了，他的眼皮往下一放向我们这边看着：

"不要那样装她……"

许先生有点窘了。

我也安静下来。

鲁迅先生在北平教书时，从不发脾气，但常常好用这种眼光看人，许先生常跟我讲，她在女师大读书时，周先生在课堂上，一生气就用眼睛往下一掠，看着她们，这种眼光鲁迅先生在记范爱农先生的文字里曾自己述说过，而谁曾接触过这种眼光的人就会感到一个旷代的全智者的催逼。

我开始问："周先生怎么也晓得女人穿衣裳的这些事情呢？"

"看过书的，关于美学的。"

“什么时候看的……”

“大概是在日本读书的时候……”

“买的书吗？”

“不一定是买的，也许是从什么地方抓到就看的……”

“看了有趣味吗？”

“随便看看……”

“周先生看这书做什么？”

“……”没有回答。好像很难以回答。

许先生在旁说：“周先生什么书都看的。”

在鲁迅先生家里做客人，刚开始是从法租界来到虹口，搭电车也要差不多一个钟头的工夫，所以那时候来的次数比较少，还记得有一次谈到半夜了，一过十二点电车就没有的，但那天不知讲了些什么，讲到一个段落就看看旁边小长桌上的圆钟，十一点半了，十一点四十五分了，电车没有了。

“反正已十二点，电车已没有，那么再坐一会。”许先生如此劝着。

鲁迅先生好像听了所讲的什么引起了幻想，安顿的举着象牙烟嘴在沉思着。

一点钟以后，送我（还有别的朋友）出来的是许先生，外边下着蒙蒙的小雨，弄堂里灯光全然灭掉了，鲁迅先生嘱咐许先生一定让我坐小汽车回去，并且一定嘱咐许先生付钱。

以后也住到北四川路来，就每夜饭后必到大陆新村来了，刮风的天，下雨的天，几乎没有间断的时候。

鲁迅先生很喜欢北方饭。还喜欢吃油炸的东西，喜欢吃硬的东西，就是后来生病的时候，也不大吃牛奶。鸡汤端到旁边用调羹舀了一二下就算了事。

有一天约好我去包饺子吃，那还是住在法租界，所以带了外国酸菜和用绞肉机绞成的牛肉。就和许先生站在客厅后边的方桌边包起来，海婴公子围着闹得起劲，一会把按成圆饼的面拿去了，他说做了一只船来，送在我们的眼前，我们不看它，转身他又做了一只小鸡，许先生和我都不去看它，对他竭力避免加以赞美，若一赞美起来，怕他更做得起劲。

客厅后没到黄昏就先黑了，背上感到些微的寒凉，知道衣裳不够了，但为着忙，没有加衣裳去。等把饺子包完了看看那数目并不多，这才知道许先生我们谈话谈得太多，误了工作。许先生怎样离开家的，怎样到天津读书的，在女师大读书时怎样做了家庭教师，她去考家庭教师的那一段描写，非常有趣，只取一名，可是考了好几十名，她之能够当选算是难的了。指望对于学费有一点补足，冬天来了，北平又冷，那家离学校又远，每月除了车子钱之外，若伤风感冒还得自己拿出买阿司匹林的钱来，每月薪金十元要从西城跑到东城……

饺子煮好，一上楼梯，就听到楼上明朗的鲁迅先生的笑声冲下楼梯来，原来有几个朋友在楼上也正谈得热闹。那一天吃得是很好的。

以后我们又做过韭菜合子，又做过合叶饼，我一提议鲁迅先生必然赞成，而我做得又不好，可是鲁迅先生还是在饭桌上举着筷子问许先生："我再吃几个吗?"

因为鲁迅先生的胃不大好，每饭后必吃"脾自美"胃药丸一二粒。

有一天下午鲁迅先生正在校对着一本别人的著作，我一走进卧室去，从那圆转椅上鲁迅先生转过来了，向着我，还微微站起了一点。

"好久不见，好久不见。"一边说着一边向我点头。

刚刚我不是来过了吗？怎么会好久不见？就是上午我来的那次周先生忘记了，可是我也每天来呀……怎么都忘记了吗？

周先生转身坐在躺椅上才自己笑起来，他是在开着玩笑。

梅雨季，很少有晴天，一天的上午刚一放晴，我高兴极了，就到鲁迅先生家去了，跑得上楼还喘着，鲁迅先生说："来啦!"我说："来啦!"

我喘着连茶也喝不下。

鲁迅先生就问我：

"有什么事吗?"

我说："天晴啦，太阳出来啦。"

许先生和鲁迅先生都笑着，一种对于冲破忧郁心境的展然的会心的笑。

海婴一看到我非拉我到院子里和他一道玩不可，拉我的头发或拉我的衣裳。

为什么他不拉别人呢？据周先生说："他看你梳着辫子，和他差不多，别人在他眼里都是大人，就看你小。"

许先生问着海婴："你为什么喜欢她呢？不喜欢别人?"

"她有小辫子。"说着就来拉我的头发。

鲁迅先生家里生客人很少，几乎没有，尤其是住在他家里的人更没有。一个礼拜六的晚上，在二楼上鲁迅先生的卧室里摆好了晚饭，围着桌子坐满了人。每逢礼拜六晚上都是这样的，周建人先生带着全家来拜访的。在桌子边坐着一个很瘦的很高的穿着中国小背心的人，鲁迅先生介绍说："这是一位同乡，是商人。"

初看似乎对的，穿着中国裤子，头发剃得很短。当吃饭时他还让别人酒，也给我倒一盅，态度很活泼，不大像个商人；等吃完了饭，又谈到《伪自由书》及《二心集》。这个商人，开明得很，在中国不常见。没有见过的，就总不大放心。

下一次是在楼下客厅后的方桌上吃晚饭，那天很晴，一阵阵地刮着热风，虽然黄昏了，客厅后还不昏黑。鲁迅先生是新剪的头发，还能记得桌上有一碗黄花鱼，大概是顺着鲁迅先生的口味，是用油煎的。鲁迅先生前面摆着一碗酒，酒碗是扁扁的，好像用做吃饭的饭碗。那位商人先生也能喝酒，酒瓶手就站在他的旁边。他说蒙古人什么样，苗人什么样，从西藏经过时，那西藏女人见了男人追她，她就如何如何。

这商人可真怪，怎么专门走地方，而不做买卖？并且鲁迅先生的书他也全读过，一开口这个，一开口那个。并且海婴叫他×先生，我一听那×字就明白他是谁了。×先生常常回来得很迟，从鲁迅先生家里出来，在弄堂里遇到了几次。

有一天晚上×先生从三楼下来，手里提着小箱子，身上穿着长袍子，站在鲁迅先生的面前，他说他要搬了。他告了辞，许先生送他下楼去了。这时候周先生在地板上绕了两个圈子，问我说：

“你看他到底是商人吗？”

“是的。”我说。

鲁迅先生很有意思地在地板上走几步，而后向我说：“他是贩卖私货的商人，是贩卖精神上的……”

×先生走过二万五千里回来的。

青年人写信，写得太草率，鲁迅先生是深恶痛绝之的。

“字不一定要写得好，但必须得使人一看了就认识，青年人现在都太忙了……他自己赶快胡乱写完了事，别人看了三遍五遍看不明白，这费了多少工夫，他不管。反正这费的工夫不是他的。这存心是不太好的。”

但他还是展读着每封由不同角落里投来的青年的信，眼睛不济时，便戴起眼镜来看，常常看到夜里很深的时光。

珂勒惠支的画，鲁迅先生最佩服，同时也很佩服她的做人，珂勒惠支受希特勒的压迫，不准她做教授，不准她画画，鲁迅先生常讲到她。

史沫特莱，鲁迅先生也讲到，她是美国女子，帮助印度独立运动，现在又在援助中国。

鲁迅先生介绍给人去看的电影：《夏伯阳》《复仇艳遇》……其余的如《人猿泰山》……或者非洲的怪兽这一类的影片，也常介绍给人的。鲁迅先生说：“电影没有什么好看的，看看鸟兽之类倒可以增加些对于动物的知识。”

鲁迅先生不游公园，住在上海十年，兆丰公园没有进过，虹口公园这么近也没有进过。春天一到了，我常告诉周先生，我说公园里的土松软了，公园里的风多么柔和，周先生答应选个晴好的天气，选个礼拜日，海婴休假日，好一道去，坐一乘小汽车一直开到兆丰公园，也算是短途旅行，但这只是想着而未有做到，并且把公园给下了定义，鲁迅先生说：“公园的样子我知道的……一进门分做两条路，一条通左边，一条通右边，沿着路种着点柳树什么的，树下摆着几张长椅子，再远一点有个水池子。”

我是去过兆丰公园，也去过虹口公园或是法国公园的，仿佛这个定义适用在任何国度的公园设计者。

鲁迅先生不戴手套，不围围巾，冬天穿着黑石蓝的棉布袍子，头上戴着灰色毡帽，脚穿黑帆布胶皮底鞋。

胶皮底鞋夏天特别热，冬天又凉又湿，鲁迅先生的身体不算好，大家都提议把这鞋子换掉。鲁迅先生不肯，他说胶皮底鞋子走路方便。

“周先生一天走多少路呢？也不就一转弯到 × × 书店走一趟吗？”

鲁迅先生笑而不答。

“周先生不是很好伤风吗？不围巾子，风一吹不就伤风了吗？”

鲁迅先生这些个都不习惯，他说：

“从小就没戴过手套围巾，戴不惯。”

鲁迅先生一推开门从家里出来时，两只手露在外边，很宽的袖口冲着风就向前走，腋下挟着个黑绸子印花的包袱，里边包着书或者是信，到老靶子路书店去了。

那包袱每天出去必带出去，回来必带回来，出去时带着回给青年们的信，回来又从书店带来新的信和青年请鲁迅先生看的稿子。

鲁迅先生抱着印花包袱从外边回来，还提着一把伞，一进门客厅里早坐着客人，把伞挂在衣架上就陪客人谈起话来。谈了很久了，伞上的水滴顺着伞杆在地板上已经聚了一堆水。

鲁迅先生上楼去拿香烟，抱着印花包袱，而那把伞也没有忘记，顺手也带到楼上去。

鲁迅先生的记忆力非常之强，他的东西从不随便散置在任何地方。

鲁迅先生很喜欢北方口味。许先生想请一个北方厨子，鲁迅先生以为开销太大，请不得的，男用人，至少要十五元钱的工钱。

所以买米买炭都是许先生下手，我问许先生为什么用两个女用人都是年老的，都是六七十岁的？许先生说她们做惯了，海婴的保姆，海婴几个月时就在这里。

正说着那矮胖胖的保姆走下楼梯来了，和我们打了个迎面。

“先生，没吃茶吗？”她赶快拿了杯子去倒茶，那刚刚下楼时气喘的声音还在喉管里咕噜咕噜的，她确是年老了。

来了客人，许先生没有不下厨房的，菜食很丰富，鱼，肉……都是用大碗装着，起码四五碗，多则七八碗。可是平常就只三碗菜：一碗素炒豌豆苗，一碗笋炒咸菜，再一碗黄花鱼。

这菜简单到极点。

鲁迅先生的原稿，在拉都路一家炸油条的那里用着包油条，我得到了一张，是译《死魂灵》的原稿，写信告诉了鲁迅先生，鲁迅先生不以为稀奇。许先生倒很生气。

鲁迅先生出书的校样，都用来揩桌子，或做什么的。请客人在家里吃饭，吃到半道，鲁迅先生回身去拿来校样给大家分着，客人接到手里一看，这怎么可以？鲁迅先生说：

“擦一擦，拿着鸡吃，手是腻的。”

到洗澡间去，那边也摆着校样纸。

许先生从早晨忙到晚上，在楼下陪客人，一边还手里打着毛线。不然就是一边谈着话一边站起来用手摘掉花盆里花上已干枯了的叶子。许先生每送一个客人，都要送到楼下的门口，替客人把门开开，客人走出去而后轻轻地关了门再上楼来。

来了客人还要到街上去买鱼或鸡，买回来还要到厨房里去工作。

鲁迅先生临时要寄一封信，就得许先生换起皮鞋子来到邮局或者大陆新村旁边的信筒那里去。落着雨的天，许先生就打起伞来。

许先生是忙的，许先生的笑是愉快的，但是头发有些是白了的。

夜里去看电影，施高塔路的汽车房只有一辆车，鲁迅先生一定不坐，一定让我们坐。许先生，周建人夫人……海婴，周建人先生的三位女公子。我们上车了。

鲁迅先生和周建人先生，还有别的一二位朋友在后边。

看完了电影出来，又只叫到一部汽车，鲁迅先生又一定不肯坐，让周建人先生的全家坐着先走了。

鲁迅先生旁边走着海婴，过了苏州河的大桥去等电车去了。等了二三十分钟电车还没有来，鲁迅先生依着沿苏州河的铁栏杆坐在桥边的石围上了，并且拿出香烟来，装上烟嘴，悠然地吸着烟。

海婴不安地来回乱跑，鲁迅先生还招呼他和自己并排地坐下。

鲁迅先生坐在那儿和一个乡下的安静老人一样。

鲁迅先生吃的是清茶，其余不吃别的饮料。咖啡、可可、牛奶、汽水之类，家里都不预备。

鲁迅先生陪客人到夜深，必同客人一道吃些点心，那饼干就是从铺子里买来的，装在饼干盒子里，到夜深许先生拿着碟子取出来，摆在鲁迅先生的书桌上，吃完了，许先生打开立柜再取一碟，还有向日葵子差不多每来客人必不可少。鲁迅先生一边抽着烟，一边剥着瓜子吃，吃完了一碟鲁迅先生必请许先生再拿一碟来。

鲁迅先生备有两种纸烟，一种价钱贵的，一种便宜的，便宜的是绿听子的，我不认识那是什么牌子，只记得烟头上带着黄纸的嘴，每五十枝的价钱大概是四角到五角，是鲁迅先生自己平日用的。另一种是白听子的，是前门烟，用来招待客人的，白听子放在鲁迅先生书桌的抽屉里。来客人鲁迅先生下楼，把它带到楼下去，客人走了，又带回楼上来照样放在抽屉里。而绿听子的永远放在书桌上，是鲁迅先生随时吸着的。

鲁迅先生的休息，不听留声机，不出去散步，也不倒在床上睡觉，鲁迅先生自己说：

“坐在椅子上翻一翻书就是休息了。”

鲁迅先生从下午两三点钟起就陪客人，陪到五点钟，陪到六点钟，客人若在家吃饭，吃过饭又必要在一起喝茶，或者刚刚喝完茶走了，或者还没走就又来了客人，于是又陪下去，陪到八点钟，十点钟，常常陪到十二点钟。从下午两三点钟起，陪到夜里十二点，这么长的时间，鲁迅先生都是坐在藤躺椅上，不断地吸着烟。

客人一走，已经是下半夜了，本来已经是睡觉的时候了，可是鲁迅先生正要开始工作。在工作之前，他稍微阖一阖眼睛，燃起一支烟来，躺在床边上，这一支烟还没有吸完，许先生差不多就在床里边睡着了（许先生为什么睡得这样快？因为第二天早晨六七点钟就要起来管理家务）。海婴这时也在三楼和保姆一道睡着了。

全楼都寂静下去，窗外也是一点声音没有了，鲁迅先生站起来，坐到书桌边，在那绿色的台灯下开始写文章了。

许先生说鸡鸣的时候，鲁迅先生还是坐着，街上的汽车嘟嘟地叫起来了，鲁迅先生还是坐着。

有时许先生醒了，看着玻璃窗白萨萨的了，灯光也不显得怎样亮了，鲁迅先生的背影不像夜里那样黑大。

鲁迅先生的背影是灰黑色的，仍旧坐在那里。

人家都起来了，鲁迅先生才睡下。

海婴从三楼下来，背着书包，保姆送他到学校去，经过鲁迅先生的门前，保姆总是吩咐他说：

“轻一点走，轻一点走。”

鲁迅先生刚一睡下，太阳就高起来了。太阳照着隔院子的人家，明亮亮的；照着鲁迅先生花园的夹竹桃，明亮亮的。

鲁迅先生的书桌整整齐齐的，写好的文章压在书下边，毛笔在烧瓷的小龟背上站着。

一双拖鞋停在床下，鲁迅先生在枕头边睡着了。

鲁迅先生喜欢吃一点酒，但是不多吃，吃半小碗或一碗。鲁迅先生吃的是中国酒，多半是花雕。

鬼到底是有的是没有的？传说上有人见过，还跟鬼说过话，还有人被鬼在后边追赶过，吊死鬼一见了人就贴在墙上。但没有一个人捉住一个鬼给大家看看。

鲁迅先生讲了他看见过鬼的故事给大家听：

“是在绍兴……”鲁迅先生说，“三十年前……”

那时鲁迅先生从日本读书回来，在一个师范学堂里也不知是什么学堂里教书，晚上没有事时，鲁迅先生总是到朋友家去谈天，这朋友住得离学堂几里路，几里路不算远，但必得经过一片坟地。谈天有的时候就谈得晚了，十一二点钟才回学堂的事也常有。有一天鲁迅先生就回去得很晚，天空有很大的月亮。

鲁迅先生向着归路走得很起劲时，往远处一看，远远有一个白影。

鲁迅先生不相信鬼的，在日本留学时是学的医，常常把死人抬来解剖的，鲁迅先生解剖过二十几个，不但不怕鬼，对死也不怕，所以对于坟地也就根本不怕。仍旧是向前走的。

走了不几步，那远处的白影没有了，再看突然又有了。并且时小时大，时高时低，正和鬼一样。鬼不就是变换无常的吗？

鲁迅先生有点踌躇了，到底向前走呢？还是回过头来走？本来回学堂不止这一条路，这不过是最近的一条就是了。

鲁迅先生仍是向前走，到底要看一看鬼是什么样，虽然那时候也怕了。

鲁迅先生那时从日本回来不久，所以还穿着硬底皮鞋，鲁迅先生决心要给那鬼一个致命的打击。等走到那白影的旁边时，那白影缩小了，蹲下了，一声不响地靠住了一个坟堆。

鲁迅先生就用了他的硬皮鞋踢出去。

那白影噢的一声叫出来，随着就站起来，鲁迅先生定眼看去，他却是个人。

鲁迅先生说在他踢的时候，他是很害怕的，好像若一下不把那东西踢死，自己反而会遭殃的，所以用了全力踢出去。

原来是个盗墓子的人在坟场上半夜做着工作。

鲁迅先生说到这里就笑了起来。

“鬼也是怕踢的，踢他一脚就立刻变成人了。”

我想，倘若是鬼常常让鲁迅先生踢踢倒是好的，因为给了他一个做人的机会。

从福建菜馆叫的菜，有一碗鱼做的丸子。

海婴一吃就说不新鲜，许先生不信，别的人也都不信。因为那丸子有的新鲜，有的不新鲜，别人吃到嘴里的恰好都是没有改味的。

许先生又给海婴一个，海婴一吃，又是不好的，他又嚷嚷着。别人都不注意，鲁迅先生把海婴碟里的拿来尝尝。果然是不新鲜的。鲁迅先生说：

“他说不新鲜，一定也有他的道理，不加以查看就抹杀是不对的。”

……

以后我想起这件事来，私下和许先生谈过，许先生说："周先生的做人，真是我们学不了的。那怕一点点小事。"

鲁迅先生包一个纸包也要包到整整齐齐，常常把要寄出的书，鲁迅先生从许先生手里拿过来自己包。许先生本来包得多么好，而鲁迅先生还要亲自动手。

鲁迅先生把书包好了，用细绳捆上，那包方方正正的，连一个角也不准歪一点或扁一点，而后拿起剪刀，把捆书的那绳头都剪得整整齐齐。

就是包这书的纸都不是新的，都是从街上买东西回来留下来的。许先生上街回来把买来的东西一打开随手就把包东西的牛皮纸折起来，随手把小细绳圈了一个圈，若小细绳上有一个疙瘩，也要随手把它解开的。准备着随时用随时方便。

鲁迅先生住的是大陆新村九号。

一进弄堂口，满地铺着大方块的水门汀，院子里不怎样嘈杂，从这院子出入的有时候是外国人，也能够看到外国小孩在院子里零星的玩着。

鲁迅先生隔壁挂着一块大的牌子，上面写着一个"茶"字。

在 1935 年 10 月 1 日。

鲁迅先生的客厅摆着长桌，长桌是黑色的，油漆不十分新鲜，但也并不破旧，桌上没有铺什么桌布，只在长桌的当心摆着一个绿豆青色的花瓶，花瓶里长着几株大叶子的万年青，围着长桌有七八张木椅子。尤其是在夜里，全弄堂一点什么声音也听不到。

那夜，就和鲁迅先生和许先生一道坐在长桌旁边喝茶的。当夜谈了许多关于伪满洲国的事情，从饭后谈起，一直谈到九点钟十点钟而后到十一点，时时想退出来，让鲁迅先生好早点休息，因为我看出来鲁迅先生身体不大好，又加上听许先生说过，鲁迅先生伤风了一个多月，刚好了的。

但是鲁迅先生并没有疲倦的样子。虽然客厅里也摆着一张可以卧倒的藤椅，我们劝他几次想让他坐在藤椅上休息一下，但是他没有去，仍旧坐在椅子上。并且还上楼一次，去加穿了一件皮袍子。

那夜鲁迅先生到底讲了些什么，现在记不起来了。也许想起来的不是那夜讲的而是以后讲的也说不定。过了十一点，天就落雨了，雨点淅沥淅沥地打在玻璃窗上，窗子没有窗帘，所以偶一回头，就看到玻璃窗上有小水流往下流。夜已深了，并且落了雨，心里十分着急，几次站起来想要走，但是鲁迅先生和许先生一再说坐一下："十二点钟以前终归有车子可搭的。"所以一直坐到将近十二点，才穿起雨衣来，打开客厅外面的响着的铁门，鲁迅先生非要送到铁门外不可。我想为什么他一定要送呢？对于这样年轻的客人，这样的送是应该的么？雨不会打湿了头发，受了寒伤风不又要继续下去么？站在铁门外边，鲁迅先生说，并且指着隔壁那家写着有"茶"字的大牌子："下次来记住这个'茶'，就是这个‘茶’的隔壁。”而且伸出手去，几乎是触到了钉在铁门旁边的那个九号的“九”字，“下次来记住茶的旁边九号。”

于是脚踏着方块的水门汀，走出弄堂来，回过身去往院子里边看了一看，鲁迅先生那一排房子统统是黑洞洞的，若不是告诉得那样清楚，下次来恐怕要记不住的。

鲁迅先生的卧室，一张铁架大床，床顶上遮着许先生亲手做的白布刺花的围子，顺着床的一边折着两床被子，都是很厚的，是花洋布的被面。挨着门口的床头的方面站着屉柜。一进门的左手摆着八仙桌，桌子的两旁藤椅各一，立柜站在和方桌一排的墙角，立柜本是挂衣裳的，衣裳却很少，都让糖盒子，饼干筒子，瓜子罐给塞满了，有一次××老板的太太来拿版权的图章花，鲁迅先生就从立柜下边大抽屉里取出的。沿着墙角望窗子那边走，有一张装饰台，台子上有一个方形的满浮着绿草的玻璃养鱼池，里边游着的不是金鱼而是灰色的扁肚子的小鱼，除了鱼池之外另有一只圆的表，其余那上边满装着书。铁架床靠窗子的那头的书柜里书柜外都是书。最后是鲁迅先生的写字台，那上边也都是书。

鲁迅先生家里，从楼上到楼下，没有一个沙发，鲁迅先生工作时坐的椅子是硬的，休息时的藤椅是硬的，到楼下陪客人时坐的椅子又是硬的。

鲁迅先生的写字台面向着窗子，上海弄堂房子的窗子差不多满一面墙那么大，鲁迅先生把它关起来，因为鲁迅先生工作起来有一个习惯，怕吹风，他说，风一吹，纸就动，时时防备着纸跑，文章就写不好。所以屋子热得和蒸笼似的，请鲁迅先生到楼下去，他又不肯，鲁迅先生的习惯是不换地方。有时太阳照进来，许先生劝他把书桌移开一点都不肯。只有满身流汗。

鲁迅先生的写字桌，铺了一张蓝格子的油漆布，四角都用图钉按着。桌子上有小砚台一方，墨一块，毛笔站在笔架上，笔架是烧瓷的，在我看来不很细致，是一个龟，龟背上带着好几个洞，笔就插在那洞里。鲁迅先生多半是用毛笔的，钢笔也不是没有，是放在抽屉里。桌上有一个方大的白瓷的烟灰盒，还有一个茶杯，杯子上戴着盖。

鲁迅先生的习惯与别人不同，写文章用的材料和来信都压在桌子上，把桌子都压得满满的，几乎只有写字的地方可以伸开手，其余桌子的一半被书或纸张占有着。

左手边的桌角上有一个带绿灯罩的台灯，那灯泡是横着装的，在上海那是极普通的台灯。

冬天在楼上吃饭，鲁迅先生自己拉着电线把台灯的机关从棚顶的灯头上拔下，而后装上灯泡子，等饭吃过了，许先生再把电线装起来，鲁迅先生的台灯就是这样做成的，拖着一根长的电线在棚顶上。

鲁迅先生的文章，多半是在这台灯下写的。因为鲁迅先生的工作时间，多半是在下半夜一两点起，天将明了休息。

卧室就是如此，墙上挂着海婴公子一个月婴孩的油画像。

挨着卧室的后楼里边，完全是书了，不十分整齐，报纸和杂志或洋装的书，都混在这屋子里，一走进去多少还有些纸张气味，地板被书遮盖得太小了，几乎没有了，大网篮也堆在书中。墙上拉着一条绳子或者是铁丝，就在那上边系了小提盒，铁丝笼之类；风干荸荠就盛在铁丝笼里，扯着的那铁丝几乎被压断了在弯弯着。一推开藏书室的窗子，窗子外边还挂着一筐风干荸荠。

“吃罢，多得很，风干的，格外甜。”许先生说。

楼下厨房传来了煎菜的锅铲的响声，并且两个年老的娘姨慢重重地在讲一些什么。

来了客人都是许先生亲自倒茶，即或是麻烦到娘姨时，也是许先生下楼去吩咐，绝没有站到楼梯口就大声呼唤的时候。所以整个的房子都在静悄悄之中。

只有厨房比较热闹了一点，自来水花花地流着，洋瓷盆在水门汀的水池子上每拖一下磨着擦擦地响，洗米的声音也是擦擦的。鲁迅先生很喜欢吃竹笋的，在菜板上切着笋片笋丝时，刀刃每划下去都是很响的。其实比起别人家的厨房来却冷清极了，所以洗米声和切笋声都分开来听得样样清清晰晰。

客厅的一边摆着并排的两个书架，书架是带玻璃橱的，里面有朵斯托益夫斯基的全集和别的外国作家的全集，大半多是日文译本，地板上没有地毯，但擦得非常干净。

海婴公子的玩具橱也站在客厅里，里边是些毛猴子，橡皮人，火车汽车之类，里边装得满满的，别人是数不清的，只有海婴自己伸手到里边找什么就有什么，过新年时在街上买的兔子灯，纸毛上已经落了灰尘了，仍摆在玩具橱顶上。

客厅只有一个灯头，大概五十烛光，客厅的后门对着上楼的楼梯，前门一打开有一个一方丈大小的花园，花园里没有什么花看，只有一棵很高的七八尺高的小树，大概那树是柳桃，一到了春天，喜欢生长蚜虫，忙得许先生拿着喷蚊虫的机器，一边陪着谈话，一边喷着杀虫药水。沿了墙根，种了一排玉米，许先生说：“这玉米长不大的，这土是没有养料的，海婴一定要种。”

春天，海婴在花园里掘着泥沙，培植着各种玩艺。

三楼则特别静了，向着太阳开着两扇玻璃门，门外有一个水门汀的突出的小廊子，春天很温暖地抚摸着门口长垂着的帘子，有时候帘子被风打得很高，飘扬的饱满得和大鱼泡似的，那时候隔院的绿树照进玻璃门扇里来了。

海婴坐在地板上装着小工程师在修着一座楼房，他那楼房是用椅子横倒了架起来修的，而后遮起一张被单来算做屋瓦，全个房子在他自己拍着手的赞誉声中完成了。

这间屋感到些空旷和寂寞，既不像女工住的屋子，又不像儿童室。海婴的眠床靠着屋子的一边放着那大圆顶帐子日里也不打起来，长拖拖的好像从棚顶一直垂到地板上，那床是非常讲究的属于刻花的木器一类的。许先生讲过，租这房子时，从前一个房客转留下来的。海婴和他的保姆，就睡在五六尺宽的大床上。

冬天烧过的火炉，三月里还冷冰冰地在地板上站着。

海婴不大在三楼上玩的，除了到学校去，就是在院子里踏脚踏车，他非常喜欢跑跳，所以厨房，客厅，二楼，他是无处不跑的。

三楼整天在高处空着，三楼的后楼住着另一个老女工，一天很少上楼来，所以楼梯擦过之后，一天到晚干净得溜明。

1936 年 3 月里鲁迅先生病了，靠在二楼的躺椅上，心脏跳动得比平日厉害，脸色略微灰了一点。

许先生正相反的，脸色是红的，眼睛显得大了，讲话的声音是平静的，态度并没有比平日慌张。在楼下，一走进客厅来许先生就告诉说：

"周先生病了，气喘……喘得厉害，在楼上靠在躺椅上。"

鲁迅先生呼喘的声音，不用走到他的旁边，一进了卧室就听得到的。鼻子和胡须在煽着，胸部一起一落。眼睛闭着，差不多永久不离开手的纸烟，也放弃了。藤躺椅后边靠着枕头，鲁迅先生的头有些向后，两只手空闲地垂着。眉头仍和平日一样没有聚皱，脸上是平静的，舒展的，似乎并没有任何痛苦加在身上。

"来了吗?"鲁迅先生睁一睁眼睛，"不小心，着了凉……呼吸困难……到藏书的房子去翻一翻书……那房子因为没有人住，特别凉……回来就……"

许先生看周先生说话吃力，赶快接着说周先生是怎样气喘的。

医生看过了，吃了药，但喘并未停，下午医生又来过，刚刚走。

卧室在黄昏里边一点一点地暗下去，外边起了一点小风，隔院的树被风摇着发响。别人家的窗子有的被风打着发出自动关开的响声，家家的流水道都是花拉花拉地响着水声，一定是晚餐之后洗着杯盘的剩水。晚餐后该散步的散步去了，该会朋友的会友去了，弄堂里来去的稀疏不断地走着人，而娘姨们还没有解掉围裙呢，就依着后门彼此搭讪起来。小孩子们三五一伙前门后门地跑着，弄堂外汽车穿来穿去。

鲁迅先生坐在躺椅上，沉静的，不动的阖着眼睛，略微灰了的脸色被炉里的火光染红了一点。纸烟听子蹲在书桌上，盖着盖子，茶杯也蹲在桌子上。

许先生轻轻地在楼梯上走着，许先生一到楼下去，二楼就只剩了鲁迅先生一个人坐在椅子上，呼喘把鲁迅先生的胸部有规律性地抬得高高的。

鲁迅先生必得休息的，须藤老医生是这样说的。可是鲁迅先生从此不但没有休息，并且脑子里所想的更多了，要做的事情都像非立刻就做不可，校《海上述林》的校样，印珂勒惠支的画，翻译《死魂灵》下部；刚好了，这些就都一起开始了，还计算着出三十年集。

鲁迅先生感到自己的身体不好，就更没有时间注意身体，所以要多做，赶快做，当时大家不解其中的意思，都以为鲁迅先生不加以休息不以为然，后来读了鲁迅先生《死》的那篇文章才了然了。

鲁迅先生知道自己的健康不成了，工作的时间没有几年了，死了是不要紧的，只要留给人类更多，鲁迅先生就是这样。

不久书桌上德文字典和日文字典又都摆起来了，果戈理的《死魂灵》又开始翻译了。

鲁迅先生的身体不大好，容易伤风，伤风之后，照常要陪客人，回信，校稿子。所以伤风之后总要拖下去一个月或半个月的。

《海上述林》校样，1935 年冬，1936 年的春天，鲁迅先生不断地校着，几十万字的校样，要看三遍，而印刷所送校样来总是十页八页的，并不是统统一道地送来，所以鲁迅先生不断地被这校样催索着，鲁迅先生竟说：

“看吧，一边陪着你们谈话，一边看校样的，眼睛可以看，耳朵可以听……”

有时客人来了，一边说着笑话，一边鲁迅先生放下了笔。有的时候也说：“就剩几个字了……请坐一坐……”

1935 年冬天许先生说：

“周先生的身体不如从前了。”

有一次鲁迅先生到饭馆里去请客，来的时候兴致很好，还记得那次吃了一只烤鸭子，整个的鸭子用大钢叉子叉上来时，大家看着这鸭子烤得又油又亮的，鲁迅先生也笑了。

菜刚上满了，鲁迅先生就到竹躺椅上吸一支烟，并且阖一阖眼睛。一吃完了饭，有的喝多了酒的，大家都乱闹了起来，彼此抢着苹果，彼此讽刺着玩，说着一些刺人可笑的话，而鲁迅先生这时候，坐在躺椅上，阖着眼睛，很庄严地在沉默着，让拿在手上纸烟的烟丝，慢慢地上升着。

别人以为鲁迅先生也是喝多了酒吧！

许先生说，并不是的。

“周先生的身体是不如从前了，吃过了饭总要阖一阖眼稍微休息一下，从前一向没有这习惯。”

周先生从椅子上站起来了，大概说他喝多了酒的话让他听到了。

“我不多喝酒的，小的时候，母亲常提到父亲喝了酒，脾气怎样坏，母亲说，长大了不要喝酒，不要像父亲那样子……所以我不多喝的……从来没有喝醉过……”

鲁迅先生休息好了，换了一支烟，站起来也去拿苹果吃，可是苹果没有了。鲁迅先生说：

"我争不过你们了，苹果让你们抢没了。"

有人抢到手的还在保存着的苹果，奉献出来，鲁迅先生没有吃，只在吸烟。

1936年春，鲁迅先生的身体不大好，但没有什么病，吃过了晚饭，坐在躺椅上，总要闭一闭眼睛沉静一会。

许先生对我说，周先生在北京时，有时开着玩笑，手按着桌子一跃就能够跃过去，而近年来没有这么做过，大概没有以前那么灵便了。

这话许先生和我是私下讲的，鲁迅先生没有听见，仍靠在躺椅上沉默着呢。

许先生开了火炉的门，装着煤炭花花地响，把鲁迅先生震醒了。一讲起话来鲁迅先生的精神又照常一样。

鲁迅先生吃饭，是在楼上单开一桌，那仅仅是一个方木盘，许先生每餐亲手端到楼上去，那黑油漆的方木盘中摆着三四样小菜，每样都用小吃碟盛着，那小吃碟直径不过二寸，一碟豌豆苗或菠菜或苋菜，把黄花鱼或者鸡之类也放在小碟里端上楼去，若是鸡，那鸡也是全鸡身上最好的一块地方拣下来的肉，若是鱼，也是鱼身上最好一部分许先生才把它拣下放在小碟里。

许先生用筷子来回地翻着楼下的饭桌上菜碗里的东西，菜拣嫩的，不要茎，只要叶，鱼肉之类，拣烧得软的，没有骨头没有刺的。

心里存着无限的期望，无限的要求，用了比祈祷更虔诚的目光，许先生看着她自己手里选得精精致致的菜盘子，而后脚板触着楼梯上了楼。

希望鲁迅先生多吃一口，多动一动筷，多喝一口鸡汤。鸡汤和牛奶是医生所嘱的，一定要多吃一些的。

把饭送上去，有时许先生陪在旁边，有时走下楼来又做些别的事，半个钟头之后，到楼上去取这盘子。这盘子装得满满的，有时竟照原样一动也没有动又端下来了，这时候许先生的眉头微微地皱了一点。旁边若有什么朋友，许先生就说："周先生的热度高，什么也吃不落，连茶也不愿意吃，人很苦，人很吃力。"

有一天许先生用着波浪式的专门切面包的刀切着一个面包，是在客厅后边方桌上切的，许先生一边切着一边对我说：

"劝周先生多吃些东西，周先生说，人好了再保养，现在勉强吃也是没用的。"

许先生接着似乎问着我：

"这也是对的。"

而后把牛奶面包送上楼去了。一碗烧好的鸡汤，从方盘里许先生把它端出来了。就摆在客厅后的方桌上。许先生上楼去了，那碗热的鸡汤在桌子上自己悠然地冒着热气。

许先生由楼上回来还说呢：

“周先生平常就不喜欢吃汤之类，在病里，更勉强不下了。”

那已经送上去的一碗牛奶又带下来了。

许先生似乎安慰着自己似的：

“周先生人强，欢喜吃硬的，油炸的，就是吃饭也喜欢吃硬饭……”

许先生楼上楼下地跑，呼吸有些不平静，坐在她旁边，似乎可以听到她心脏的跳动。

鲁迅先生开始独桌吃饭以后，客人多半不上楼来了，经许先生婉言把鲁迅先生健康的经过报告了之后就走了。

鲁迅先生在楼上一天一天地睡下去，睡了许多日子就有些寂寞了，有时大概热度低了点就问许先生：

“有什么人来过吗？”

看鲁迅先生精神好些，就一一地报告过。

有时也问到有什么刊物来。

鲁迅先生病了一个多月了。

证明了鲁迅先生是肺病，并且是肋膜炎，须藤老医生每天来了，为鲁迅先生先把肋膜积水用打针的方法抽净，共抽过两三次。

这样的病，为什么鲁迅先生自己一点也不晓得呢，许先生说，周先生有时觉得肋痛了就自己忍着不说，所以连许先生也不知道，鲁迅先生怕别人晓得了又要不放心，又要看医生，医生一定又要说休息。鲁迅先生自己知道做不到的。

福民医院美国医生的检查，说鲁迅先生肺病已经二十年了。这次发了怕是很严重。

医生规定个日子，请鲁迅先生到福民医院去详细检查，要照 X 光的。

但鲁迅先生当时就下楼是下不得的，又过了许多天，鲁迅先生到福民医院去查病去了。照 X 光后给鲁迅先生照了一个全部的肺部的照片。

这照片取来的那天许先生在楼下给大家看了，右肺的上尖角是黑的，中部也黑了一块，左肺的下半部都不大好，而沿着左肺的边边黑了一大圈。

这之后，鲁迅先生的热度仍高，若再这样热度不退，就很难抵抗了。

那查病的美国医生，只查病，而不给药吃，他相信药是没有用的。

须藤老医生，鲁迅先生早就认识，所以每天来，他给鲁迅先生吃了些退热的药，还吃停止肺部菌活动的药。他说若肺不再坏下去，就停止在这里，热自然就退了，人是不危险的。

鲁迅先生在四月里，曾经好了一点，有一天下楼去赴一个约会，把衣裳穿得整整齐齐，腋下挟着黑花包袱，戴起帽子来，出门就走。

许先生在楼下正陪客人，看鲁迅先生下来了，赶快说：

“走不得吧，还是坐车子去吧。”

鲁迅先生说：“不要紧，走得动的。”

许先生再加以劝说，又去拿零钱给鲁迅先生带着。

鲁迅先生说不要不要，坚决地就走了。

“鲁迅先生的脾气很刚强。”

许先生无可奈何地，只说了这一句。

鲁迅先生晚上回来，热度增高了。

鲁迅先生说：

“坐车子实在麻烦，没有几步路，一走就到。还有，好久不出去，愿意走走……动一动就出毛病……还是动不得……”

病压服着鲁迅先生又躺下了。

七月里，鲁迅先生又好些。

药每天吃，记温度的表格照例每天好几次在那里画，老医生还是照常地来，说鲁迅先生就要好起来了，说肺部的菌已停止了一大半，肋膜也好了。

客人来差不多都要到楼上来拜望拜望，鲁迅先生带着久病初愈的心情，又谈起话来，披了一张毛巾子坐在躺椅上，纸烟又拿在手里了，又谈翻译，又谈某刊物。

一个月没有上楼去，忽然上楼还有些心不安，我一进卧室的门，觉得站也没有地方站，坐也不知坐在那里。

许先生让我吃茶，我就倚着桌子边站着，好像没有看见那茶杯似的。

鲁迅先生大概看出我的不安来了，便说：

“人瘦了，这样瘦是不成的，要多吃点。”

鲁迅先生又在说玩笑话了。

“多吃就胖了，那么周先生为什么不多吃点?”

鲁迅先生听了这话就笑了，笑声是明朗的。

从七月以后鲁迅先生一天天地好起来了，牛奶，鸡汤之类，为了医生所嘱也隔三差五地吃着，人虽是瘦了，但精神是好的。

鲁迅先生说自己体质的本质是好的，若差一点的，就让病打倒了。

这一次鲁迅先生保持了很长的时间，没有下楼更没有到外边去过。

在病中，鲁迅先生不看报，不看书，只是安静地躺着。但有一张小画是鲁迅先生放在床边上不断看着的。

那张画，鲁迅先生未生病时，和许多画一道拿给大家看过的，小得和纸烟包里抽出来的那画片差不多。那上边画着一个穿大长裙子飞着头发的女人在大风里边跑，在她旁边的地面上还有小小的红玫瑰花的花朵。

记得是一张苏联某画家着色的木刻。

鲁迅先生有很多画，为什么只选了这张放在枕边？

许先生告诉我的，她也不知道鲁迅先生为什么常常看这小画。

有人来问他这样那样的，他说：

“你们自己学着做，若没有我呢！”

这一次鲁迅先生好了。

还有一样不同的，觉得做事要多做……

鲁迅先生以为自己好了，别人也以为鲁迅先生好了。

准备冬天要庆祝鲁迅先生工作三十年。

又过了三个月。

1936 年 10 月 17 日，鲁迅先生病又发了，又是气喘。

17 日，一夜未眠。

18 日，终日喘着。

19 日，夜的下半夜，人衰弱到极点了。天将发白时，鲁迅先生就像他平日一样，工作完了，他休息了。

萧红《商市街》（中国国际广播出版社，2014）

阅读提示

萧红（1911—1942），中国近现代女作家，“民国四大才女”之一，被誉为“20 世纪 30 年代的文学洛神”。乳名荣华，学名张秀环，后由外祖父改名为张廼莹。笔名萧红、悄吟、玲玲、田娣等。1911 年，出生于黑龙江省哈尔滨市呼兰区一个封建地主家庭，幼年丧母。1932 年，结识萧军。1933 年，以悄吟为笔名发表第一篇小说《弃儿》。1935 年，在鲁迅的支持下，发表成名作《生死场》。1936 年，东渡日本，创作散文《孤独的生活》、长篇组诗《砂粒》等。1940 年，与端木蕻良同抵香港，之后发表中篇小说《马伯乐》、长篇小说《呼兰河传》等。1942 年 1 月 22 日，因肺结核和恶性气管扩张病逝于香港，年仅 31 岁。萧红的作品具有鲜明的文体特征，以小说为例，打破了传统小说单一的叙事模式，创造了一种介于小说、散文和诗之间的边缘文体，并以其独特的超常规语言、自传式叙事方法、非情节化的结构及诗化风格形成了别具一格的“萧红体”文体风格。萧红以自己悲剧性的人生、感受和生命体验，观照她所熟悉的乡土社会的生命形态和生存境遇，揭露和批判国民性弱点，抒写着人的悲剧、女性的悲剧和普泛的人类生命的悲剧，从而使其作品获得一种浓烈而深沉的悲剧意蕴和独特而丰厚的文化内涵。这篇回忆性文章，当时很多人都写鲁迅，把鲁迅写成旗帜，而萧红是真正把鲁迅当作人来写的，并且写出了鲜活的生活中的鲁迅。这当然一部分得益于她和鲁迅先生有机会近距离相处，可即使共同生活了几十年的人来描述身边人，也难以有这样的敏锐、生动、质感。萧红的回忆文字，把鲁迅的脸、表情、声音、衣帽、饮食、脚步，连同咳嗽声都清晰明白地写出来了，读着读着，鲁迅不再是那个书里纸上竖发剑眉长袍一袭烟斗的鲁迅先生了，先生走过来，坐在了人的身边。萧红这篇，好就好在她的自然，她的生动，她捕捉了那些最容易被人忽略又最让事物活泛的存在。回忆鲁迅先生的全篇，可谓是情深意切，行云流水，她未曾渲染过一句自己的深切思念，但这想念却如空气般浸在文字里。可以说别有生命，别有神情，别有温暖，别有柔软，别有光泽。这些，正是出自于萧红保持了最率真的天性。

思考与练习

1. 这篇文章是从哪些方面回忆鲁迅先生的？
2. 体会这篇文章对人物描写的细节把握。

•学问之趣味•

梁启超

我是个主张趣味主义的人：倘若用化学化分“梁启超”这件东西，把里头所含一种原素名叫“趣味”的抽出来，只怕所剩下仅有个“0”了。我以为：凡人必常常生活于趣味之中，生活才有价值。若哭丧着脸挨过几十年，那么，生命便成沙漠，要来何用？中国人见面最喜欢用的一句话：“近来作何消遣？”这句话我听着便讨厌。话里的意思，好像生活得不耐烦了，几十年日子没有法子过，勉强找些事情来消他遣他。一个人若生活于这种状态之下，我劝他不如早日投海！我觉得天下万事万物都有趣味，我只嫌二十四点钟不能扩充到四十八点，不彀我享用。我一年到头不肯歇息，问我忙什么？忙的是我的趣味。我以为这便是人生最合理的生活。我常常想运动别人也学我这样生活。

凡属趣味，我一概都承认它是好的，但怎么样才算“趣味”，不能不下一个注脚。我说：“凡一件事做下去不会生出和趣味相反的结果的，这件事便可以为趣味的主体。”赌钱趣味吗？输了怎么样？吃酒趣味吗？病了怎么样？做官趣味吗？没有官做的时候怎么样？……诸如此类，虽然在短时间内像有趣味，结果会闹到俗语说的“没趣一齐来”，所以我们不能承认它是趣味。凡趣味的性质，总要以趣味始，以趣味终。所以能为趣味之主体者，莫如下列的几项：一，劳作；二，游戏；三，艺术；四，学问。诸君听我这段话，切勿误会以为，我用道德观念来选择趣味。我不问德不德，只问趣不趣。我并不是因为赌钱不道德才排斥赌钱，因为赌钱的本质会闹到没趣，闹到没趣便破坏了我的趣味主义，所以排斥赌钱。我并不是因为学问是道德才提倡学问，因为学问的本质能够以趣味始以趣味终，最合于我的趣味主义条件，所以提倡学问。

学问的趣味，是怎么一回事呢？这句话我不能回答。凡趣味总要自己领略，自己未曾领略得到时，旁人没有法子告诉你。佛典说的："如人饮水，冷暖自知。"你问我这水怎样的冷，我便把所有形容词说尽，也形容不出给你听，除非你亲自嗑一口。我这题目——学问之趣味，并不是要说学问如何如何的有趣味，只要如何如何便会尝得着学问的趣味。

诸君要尝学问的趣味吗？据我所经历过的有下列几条路应走。

第一，"无所为"。趣味主义最重要的条件是"无所为而为"。凡有所为而为的事，都是以别一件事为目的而以这件事为手段。为达目的起见勉强用手段、目的达到时，手段便抛却。例如学生为毕业证书而做学问，著作家为版权而做学问，这种做法，便是以学问为手段，便是有所为。有所为虽然有时也可以为引起趣味的一种方便，但到趣味真发生时，必定要和"所为者"脱离关系。你问我"为什么做学问"？我便答道："不为什么"。再问，我便答道："为学问而学问"，或者答道："为我的趣味"。诸君切勿以为我这些话掉弄虚机，人类合理的生活本来如此。小孩子为什么游戏？为游戏而游戏。人为什么生活？为生活而生活。为游戏而游戏，游戏便有趣；为体操分数而游戏，游戏便无趣。

第二，不息。"鸦片烟怎样会上瘾？""天天吃。""上瘾"这两个字，和"天天"这两个字是离不开的。凡人类的本能，只要那部分阁久了不用，他便会麻木会生锈。十年不跑路，两条腿一定会废了。每天跑一点钟，跑上几个月，一天不得跑时，腿便发痒。人类为理性的动物，"学问欲"原是固有本能之一种，只怕你出了学校便和学问告辞，把所有经管学问的器官一齐打落冷宫，把学问的胃弄坏了，便山珍海味摆在面前，也不愿意动筷子。诸君啊！诸君倘若现在从事教育事业或将来想从事教育事业，自然没有问题，很多机会来培养你学问胃口。若是做别的职业呢？我劝你每日除本业正当劳作之外，最少总要腾出一点钟，研究你所嗜好的学问。一点钟那里不消耗了？千万别要错过，闹成"学问胃弱"的证候，白白自己剥夺了一种人类应享之特权啊！

第三，深入的研究。趣味总是慢慢的来，越引越多，像倒吃甘蔗，越往下才越得好处。假如你虽然每天定有一点钟做学问，但不过拿来消遣消遣，不带有研究精神，趣味便引不起来。或者今天研究这样明天研究那样，趣味还是引不起来。趣味总是藏在深处，你想得着，便要入去。这个门穿一穿，那个窗户张一张，再不会看见"宗庙之美，百官之富"，如何能有趣味？我方才说："研究你所嗜好的学问"，嗜好两个字很要紧。一个人受过相当的教育之后，无论如何，总有一两门学问和自己脾胃相合，而已经懂得大概可以作加工研究之预备的，请你就选定一门作为终身正业或作为本业劳作以外的副业，不怕范围窄，越窄越便于聚精神，不怕问题难，越难越便于鼓勇气。你只要肯一层一层往里面追，我保你一定被它引到“欲罢不能”的地步。

第四，找朋友。趣味比方电，越摩擦越出。前两段所说，是靠我本身和学问本身相摩擦，但仍恐怕我本身有时会停摆，发电力便弱了。所以常常要仰赖别人帮助。一个人总要有几位共事的朋友，同时还要有几位共学的朋友。共事的朋友，用来扶持我的职业；共学的朋友和共玩的朋友同一性质，都是用来摩擦我的趣味。这类朋友，能够和我同嗜好一种学问的自然最好，我便和他研究。即或不然——他有他的嗜好，我有我的嗜好，只要彼此都有研究精神，我和他常常在一块或常常通信，便不知不觉把彼此趣味都摩擦出来了。得着一两位这种朋友，便算人生大幸福之一。我想只要你肯找，断不会找不出来。

我说的这四件事，虽然像是老生常谈，但恐怕大多数人都不曾会这样做。唉！世上人多么可怜啊！有这种不假外求不会蚀本不会出毛病的趣味世界，竟自没有几个人肯来享受！古书说的故事“野人献曝”，我是尝冬天晒太阳的滋味尝得舒服透了，不忍一人独享，特地恭恭敬敬的来告诉诸君。诸君或者会欣然采纳吧？但我还有一句话：太阳虽好，总要诸君亲自去晒，旁人却替你晒不来。

梁启超《中国现代美学名家文丛·梁启超（卷）》（浙江大学出版社，2009）

阅读提示

梁启超（1873—1929），字卓如，号任公，别号饮冰室主人、饮冰子、哀时客、中国之新民等数十个笔名，广东新会人。近代思想家，戊戌变法运动领袖之一。他是一个深刻影响中国近代历史命运与政治轨迹的传奇人物，也是一个与中国思想文化的现代化历程有着精神渊源的重要宗师。“饮冰”二字语出《庄子·人间世》，原文为“今吾朝受命而夕饮冰，因内心极度忧与”，讲史上叶公子高受了出使齐国使命，内心忧虑，因而晚上饮冰。梁启超以此为名，来喻自己的家国责任。其弟启勋为他作传，主要内容为：任公“广东新会人。年十六，入学海堂为正科生。十九，入万木草堂。甲午以后，加入国事运动。年廿四，创《时务报》于上海。翌年冬，主讲长沙时务学堂。年廿六，值戊戌变法，走日本。又二年，自檀香山赴唐才常汉口之役，抵沪而事败，避地澳洲，旋适日本。四十岁，始归国，参与民国新政。洪宪及复辟两役，奔走反抗甚力。欧战起，主张加入协约国。年四十六，漫游欧洲。翌年东归。萃精力于讲学著述”。精辟地涵盖了梁启超在五十六个春秋中丰富的人生轨迹和卓越功绩。

梁启超的文章，多问世于中国近代文化转型期间，在思想、文化、艺术、教育等多个领域内，有着深远的启蒙意义。他倡导文学革命，在《论小说与群治之关系》一文中，把文学艺术尤其是小说提升到了中国政治、文化历史上从未有过的高度，可以见出梁启超艺术救国的思想主张。在教育领域内，他也连发多文提出对中国教育的卓识远见，至今，《“知不可而为”主义与“为而不有”主义》《趣味教育与教育趣味》《学问之趣味》《为学与做人》《教育家的自家田地》等文，对中国当代的教育者与受教育者，都有深刻的反思与启发意义。

《学问之趣味》，名为“学问”，实则用深入浅出的语言谈教育。这篇文章里，梁启超谈到为学的四个层面，可理解为：趣味、坚持、深入、互动。对当下为师为学两方面，依然有重要的参考为鉴作用。

思考与练习

1. 梁启超认为的“趣味”是什么？
2. 思考梁启超谈到为学的四个方面对当下的启示。

乌篷船

周作人

子荣君：

接到手书，知道你要到我的故乡去，叫我给你一点什么指导。老实说，我的故乡，真正觉得可怀恋的地方，并不是那里；但是因为在那里生长，住过十多年，究竟知道一点情形，所以写这一封信告诉你。

我所要告诉你的，并不是那里的风土人情，那是写不尽的，但是你到那里一看也就会明白的，不必啰嗦地多讲。我要说的是一种很有趣的东西，这便是船。你在家乡平常总坐人力车，电车，或是汽车，但在我的故乡那里这些都没有，除了在城内或山上是用轿子以外，普通代步都是用船。船有两种，普通坐的都是“乌篷船”，白篷的大抵作航船用，坐夜航船到西陵去也有特别的风趣，但是你总不便坐，所以我也就可以不说了。乌篷船大的为“四明瓦”（Symennyoa），小的为脚划船（划读如 uoa），亦称小船。但是最适用的还是在这中间的“三道”，亦即三明瓦。篷是半圆形的，用竹片编成，中央竹箬，上涂黑油；在两扇“定篷”之间放着一扇遮阳，也是半圆的，木作格子，嵌著一片片的小鱼鳞，径约一寸，颇有点透明，略似玻璃而坚韧耐用，这就称为明瓦。三明瓦者，谓其中舱有两道，后舱有一道明瓦也。船尾用橹，大抵两支，船首有竹篙，用以定船。船头着眉目，状如老虎，但似在微笑，颇滑稽而不可怕，唯白篷船则无之。三道船篷之高大约可以使你直立，舱宽可放下一顶方桌，四个人坐着打麻将，——这个恐怕你也已学会了罢？小船则真是一叶扁舟，你坐在船底席上，篷顶离你的头有两三寸，你的两手可以搁在左右的舷上，还把手都露出在外边。在这种船里仿佛是在水面上坐，靠近田岸去时泥上便和你的眼鼻接近，而且遇着风浪，或是坐得少不小心，就会船底朝天，发生危险，但是也颇有趣味，是水乡的一种特色。不过你总可以不必去坐，最好还是坐那三道船罢。

你如坐船出去，可是不能像坐电车的那样性急，立刻盼望走到。倘若出城，走三四十里路，（我们那里的里程是很短，一里才及英里三分之一），来回总要预备一天。你坐在船上，应该是游山的态度，看看四周物色，随处可见的山，岸旁的乌桕，河边的红蓼和白苹，渔舍，各式各样的桥，困倦的时候睡在舱中拿出随笔来看，或者冲一碗清茶喝喝。偏门外的鉴湖一带，贺家池，壶觞左近，我都是喜欢的，或者往娄公埠骑驴去游兰亭（但我劝你还是步行，骑驴或者于你我不很相宜），到得暮色苍然的时候进城上都挂着薜荔的东门来，倒是颇有趣味的事。倘若路上不平静，你往杭州去时可于下午开船，黄昏时候的景色正最好看，只可惜这一带地方的名字我都忘记了。夜间睡在舱中，听水声橹声，来往船只的招呼声，以及乡间的犬吠鸡鸣，也都很有意思。雇一只船到乡下去看庙戏，可以了解中国旧戏的真趣味，而且在船上行动自如，要看就看，要睡就睡，要喝酒就喝酒，我觉得也可以算是理想的行乐法。只可惜讲维新以来这些演剧与迎会都已禁止，中产阶级的低能人别在“布业会馆”等处建起“海式”的戏场来，请大家买票看上海的猫儿戏。这些地方你千万不要去。——你到我那故乡，恐怕没有一个人认得，我又因为在教书不能陪你去玩，坐夜船，谈闲天，实在抱歉而且惆怅。川岛君夫妇现在偶山下，本来可以给你介绍，但是你到那里的时候他们恐怕已经离开故乡了。初寒，善自珍重，不尽。

十五年一月十八日夜，北京。

刘勇主编《中国现代文学作品选（下）》（北京师范大学出版社，2006）

阅读提示

周作人（1885—1967），字起孟，后改为岂明，号知堂，浙江绍兴人。鲁迅的二弟。1901年考入江南水师学堂。1906年随兄赴日留学，1911年回国。1917年4月到北京，任北京大学教授，兼任师大、女师大、燕京大学教授。在五四新文化运动中，发表了《人的文学》《平民文学》，影响深远，是文学研究会和语丝社的主要发起人。1921年起，倡导“美文”创作，在白话散文的初期发展中起到了开创的重要作用。早期散文集有《雨天的书》《泽泻集》《谈虎集》《永日集》等。代表散文有《故乡的野菜》《乌篷船》等。1928—1938年退守书斋，《看云集》《夜读抄》等是这一时期的作品。抗战爆发之后，周作人仍留北平，沦陷时期，写有大量散文，这一段人生，史上对其评价很有争议。中华人民共和国成立后，定居北京，主要从事翻译工作。周作人主张文学是“人的文学”，成为中国近代新文学理论的先导者与践行者，之后，他又提出文学是“自己的园地”，他的散文随笔就是这一主张的系列篇章。周作人的散文，以趣味为中心，有意识地超越了功利心；文风讲究平淡自然，崇尚本色，这种文学审美观念，一定程度可以见出中国道家思想的影响；他对散文还要求有苦涩之味，好文要如茶，几道饮下，有人生的阅历之感。正是这样的文学观念与创作实践，使周作人的散文独成一家，于真实、自然的所谓平淡之后，给读者以高超的审美享受与幽雅的回旋韵味。

《乌篷船》是周作人的散文代表作，用的是书信体，使得全文有一种娓娓道来的亲切感。耐人寻味的是，信首虽写自己对故乡并无怀恋，却对故乡的乌篷船做了翔实的描述，作者立意还不在此，在冲淡自然中，抒写出人生的写意与趣味。

思考与练习

1. 书信体与常见的散文相比，有何特色？
2. 文章体现了作者什么样的人生态度？

雅　舍

梁实秋

到四川来，觉得此地人建造房屋最是经济。火烧过的砖，常常用来做柱子，孤零零的砌起四根砖柱，上面盖上一个木头架子，看上去瘦骨嶙嶙，单薄得可怜；但是顶上铺了瓦，四面编了竹篾墙，墙上敷了泥灰，远远的看过去，没有人能说不像是座房子。我现在住的“雅舍”正是这样一座典型的房子。不消说，这房子有砖柱有竹蓖墙，一切特点都应有尽有。讲到住房，我的经验不算少，什么“上支下摘”，“前廊后厦”，“一楼一底”，“三上三下”，“亭子间”，“茅草棚”，“琼楼玉宇”和“摩天大厦”，各式各样，我都尝试过。我不论住在哪里，只要住得稍久，对那房子便发生感情，非不得已我还舍不得搬。这“雅舍”，我初来时仅求其能蔽风雨；并不敢存奢望。现在住了两个多月，我的好感油然而生，虽然我已渐渐感觉它是并不能蔽风雨；因为有窗而无玻璃，风来则洞若凉亭；有瓦而空隙不少，雨来则渗如滴漏。纵然不能蔽风雨，“雅舍”还是自有它的个性。有个性就可爱。

“雅舍”的位置在半山腰，下距马路约有七八十层的土阶。前面是阡陌螺旋的稻田。再远望过去是几抹葱翠的远山，旁边有高粱地，有竹林，有水池，有粪坑，后面是荒僻的榛莽未除的土山坡。若说地点荒凉，则月明之夕，或风雨之日，亦常有客到，大抵好友不嫌路远，路远乃见情谊。客来则先爬几十级的土阶，进得屋来，仍须上坡，因为屋内地板乃依山势而铺，一面高，一面低，坡度甚大，客来无不惊叹，我则久而安之，每日由书房走到饭厅是上坡，饭后鼓腹而出是下坡，亦不觉有大不便处。

“雅舍”共是六间，我居其二。蓖墙不固，门窗不严，故我与邻人彼此均可互通声息。邻人轰饮作乐，咿唔诗章，喁喁细语，以及鼾声，喷嚏声，吮汤声，撕纸声，脱皮鞋声，均随时由门窗户壁的隙处荡漾而来，破我岑寂。入夜则鼠子瞰灯，才一合眼，鼠子便自由行动，或搬核桃在地板上顺坡而下，或吸灯油而推翻烛台，或攀援而上帐顶，或在门框桌脚上磨牙，使人不得安枕。但是对于鼠子，我很惭愧的承认，我“没有法子”。“没有法子”一语是被外国人常常引用着的，以为这话最足代表中国人的懒惰隐忍的态度。其实我的对付鼠子并不懒惰。窗上糊纸，纸一戳就破；门户关紧，而相鼠有牙，一阵咬便是一个洞洞。试问还有什么法子？洋鬼子住到“雅舍”里，不也是“没有法子”？比鼠子更骚扰的是蚊子。“雅舍”的蚊风之盛，是我前所未见的。“聚蚊成雷”真有其事！每当黄昏的时候，满屋里磕头碰脑的全是蚊子，又黑又大，骨骼都像是硬的。在别处蚊子早已肃清的时候，在“雅舍”则格外猖獗，来客偶不留心，则两腿伤处累累隆起如玉蜀黍，但是我仍安之。冬天一到，蚊子自然绝迹，明年夏天——谁知道我还是住在“雅舍”！

“雅舍”最宜月夜——地势较高，得月较先。看山头吐月，红盘乍涌，一霎间，清光四射，天空皎洁，四野无声，微闻犬吠，坐客无不悄然！舍前有两株梨树，等到月升中天，清光从树间筛洒而下，地下阴影斑斓，此时尤为幽绝。直到兴阑人散，归房就寝，月光仍然逼进窗来，助我凄凉。细雨蒙蒙之际，“雅舍”，亦复有趣。推窗展望，俨然米氏章法，若云若雾，一片弥漫。但若大雨滂沱，我就又惶悚不安了，屋顶浓印到处都有，起初如碗大，俄而扩大如盆，继则滴水乃不绝，终乃屋顶灰泥突然崩裂，如奇葩初绽，砉然一声而泥水下注，此刻满室狼藉，抢救无及。此种经验，已数见不鲜。

“雅舍”之陈设，只当得简朴二字，但洒扫拂拭，不使有纤尘。我非显要，故名公巨卿之照片不得入我室；我非牙医，故无博士文凭张挂壁间；我不业理发，故丝织西湖十景以及电影明星之照片亦均不能张我四壁。我有一几一椅一榻，酣睡写读，均已有着，我亦不复他求。但是陈设虽简，我却喜欢翻新布置。西人常常讥笑妇人喜欢变更桌椅位置，以为这是妇人天性喜变之一征。诬否且不论，我是喜欢改变的，中国旧式家庭，陈设千篇一律，正厅上是一条案，前面一张八仙桌，一边一把靠椅，两旁是两把靠椅夹一只茶几。我以为陈设宜求疏落参差之致，最忌排偶。“雅舍”所有，毫无新奇，但一物一事之安排布置俱不从俗。人入我室，即知此是我室。笠翁闲情偶寄之所论，正合我意。

“雅舍”非我所有，我仅是房客之一。但思“天地者万物之逆旅”，人生本来如寄，我住“雅舍”一日，“雅舍”即一日为我所有。即使此一日亦不能算是我有，至少此一日“雅舍”所能给予之苦辣酸甜，我实躬受亲尝。刘克庄词：“客里似家家似寄”，我此时此刻卜居“雅舍”，“雅舍”即似我家。其实似家似寄，我亦分辨不深。

长日无俚，写作自遣，随想随写，不拘篇章，冠以“雅舍小品”四字，以示写作所在，且志因缘。

梁实秋《梁实秋散文选集》（百花文艺出版社，2000）

阅读提示

梁实秋（1903—1987），学名梁治华，字实秋，生于北京。1915 年秋考入清华大学，在求学期间开始写作。1920 年前后，受五四新文化运动影响，与闻一多、朱湘等人组织了清华文学社，并担任《清华周刊》的编辑。1923 年毕业后赴美留学。在美国哈佛大学研究院学习时受新人文主义者白壁德影响较深。1926 年，他的代表性论文《现代中国文学之浪漫的趋势》在《晨报副镌》发表，认为中国新文学存在浪漫主义混乱倾向，主张在理性指引下从普遍的人性出发进行文学创作。1927 年，到上海编辑《时事新报》副刊《青光》。1930 年，与闻一多一起到青岛大学任教。1934 年任北京大学外文系主任。1935 年创办《自由评论》。

七七事变后，离家独身到南方四川，在《星期评论》等杂志上辟设“雅舍小品”专栏，发表了 20 篇散文。40 岁以后着力较多的是散文和翻译。散文代表作《雅舍小品》出版并发行了数十版。20 世纪 30 年代开始翻译莎士比亚作品，持续 40 载，完成了 40 卷的翻译。1987 年 11 月 3 日在台北病逝。

梁实秋散文总体而言，有几个鲜明的特色：一是行文简洁，语言精练。他的散文小品字数大多在两千字左右，力求用精简的文字表达出高远的境界。二是幽默风雅，富有闲趣。在写类似男人、女人、孩子、中年、喝茶、送行等最为常态的世间生活时，梁实秋每每用梁氏幽默写出了不寻常的韵味，令人读之，思量低徊，于笑中感悟到了一种旷达的人生境界。三是旁征博引，学者风范。梁实秋学贯中西，遍读各种中国旧籍古书，又留学美国，对西方文化有切实的体会，后又研读佛经禅学，这使得他的散文小品，中外古今，信手拈来，体现了学者为文的丰厚与开阔。

《雅舍》充分彰显了梁实秋诙谐幽默的语言风格，用文字将逃难时的苦涩转化为生命的超然与通透，展现出一种人生的旷达与境界。

思考与练习

1. 文中的“雅舍”是一种怎样的生存环境，作者为何称之为“雅”？

2. 由“雅舍”思考，人生的“雅”在何处？

·论人类的尊严·

林语堂

我在前一章里已经讨论过人类的不免一死和在动物界里的地位，以及人类文明本质上因此而发生的后果。可是我们觉得这个轮廓还不完全。我们还需要一种用以造成一个关于人类天性和人类尊严二者联合而成的圆满观念。噢，有了，人类的尊严——这就是我们所找寻的名词！我们必须对这一点多加说明，我们必须了解这尊严是由什么东西所造成，否则就会谬误，而失掉它的踪迹。尤其是在二十世纪的现代和后代，我们随时有失掉我们尊严的危险。

如果你一定说我们是动物，那么你以为人类是最奇妙的动物吗？这一点我很同意。只有人类发明了一种文明，这就是难能可贵的事情。世间也许有形式更优良，构造更完美的高超动物，如马就是一例；其他如狮子，则有着更优美的肌肉；狗有着更灵敏的嗅觉，更驯良、更忠义的心地；鹰有着更锐利的视觉；鸽子有着更清晰的方向感觉；蚂蚁有着更节俭，更有纪律，更有劳作的能力；鸠鸽和鹿有着更温顺的脾气；牛有着更大的忍耐性和满足性；百灵有着更悦耳的歌喉；鹦鹉和孔雀有着更美丽的服饰。最后还有猴子有着一种更好的才能，使我比较喜欢猴子而不喜欢上述那些动物。人类因有一些猴子的好奇心和聪明，所以我就宁愿做人。就算蚂蚁像我上面所说的，比我们有着更合理、更有纪律的社会，有着一个比今日西班牙更稳固的政府，可是它们没有图书馆和博物院，是不是；假如蚂蚁或象有一日发明一个大望远镜，或发现一颗新行星或预知月蚀的时候，或海豹假如能有一日发现微积分学，或海獭能够开浚巴拿马运河，我便要把锦标赠给它们，称它们为世界之主和宇宙的主宰。现在我们觉得很可自负，不过，这可以使我们足以自负的究竟是什么东西？和人类尊严的精华究竟在哪里？最好都把它探索出来。

我在本书的卷首已约略暗示过，这种人类的尊严是由放浪者（中国文学上所尊敬的人物）的四种特质所造成。就是：一种嬉戏的好奇心，一种梦想的能力，一种纠正这些梦想的幽默感，一种在行为上任性的、不可测度的质素。这些特质并合起来便是由美国的个人学说所蜕变而来的中国人的观念。中国文学上所表现的放浪者是一幅极其生动的个人主义者的肖像，拥戴美国个人主义最有力的文学家惠特曼（Walt Whitman）之所以被人家称为

“伟大的闲逸者”，确是有来由的。

林语堂《生活的艺术》（北岳文艺出版社，2004）

阅读提示

林语堂（1895—1976），原名和乐，后改玉堂，又改语堂，福建龙溪人。曾与鲁迅、周作人、钱玄同等人同为语丝社的主要撰稿人。1932 年，林语堂创办了《论语》半月刊，1932 年和 1934 年，又先后创办了《人间世》和《宇宙风》，主张“独抒性灵”，提倡“以自我为中心，以闲适为格调”的小品文。在林语堂的小品文里，幽默不仅是一种写作上的文体风格与美学追求，也是一种人生境界。这使得他成为中国现代文学史上著名的“幽默大师”。这几种刊物一度非常畅销，实现了文学的雅俗共赏。1935 年后，在美国用英文写《吾国与吾民》《京华烟云》《风声鹤唳》等文化著作和长篇小说。1976 年在香港逝世。

《生活的艺术》一书，是林语堂几十年思想和生活所得的个人经验。作为一本倡谈生活艺术的散文集，林语堂听从个人的生命体验，结合古今中西的文化习俗，以真实幽默的笔触，做了一次长途的精神漫步，全书涉及的话题众多：关于人类的观念、论近人情、生命的享受、悠闲的重要、家庭的享受、大自然的享受、文化的享受、旅行的享受等 14 个话题，上天入地，从宗教、文化、思想到生活日常的各个层面，可谓一部生活艺术的宝典。

《论人类的尊严》探索 20 世纪的现代时期，人类随时有失掉尊严的危险。文中所指人类历史上的可敬者由四种特质组成，构成了人之为人的尊严。

思考与练习

1. 第二段罗列众多的动物，作者为了说明人类的独特性在哪里？

2. 理解并讨论人类尊严的四种特质。

辞缘缘堂[①]（节选）

丰子恺

缘缘堂就建在这富有诗趣画意而得天独厚的环境中。运河大转弯的地方，分出一条支流来。距运河约二三百步，支流的岸旁，有一所染坊店，名曰丰同裕。店里面有一所老屋，名曰惇德堂。惇德堂里面便是缘缘堂。缘缘堂后面是市梢。市梢后面遍地桑麻，中间点缀着小桥，流水，大树，长亭，便是我的游钓之地了。红羊（指洪秀全、杨秀清）之后就有这染坊店和老屋。这是我父祖三代以来歌哭生聚的地方。直到民国二十二年缘缘堂成，我们才离开这老屋的怀抱。所以它给我的荫庇与印象，比缘缘堂深厚得多。虽然其高只及缘缘堂之半，其大不过缘缘堂的五分之一，其陋甚于缘缘堂的柴间，但在灰烬之后，我对它的悼惜比缘缘堂更深。因为这好比是老树的根，缘缘堂好比是树上的枝叶。枝叶虽然比根庞大而美观，然而都是从这根上生出来的。流亡以后，我每逢在报纸上看到了关于石门湾的消息，晚上就梦见故国平居时的旧事。而梦的背景，大都是这百年老屋。我梦见我孩提时的光景：夏天的傍晚，祖母穿了一件竹衣（一种用细小竹编串而成的夏衣），坐在染坊店门口河岸上的栏杆边吃蟹酒。祖母是善于享乐的人，四时佳兴都很浓厚。但因为屋里太窄，我们姐弟众多，把祖母挤出在河岸上。我梦见父亲中乡试时的光景：几方丈大小的老屋里拥了无数的人，挤得水泄不通。我高高地坐在店伙祁官的肩头上，夹在人丛中，看父亲拜北阙。我又梦见父亲晚酌的光景：大家吃过夜饭，父亲才从地板间里的鸦片榻上起身，走到厅上来晚酌。桌上照例是一壶酒，一盖碗热豆腐干，一盆麻酱油，和一只老猫。父亲一边看书，一边用豆腐干下酒，时时摘下一粒豆腐干来喂老猫。那时我们得在地板间里闲玩一下。这地板间的窗前是一个小天井，天井里养着乌龟，我们喊它为“臭天井”。臭天井的旁边便是灶间。饭脚水常从灶间里飞出来，哺养臭天井里的乌龟。因此烟气、腥气、臭气，地板间里时有所闻。然而这是老屋里最精华的一处地方了。父亲在室时，我们小孩子是不敢轻易走进去的。我的父亲中了举人之后就丁艰。丁艰后科举就废。他的性情又廉洁而好静，一直闲居在老屋中，四十二岁上患肺病而命终在这地板间里。我九岁上便是这老屋里的一个孤儿了。缘缘堂落成后，我常常想：倘得像缘缘堂的柴间或磨子间那样的一个房间来供养我的父亲，也许他不致中年病肺而早逝。然而我不能供养他！每念及此，便觉缘缘堂的建造毫无意义，人生也毫无意义！我又梦见母亲拿了六尺杆量地皮的情景：母亲早年就在老屋背后买一块地（就是缘缘堂的基地），似乎预知将来有一天造新房子的。我二十一岁就结婚。结婚后得了“子烦恼”，几乎年年生一个孩子。率妻糊口四方，所收入的自顾不暇。母亲带着我的次女住在老屋里，染坊店至数十亩薄田所入虽能供养，亦没有余裕。所以造房这念头，一向被抑在心的底层。我三十岁上送妻子回家奉母。老屋覆育了我们三代，伴了我的母亲数十年，这时候衰颓得很，门坍壁裂，渐渐表示无力再荫庇我们这许多人了。幸而我的生活渐渐宽裕起来，每年多少有几叠钞票交送母亲。造屋这念头，有一天偷偷地从母亲心底里浮出来。邻家正在请木匠修门窗，母亲借了他的六尺杆，同我两人到后面的空地里去测量一回，计议一回。回来的时候低声关照我：“切勿对别人讲！”那时我血气方刚，率然地对母亲说：“我们决计造！钱我有准备！”就把收入的预算历历数给她听。这是年轻人的作风，事业的失败往往由此，事业的速成也往往由此。然而老年人脚踏实地，如何肯冒险呢？六尺杆还了木匠，造屋的念头依旧沉淀在母亲的心底里。它不再浮起来。直到两年之后，母亲把这念头交付了我们而长逝。又三年之后，它方才成形具体，而实现在地上，这便是缘缘堂。

犹记得堂成的前几天，全家齐集在老屋里等候乔迁。两代姑母带了孩童仆从，也来挤在老屋里助喜。低小破旧的老屋里挤了二三十个人，肩摩踵接，踢脚绊手，闹得像戏场一般。大家知道未来的幸福紧接在后头，所以故意倾轧。老人家几被小孩子推倒了，笑着喝骂。小脚被大脚踏痛了，笑着叫苦。在这时候，我们觉得苦痛比欢乐更为幸福。低小破旧的老屋比琼楼玉宇更有光彩！我们住新房子的欢喜与幸福，其实以此为极！真个迁入之后，也不过尔尔，况且不久之后，别的渴望与企图就来代替你的欢乐，人世的变故行将妨碍你的幸福了！只有希望中的幸福，才是最纯粹，最彻底，最完全的幸福。那是我们全家的人都经验了这种幸福。只有最初置办基地，发心建造，而首先用六尺杆测量地皮的人，独自静静地安眠在五里外的长松衰草之下，不来参加我们的欢喜。似乎知道不久将有暴力来摧毁这幸福，所以不屑参加似的。

缘缘堂构造用中国式，取其坚固坦白。形式用近世风，取其单纯明快。一切因袭，奢侈，烦琐，无谓的布置与装饰，一概不入。全体正直（为了这点，工事中我曾费数百圆拆造过，全镇传为奇谈），高大、轩敞、明爽，具有深沉朴素之美。正南向的三间，中央铺大方砖，正中悬挂马一浮先生写的堂额。壁间常悬的是弘一法师[②]写的《大智度论·十喻赞》和“欲为诸法本，心如工画师”的对联。西室是我的书斋，四壁陈列图书数千卷，风琴上常挂弘一法师写的“真观清净观，广大智慧观。梵音海潮音，胜彼世间音”的长联。东室为食堂，内联走廊，厨房，平屋。四壁悬的都是沈寐叟的墨迹。堂前大天井中种着芭蕉、樱桃和蔷薇。门外种着桃花。后堂三间小室，窗子临着院落，院内有葡萄棚、秋千架、冬青和桂树。楼上设走廊，廊内六扇门，通入六个独立的房间，便是我们的寝室。秋千院落的后面，是平屋、阁楼、厨房和工人的房间。——所谓缘缘堂者，如此而已矣。读者或将见笑：这样简陋的屋子，我却在这里扬眉瞬目，自鸣得意，所见与井底之蛙何异？我要借王禹偁的话作答：“彼齐云落星，高则高矣。井干丽谯，华则华矣。止于贮妓女，藏歌舞，非骚人之事，吾所不取。”[③]我不是骚人，但确信环境支配文化。我认为这样光明正大的环境，适合我的胸怀，可以涵养孩子们的好真，乐善，爱美的天性。我只费六千金的建筑费，但倘秦始皇要拿阿房宫来同我交换，石季伦愿把金谷园来和我对调，我决不同意。自民国二十二年春日落成，以至二十六年残冬被毁，我们在缘缘堂的怀抱里的日子约有五年。现在回想这五年间的生活，处处足使我憧憬：春天，两株重瓣桃戴了满头的花，在门前站岗。门内朱楼映着粉墙，蔷薇衬着绿叶。院中秋千亭亭地立着，檐下铁马丁东地响着。堂前燕子呢喃，窗内有“小语春风弄剪刀”的声音。这和平幸福的光景，使我难忘。夏天，红了樱桃，绿了芭蕉，在堂前作成强烈的对比，向人暗示“无常”的幻相。葡萄棚上的新叶，把室中人物映成绿色的统调，添上一种画意。垂帘外时见参差人影，秋千架上时闻笑语。门外刚挑过一担“新市水蜜桃”，又来了一担“桐乡醉李”。喊一声“开西瓜了”，忽然从楼上楼下引出许多兄弟姊妹。傍晚来一位客人，芭蕉荫下立刻摆起小酌的座位。这畅适的生活也使我难忘。秋天，芭蕉的叶子高出墙外，又在堂前盖造一个天然的绿幕，葡萄棚上果实累累，时有儿童在棚下的梯子上爬上爬下。夜来明月照高楼，楼下的水门汀映成一片湖光。各处房栊里有人挑灯夜读，伴着秋虫的合奏。这清幽的情况又使我难忘。冬天，屋子里一天到晚晒着太阳，炭炉上时闻普洱茶香。坐在太阳旁边吃冬春米饭，吃到后来都要出汗解衣裳。廊下晒着一堆芋头，屋角里藏着两瓮新米酒，菜橱里还有自制的臭豆腐干和霉千张。星期六的晚上，儿童们伴着坐到深夜，大家在火炉上烘年糕，煨白果，直到北斗星转向。这安逸的滋味也使我难忘。现在飘泊四方，已经两年。有时住旅馆，有时住船，有时住村舍，茅屋，祠堂，牛棚。但凡我身所在的地方只要一闭眼睛，就看见无处不是缘缘堂。

丰子恺《中国现代美学名家文丛·丰子恺（卷）》（浙江大学出版社，2009）

【注释】

①缘缘堂：1933 年春，丰子恺在石门湾建成自己设计的家园，取名缘缘堂。

②弘一法师：李叔同，中国著名现代艺术家和教育家，后出家，法号弘一。丰子恺为其入室弟子。

③王禹偁：北宋的诗人与散文家。“彼齐云落星，高则高矣。井干丽谯，华则华矣。止于贮妓女，藏歌舞，非骚人之事，吾所不取。”出自王禹偁《黄州新建小竹楼记》。齐云：唐楼名，又称月华楼，故址在今江苏苏州。落星：三国吴楼名，孙权所建，故址在南京东北。井干（hān）：汉长安（今西安）楼名。丽谯（qiáo）：三国魏楼名，曹操所建。

阅读提示

丰子恺（1898—1975），曾用名丰润、丰仁、婴行，号子恺，字仁，生于浙江省崇德县石门湾（今桐乡市石门镇）。我国现代画家、散文家、美术教育家、音乐教育家、漫画家和翻译家，是一位卓有成就的文艺大师。他的文章风格雍容恬静，漫画多以儿童为题材，幽默风趣，反映社会现象。1925 年 12 月由文学周报社出版《子恺漫画》，是丰子恺的第一本画集，也是中国的第一本漫画集，他的漫画作品，有日常生活，有古典意境，有童真童趣，风行天下。1931 年 1 月由开明书店出版的《缘缘堂随笔》堪称 20 世纪中国散文经典。1933 年春，丰子恺在石门湾建成自己设计的缘缘堂，这一时期，丰子恺创作、编译工作成果丰硕。1939 年春，丰子恺受聘浙江大学任教，1942 年在国立艺术专科学校任教授，1943 年在重庆沙坪坝以著述卖画为生。抗战后，回到杭州。中华人民共和国成立后，定居上海，从事音乐、美术、翻译工作。1960 年出任上海中国画院院长。“文化大革命”期间，仍在迫害中进行“地下”创作。1975 年 9 月 15 日，因肺癌不治，与世长辞。

作为学贯中西的文艺大师，丰子恺无时无刻的美学精神贯穿于他的创作观念、文艺作品、教育主张当中。他在《艺术教育的原理中》指出“艺术是绝缘的，这绝缘便是美的境地”，因此，丰子恺的散文，是用一双审美的眼睛看待世界的景物、事物、人物，画家的功力，使得他的文里处处弥漫着画意。同时，丰子恺的散文与他的漫画一样，时常是在用一双儿童的赤子之眼，发现生活的意趣，体现人生超乎功利的诗意存在。在《我与弘一法师》中，丰子恺提出“三层楼”说，将人的生活分为：物质生活、精神生活、灵魂生活三层。佛家居士的身份与体悟，也给他的散文增添了一份终极的生命思考。

《辞缘缘堂》是丰子恺的回忆之作，记述自己修建缘缘堂的起因、过程，乔迁之事，表达了作者诗意栖居的美好愿望和告别故园之后的深深眷恋。

思考与练习

1. 请从缘缘堂的家园描写来思考人与自然的关系。
2. 缘缘堂对作者的精神意味着什么？

我读一本小书同时又读一本大书

沈从文

我能正确记忆到我小时的一切，大约在两岁左右。我从小到四岁左右，始终健全肥壮如一只小豚。四岁时母亲一面告给我认方字，外祖母一面便给我糖吃，到认完六百生字时，腹中生了蛔虫，弄得黄瘦异常，只得经常用草药蒸鸡肝当饭。那时节我就已跟随了两个姐姐，到一个女先生处上学。那人既是我的亲戚，我年龄又那么小，过那边去念书，坐在书桌边读书的时节较少，坐在她膝上玩的时间或者较多。

到六岁时，我的弟弟方两岁，两人同时出了疹子。时正六月，日夜总在吓人高热中受苦。又不能躺下睡觉，一躺下就咳嗽发喘。又不要人抱，抱时全身难受。我还记得我同我那弟弟两人当时皆用竹簟卷好，同春卷一样，竖立在屋中阴凉处。家中人当时业已为我们预备了两具小小棺木，搁在廊下。十分幸运，两人到后居然全好了。我的弟弟病后，家中特别为他请了一个壮实高大的苗妇人照料，照料得法，他便壮大异常。我因此一病，却完全改了样子，从此不再与肥胖为缘，成了个小猴儿精了。

六岁时我已单独上了私塾。如一般风气，凡是老塾师在私塾中给予小孩子的虐待，我照样也得到了一份。但初上学时，我因为在家中业已认字不少，记忆力从小又似乎特别好，故比较其余小孩，可谓十分幸运。第二年后换了一个私塾，在这私塾中我跟从了几个较大的学生学会了顽劣孩子抵抗顽固塾师的方法，逃避那些书本枯燥文句去同一切自然相亲近。这一年的生活，形成了我一生性格与感情的基础。我间或逃学，且一再说谎，掩饰我逃学应受的处罚。我的爸爸因这件事十分愤怒，有一次竟说若再逃学说谎，便当砍去我一个手指。我仍然不为这一严厉警诫所恐吓，机会一来时总不把逃学的机会轻轻放过。当我学会了用自己眼睛看世界一切，到不同社会中去生活时，学校对于我便已毫无兴味可言了。

我爸爸平时本极爱我，我曾经有一时还做过我那一家的中心人物。稍稍害点病时，一家人便光着眼睛不睡眠，在床边服侍我，当我要谁抱时谁就伸出手来。家中那时经济情形还好，我在物质方面所享受到的，比起一般亲戚小孩似乎皆好得多。我的爸爸既一面只做将军的好梦，一面对于我却怀了更大的希望。他仿佛早就看出我不是个军人，不希望我做将军，却告给我祖父的许多勇敢光荣的故事，以及他庚子年间所得的一份经验。他因为欢喜京戏，只想我学戏，做谭鑫培。他以为我不拘做什么事，总之应比作个将军高些。第一个赞美我明慧的就是我的爸爸。可是当他发现了我成天从塾中逃出到太阳底下同一群小流氓游荡，任何方法都不能拘束这颗小小的心，且不能禁止我狡猾的说谎时，我的行为实在伤了这个军人的心。同时那小我四岁的弟弟，因为看护他的苗妇人照料十分得法，身体养育得强壮异常，年龄虽小，便显得气派宏大，凝静结实，且极自重自爱，故家中人对我感到失望时，对他便异常关切起来。这小孩子到后来也并不辜负家中人的期望，二十二岁时便做了步兵上校。至于我那个爸爸，却在蒙古、东北、西藏各处军队中混过，民国二十年时还只是一个上校，在本地土著军队里做军医（后改中医院长），把将军希望留在弟弟身上，在家乡从一种极轻微的疾病中便瞑目了。

我有了外面的自由，对于家中的爱护反觉处处受了牵制，因此家中人疏忽了我的生活时，反而似乎使我方便了好些。领导我逃出学塾，尽我到日光下去认识这大千世界微妙的光，希奇的色，以及万汇百物的动静，这人是我一个张姓表哥。他开始带我到他家中橘柚园中去玩，到城外山上去玩，到各种野孩子堆里去玩，到水边去玩。他教我说谎，用一种谎话对付家中，又用另一种谎话对付学塾，引诱我跟他各处跑去。即或不逃学，学塾为了担心学童下河洗澡，每到中午散学时，照例必在每人左手心中用朱笔写一大字，我们尚依然能够一手高举，把身体泡到河水中玩个半天，这方法也亏那表哥想得出来。我感情流动而不凝固，一派清波给予我的影响实在不小。我幼小时较美丽的生活，大部分都与水不能分离。我的学校可以说是在水边的。我认识美，学会思索，水对我有极大的关系。我最初与水接近，便是那荒唐表哥领带的。

现在说来，我在做孩子的时代，原本也不是个全不知自重的小孩子。我并不愚蠢。当时在一班表兄弟中和弟兄中，似乎只有我那个哥哥比我聪明，我却比其他一切孩子懂事。但自从那表哥教会我逃学后，我便成为毫不自重的人了。在各样教训各样方法管束下，我不欢喜读书的性情，从塾师方面，从家庭方面，从亲戚方面，莫不对于我感觉得无多希望。我的长处到那时只是种种的说谎。我非从学塾逃到外面空气下不可，逃学过后又得逃避处罚。我最先所学，同时拿来致用的，也就是根据各种经验来制作各种谎话。我的心总得为一种新鲜声音，新鲜颜色，新鲜气味而跳。我得认识本人生活以外的生活。我的智慧应当从直接生活上吸收消化，却不须从一本好书一句好话上学来。似乎就只这样一个原因，我在学塾中，逃学记录点数，在当时便比任何一人都高。

离开私塾转入新式小学时，我学的总是学校以外的。到我出外自食其力时，又不曾在职务上学好过什么。二十岁后我“不安于当前事务，却倾心于现世光色，对于一切成例与观念皆十分怀疑，却常常为人生远景而凝眸”，这种性格的形成，便应当溯源于小时在私塾中的逃学习惯。

自从逃学成习惯后，我除了想方设法逃学，什么也不再关心。

有时天气坏一点，不便出城上山里去玩，逃了学没有什么去处，我就一个人走到城外庙里去。本地大建筑在城外计三十来处，除了庙宇就是会馆和祠堂。空地广阔，因此均为小手工业工人所利用，那些庙里总常常有人在殿前廊下绞绳子，织竹簟，做香，我就看他们做事。有人下棋，我看下棋。有人打拳，我看打拳。甚至于相骂，我也看着，看他们如何骂来骂去，如何结果。因为自己既逃学，走到的地方必不能有熟人，所到的必是较远的庙里。到了那里，既无一个熟人，因此什么事皆只好用耳朵去听，眼睛去看，直到看无可看听无可听时，我便应当设计打量我怎么回家去的方法了。

来去学校我得拿一个书篮。内中有十多本破书，由《包句杂志》《幼学琼林》到《论语》《诗经》《尚书》，通常得背诵，分量相当沉重。逃学时还把书篮挂到手肘上，这就未免太蠢了一点。凡这么办的可以说是不聪明的孩子。许多这种小孩子，因为逃学到各处去，人家一见就认得出，上年纪一点的人见到时就会说：“逃学的，赶快跑回家挨打去，不要在这里玩。”若无书篮可不必受这种教训。因此我们就想出了一个方法，把书篮寄存到一个土地庙里去，那地方无一个人看管，但谁也用不着担心他的书篮。小孩子对于土地神全不缺少必需的敬畏，都信托这木偶，把书篮好好地藏到神座龛子里去，常常同时有五个或八个，到时却各人把各人的拿走，谁也不会乱动旁人的东西。我把书篮放到那地方去，次数是不能记忆了的，照我想来，搁的最多的必定是我。

逃学失败被家中学校任何一方面发觉时，两方面总得各挨一顿打。在学校得自己把板凳搬到孔夫子牌位前，伏在上面受笞。处罚过后还要对孔夫子牌位作一揖，表示忏悔。有时又常常罚跪至一根香时间。我一面被处罚跪在房中的一隅，一面便记着各种事情，想象恰如生了一对翅膀，凭经验飞到各样动人事物上去。按照天气寒暖，想到河中的鳜鱼被钓起离水以后拨刺的情形，想到天上飞满风筝的情形，想到空山中歌呼的黄鹂，想到树木上累累的果实。由于最容易神往到种种屋外东西上去，反而常把处罚的痛苦忘掉，处罚的时间忘掉，直到被唤起以后为止，我就从不曾在被处罚中感觉过小小冤屈。那不是冤屈。我应感谢那种处罚，使我无法同自然接近时，给我一个练习想像的机会。

家中对这件事自然照例不大明白情形，以为只是教师方面太宽的过失，因此又为我换一个教师。我当然不能在这些变动上有什么异议。对我说来，这倒又得感谢我的家中，因为先前那个学校比较近些，虽常常绕道上学，终不是个办法，且因绕道过远，把时间耽误太久时，无可托词。现在的学校可真很远很远了，不必包绕偏街，我便应当经过许多有趣味的地方了。从我家中到那个新的学塾里去时，路上我可看到针铺门前永远必有一个老人戴了极大的眼镜，低下头来在那里磨针。又可看到一个伞铺，大门敞开，做伞时十几个学徒一起工作，尽人欣赏。又有皮靴店，大胖子皮匠，天热时总腆出一个大而黑的肚皮（上面有一撮毛!）用夹板上鞋。又有个剃头铺，任何时节总有人手托一个小小木盘，呆呆的在那里尽剃头师傅刮脸。又可看到一家染坊，有强壮多力的苗人，踹在凹形石碾上面，站得高高的，手扶着墙上横木，偏左偏右的摇荡。又有三家苗人打豆腐的作坊，小腰白齿头包花帕的苗妇人，时时刻刻口上都轻声唱歌，一面引逗缚在身背后包单里的小苗人，一面用放光的红铜勺舀取豆浆。我还必须经过一个豆粉作坊，远远的就可听到骡子推磨隆隆的声音，屋顶棚架上晾满白粉条。我还得经过一些屠户肉案桌，可看到那些新鲜猪肉砍碎时尚在跳动不止。我还得经过一家扎冥器出租花轿的铺子，有白面无常鬼，蓝面阎罗王，鱼龙、轿子，金童玉女。每天且可以从他那里看出有多少人接亲，有多少冥器，那些定做的作品又成就了多少，换了些什么式样。并且还常常停顿下来，看他们贴金，傅粉，涂色，一站许久。

我就欢喜看那些东西，一面看一面明白了许多事情。

每天上学时，我照例手肘上挂了那个竹书篮，里面放十多本破书。在家中虽不敢不穿鞋，可是一出了大门，即刻就把鞋脱下拿到手上，赤脚向学校走去。不管如何，时间照例是有多余的，因此我总得绕一节路玩玩。若从西城走去，在那边就可看到牢狱，大清早若干犯人从那方面戴了脚镣从牢中出来，派过衙门去挖土。若从杀人处走过，昨天杀的人还没有收尸，一定已被野狗把尸首咋碎或拖到小溪中去了，就走过去看看那个糜碎了的尸体，或拾起一块小小石头，在那个污秽的头颅上敲打一下，或用一木棍去戳戳，看看会动不动。若还有野狗在那里争夺，就预先拾了许多石头放在书篮里，随手一一向野狗抛掷，不再过去，只远远的看看，就走开了。

既然到了溪边，有时候溪中涨了小小的水，就把裤管高卷，书篮顶在头上，一只手扶着，一只手照料裤子，在沿了城根流去的溪水中走去，直到水深齐膝处为止。学校在北门，我出的是西门，又进南门，再绕从城里大街一直走去。在南门河滩方面我还可以看一阵杀牛，机会好时恰好正看到那老实可怜畜牲放倒的情形。因为每天可以看一点点，杀牛的手续同牛内脏的位置不久也就被我完全弄清楚了。再过去一点就是边街，有织簟子的铺子，每天任何时节，皆有几个老人坐在门前小凳子上，用厚背的钢刀破篾，有两个小孩子蹲在地上织簟子。（我对于这一行手艺所明白的种种，现在说来似乎比写字还在行。）又有铁匠铺，制铁炉同风箱皆占据屋中，大门永远敞开着，时间即或再早一些，也可以看到一个小孩子两只手拉风箱横柄，把整个身子的分量前倾后倒，风箱于是就连续发出一种吼声，火炉上便放出一股臭烟同红光。待到把赤红的热铁拉出搁放到铁砧上时，这个小东西，赶忙舞动细柄铁锤，把铁锤从身背后扬起，在身面前落下，火花四溅的一下一下打着。有时打的是一把刀，有时打的是一件农具。有时看到的又是这个小学徒跨在一条大板凳上，用一把凿子在未淬水的刀上起去铁皮，有时又是把一条薄薄的钢片嵌进熟铁里去。日子一多，关于任何一件铁器的制造程序，我也不会弄错了。边街又有小饭铺，门前有个大竹筒，插满了用竹子削成的筷子。有干鱼同酸菜，用钵头装满放在门前柜台上，引诱主顾上门，意思好像是说，“吃我，随便吃我，好吃！”每次我总仔细看看，真所谓“过屠门而大嚼”也过了瘾。

我最欢喜天上落雨，一落了小雨，若脚下穿的是布鞋，即或天气正当十冬腊月，我也可以用恐怕湿却鞋袜为辞，有理由即刻脱下鞋袜赤脚在街上走路。但最使人开心事，还是落过大雨以后，街上许多地方已被水所浸没，许多地方阴沟中涌出水来，在这些地方照例常常有人不能过身，我却赤着两脚故意向深水中走去。若河中涨了大水，照例上游会漂流得有木头、家具、南瓜同其他东西，就赶快到横跨大河的桥上去看热闹。桥上必已经有人用长绳系了自己的腰身，在桥头上呆着，注目水中，有所等待。看到有一段大木或一件值得下水的东西浮来时，就踊身一跃，骑到那树上，或傍近物边，把绳子缚定，自己便快快地向下游岸边泅去，另外几个在岸边的人把水中人援助上岸后，就把绳子拉着，或缠绕到大石上大树上去，于是第二次又有第二人来在桥头上等候。我欢喜看人在洄水里扳罾，巴掌大的活鲫鱼在网中蹦跳。一涨了水，照例也就可以看这种有趣味的事情。照家中规矩，一落雨就得穿上钉鞋，我可真不愿意穿那种笨重钉鞋。虽然在半夜时有人从街巷里过身，钉鞋声音实在好听，大白天对于钉鞋我依然毫无兴味。

若在四月落了点小雨，山地里田塍上各处全是蟋蟀声音，真使人心花怒放。在这些时节，我便觉得学校真没有意思，简直坐不住，总得想方设法逃学上山去捉蟋蟀。有时没有什么东西安置这小东西，就走到那里去，把第一只捉到手后又捉第二只，两只手各有一只后，就听第三只。本地蟋蟀原分春秋二季，春季的多在田间泥里草里，秋季的多在人家附近石罅里瓦砾中，如今既然这东西只在泥层里，故即或两只手心各有一匹小东西后，我总还可以想方设法把第三只从泥土中赶出，看看若比较手中的大些，即开释了手中所有，捕捉新的，如此轮流换去，一整天仅捉回两只小虫。城头上有白色炊烟，街巷里有摇铃铛卖煤油的声音，约当下午三点左右时，赶忙走到一个刻花板的老木匠那里去，很兴奋地同那木匠说：

“师傅师傅，今天可捉了大王来了！”

那木匠便故意装成无动于衷的神气，仍然坐在高凳上玩他的车盘，正眼也不看我地说：“不成，不成，要打打得赌点输赢！”

我说：“输了替你磨刀成不成？”

“嗨，够了，我不要你磨刀，你哪会磨刀？上次磨凿子还磨坏了我的家伙！”

这不是冤枉我，我上次的确磨坏了他一把凿子。不好意思再说磨刀了，我说：

“师傅，那这样办法，你借给我一个瓦盆子，让我自己来试试这两只谁能干些好不好？”我说这话时真怪和气，为的是他以逸待劳，若不允许我，还是无办法。

那木匠想了想，好像莫可奈何才让步的样子，“借盆子得把战败的一只给我，算作租钱。”

我满口答应：“那成，那成。”

于是他方离开车盘，很慷慨地借给我一个泥罐子，顷刻之间我就只剩下一只蟋蟀了。这木匠看看我捉来的虫还不坏，必向我提议：“我们来比比。你赢了我借你这泥罐一天；你输了，你把这蟋蟀给我。办法公平不公平？”我正需要那么一个办法，连说“公平公平”，于是这木匠进去了一会儿，拿出一只蟋蟀来同我的斗，不消说，三五回合我的自然又败了。他的蟋蟀照例却常常是我前一天输给他的。那木匠看看我有点颓丧，明白我认识那匹小东西，担心我生气时一摔，一面赶忙收拾盆罐，一面带着鼓励我神气笑笑地说：

“老弟，老弟，明天再来，明天再来！你应当捉好的来，走远一点。明天来，明天来！”

我什么话也不说，微笑着，出了木匠的大门，空手回家了。

这样一整天在为雨水泡软的田塍上乱跑，回家时常常全身是泥，家中当然一望而知，于是不必多说，沿老例跪一根香，罚关在空房子里，不许哭，不许吃饭。等一会儿我自然可以从姐姐方面得到充饥的东西。悄悄地把东西吃下以后，我也疲倦了，因此空房中即或再冷一点，老鼠来去很多，一会儿就睡着，再也不知道如何上床的事了。

即或在家中那么受折磨，到学校去时又免不了补挨一顿板子，我还是在想逃学时就逃学，决不为处罚所恐吓。

有时逃学又只是到山上去偷人家园地里的李子枇杷，主人拿着长长的竹杆子大骂着追来时，就飞奔而逃，逃到远处一面吃那个赃物，一面还唱山歌气那主人。总而言之，人虽小小的，两只脚跑得很快，什么茨棚里钻去也不在乎，要捉我可捉不到，就认为这种事比学校里游戏还有趣味。

可是只要我不逃学，在学校里我是不至于像其他那些人受处罚的。我从不用心念书，但我从不在应当背诵时节无法对付。许多书总是临时来读十遍八遍，背诵时节却居然琅琅上口，一字不遗。也似乎就由于这份小小聪明，学校把我同一般同学一样待遇，更使我轻视学校。家中不了解我为什么不想上进，不好好的利用自己聪明用功；我不了解家中为什么只要我读书，不让我玩。我自己总以为读书太容易了点，把认得的字记记那不算什么希奇。最希奇处，应当是另外那些人，在他那份习惯下所做的一切事情。为什么骡子推磨时得把眼睛遮上？为什么刀得烧红时在盐水里一淬方能坚硬？为什么雕佛像的会把木头雕成人形，所贴的金那么薄又用什么方法做成？为什么小铜匠会在一块铜板上钻那么一个圆眼，刻花时刻得整整齐齐？这些古怪事情实在太多了。

我生活中充满了疑问，都得我自己去找寻解答。我要知道的太多，所知道的又太少，有时便有点发愁。就为的是白日里太野，各处去看，各处去听，还各处去嗅闻，死蛇的气味，腐草的气味，屠户身上的气味，烧碗处土窑被雨以后放出的气味，要我说来虽当时无法用言语去形容，要我辨别却十分容易。蝙蝠的声音，一只黄牛当屠户把刀出刭[①]进它喉中时叹息的声音，藏在田塍土穴中大黄喉蛇的鸣声，黑暗中鱼在水面拨刺的微声，全因到耳边时分量不同，我也记得那么清清楚楚。因此回到家里时，夜间我便做出无数希奇古怪的梦。经常是梦向天上飞去，一直到金光闪烁中，终于大叫而醒。这些梦直到将近二十年后的如今，还常常使我在半夜里无法安眠，既把我带回到那个“过去”的空虚里去，也把我带往空幻的宇宙里去。

在我面前的世界已够宽广了，但我似乎就还得一个更宽广的世界。我得用这方面得到的知识证明那方面的疑问。我得从比较中知道谁好谁坏。我得看许多业已由于好询问别人，以及好自己幻想所感觉到的世界上的新鲜事情新鲜东西。结果能逃学时我逃学，不能逃学我就只好做梦。

照地方风气说来，一个小孩子野一点的，照例也必须强悍一点，才能各处跑去。因为一出城外，随时都会有一样东西突然扑到你身边来，或是一只凶恶的狗，或是一个顽劣的人。无法抵抗这点袭击，就不容易各处自由放荡。一个野一点的孩子，即或身边不必时时刻刻带一把小刀，也总得带一削光的竹块，好好地插到裤带上；遇机会到时，就取出来当作武器。尤其是到一个离家较远的地方看木傀儡戏，不准备厮杀一场简直不成。你能干点，单身往各处去，有人挑战时，还只是一人近你身边来恶斗，若包围到你身边的顽童人数极多，你还可挑选同你精力不大相差的一人。你不妨指定其中一个说：

“要打吗？你来。我同你来。”

照规矩，到时也只那一个人拢来。被他打倒，你活该，只好伏在地上尽他压着痛打一顿。你打倒了他，他活该。把他揍够后，你可以自由走去，谁也不会追你，只不过说句“下次再来”罢了。

可是你根本上若就十分怯弱，即或结伴同行，到什么地方去时，也会有人特意挑出你来殴斗，应战你得吃亏，不答应你得被仇人与同伴两方奚落，顶不经济。

感谢我那爸爸给了我一分勇气，人虽小，到什么地方去我总不害怕。到被人围上必须打架时，我能挑出那些同我不差多少的人来，我的敏捷同机智，总常常占点上风。有时气运不佳，无意中被人摔倒，我还会有方法翻身过来压到别人身上去。在这件事上，我只吃过一次亏，不是一个小孩，却是一只恶狗，把我攻倒后，咬伤了我一只手。我走到任何地方去都不怕谁。同时因换了好些私塾，各处皆有些同学，大家既都逃过学，便有无数朋友，因此也不会同人打架了。可是自从被那只恶狗攻倒过一次以后，到如今，我却依然十分怕狗。

至于我那地方的大人，用单刀扁担在大街上决斗本不算回事。事情发生时，那些有小孩子在街上玩的母亲，只不过说：“小杂种，站远一点，不要太近！”嘱咐小孩子稍稍站开点儿罢了。本地军人互相砍杀虽不出奇，但行刺暗算却不作兴。这类善于殴斗的人物，有军营中人，有哥老会中老幺，有好打不平的闲汉，在当地另成一帮，豁达大度，谦卑接物，为友报仇，爱义好施，且多非常孝顺。但这类人物为时代所陶冶，到民五②以后也就渐渐消灭了。虽有些青年军官还保存那点风格，风格中最重要的一点洒脱处，却为了军纪一类影响，大不如前辈了。

我有三个堂叔叔、两个姑姑都住在城南乡下，离城四十里左右。那地方名黄罗寨，出强悍的人同猛鸷的兽。我爸爸三岁时，在那里差一点险被老虎咬去。我四岁左右，到那里第一天，就看见四个乡下人抬了一只死虎进城，给我留下极深刻的印象。

我还有一个表哥，住在城北十里地名长宁哨的乡下，从那里再过去十来里便是苗乡。表哥是一个紫色脸膛的人，一个守碉堡的战兵。我四岁时被他带到乡下去过了三天，二十年后还记得那个小小城堡黄昏来时鼓角的声音。

这战兵在苗乡有点威信，很能喊叫一些苗人。每次来城时，必为我带一只小斗鸡或一点别的东西。一来为我说苗人故事，临走时我总不让他走。我喜欢他，觉得他比乡下叔父能干有趣。

沈从文《沈从文散文选》（湖南文艺出版社，1981）

【注释】

①剸（tuán）：截去，割断。

②民五：民国五年（1916）。

阅读提示

沈从文（1902—1988），原名沈岳焕，乳名茂林，字崇文，笔名休芸芸等，湖南凤凰县人，苗族。沈从文是现代著名作家、历史文物研究家、京派小说代表人物。14 岁时，他投身行伍，浪迹湘川黔边境地区。1924 年开始文学创作，抗战爆发后到西南联大任教，1931—1933 年在山东青岛大学任教，1946 年回到北京大学任教。中华人民共和国成立后在中国历史博物馆和中国社会科学院历史研究所工作，主要从事中国古代历史的研究。1988 年病逝于北京。一生所著很多，长篇小说有《边城》《长河》，散文有《湘行散记》等，为中国文学提供了一个神奇而美好的湘西世界；文物研究著有《中国古代服饰研究》，有很高的学术价值。

沈从文最有文学价值与个人风格的小说与散文，都来自于他的故乡湘西。长期以来，评论家和阅读者将沈从文其人其文看作是传奇，因为，湘西的苗人世界相对于汉文化，属于另一个神秘的世界。沈从文少年行伍出身，历经生死，他本人也是一个文学界中的传奇人物。而沈从文对自己的文学观作的描述是，自己的心中供奉着一个“希腊小庙”，他笔下的“湘西”代表的是他心中的理想人性，大致是一种优美、健康、自然的，而又不悖乎人性的人生形式。阅读沈从文作品，不仅需要一双对异域文化充满好奇探索的眼睛，更需要一颗审美自然、情怀悲悯的心灵。

《我读一本小书同时又读一本大书》，从题目来看，就很有意味，沈从文在文里讲述自己的童年，在求学之路之外，还有着一本大书，由丰富的自然与生活构成。一个健全的人自然成长与最后形成，其实应是这两本书的结合。

思考与练习

1. 沈从文说的小书是什么？

2. 沈从文说的大书是什么？

·儿　女·

朱自清

我现在已是五个儿女的父亲了。想起圣陶喜欢用的“蜗牛背了壳”的比喻，便觉得不自在。新近一位亲戚嘲笑我说，“要剥层皮呀！”更有些悚然了。十年前刚结婚的时候，在胡适之先生的《藏晖室札记》里，见过一条，说世界上有许多伟大的人物是不结婚的；文中并引培根的话，“有妻子者，其命定矣。”当时确吃了一惊，仿佛梦醒一般；但是家里已是不由分说给娶了媳妇，又有什么可说？现在是一个媳妇，跟着来了五个孩子；两个肩头上，加上这么重一副担子，真不知怎样走才好。“命定”是不用说了；从孩子们那一面说，他们该怎样长大，也正是可以忧虑的事。我是个彻头彻尾自私的人，做丈夫已是勉强，做父亲更是不成。自然，“子孙崇拜”，“儿童本位”的哲理或伦理，我也有些知道；既做着父亲，闭了眼抹煞孩子们的权利，知道是不行的。可惜这只是理论，实际上我是仍旧按照古老的传统，在野蛮地对付着，和普通的父亲一样。近来差不多是中年的人了，才渐渐觉得自己的残酷；想着孩子们受过的体罚和叱责，始终不能辩解——像抚摩着旧创痕一样，我的心酸溜溜的。有一回，读了有岛武郎《与幼小者》的译文，对了那种伟大的、沉挚的态度，我流下泪来了。去年父亲来信，问起阿九，那时阿九还在白马湖呢；信上说，“我没有耽误你，你也不要耽误他才好。”我为这句话哭了一场；我为什么不像父亲的仁慈？我不该忘记，父亲怎样对待我们来着！人性许真是二元的，我是这样地矛盾；我的心像钟摆似的来去。

你读过鲁迅先生的《幸福的家庭》么？我的便是那一类的“幸福的家庭”！每天午饭和晚饭，就如两次潮水一般。先是孩子们你来他去地在厨房与饭间里查看，一面催我或妻发“开饭”的命令。急促繁碎的脚步，夹着笑和嚷，一阵阵袭来，直到命令发出为止。他们一递一个地跑着喊着，将命令传给厨房里用人；便立刻抢着回来搬凳子。于是这个说，“我坐这儿！”那个说，“大哥不让我！”大哥却说，“小妹打我！”我给他们调解，说好话。但是他们有时候很固执，我有时候也不耐烦，这便用着叱责了；叱责还不行，不由自主地，我的沉重的手掌便到他们身上了。于是哭的哭，坐的坐，局面才算定了。接着可又你要大碗，他要小碗，你说红筷子好，他说黑筷子好；这个要干饭，那个要稀饭，要茶要汤，要鱼要肉，要豆腐，要萝卜；你说他菜多，他说你菜好。妻是照例安慰着他们，但这显然是太迂缓了。我是个暴躁的人，怎么等得及？不用说，用老法子将他们立刻征服了；

虽然有哭的，不久也就抹着泪捧起碗了。吃完了，纷纷爬下凳子，皴斜的匙子，就如一块花花绿绿的地图模型。吃饭而外，他们的大事便是游戏。游戏时，大的有大主意，小的有小主意，各自坚持不下，于是争执起来；或者大的欺负了小的，或者小的欺负了大的，被欺负的哭着嚷着，到我或妻的面前诉苦；我大抵仍旧要用老法子来判断的，但不理的时候也有。最为难的，是争夺玩具的时候：这一个的与那一个的是同样的东西，却偏要那一个的；而那一个便偏不答应。在这种情形之下，不论如何，终于是非哭了不可的。这些事件自然不至于天天全有，但大致总有好些起。我若坐在家里看书或写什么东西，管保一点钟里要分几回心，或站起来一两次的。若是雨天或礼拜日，孩子们在家的多，那么，摊开书竟看不下一行，提起笔也写不出一个字的事，也有过的。我常和妻说，“我们家真是成日的千军万马呀！”有时是不但“成日”，连夜里也有兵马在进行着，在有吃乳或生病的孩子的时候！

我结婚那一年，才十九岁。二十一岁，有了阿九；二十三岁，又有了阿菜。那时我正像一匹野马，那能容忍这些累赘的鞍鞯，辔头，和缰绳？摆脱也知是不行的，但不自觉地时时在摆脱着。现在回想起来，那些日子，真苦了这两个孩子；真是难以宽宥的种种暴行呢！阿九才两岁半的样子，我们住在杭州的学校里。不知怎的，这孩子特别爱哭，又特别怕生人。一不见了母亲，或来了客，就哇哇地哭起来了。学校里住着许多人，我不能让他扰着他们，而客人也总是常有的；我懊恼极了，有一回，特地骗出了妻，关了门，将他按在地下打了一顿。这件事，妻到现在说起来，还觉得有些不忍；她说我的手太辣了，到底还是两岁半的孩子！我近年常想着那时的光景，也觉黯然。阿菜在台州，那是更小了；才过了周岁，还不大会走路。也是为了缠着母亲的缘故吧，我将她紧紧地按在墙角里，直哭喊了三四分钟；因此生了好几天病。妻说，那时真寒心呢！但我的苦痛也是真的。我曾给圣陶写信，说孩子们的磨折，实在无法奈何；有时竟觉着还是自杀的好。这虽是气愤的话，但这样的心情，确也有过的。后来孩子是多起来了，磨折也磨折得久了，少年的锋棱渐渐地钝起来了；加以增长的年岁增长了理性的裁制力，我能够忍耐了——觉得从前真是个“不成材的父亲”，如我给另一个朋友信里所说。但我的孩子们在幼小时，确比别人的特别不安静，我至今还觉如此。我想这大约还是由于我们抚育不得法；从前只一味地责备孩子，让他们代我们负起责任，却未免是可耻的残酷了！

正面意义的“幸福”，其实也未尝没有。正如谁所说，小的总是可爱，孩子们的小模样，小心眼儿，确有些教人舍不得的。阿毛现在五个月了，你用手指去拨弄她的下巴，或向她做趣脸，她便会张开没牙的嘴格格地笑，笑得像一朵正开的花。她不愿在屋里待着；待久了，便大声儿嚷。妻常说，“姑娘又要出去溜达了。”她说她像鸟儿般，每天总得到外面溜一些时候。润儿上个月刚过了三岁，笨得很，话还没有学好呢。他只能说三四个字的短语或句子，文法错误，发音模糊，又得费气力说出：我们老是要笑他的。他说“好”字，总变成“小”字；问他“好不好”？他便说“小”，或“不小”。我们常常逗着他说这个字玩儿；他似乎有些觉得，近来偶然也能说出正确的“好”字了——特别在我们故意说成“小”字的时候。他有一只搪磁碗，是一毛钱买的；买来时，老妈子教给他，“这是一毛钱。”他便记住“一毛”两个字，管那只碗叫“一毛”，有时竟省称为“毛”。这在新来的老妈子，是必需翻译了才懂的。他不好意思，或见着生客时，便咧着嘴痴笑；我们常用了土话，叫他做“呆瓜”。他是个小胖子，短短的腿，走起路来，蹒跚可笑；若快走或跑，便更“好看”了。他有时学我，将两手叠在背后，一摇一摆的；那是他自己和我们都要乐的。他的大姊便是阿菜，已是七岁多了，在小学里念着书。在饭桌上，一定得啰啰唆唆地报告些同学或他们父母的事情；气喘喘地说着，不管你爱听不爱听。说完了总问我：“爸爸认识么？”“爸爸知道么？”妻常禁止她吃饭时说话，所以她总是问我。她的问题真多；看电影便问电影里的是不是人？是不是真人？怎么不说话？看照相也是一样。不知谁告诉她，兵是要打人的。她回来便问，兵是人么？为什么打人？近来大约听了先生的话，回来又问张作霖的兵是帮谁的？蒋介石的兵是不是帮我们的？诸如此类的问题，每天短不了，常常闹得我不知怎样答才行。她和润儿在一处玩儿，一大一小，不很合式，老是吵着哭着。但合式的时候也有：譬如这个往床底下躲，那个便钻进去追着；这个钻出来，那个也跟着——从这个床到那个床，听见笑着，嚷着，喘着，真如妻所说，像小狗似的。现在在京的，便只有这三个孩子；阿九和转儿是去年北来时，让母亲暂时带回扬州去了。

阿九是欢喜书的孩子。他爱看《水浒》，《西游记》，《三侠五义》，《小朋友》等；没有事便捧着书坐着或躺着看。只不欢喜《红楼梦》，说是没有味儿。是的，《红楼梦》的味儿，一个十岁的孩子，那里能领略呢？去年我们事实上只能带两个孩子来；因为他大些，而转儿是一直跟着祖母的，便在上海将他俩丢下。我清清楚楚记得那分别的一个早上。我领着阿九从二洋泾桥的旅馆出来，送他到母亲和转儿住着的亲戚家去。妻嘱咐说：“买点吃的给他们吧。”我们走过四马路，到一家茶食铺里。阿九说要熏鱼，我给买了；又买了饼干，是给转儿的。便乘电车到海宁路。下车时，看着他的害怕与累赘，很觉恻然。到亲戚家，因为就要回旅馆收拾上船，只说了一两句话便出来；转儿望望我，没说什么，阿九是和祖母说什么去了。我回头看了他们一眼，硬着头皮走了。后来妻告诉我，阿九背地里向她说：“我知道爸爸欢喜小妹，不带我上北京去。”其实这是冤枉的。他又曾和我们说，“暑假时一定来接我啊！”我们当时答应着；但现在已是第二个暑假了，他们还在迢迢的扬州待着。他们是恨着我们呢？还是惦着我们呢？妻是一年来老放不下这两个，常常独自暗中流泪；但我有什么法子呢！想到“只为家贫成聚散”一句无名的诗，不禁有些凄然。转儿与我较生疏些。但去年离开白马湖时，她也曾用了生硬的扬州话（那时她还没有到过扬州呢），和那特别尖的小嗓子向着我："我要到北京去。"她晓得什么北京，只跟着大孩子们说罢了；但当时听着，现在想着的我，却真是抱歉呢。这兄妹俩离开我，原是常事，离开母亲，虽也有过一回，这回可是太长了；小小的心儿，知道的怎样忍耐那寂寞来着！

我的朋友大概都是爱孩子的。少谷有一回写信责备我说，说儿女的吵闹，也是很有趣的，何至可厌到如我所说；他说他真不解。子恺为他家华瞻写的文章，真是"蔼然仁者之言"。圣陶也常常为孩子操心：小学毕业了，到什么中学好呢？——这样的话，他和我说过两三回了。我对他们只有惭愧！可是近来也渐渐觉着自己的责任。我想，第一该将孩子们团聚起来，其次便该给他们些力量。我亲眼见过一个爱儿女的人，因为不曾好好地教育他们，便将他们荒废了。他并不是溺爱，只是没有耐心去料理他们，他们便不能成材了。我想我若照现在这样下去，孩子们也便危险了。我得计划着，让他们渐渐知道怎样去做人才行。但是要不要他们像我自己呢？这一层，我在白马湖教初中学生时，也曾从师生的立场上问过丏尊，他毫不踌躇地说，"自然啰。"近来与平伯谈起教子，他却答得妙，"总不希望比自己坏啰。"是的，只要不"比自己坏"就行，"像"不"像"倒是不在乎的。职业，人生观等，还是由他们自己去定的好；自己顶可贵，只要指导，帮助他们去发展自己，便是极贤明的办法。

予同说，"我们得让子女在大学毕了业，才算尽了责任。"SK 说，"不然，要看我们的经济，他们的材质与志愿；若是中学毕了业，不能或不愿升学，便去做别的事，譬如做工人吧，那也并非不行的。"自然，人的好坏与成败，也不尽靠学校教育；说是非大学毕业不可，也许只是我们的偏见。在这件事上，我现在毫不能有一定的主意；特别是这个变动不居的时代，知道将来怎样？好在孩子们还小，将来的事且等将来吧。目前所能做的，只是培养他们基本的力量——胸襟与眼光；孩子们还是孩子们，自然说不上高的远的，慢慢从近处小处下手便了。这自然也只能先按照我自己的样子；"神而明之，存乎其人，"光辉也罢，倒楣也罢，平凡也罢，让他们各尽各的力去。我只希望如我所想的，从此好好地做一回父亲，便自称心满意。——想到那"狂人""救救孩子"的呼声，我怎敢不悚然自勉呢？

朱自清《朱自清作品新编》（人民文学出版社，2009）

阅读提示

朱自清（1898—1948），原名自华，号秋实，后改名自清，字佩弦，原籍浙江绍兴，生于江苏东海县。1916 年入北京大学哲学系学习，在大学读书时受五四革命浪潮激发，开始创作新诗。1920 年大学毕业后，朱自清到江南从事教育工作，教课之余，创作诗歌、散文和小说，正是他的大量美文，奠定了其现代散文大家的文学地位。其散文文笔清丽，情感真挚，以独特的艺术风格，为中国现代散文增添了全新的审美特征。1925 年朱自清受聘任清华大学中文系教授，执教至病逝。抗战时期曾随校南迁昆明，积极参加民主运动。朱自清集诗人、散文家、学者于一身，诗集有《雪朝》《踪迹》，主要散文集有《你我》《背影》《欧游杂记》《伦敦杂记》等，学术著作有《诗言志辨》《经典常谈》等。

朱自清散文在中国现代文中别是一家。首先，在于朴素平实的真情，每每可以触动人性中的普遍情感，极具感染力，《背影》《儿女》就是其中脍炙人口的佳作，都是完全从个人体验着笔，所描写的人物与情感，因为这份亲历性而显出了真实的感染力。同时，朱自清散文的审美风格颇为浓烈，《荷塘月色》便是极为优美动人的美文。正是真实的情怀与诗化的文体相结合，形成了朱自清散文真、善、美的独特韵味。

《儿女》以一个父亲的反思来贯穿全文，真切地表达了儿女与父母之间相互的真实影响，不虚美，不夸饰，是一篇难得的不空谈教育的情感教育佳作。

思考与练习

1. 朱自清为什么在文中表示出为父的悔意？

2. 文中最后引用“救救孩子”有何意义？

傅雷家书（节选）

傅　雷

亲爱的孩子：

昨天整理你的信，又有些感想。

关于莫扎特的话，例如说他天真、可爱、清新等等，似乎很多人懂得；但弹起来还是没有那天真、可爱、清新的味儿。这道理，我觉得是“理性认识”与“感情深入”的分别。感性认识固然是初步印象，是大概的认识；理性认识是深入一步，了解到本质。但是艺术的领会，还不能以此为限。必须再深入进去，把理性所认识的，用心灵去体会，才能使原作者的悲欢喜怒化为你自己的悲欢喜怒，使原作者每一根神经的震颤都在你的神经上引起反响。否则即使道理说了一大堆，仍然是隔了一层。一般艺术家的偏于 intellectual（理智），偏于 cold（冷静），就因为他们停留在理性认识的阶段上。

比如你自己，过去你未尝不知道莫扎特的特色，但你对他并没发生真正的共鸣；感之不深，自然爱之不切了；爱之不切，弹出来当然也不够味儿；而越是不够味儿，越是引不起你兴趣。如此循环下去，你对一个作家当然无从深入。

这一回可不然，你的确和莫扎特起了共鸣，你的脉搏跟他的脉搏一致了，你的心跳和他的同一节奏了；你活在他的身上，他也活在你身上；你自己与他的共同点被你找出来了，抓住了，所以你才会这样欣赏他，理解他。

由此得到一个结论：艺术不但不能限于感性认识，还不能限于理性认识，必须要进行第三步的感情深入。换言之，艺术家最需要的，除了理智以外，还有一个“爱”字！所谓赤子之心，不但指纯洁无邪，指清新，而且还指爱！法文里有句话叫做“伟大的心”，意思就是“爱”，这“伟大的心”几个字，真有意义。而且这个爱绝不是庸俗的，婆婆妈妈的感情，而是热烈的、真诚的、洁白的、高尚的、如火如荼的、忘我的爱。

从这个理论出发，许多人弹不好东西的原因都可以明白了。光有理性而没有感情，固然不能表达音乐：有了一般的感情而不是那种火热的同时又是高尚、精练的感情，还是要流于庸俗；所谓 sentimental（滥情，伤感），我觉得就是指的这种庸俗的感情。

一切伟大的艺术家（不论是作曲家，是文学家，是画家……）必然兼有独特的个性与普遍的人间性。我们只要能发掘自己心中的人间性，就找到了与艺术家沟通的桥梁。再若能细心揣摩，把他独特的个性也体味出来，那就能把一件艺术品整个儿了解了。——当然不可能和原作者的理解与感受完全一样，了解的多少、深浅、广狭，还是大有出入；而我们自己的个性也在中间发生不小的作用。

大多数从事艺术的人，缺少真诚。因为不够真诚，一切都在嘴里随便说说，当作唬人的幌子，装自己的门面，实际只是拾人牙慧，并非真有所感。所以他们对作家绝不能深入体会，先是对自己就没有深入分析过。这个意思，克利斯朵夫（在第二册内）也好像说过的。

真诚是第一把艺术的钥匙。知之为知之，不知为不知。真诚的“不懂”，比不真诚的“懂”，还叫人好受些。最可厌的莫如自以为是，自作解人。有了真诚，才会有虚心，有了虚心，才肯丢开自己去了解别人，也才能放下虚伪的自尊心去了解自己。建筑在了解自己了解别人上面的爱，才不是盲目的爱。

而真诚是需要长时期从小培养的。社会上，家庭里，太多的教训使我们不敢真诚，真诚是需要很大的勇气作后盾的。所以做艺术家先要学做人。艺术家一定要比别人更真诚，更敏感，更虚心，更勇敢，更坚忍，总而言之，要比任何人都 less imperfect（较少不完美之处）！

好像世界上公认有个现象：一个音乐家（指演奏家）大多只能限于演奏某几个作曲家的作品。其实这种人只能称为演奏家而不是艺术家。因为他们的胸襟不够宽广，容受不了广大的艺术天地，接受不了变化无穷的形与色。假如一个人永远能开垦自己心中的园地，了解任何艺术品都不应该有问题的。

有件小事要和你谈谈。你写信封为什么老是这么不 neat（干净）？日常琐事要做的 neat（干净），等于弹琴要讲究干净是一样的。我始终认为做人的作风应当是一致的，否则就是不调和；而从事艺术的人应当最恨不调和。我这回附上一小方纸，还比你用的信封小一些，照样能写得很宽绰。你能不能注意一下呢？以此类推，一切小事养成这种 neat（干净）的习惯，对你的艺术无形中也有好处。因为无论如何细小不足道的事，都反映出一个人的意识与性情。修改小习惯，就等于修改自己的意识与性情。所谓学习，不一定限于书本或是某种技术；否则随时随地都该学习这句话，又怎么讲呢？我想你每次接到我的信，连寄书谱的大包，总该有个印象，觉得我的字都写得整整齐齐、清楚明白吧！

一九五六年二月二十九日夜

傅雷，朱梅馥《傅雷家书》（开明出版社，2017）

阅读提示

傅雷（1908—1966），字怒安，号怒庵，生于江苏南汇，中国著名的翻译家、作家、教育家、美术评论家，中国民主促进会（民进）的重要缔造者之一。早年留学法国巴黎大学，他翻译了大量的法文作品，其中包括巴尔扎克、罗曼·罗兰、伏尔泰等名家著作。20 世纪 60 年代初，傅雷因在翻译巴尔扎克作品方面的卓越贡献，被法国巴尔扎克研究会吸收为会员。其有两子傅聪、傅敏，傅聪为世界范围内享有盛誉的钢琴家，傅敏为英语教师。他的全部译作，现经家属编定，交由安徽人民出版社编成《傅雷译文集》，从 1981 年起分 15 卷出版。《傅雷家书》是傅雷及夫人在 1954—1966 年写给孩子傅聪、傅敏的家信，是充满着父爱的教子名篇。在信中，傅雷以交流的方式写下一系列关于人生、艺术、哲学等的高品质教育随笔，因此家书也成为中国教育的经典范本。《傅雷家书》是中国现代教育书信的一片森林。说它是森林，是基于它内容上的丰富，文学、音乐、绘画、宗教、戏曲、情感，甚至理工知识，都有涉猎。这些书信又绝非是拿着戒尺和家法的那类家训，书信背后，站着一个温厚如友、格局如山的父亲，这个父亲自身知识渊博，是中国式的谦谦君子，又和孩子有着深厚的感情，以至于一封封家书娓娓道来，如同在纸上围桌话平生，就那么顺着话题自自然然地说开去，如何做人，如何为艺，如何择偶，如何生活，像彼此开窗交换对流的空气，新鲜而舒展，以高品质的拳拳父爱滋养儿女通向更高远的地方。

思考与练习

1. 如何理解信中讲到艺术家不能缺乏真诚？

2. 如何理解信中谈到艺术家最需要的是爱？

·江行的晨暮·

朱 湘

美在任何的地方，即使是古老的城外，一个轮船码头的上面。

等船，在划子上，在暮秋夜里九点钟的时候，有一点冷的风。天与江，都暗了；不过，仔细地看去，江水还浮着黄色。中间所横着的一条深黑，那是江的南岸。

在众星的点缀里，长庚星闪耀得像一盏较远的电灯。一条水银色的光带晃动在江水之上。看得见一盏红色的渔灯。

岸上的房屋是一排黑的轮廓。

一条趸船（趸：dǔn。趸船指固定在岸边的平底船，供船舶停靠、旅客上下和装卸货物用）在四五丈以外的地点。模糊的电灯，平时令人不快的，在这时候，在这条趸船上，反而，不仅是悦目，简直是美了。在它的光围下面，聚集着一些人形的轮廓。不过，并听不见人声，像这条划子上这样。

忽然间，在前面江心里，有一些黝黯的帆船顺流而下，没有声音，像一些巨大的鸟。

一个商埠旁边的清晨。

太阳升上了有二十度；覆碗的月亮与地平线还有四十度的距离。几大片鳞云粘在浅碧的天空里；看来，云好像是在太阳的后面，并且远了不少。

山岭披着古铜色的衣，褶痕是大有画意的。

水汽腾上有两尺多高。有几只肥大的鸥鸟，它们，在阳光之内，暂时的闪白。

月亮是在左舷的这边。

水汽腾上有一尺多高；在这边，它是时隐时显的。在船影之内，它简直是看不见了。

颜色十分清阔的，是远洲上的列树，水平线上的帆船。

江水由船边的黄到中心的铁青到岸边的银灰色。有几只小轮在喷吐着煤烟：在烟囱的端际，它是黑色；在船影里，淡青，米色，苍白；在斜映着的阳光里，棕黄。

清晨时候的江行是色彩的。

朱湘《名家经典散文选》（四川文艺出版社，1992）

阅读提示

朱湘（1904—1933），现代诗人，字子沅，出生于湖南沅陵。自幼天资聪颖，6 岁开始读书，7 岁学作文，11 岁入小学，13 岁就读于南京第四师范附属小学。1919 年入南京工业学校预科学习，受《新青年》的影响，开始赞同新文化运动。1920 年入清华大学，参加清华文学社活动。1922 年开始在《小说月报》上发表新诗，并加入文学研究会，此后专心于诗歌创作和翻译，他的诗歌代表作《摇篮歌》《采莲曲》音调柔婉，风格清丽。1927 年 9 月赴美国留学，先后在威斯康星州劳伦斯大学、芝加哥大学、俄亥俄大学学习英国文学等课程。美国的民族歧视激发了他的民族自尊心和爱国热情；他幻想回国后开“作者书店”，使文人可以“更丰富更快乐地创作”。为家庭生活计，他学业未完，便于 1929 年 8 月回国，应聘到安庆安徽大学任英国文学系主任。1932 年夏天去职，飘泊辗转于北平、上海、长沙等地，以写诗卖文为生。朱湘被鲁迅称之为“中国的济慈”。

朱湘是个诗人，他的散文也是带着诗味的，有人将他的散文称为散文诗，不是没有道理。朱湘对文字美感的追求近乎苛刻，读他的诗《采莲曲》，其柔软的程度，让人很难与一个烈性男子对得上。这篇《江行的晨暮》，也正是用诗的质感写就的散文，开篇就是一个“美”字，文章很短，用字温润柔和，一句一段古城、码头、舟子、冷风、夜色，天水、星子、渔灯、岸头、鸥鸟……影影绰绰，错落有致，汇成连接可观的卷轴画，这样的清晨，是让诗人念念不忘的，也让读者进入到自然深而无垠的宁静之美。

思考与练习

1. 作者通过怎样的描述来写出江上清晨的色彩？

2. 体会这篇写景散文的诗化风格。

记忆像铁轨一样长

余光中

我的中学时代在四川的乡下度过。那时正当抗战，号称天府之国的四川，一寸铁轨也没有。不知道为什么，年幼的我，在千山万岭的重围之中，总爱对着外国地图，向往去远方游历，而且觉得最浪漫的旅行方式，便是坐火车。每次见到月历上有火车在旷野奔驰，曳着长烟，便心随烟飘，悠然神往，幻想自己正在那一排长窗的某一扇窗口，无穷的风景为我展开，目的地呢，则远在千里外等我，最好是永不到达，好让我永不下车。那平行的双轨一路从天边疾射而来，像远方伸来的双手，要把我接去未知；不可久视，久视便受它催眠。

乡居的少年那么神往于火车，大概是因为它雄伟而修长，轩昂的车头一声高啸，一节节的车厢铿铿跟进，那气派真是慑人，继续单调而催眠，也另有一番情韵。过桥时俯瞰深谷，真若下临无地，蹑虚而行，一颗心，也忐忐忑忑吊在半空。黑暗迎面撞来，当头罩下，一点准备也没有，那时过山洞。惊魂未定，两壁的回声轰动不绝，你已经愈陷愈深，冲进山岳的盲肠去了。光明在山的那一头迎你，先是一片幽昧的微熹，迟疑不决，蓦地天光豁然开朗，黑洞把你吐回给白昼。这一连串的经验，从惊到喜，中间还带着不安和神秘，历时虽短而印象很深。

坐火车最早的记忆是在十岁。正是抗战第二年，母亲带我从上海乘船到安南，然后乘火车北上昆明。滇越铁路与富良江平行，依着横断山脉蹲踞的余势，江水滚滚向南，车轮铿铿向北。也不知越过多少桥，穿过多少山洞。我靠在窗口，看了几百里的桃花映水，真把人看得眼红、眼花。

入川之后，刚亢的铁路只能在山外远远喊我了。一直要等胜利还都，进了金陵大学，才有京沪路上疾驶的快意。那是大一的暑假，随母亲回她的故乡武进，铁轨无尽，伸入江南温柔的水乡，柳丝弄晴，轻轻地抚着麦浪。可是半年后再坐京沪路的班车东去，却不再中途下车，而是直达上海。那是最难忘的火车之旅了：红旗渡江的前夕，我们仓皇离京，还是母子同行，幸好儿子已经长大，能够照顾行李。车厢挤得像满满一盒火柴，可是乘客的四肢却无法像火柴那么排得平整，而是交肱叠股，摩肩错臂，互补着虚实。母亲还有座位。我呢，整个人只有一只脚半踩在茶几，另一只则在半空，不是虚悬在空中，而是斜斜地半架半压在各色人等的各色肤体之间。这么维持着“势力平衡”，换腿当然不能，如厕更是妄想。到了上海，还要奋力夺窗而出，否则就会被新涌上来的回程旅客夹在中间，挟回南京去了。

来台之后，与火车更有缘分。什么快车慢车、山线海线，都有缘在双轨之上领略，只是从前京沪路上的东西往返，这时，变成了纵贯线上的南北来回。滚滚疾转的风火千轮上，现代哪吒的心情，有时是出发的兴奋，有时是回程的慵懒，有时是午晴的遐思，有时是夜雨的寂寞。大玻璃窗招来豪阔的山水，远近的城村；窗外的光景不断，窗内的思绪不绝，真成了情景交融。尤其是在长途，终站尚远，两头都搭不上现实，这是你一切都被动的过渡时期，可以绝对自由地大想心事，任意识乱流。

饿了，买一盒便当充午餐，虽只一片排骨，几块酱瓜，但在快览风景的高速动感下，却显得特别可口。台中站到了，车头重重地喘着气，颈挂零食拼盘的小贩一拥而上，太阳饼、凤梨酥的诱惑总难以拒绝。照例一盒盒买上车来，也不一定是为了有多美味，而是细嚼之余有一股甜津津的乡情，以及那许多年来，唉，从年轻时起，在这条线上进站、出站、过站、初旅、重游、挥别，重重叠叠的回忆。

最生动的回忆却不在这条线上，在阿里山和东海岸。拜阿里山神是在十二年前。朱红色的窄轨小火车在洪荒的岑寂里盘旋而上，忽进忽退，忽蠕蠕于悬崖，忽隐身于山洞，忽又引吭一呼，回声在峭壁间来回反弹。万绿丛中牵曳着这一线媚红，连高古的山颜也板不起脸来了。

拜东岸的海神却在三年以前，是和我一同乘电气化火车从北回归线南下。浩浩的太平洋啊，日月之所出，星斗之所生，毕竟不是海峡所能比，东望，是令人绝望的水蓝世界，起伏不休的咸波，在远方，摇撼着多少个港口多少船只，扪不到边，探不到底，海神的心事就连长锚千丈也难窥。一路上怪壁碍天，奇岩镇地，被千古的风浪刻成最丑所以也最美的形貌，罗列在岸边如百里露天的艺廊，刀痕刚劲，一件件都凿着时间的签名，最能满足狂士的“石癖”。不仅岸边多石，海中也多岛。火车过时，一个个岛屿都不甘寂寞，跟它赛起跑来。毕竟都是海之囚，小的，不过跑三两分钟，大的，像龟山岛，也只能追逐十几分钟，就认输放弃了。

萨洛扬的小说里，有一个寂寞的野孩子，每逢火车越野而过，总是兴奋地在后面追赶。四十年前在四川的山国里，对着世界地图悠然出神的，也是那样寂寞的一个孩子，只是在他的门前，连火车也不经过。后来远去外国，越洋过海，坐的却常是飞机，而非火车。飞机虽可想成庄子的逍遥之游，列子的御风之旅，但是出没云间，游行虚碧，变化不多，机窗也太狭小，久之并不耐看。哪像火车的长途，催眠的节奏，多变的风景，从阔窗里看出去，又像是在人间，又像驶出了世外。所以在国外旅行，凡铿铿的双轨能到之处，我总是站在月台——名副其实的“长亭”——上面，等那阳刚之美的火车轰轰隆隆其势不断的踹进站来，来载我去远方。

在美国的那几年，坐过好多次火车，在爱奥华城读书的那一年，常坐火车去看刘鎏和孙璐。美国是汽车王国，火车并不考究。去芝加哥的老式火车颇有 19 世纪遗风，坐起来实在不大舒服，但沿途的风景却看之不倦。尤其到了秋天，原野上有一股好闻的淡淡焦味，太阳把一切成熟的东西焙得更成熟，黄透的枫叶杂着赭尽的橡叶，一路艳烧到天边，谁见过那样美丽的“火灾”呢？过密西西比河，铁桥上敲起空旷的铿锵，桥影如网，张着抽象美的线条，倏忽已踹过好一片壮阔的烟波。等到暮色在窗，芝城的灯光迎面渐密，那黑人老车掌就喉音重浊地喊出站名：Tanglewood！

有一次，从芝城坐火车回爱奥华城。正是耶诞假后，满车都是回校的学生，大半还背着、拎着行囊，更形拥挤。我和好几个美国学生挤在两节车厢之间，等于站在老火车轧轧交挣的关节之上，又冻又渴。饮水的纸杯在众人手上，从厕所一路上传到我们跟前。更严重的问题是不能去厕所，因为连那里也站满了人。火车原已误点，我们在呵气翳窗的芝城总站上早已困立了三四个小时，偏偏隆冬的膀胱最容易注满。终于“满载而归”，一直熬到爱大的宿舍。一泻之余，顿觉身轻若仙，重心全失。

美国火车经常误点，真是恶名昭彰。我在美国下决心学开汽车，完全是给老爷火车激出来的。火车误点，或是半途停下来等到地老天荒，甚至为了说不清楚的深奥原因向后倒开，都是最不浪漫的事。几次耽误，我一怒之下，决定把方向盘握在自己手里，不问山长水远，都可即时命驾。执照一到手，便与火车分道扬镳，从此我骋我的高速路，它敲它的双铁轨。不过在高速路旁，偶见迤逦的列车同一方向疾行，那修长而魁伟的体魄，那稳重而剽悍的气派，尤其是在天高云远的西部，仍令我怦然心动。总忍不住要加速去追赶，兴奋得像西部片里马背上的大盗，直到把它追进了山洞。

1976 年去英国，周愉瑞带我和彭歌去剑桥一游。我们在维多利亚车站的月台上候车，匆匆来往的人群，使人想起那许多著名小说里的角色，在这“生之旋涡”里卷进又卷出的神色与心情。火车出城了，一路上开得不快，看不尽人家后院晒着的衣裳，和红砖翠篱之间明艳而动人的园艺。那年西欧大旱，耐干的玫瑰却恣肆着娇红。不过是八月底，英国给我的感觉却是过了成熟焦点的晚秋，尽管是迟暮了，仍不失为美人。到剑桥飘起霏霏的细雨，更为那一幢幢严整雅洁的中世纪学院平添了一分迷蒙的柔美。经过人文传统日琢月磨的景物，究竟多一种沉潜的秀逸气韵，不是铝光闪闪的新厦可比。在空幻的雨气里，我们撑着黑伞，踱过剑河上的石洞拱桥，心底回旋的是米尔顿牧歌中的抑扬名句，不是硖石才子的江南乡音。红砖与翠藤可以为证，半部英国文学史不过是这河水的回声。雨气终于浓成暮色，我们才挥别了灯暖如橘的剑桥小站。往往，大旅途里最具风味的，是这种一日来回的“便游”（side trip）。

两年后我去瑞典开会，回程顺便一游丹麦与西德，特意把斯德哥尔摩到哥本哈根的机票，换成黄底绿字的美丽火车票。这一程如果在云上直飞，一小时便到了，但是在铁轨上轮转，从上午八点半到下午四点半，却足足走了八个小时。云上之旅海天一色，美得未免抽象。风火轮上八个小时的滚滚滑行，却带我深入瑞典南部的四省，越过青青的麦田和黄艳艳的芥菜花田，攀过银桦蔽天杉柏密矗的山地，渡过北欧之喉的峨瑞升德海峡，在香熟的夕照里驶入丹麦。瑞典是森林王国，火车上凡是门窗几椅之类都用木制，给人的感觉温厚而可亲。车上供应的午餐是烘面包夹鲜虾仁，灌以甘洌的嘉士伯啤酒，最合我的胃口。瑞典南端和丹麦北部这一带，陆上多湖，海中多岛，我在诗里曾说这地区是“屠龙英雄的泽国，佯狂王子的故乡”，想象中不知有多阴郁，多神秘。其实那时候正是春夏之交，纬度高远的北欧日长夜短，柔蓝的海峡上，迟暮的天色久久不肯落幕。我在延长的黄昏里独游哥本哈根的夜市，向人鱼之港的灯影花香里，寻找疑真疑幻的传说。

联邦德中之旅，从杜塞尔多夫到科隆的一程，我也改乘火车。德国的车厢跟瑞典的相似，也是一边是狭长的过道，另一边是方形的隔间，装饰古拙而亲切，令人想起旧世界的电影。乘客稀少，由我独占一间，皮箱和提袋任意堆在长椅上。银灰与橘红相映的火车沿莱茵河南下，正自纵览河景，查票员说科隆到了。刚要把行李提上走廊，猛一转身，忽然瞥见蜂房蚁穴的街屋之上峻然拔起两座黑黝黝的尖峰，瞬间的感觉，极其突兀而可惊。定下神来，火车已经驶近那一双怪物，峭险的尖塔下原来还整齐地绕着许多小塔，锋芒逼人，拱卫成一派森严的气象，那么崇高而神秘，中世纪哥特式的肃然神貌耸在半空，无闻于下界琐细的市声。原来是科隆的大教堂，在莱茵河畔顶天立地已七百多岁。火车在转弯。不知道是否因为微侧，竟感觉那一对巨塔也峨然倾斜，令人吃惊。不知飞机回降时成何景象，至少火车进城的这一幕十分壮观。

三年里去里昂参加国际笔会的年会，从巴黎到里昂，当然是乘火车，为了深入法国东部的田园诗里，看各色的牛群，或黄或黑，或白底而花斑，嚼不尽草原缓坡上远连天涯的芳草萋萋。陌生的城镇，点名一般地换着站牌。小村更一现即逝，总有白杨或青枫排列于乡道，掩映着粉墙红顶的村舍，衬以教堂的细瘦尖塔，那么秀气地针着远天。席思礼、毕沙洛，在初秋的风里吹弄着牧笛吗？那年法国刚通了东南线的电气快车，叫做 Le TGV (Train à Grande Vitesse)，时速三百八十公里，在报上大肆宣扬。回程时，法国笔会招待我们坐上这娇红的电鳗；由于座位是前后相对，我一路竟倒骑着长鳗进入巴黎。在车上也不觉得怎么“风驰电掣”，颇感不过如此。今年初夏和纪纲、王蓝、健昭、杨牧一行，从东京坐子弹车射去京都，也只觉得其“稳健”而已。车到半途，天色渐昧，正吃着鳗鱼佐饭的日本便当，吞着苦涩的札幌啤酒，车厢里忽然起了骚动，惊叹不绝。在邻客的探首指点之下，迓见富士山的雪顶白矗晚空，明知其为真实，却影影绰绰，一片可怪的幻象。车行极快，不到三五分钟，那一影淡白早已被近丘所遮。那样快的变动，敢说浮士绘的画师，戴笠跨剑的武士，都不曾见过。

台湾中南部的大学常请台北的教授前往授课，许多朋友不免每星期南下台中、台南或高雄。从前龚定盦奔波于北京与杭州之间，柳亚子说他“北驾南舣到白头”。这些朋友在岛上南北奔波，看样子也会奔到白头，不过如今是在双轨之上，不是驾马舣舟。我常笑他们是演“双城记”。其实近几十年来，自己在台北与香港之间，何尝不是如此？在台北，三十年来我一直以厦门街为家。现在的汀州路二十年前是一条窄轨铁路，小火车可通新店。当时年少，我曾在夜里踏着轨旁的碎石，鞋声轧轧地走回家去，有时索性走在轨道上，把枕木踩成一把平放的长梯。时常在冬日的深宵，诗写到一半，正独对天地之悠悠，寒颤的汽笛声会一路沿着小巷呜呜传来，凄清之中有其温婉，好像在说：全台北都睡了，我也要回去了，你，还要独撑这倾斜的世界吗？夜半钟声到客船，那是张继。而我，总还有一声汽笛。

在香港，我的楼下是山，山下正是九广铁路的中途。从黎明到深夜，在阳台下滚滚碾过的客车、货车，至少有一百班。初来的时候，几乎每次听见过车过，都不禁要想起铁轨另一头的那一片土地，简直像十指连心。十年下来，那样的节拍也已听惯，早成大寂静里的背景音乐，与山风海潮合成浑然一片的天籁了。那轮轨交磨的声音，远时哀沉，近时壮烈，清晨将我唤醒，深宵把我摇睡，已经潜入了我的脉搏，与我的呼吸相通。将来我回去台湾，最不惯的恐怕就是少了这金属的节奏，那就是真正的寂寞了。也许应该把它录下音来，用最敏感的机器，以备他日怀旧之需。附近有一条铁路，就似乎把住了人间的动脉，总是有情的。

香港的火车电气化之后，大家坐在冷静如冰箱的车厢里，忽然又怀起古来，隐隐觉得从前的黑头老火车，曳着煤烟而且重重叹气的那种，古拙刚愎之中仍不失可亲的味道。在从前那种车上，总有小贩穿梭于过道，叫卖斋食与“凤爪”，更少不了的是报贩。普通票的车厢里，不分三教九流，男女老幼，都杂杂沓沓地坐在一起，有的默默看报，有的怔怔望海，有的瞌睡，有的啃鸡爪，有的闲闲地聊天，有的激昂慷慨地痛论国是，但旁边的主妇并不理会，只顾得呵斥自己的孩子。如果你要香港社会的样品，这里便是。周末的加班车上，更多广州返来的回乡客，一根扁担，就挑尽了大包小笼。此情此景，总令我想起杜米叶（Honoré Daumier）的名画《三等车上》。只可惜香港没有产生自己的杜米叶，而电气化后的明净车厢里，从前那些汗气、土气的乘客，似乎一下子不见了，小贩子们也绝迹于月台。我深深怀念那个摩肩抵肘的时代。站在今日画了黄线的整洁月台上，总觉得少了一点什么，直到记起了从前那一声汽笛长啸。

写火车的诗很多，我自己都写过不少。我甚至译过好几首这样的诗。却最喜欢土耳其诗人塔朗吉（Cahit Sitki Taranci）的这首：

去什么地方呢？这么晚了，
美丽的火车，孤独的火车？
凄苦是你汽笛的声音，
令人记起了许多事情。
为什么我不该挥手舞手巾呢？
乘客多少都跟我有亲。
去吧，但愿你一路平安，
桥都坚固，隧道都光明。

余光中《名家经典散文选》（四川文艺出版社，1992）

阅读提示

余光中（1928—2017），籍贯福建永春县，生于江苏南京。当代著名诗人、学者、翻译家。1947年入读金陵大学外语系，后转入厦门大学，1949年随父母迁香港，次年赴台湾，就读于台湾大学外文系。1953年，与人共创蓝星诗社。后赴美进修，获爱荷华大学艺术硕士学位。返台后，先后执教于多所大学。余光中早期从事西方文学的研究和介绍，同时写诗、翻译、创作散文。主要作品有诗集《舟子的悲歌》《蓝色的羽毛》《钟乳石》《白玉苦瓜》等，散文集《左手的缪斯》《逍遥游》《记忆像铁轨一样长》《隔水呼渡》等，评论文集《分水岭上》。

《记忆像铁轨一样长》是余光中后期的散文集，与其早期学习外语、研究西方文学时创作的作品有了不同的文化风貌。至20世纪70年代之后，人生的阅历、文化的回归，使余光中的创作开始不断地抒写乡愁，写出了《乡愁》等著名的诗歌。1984年写作的《记忆像铁轨一样长》，文章的笔法是历史的线性，情感上却是不断地回望。作者以国际文化旅行者的足迹，在不断探寻世界的走向同时，顺着抹不断的记忆，一直溯源到自己童年时期的火车之缘。火车，因此成为作者延绵于生命的乡愁。

《记忆像铁轨一样长》，写的是诗人回忆从小以来与火车结下的情谊，儿时乡居时的向往，入台时的长期往返，后期到美国、英国、瑞典、德国等的火车游历，全文以火车为线索，构成了一生长长的情感记忆。

思考与练习

1. 火车给作者带来了什么样的记忆？

2. 从开篇时的“向往”和结尾处的“怀念”，来理解作者对火车的情感。

·给女儿的信·

董　桥

绮绮：

你信上说你那儿秋意渐浓，你早晚上课上图书馆都记得披毛衣，也记得多吃蔬菜水果，我很放心。其实，收到你的信就很放心了，何况你信上说你会好好照顾自己！明明知道你都那么大了，当然学会了顺着我的心意说些教我放心的话，但是，你在信末顺手写了这两三句话，我竟放心得不得了！人，实在并不太难应付，是吗？前几个月送你去上学的时候，我心里真舍不得，也真拿不定主意，可是又不能让你知道，怕你更难过，因为据说做爸爸的人是不能没有主意的。那几个晚上，我在旅馆里跟你说的话，听来是在安慰你，鼓励你，其实也在安慰我自己，鼓励我自己。你当时说了一句话我到现在还记得很清楚，你说："要是能像当年你和妈妈带着我和弟弟到伦敦去就好了，你在伦敦做事，我和弟弟在伦敦念书！"我不知道该说什么。人是要长大的；长大了就不必老跟爸爸妈妈在一起。你这封信上说，你不在家里了，才知道家里多好。这是真心话，我知道；当年带着你们在伦敦住了那么久，我也很想回到中国人多的地方住一住，于是我们又搬回香港来了。这种想法其实相当可笑。

那天跟你去看你的学校，我无端想到陈之藩先生《旅美小简》里那篇《失根的兰花》。你的学校跟他去的那家费城郊区小大学一样，"校园美得像首诗，也像幅画。依山起伏，古树成荫"，难怪他想起北平公园里的花花草草，"总觉得这些花不该出现在这里。它们的背景应该是来今雨轩，应该是谐趣园，应该是宫殿阶台，或亭阁栅栏"。我当时不是告诉你说，这个校园跟我在台南的校园有点像吧？可是你竟说很像你在英国那家中学的校园，也像你在香港那家中学的校园。你看你看，人一怀旧，记忆就不老实了，眼睛就来骗人了。你爷爷当年久客南洋，也忘不了唐山的一山一水，他的《燕庐杙记》里有这样几句话："予寓之燕，两廊不下百余；每当夕阳西下、炊烟四起时，颇有倦鸟思还之态。吾人离乡背井，久客异方，对此倦鸟归巢，能不感慨系之！……"你记得我们伦敦家里那幅小小的版画吧？那是我偶然在大英博物馆斜对面一家破店里看到的，刻的既然是几只飞燕，刻工虽不很好，我还是买回家里挂，因为爷爷在世时喜欢燕子！你信不信："怀乡"是一种癖性，会一代一代传下去，用不着传教似的传下去，是传染似的传下去。你说你在唐人街里买了一大堆中国罐头雪菜和皮蛋在宿舍里弄消夜吃，爷爷知道了一定又心疼又高兴："虽说她满身是维多利亚衣橱里的樟脑味道！"他会说。爷爷在这种事情上最不讲理；你大概记不得了。老实说，家国之情既然是"情"，也就顾不了"理"了。他久客异方，嘴里虽懂得说"大抵心安即是家"，心事无奈跟陈之藩先生说的一样："花搬到美国来，我们看着不顺眼；人搬到美国来，也是同样不安心！"这也算是自己折磨自己；最糟的是这折磨倒真有点乐趣；说是痛快也恰当。你说你喜欢弟弟给你的信上说的那句话："想家你就哭吧，哭了会痛快的。"弟弟不懂政治，倒懂点心理。想家、思乡、爱国、怀旧是心理在作祟，未必是政治搞的鬼。二次大战期间，英国政府到处贴海报，鼓励壮丁从军报国；海报上画的是一些英国女人倚门挥别丈夫、情人，上面写着："英国妇女说：去吧！"不必搬出爱国论调，攻心一攻就破了！

对了，不要把时间和精力都花在课堂上和教科书里；多抽空交朋友，多出去逛逛。老远跑到外国去，不是为了拿一张文凭回来见我。学生活比拿文凭要难。要懂得过快快乐乐的生活，要会过各种不同的生活。不要担心自己荒废中文；你会看懂我的中文信就够了。至于中国历史和中国文化传统，看来你也染上了爷爷的癖性，不论到哪里都改不过来了。不信你等着看。这可不是什么狗屁哲学家放的狗屁。两位牛津教授一边散步一边聊天，其中一位说："邻居有个小孩很希望见见拿破仑，我说：这可办不到。他问我为什么，我说因为拿破仑是古人，而你不可能从一百三四十年前就活到现在还没死。他不信；我说因为这是说不通的，正如我们不能说：你可以同时活在两个地方或者说你可以回到古代去。小孩于是说：既然只是说不通和说得通的问题，我们换一换说法不就成了吗？你说我该怎么回答这小孩？"另一位教授说："让他去试吧，试试回到古代去。试一试并不犯法。让他试，看他试出个什么来。"你看，怎么说都没用；自己试一试就知道了。每一代的中国人都在试着回到古代的中国去，劝也劝不来；雪莱和皮蛋就这样传到外国去了，还有爷爷的燕子；你放心。

忘了告诉你：那天跟你在美国买到的那张藏书票已经镶了镜框挂在我书房里了：约翰逊博士真凶，把老书商打得直哆嗦，妙极了！这种玩意儿这里买不到，外国才有。糟糕！

爸爸

一九八三年十一月十六日

董桥《董桥散文》（浙江文艺出版社，1996）

阅读提示

董桥（1942—），本名董存爵，福建晋江人。台湾成功大学外国语文系毕业后，曾在英国伦敦大学亚非学院研究马克思主义文学理论。曾在英国国家广播电台中文部从事新闻工作。先后任香港公开大学中国语文顾问、《明报》总编辑、《读者文摘》总编辑、香港中文大学出版组主任、《明报月刊》总编辑、香港美国新闻处"今日世界"丛书部编辑、《苹果日报》社长等职。撰写文化思想评论及文学散文多年，在港台及北京、上海、广州、天津、杭州、成都、沈阳出版文集十多种。历年在港台两地出版的文集包括《另外一种心情》《这一代的事》《跟中国的梦赛跑》《辩证法的黄昏》《双城杂笔》等，翻译书籍多种。

董桥是当代散文大家，学贯中西的渊博学识，使他的小品文富于深厚的文化底蕴，其中，既有中国古典诗词歌赋的积养，又有西方文化的现代精神。同时，董桥多年担任报刊总编的工作之职，使得他的写作从标题到体例，又符合当代广大受众的阅读心理，形成了董氏风格。他的小品文，往往在不长的篇幅里，构思别具匠心，纵横中西，信手拈来，再融入个人的生命体验，呈现出雄深雅健与隽永灵动的风貌，作家、学者、总编辑几种身份融一炉，造就他的文字另辟蹊径，几十年来，广受读者喜爱。

《给女儿的信》体例上是一封家书，是董桥文章中极具个人情感的一篇。信中，董桥以自己家族三代的迁移，来深诉故乡之思，是一个人无法摇移的精神情感。同时，祝福女儿融入异族文化，体现作家对文化怀有多元而开阔的胸襟。在全球化和地球村的今天，这样的书信，对广大学子有启迪意义。

思考与练习

1. 文章中爷爷的“燕子”象征着什么？

2. 文章强调凡事“试一试”，对年轻人有何启示？

树犹如此（节选）

白先勇

那年夏天，国祥一直咳嗽不止，他到美国二十多年，身体一向健康，连伤风感冒也属罕有。他去看医生检查，验血出来，发觉他的血红素竟比常人少了一半，一公升只有六克多。接着医生替他抽骨髓化验，结果出来后，国祥打电话给我：“我的旧病又复发了，医生说，是‘再生不良性贫血’”。国祥说话的时候，声音还很镇定，他一向临危不乱，有科学家的理性与冷静，可是我听到那个长长的奇怪病名，就不由得心中一寒，一连串可怕的记忆，又涌了回来。

许多年前，1960年的夏天，一个清晨，我独自赶到台北中心诊所的血液科去等候化验结果，血液科主任黄天赐大夫出来告诉我：“你的朋友王国祥患了‘再生不良性贫血’。”那是我第一次听到这个陌生的病名。黄大夫大概看见我满面茫然，接着对我详细解说了一番“再生不良性贫血”的病理病因。这是一种罕有的贫血症，骨髓造血机能失调，无法制造足够的血细胞，所以红血球、血小板、血红素等统统偏低。这种血液病的起因也很复杂，物理、化学、病毒各种因素皆有可能。最后黄大夫十分严肃的告诉我：“这是一种很严重的贫血症。”的确，这棘手的血液病，迄至今日，医学突飞猛进，仍旧没有发明可以根除的特效药，一般治疗只能用激素刺激骨髓造血的机能。另外一种治疗法便是骨髓移植，但是台湾那个年代，还没有听说过这种事情。那天我走出中心诊所，心情当然异常沉重，但当时年轻无知，对这种症病的严重性并不真正了解，以为只要不是绝症，总还有希望治疗。事实上，“再生不良性贫血”患者的治愈率，是极低极低的，大概只有百分之五的人，会莫名其妙自己复元。

王国祥第一次患“再生不良性贫血”时在台大物理系正要上三年级，这样一来只好休学，而这一休便是两年。国祥的病势开始相当险恶，每个月都需到医院去输血，每次起码五百 cc。由于血小板过低，凝血能力不佳，经常牙龈出血，甚至眼球也充血，视线受到障碍。王国祥的个性中，最突出的便是他争强好胜、永远不肯服输的憨直脾气，是他倔强的意志力，帮他暂时抵挡住排山倒海而来的病灾。那时我只能在一旁帮他加油打气，给他精神支持。他的家已迁往台中，他一个人寄居在台北亲戚家养病，因为看医生方便。常常下课后，我便从台大骑了脚踏车去潮州街探望他，那时我刚与班上同学创办了《现代文学》，正处在士气高昂的奋亢状态，我跟国祥谈论的，当然也就是我办杂志的点点滴滴。国祥看见我兴致勃勃，他也是高兴的，病中还替《现代文学》拉了两个订户，而且也成为这本杂志的忠实读者。事实上王国祥对《现代文学》的贡献不小，这本赔钱杂志时常有经济危机，我初到加州大学当讲师那几年，因为薪水有限，为筹杂志的印刷费，经常捉襟见肘。国祥在柏克莱念博士拿的是全额奖学金，一个月有四百多块生活费。他知道我的困境后，每月都会省下一两百块美金寄给我接济《现代文学》，而且持续了很长一段时间。他的家境不算富裕，在当时，那是很不小的一笔数目。如果没有他长期的“经援”，《现代文学》恐怕早已停刊。

我与王国祥十七岁结识，那时我们都在建国中学念高二，一开始我们之间便有一种异姓手足祸福同当的默契。高中毕业，本来我有保送台大的机会，因为要念水利，梦想日后到长江三峡去筑水坝，而且又等不及要离开家，追寻自由，于是便申请保送台南成功大学，那时只有成大才有水利系。王国祥也有这个念头，他是他们班上的高材生，考台大，应该不成问题，他跟我商量好便也投考成大电机系。我们在学校附近一个军眷村里租房子住，过了一年自由自在的大学生活，后来因为兴趣不合，我重考台大外文系，回到台北。国祥在成大多念了一年，也耐不住了，他发觉他真正的志向是研究理论科学，工程并非所好，于是他便报考台大的转学试，转物理系。当时转学、转系又转院，难如登天，尤其是台大，王国祥居然考上了，而且只录取了他一名。我们正在庆幸，两人懵懵懂懂，一番折腾，幸好最后都考上与自己兴趣相符的校系。可是这时王国祥却偏偏遭罹不幸，患了这种极为罕有的血液病。

西医治疗一年多，王国祥的病情并无起色，而治疗费用昂贵已使得他的家庭日渐陷入困境，正当他的亲人感到束手无策的时刻，国祥却遇到了救星。他的亲戚打听到江南名医奚复一大夫医治好一位韩国侨生，同样也患了“再生不良性贫血”，病况还要严重，西医已放弃了，却被奚大夫治愈。我从小看西医，对中医不免偏见。奚大夫开给国祥的药方里，许多味草药中，竟有一剂犀牛角，当时我不懂得犀牛角是中药的凉血要素，不禁啧啧称奇，而且小小一包犀牛角粉，价值不菲。但国祥服用奚大夫的药后，竟然一天天好转，半年后已不需输血。很多年后，我跟王国祥在美国，有一次到加州圣地亚哥世界闻名的动物园去观览百兽，园中有一群犀牛族，大大小小七只，那是我第一次真正看到这种神奇的野兽，我没想到近距离观看，犀牛的体积如此庞大，而且皮之坚厚，披甲带铠，鼻端一角耸然，如利斧朝天，很是神态威武。大概因为犀牛角曾治疗过国祥的病，我对那一群看来凶猛异常的野兽，竟有一份说不出的好感，在栏前盘桓良久才离去。

我跟王国祥都太过乐观了，以为"再生不良性贫血"早已成为过去的梦魇，国祥是属于那百分之五的幸运少数。万没料到，这种顽强的疾病，竟会潜伏二十多年，如同酣睡已久的妖魔，突然苏醒，张牙舞爪反扑过来。而国祥毕竟已年过五十，身体抵抗力，比起少年时，自然相差许多，旧病复发，这次形势更加险峻。自此，我与王国祥便展开了长达三年、共同抵御病魔的艰辛日子，那是一场生与死的搏斗。

鉴于第一次王国祥的病是中西医合治医好的，这一次我们当然也就依照旧法。国祥把二十多年前奚复一大夫的那张药方找了出来，并托台北亲友拿去给奚大夫鉴定，奚大夫更动了几样药，共加重分量；黄芪、生熟地、党参、当归、首乌等都是一些补血调气的草药，方子中也保留了犀牛角。幸亏洛杉矶的蒙特利公园市的中药行这些药都买得到。有一家叫"德成行"的老字号，是香港人开的，货色齐全，价钱公道。那几年，我替国祥去捡药，进进出出，"德成行"的老板伙计也都熟了。因为犀牛属于受保护的稀有动物，在美国犀牛角是禁卖的。开始"德成行"的伙计还不肯拿出来，我们恳求了半天，才从一只上锁的小铁匣中取出一块犀牛角来磨些粉卖给我们。但经过二十多年，国祥的病况已大不同，而且人又不在台湾，没能让大夫把脉，药方的改动，自然无从掌握。这一次，服中药并无速效。但三年中，国祥并未停用过草药，因为西医也并没有特效治疗方法，还是跟从前一样，使用各种激素。我们跟医生曾讨论过骨髓移植的可能，但医生认为，五十岁以上的病人，骨髓移植风险太大，而且寻找血型完全相符的骨髓赠者，难如海底捞针。

那三年，王国祥全靠输血维持生命，有时一个月得输两次。我们的心情也就跟着他血红素的数字上下而阴晴不定。如果他的血红素维持在9以上，我们就稍宽心，但是一旦降到6，就得准备，那个周末，又要进医院去输血了。王国祥的保险属于凯撒公司（Kaiser Permanente），是美国最大的医疗系统之一。凯撒在洛杉矶城中心的总部是一连串延绵数条街的庞然大物，那间医院如同一座迷宫，进去后，转几个弯，就不知身在何方了。我进出那家医院不下四五十次，但常常闯进完全陌生地带，跑到放射科、耳鼻喉科去。因为医院每栋建筑的外表都一模一样，一整排的玻璃门窗在反映着冷冷的青光。那是一座卡夫卡式超现代建筑物，进到里面，好像误入外星。

因为输血可能有反应，所以大多数时间王国祥去医院，都是由我开车接送。幸好每次输血时间定在周末星期六，我可以在星期五课后开车下洛杉矶国祥住处，第二天清晨送他去。输血早上八点钟开始，五百 cc 输完要到下午四、五点钟了，因此早上六点多就要离开家。洛杉矶大得可怕，随便到那里，高速公路上开一个钟头车是很平常的事，尤其在早上上班时间，10 号公路塞车是有名的。住在洛杉矶的人，生命大部分都耗在那八爪鱼似的公路网上。由于早起，我陪着王国祥输血时，耐不住要打个盹，但无论睡去多久，一张开眼，看见的总是架子上悬挂着的那一袋血浆，殷红的液体，一滴一滴，顺着塑胶管往下流，注入国祥臂弯的静脉里去。那点点血浆，像时间漏斗的水滴，无穷无尽，永远滴不完似的。但是王国祥躺在床上却能安安静静的接受那八小时生命浆液的灌注。他两只手臂弯上的静脉都因针头插入过分频繁而经常乌青红肿，但他从来也没有过半句怨言。王国祥承受痛苦的耐力惊人，当他喊痛的时候，那必然是痛苦已经不是一般人所能负荷的了。我很少看到像王国祥那般能隐忍的病人，他这种斯多葛（Stoic）式的精神是由于他超强的自尊心，不愿别人看到他病中的狼狈。而且他跟我都了解到这是一场艰巨无比的奋斗，需要我们两个人所有的信心、理性，以及意志力来支撑。我们绝对不能向病魔示弱，露出胆怯，我们在一起的时候，似乎一直在互相告诫：要挺住，松懈不得。

事实上，只要王国祥的身体状况许可，我们也尽量设法苦中作乐。国祥输完血后，精神体力马上便恢复了许多，脸上又浮现了红光，虽然明知这只是人为的暂时安康，我们也要趁这一刻享受一下正常生活。开车回家经过蒙特利公园时我们便会到平日喜欢的饭馆去大吃一餐，大概在医院里磨了一天，要补偿起来，胃口特别好。我们常去“北海鱼邨”，因为这家广东馆港味十足，一道“避风塘炒蟹”非常地道。吃了饭便去租录影带回去看，我一生中从来没看过那么多内地及港台的“连续剧”，几十集的《红楼梦》《满清十三皇》《严凤英》，随着那些东拉西扯的故事，一个晚上很容易打发过去。当然王国祥也很关心世界大势，那一阵子，“苏维埃社会主义联邦共和国”土崩瓦解，我们天天看电视，看到德国人爬到东柏林墙上喝香槟庆祝，王国祥跟我都拍手喝起彩来，那一刻，“再生不良性贫血”真的给忘得精光。

王国祥直到 1988 年才在艾尔蒙特（EI Monte）买了一幢小楼房，屋后有一片小小的院子，搬进去不到一年，花园还来不及打点好，他就生病了。生病前，他在超市找到一对酱色皮蛋缸，上面有姜黄色二龙抢珠的浮雕，这对大皮蛋缸十分古拙有趣，国祥买回来，用电钻钻了洞，准备作花缸用。有一个星期天，他的精神特别好，我便车载了他去花圃看花，我们发觉原来加州也有桂花，登时如获至宝，买了两棵回去移植到那对皮蛋缸中。从此，那两棵桂花，便成了国祥病中的良伴，一直到他病重时，也没有忘记常到后院去浇花。

王国祥重病在身，在我面前虽然他不肯露声色，他独处时内心的沉重与恐惧，我深能体会，因为当我一个人静下来时，我自己的心情便开始下沉了。我曾私下探问过他的主治医生，医生告诉我，国祥所患的“再生不良性贫血”，经过二十多年，虽然一度缓解，已经达到末期。他用“End Stage”这个听来十分刺耳的字眼，他没有再说下去，我不想听也不愿意他再往下说。然而一个令人不寒而栗的问题却像潮水般经常在我脑海里翻来滚去：这次王国祥的病，万一恢复不了，怎么办？事实上国祥的病情常有险状，以至于一夕数惊。有一晚，我从洛杉矶友人处赴宴回来，竟发觉国祥卧在沙发上已是半昏迷状态，我赶紧送他上医院，那晚我在高速公路上起码开到每小时八十英里以上，我开车的技术并不高明，不辨方向，但人能急中生智，平常四十多分钟的路程，一半时间便赶到了。医生测量出来，国祥的血糖高到八百 mg/dL，大概再晚一刻，他的脑细胞便要受损了。原来他长期服用激素，引发血糖升高，医院的急诊室本来就是一个生死场，凯撒的急诊室比普通医院要大几倍，里面的生死挣扎当然就更加剧烈，只看到医生护士忙成一团，而病人围困在那一间间用白幔圈成的小隔间里，却好像完全被遗忘掉了似的，好不容易盼到医生来诊视，可是探一下头，人又不见了。我陪着王国祥进出那间急诊室多次，每次一等就等到天亮才有正式病房。

自从王国祥生病后，我便开始到处打听有关“再生不良性贫血”治疗的讯息。我在台湾看病的医生是长庚医学院的吴德朗院长，吴院长介绍我认识长庚医院血液科的主治医生施丽云女士。我跟施医生通信讨教并把王国祥的病历寄给她，与她约好，我去台湾时，登门造访。同时我又遍查中国大陆中医治疗这种病症的书籍杂志。我在一本医疗杂志上看到上海曙光中医院血液科主任吴正翔大夫治疗过这种病，大陆上称为“再生障碍性贫血”，简称“再障”。同时我又在大陆报上读到河北省石家庄有一位中医师治疗“再障”有特效方法，并且开了一家专门医治“再障”的诊所。我发觉原来大陆上这种病例并不罕见，大陆中西医结合治疗行之有年，有的病疗效还很好。于是我便决定亲自往大陆走一趟，也许寻访到能够医治国祥的医生及药方。我把想法告诉国祥听，他说道：“那只好辛苦你了。”王国祥不善言辞，但他讲话全部发自内心。他一生最怕麻烦别人，生病求人，实在万不得已。

1990 年 9 月，去大陆之前，我先到台湾，去林口长庚医院拜访了施丽云医师。施医生告诉我她也正在治疗几个患“再生不良性贫血”的病人，治疗方法与美国医生大同小异。施医生看了王国祥的病历没有多说什么，我想她那时可能不忍告诉我，国祥的病，恐难治愈。

我携带了一大盒重重一叠王国祥的病历飞往上海，由我在上海的朋友复旦大学陆士清教授陪同，到曙光医院找到吴正翔大夫。曙光是上海最有名的中医院，规模相当大。吴大夫不厌其详以中医观点向我解说了“再障”的种种病因及治疗方法。曙光医院治疗“再障”也是中西医合疗，一面输血，一面服用中药，长期调养，主要还是补血调气。吴大夫与我讨论了几次王国祥的病况，最后开给我一个处方，要我与他经常保持电话联络。我听闻浙江中医院也有名医，于是又去了一趟杭州，去拜访一位辈分甚高的老中医，老医生的理论更玄了，药方也比较偏。有亲友生重病，才能体会得到“病急乱投医”这句话的真谛。当时如果有人告诉我喜马拉雅山顶上有神医，我也会攀爬上去乞求仙丹的。在那时，抢救王国祥的生命，对于我重于一切。

我飞到北京后的第二天，便由社科院袁良骏教授陪同，坐火车往石家庄去，当晚住歇在河北省政协招待所。那晚在招待所遇见了一位从美国去的工程师，原来也是台湾留美学生，而且是成大毕业。他知道我为了朋友到大陆访医特来看我。我正纳闷，这样偏远地区怎会有美国来客，工程师一见面便告诉了我他的故事：原来他太太年前车祸受伤，一直昏迷不醒，变成了植物人。工程师四处求医罔效，后来打听到石家庄有位极负盛名的气功师，开诊所用气功治疗病人。他于是辞去了高薪职位，变卖房财，将太太运到石家庄接受气功治疗。他告诉我每天有四、五位气功师轮流替他太太灌气，他讲到他太太的手指已经能动，有了知觉，他脸上充满希望。我深为他感动，是多大的爱心与信念，使他破釜沉舟，千里迢迢把太太护送到偏僻的中国北方去就医。这些年来我早已把工程师的名字给忘了，但我却常常记起他及他的太太，不知她最后恢复知觉没有。几年后我自己经历了中国气功的神奇，让气功师治疗好晕眩症，而且变成了气功的忠实信徒。当初工程师一番好意，告诉我气功治病的奥妙，我确曾动过心，想让王国祥到大陆接受气功治疗。但国祥经常需要输血，而且又容易感染疾病，实在不宜长途旅行。但这件事我始终耿耿于怀，如果当初国祥尝试气功，不知有没有复原的可能。

次晨，我去参观那家专门治疗“再障”的诊所，会见了主治大夫。其实那是一间极其简陋的小医院，有十几个住院病人，看样子都病得不轻。大夫很年轻，讲话颇自信，临走时，我向他买了两大袋草药，为了便于携带，都磨成细粉。我提着两大袋辛辣呛鼻的药粉，回转北京。那已是九月下旬，天气刚入秋，是北京气候最佳时刻。那是我头一次到北京，自不免到故宫、明陵去走走，但因心情不对，毫无游兴。我的旅馆就在王府井附近，离天安门不远。晚上，我信步走到天安门广场去看看，那片全世界最大的广场，竟然一片空旷，除了守卫的解放军，行人寥寥无几。那天晚上，我的心境就像北京凉风习习的秋夜一般萧瑟。在大陆四处求医下来，我的结论是，中国也没有医治“再生不良性贫血”的特效药。王国祥对我这次大陆之行，当然也一定抱有许多期望，我怕又会令他失望了。

回到美国后，我与王国祥商量，最后还是决定服用曙光医院吴正翔大夫开的那张药方，因为药性比较平和。石家庄医生的两大袋药粉我也扛了回来，但没有敢用。而国祥的病，却是一天比一天沉重了。头一年，他还支撑着去上班，但每天来回需开两小时车程，终于体力不支，而把休斯的工作停掉。幸亏他买了残障保险，没有因病倾家荡产。第二年，由于服用太多激素，触发了糖尿病，又因长期缺血，影响到心脏，发生心律不整，逐渐行动也困难起来。

1992年1月，王国祥五十五岁生日，我看他那天精神还不错，便提议到“北海鱼邨”，去替他庆生。我们一路上还商谈着要点些什么菜，谈到吃，我们的兴致又来了。“北海鱼邨”的停车场上到饭馆有一道二十多级的石阶，国祥扶着栏杆爬上去，爬到一半，便喘息起来，大概心脏荷负不了，很难受的样子，我赶忙过去扶着他，要他坐在石阶上休息一会儿，他歇了口气，站起来还想勉强往上爬，我知道，他不愿扫兴，我劝阻道：“我们不要在这里吃饭了，回家去做寿面吃。”我没有料到，王国祥的病体已经虚弱到举步维艰了。回到家中，我们煮了两碗阳春面，度过王国祥最后一个生日。星期天傍晚，我要回返圣芭芭拉，国祥送我到门口上车，我在车中反光镜里，瞥见他孤立在大门前的身影，他的头发本来就有少年白，两年多来，百病相缠，竟变得满头萧萧，在暮色中，分外怵目。开上高速公路后，突然一阵无法抵挡的伤痛，袭击过来，我将车子拉到公路一旁，伏在方向盘上，不禁失声大恸。我哀痛王国祥如此勇敢坚忍，如此努力抵抗病魔咄咄相逼，最后仍然被折磨得形销骨立。而我自己亦尽了所有的力量，去回护他的病体，却眼看着他的生命一点一滴耗尽，终至一筹莫展。我一向相信人定胜天，常常逆数而行，然而人力毕竟不敌天命，人生大限，无人能破。

夏天暑假，我搬到艾尔蒙特王国祥家去住，因为随时会发生危险。八月十三日黄昏，我从超市买东西回来，发觉国祥呼吸困难，我赶忙打九一一叫了救护车来，用氧气筒急救，随即将他扛上救护车扬长鸣笛往医院驶去。在医院住了两天，星期五，国祥的精神似乎又好转了。他进出医院多次，这种情况已习以为常，我以为大概第二天，他就可以出院了。我在医院里陪了他一个下午，聊了些闲话，晚上八点钟，他对我说道：“你先回去吃饭吧。”我把一份《世界日报》留给他看，说道：“明天早上我来接你。”那是我们最后一次交谈。星期六一早，医院打电话来通知，王国祥昏迷不醒，送进了加护病房。我赶到医院，看见国祥身上已插满了管子。他的主治医生告诉我，不打算用电击刺激国祥的心脏了，我点头同意，使用电击，病人太受罪。国祥昏迷了两天，八月十七星期一，我有预感恐怕他熬不过那一天。中午我到医院餐厅匆匆用了便餐，赶紧回到加护病房守着。显示器上，国祥的心脏愈跳愈弱，五点钟，值班医生进来准备，我一直看着显示器上国祥心脏的波动，五点二十分，他的心脏终于停止。我执着国祥的手，送他走完人生最后一程。霎时间，天人两分，死生契阔，在人间，我向王国祥告了永别。

1954年，四十四年前的一个夏天，我与王国祥同时匆匆赶到建中去上暑假补习班，预备考大学。我们同级不同班，互相并不相识，那天恰巧两人都迟到，一同抢着上楼梯，跌跌撞撞，碰在一起，就那样，我们开始结识，来往相交，三十八年。王国祥天性善良，待人厚道，孝顺父母，忠于朋友。他完全不懂虚伪，直言直语，我曾笑他说谎舌头也会打结。但他讲究学问，却据理力争，有时不免得罪人，事业上受到阻碍。王国祥有科学天才，物理方面应该有所成就，可惜他大二生过那场大病，脑力受了影响。他在休斯研究人造卫星，很有心得，本来可以更上一层楼，可是天不假年，五十五岁，走得太早。我与王国祥相知数十载，彼此守望相助，患难与共，人生道上的风风雨雨，由于两人同心协力，总能抵御过去，可是最后与病魔死神一搏，我们全力以赴，却一败涂地。

我替王国祥料理完后事回转圣芭芭拉，夏天已过。那年圣芭芭拉大旱，市府限制用水，不准浇灌花草。几个月没有回家，屋前草坪早已枯死，一片焦黄。由于经常跑洛杉矶，园中缺乏照料，全体花木黯然失色，一棵棵茶花病恹恹，只剩得奄奄一息，我的家，成了废园一座。我把国祥的骨灰护送返台，安置在善导寺后，回到美国便着手重见家园。草木跟人一样，受了伤须得长期调养。我花了一两年工夫，费尽心血，才把那些茶花一一救活。退休后时间多了，我又开始到处收集名茶，愈种愈多，而今园中，茶花成林。我把王国祥家那两缸桂花也搬了回来，因为长大成形，皮蛋缸已不堪负荷，我便把那两株桂花移到园中一角，让它们入土为安。冬去春来。我园中六七十棵茶花竞相开发，娇红嫩白，热闹非凡。我与王国祥从前种的那些老茶，二十多年后，已经高攀屋檐，每株盛开起来，都有上百朵。春日负暄，我坐在园中靠椅上，品茗阅报，有百花相伴，暂且贪享人间瞬息繁华。美中不足的是，抬望眼，总看见园中西隅，剩下的那两棵意大利柏树中间，露出一块楞楞的空白来，缺口当中，映着湛湛青空，悠悠白云，那是一道女娲炼石也无法弥补的天裂。

白先勇《白先勇散文精编》（文汇出版社，2004）

阅读提示

白先勇（1937—），台湾当代著名作家，生于广西桂林。中国国民党高级将领白崇禧之子。童年在重庆生活，后随父母迁居南京、香港和台湾。1956 年在建国中学毕业，入台南成功大学，一年后重考入台湾大学外文系。1958 年，他发表了第一篇短篇小说《金大奶奶》。两年后，他与台大的同学陈若曦、王文兴等共同创办了《现代文学》杂志，并在此发表了《月梦》《玉卿嫂》《毕业》等小说多篇。1965 年，取得爱荷华大学硕士学位后，白先勇到加州大学教授中国语文及文学。出版有短篇小说集《寂寞的十七岁》《台北人》《纽约客》，散文集《蓦然回首》，长篇小说《孽子》等。有多部作品改编成电视、电影、舞台剧，在世界各地放映。白先勇对中国传统戏剧昆曲有深厚的感情，制作过舞台剧《游园惊梦》、昆曲《牡丹亭》等多出经典大戏；2004 年更领衔制作全本昆剧“青春版”《牡丹亭》。

白先勇出身于将军之后，个人经历与时代历史一同辗转，这使得他的作品常怀深厚的历史文化之感，惯于历史兴衰间展现人世沧桑感。白先勇散文与小说风格有强烈的反差，他的小说，艳丽中透幽凉，着力于从世事的繁华处去转身，洞悉生命在历史时代中的悲凉之感。而他的散文，文风与情感，却是极为素净的，往往于写实与白描间，透出了人世间最珍贵的情怀。《树犹如此》就是这样一篇极佳的怀人之作，一字一句，朴实无华，记录了自己与王国祥数十年点点滴滴的深厚情意，白先勇入情缀文，阅读者披情入文，文章强烈的感染力，使人沉浸其中。

《树犹如此》，以平实真挚的笔触，一笔一笔记下作者与王国祥多年相交的深厚情谊。尤其，作者与王国祥一同面对从天而来的绝症，绝症如天裂，是生命中巨大的缺憾，的确让人感到，树犹如此，情以何堪？但是，这篇文章悲情的背后，那无比深厚的人间情意才是最令人动容感佩的。

思考与练习

1. 从文章体会作者在疾病面前的人生态度。
2. 文中最后一句“天裂”所指是什么？

病隙碎笔（节选）

史铁生

一

所谓命运，就是说，这一出“人间戏剧”需要各种各样的角色，你只能是其中之一，不可以随意调换。

写过剧本的人知道，要让一出戏剧吸引人，必要有矛盾，有人物间的冲突。矛盾和冲突的前提，是人物的性格、境遇各异，乃至天壤之异。上帝深谙此理，所以“人间戏剧”精彩纷呈。

写剧本的时候明白，之后常常糊涂，常会说：“我怎么这么倒霉!”其实谁也有“我怎么这么走运”的时候，只是这样的时候不嫌多，所以也忘得快。但是，若非“我怎么这么”和“我怎么那么”，我就是我了吗？我就是我。我是一种限制。比如我现在要去法国看“世界杯”，一般来说是坐飞机去，但那架飞机上天之后要是忽然不听话，发动机或起落架谋反，我也没办法再跳上另一架飞机了，一切只好看命运的安排，看那一幕戏剧中有没有飞机坠毁的情节，有的话，多么美妙的足球也只好由别人去看。

二

把身体比作一架飞机，要是两条腿（起落架）和两个肾（发动机）一起失灵，这故障不能算小，料必机长就会走出来，请大家留些遗言。

躺在“透析室”的病床上，看鲜红的血在“透析器”里汩汩地走——从我的身体里出来，再回到我的身体里去，那时，我常仿佛听见飞机在天上挣扎的声音，猜想上帝的剧本里这一幕是如何编排。

有时候我设想我的墓志铭，并不是说我多么喜欢那路东西，只是想，如果要的话最好要什么？要的话，最好由我自己来选择。我看好《再别康桥》中的一句：我轻轻地走，正如我轻轻地来。在徐志摩先生，那未必是指生死，但在我看来，那真是最好的对生死的态度，最恰当不过，用作墓志铭再好也没有。我轻轻地走，正如我轻轻地来，扫尽尘嚣。

但既然这样，又何必弄一块石头来作证？还是什么都不要吧，墓地、墓碑、花圈、挽联以及各种方式的追悼，什么都不要才好，让寂静，甚至让遗忘，去读那诗句。我希望“机长”走到我面前时，我能镇静地把这样的遗言交给他。但也可能并不如愿，也可能“筛糠”。就算“筛糠”吧，讲好的遗言也不要再变。

三

有一回记者问到我的职业，我说是生病，业余写一点东西。这不是调侃，我这48年大约有一半时间用于生病，此病未去彼病又来，成群结队好像都相中我这身体是一处乐园。或许“铁生”二字暗合了某种意思，至今竟也不死。但按照某种说法，这样的不死其实是惩罚，原因是前世必没有太好的记录。我有时想过，可否据此也去做一回演讲，把今生的惩罚与前生的恶迹一样样对照着摆给——比如说，正在腐败着的官吏们去作警告？但想想也就作罢，料必他们也是无动于衷。

四

生病也是生活体验之一种，甚或算得一项别开生面的游历。这游历当然是有风险，但去大河上漂流就安全吗？不同的是，漂流可以事先做些准备，生病通常猝不及防；漂流是自觉的勇猛，生病是被迫的抵抗；漂流，成败都有一份光荣，生病却始终不便夸耀。不过，但凡游历总有酬报：异地他乡增长见识，名山大川陶冶性情，激流险阻锤炼意志，生病的经验是一步步懂得满足。发烧了，才知道不发烧的日子多么清爽。咳嗽了，才体会不咳嗽的嗓子多么安详。刚坐上轮椅时，我老想，不能直立行走岂非把人的特点搞丢了？便觉天昏地暗。等到又生出褥疮，一连数日只能歪七扭八地躺着，才看见端坐的日子其实多么晴朗。后来又患“尿毒症”，经常昏昏然不能思想，就更加怀恋起往日时光。终于醒悟：

其实每时每刻我们都是幸运的，因为任何灾难的前面都可能再加一个“更”字。

五

坐上轮椅那年，大夫们总担心我的视神经会不会也随之作乱，隔三差五推我去眼科检查，并不声张，事后才告诉我已经逃过了怎样的凶险。人有一种坏习惯，记得住倒霉，记不住走运，这实在有失厚道，是对神明的不公。那次摆脱了眼科的纠缠，常让我想想后怕，不由得瞑揖默谢。

不过，当有人劝我去佛堂烧炷高香，求佛不断送来好运，或许能还给我各项健康时，我总犹豫。不是不愿去朝拜（更不是不愿意忽然站起来），佛法博大精深，但我确实不认为满腹功利是对佛法的尊敬。便去烧香，也不该有那样的要求，不该以为命运欠了你什么。莫非是佛一时疏忽错有安排，倒要你这凡夫俗子去提醒一二？唯当去求一份智慧，以醒贪迷。为求实惠去烧香磕头念颂词，总让人摆脱不掉阿谀、行贿的感觉。就算是求人办事吧，也最好不是这样的逻辑。实在碰上贪官非送财礼不可，也是鬼鬼祟祟的才对，怎么竟敢大张旗鼓去佛门徇私舞弊？佛门清静，凭一肚子委屈和一叠账单还算什么朝拜？

六

约伯的信心是真正的信心。约伯的信心前面没有福乐作引诱，有的倒是接连不断的苦难。不断的苦难曾使约伯的信心动摇，他质问上帝：作为一个虔诚的信者，他为什么要遭受如此深重的苦难？但上帝仍然没有给他福乐的许诺，而是谴责约伯和他的朋友不懂得苦难的意义。上帝把他伟大的创造指给约伯看，意思是说：这就是你要接受的全部，威力无比的现实，这就是你不能从中单单拿掉苦难的整个世界！约伯于是醒悟。

不断的苦难才是不断地需要信心的原因，这是信心的原则，不可稍有更动。倘其预设下丝毫福乐，信心便容易蜕变为谋略，终难免与行贿同流。甚至光荣，也可能腐蚀信心。在没有光荣的路上，信心可要放弃么？以苦难去作福乐的投资，或以圣洁赢取尘世的荣耀，都不是上帝对约伯的期待。

七

曾让科学大伤脑筋的问题之一是：宇宙何以能够满足如此苛刻的条件——阳光、土壤、水、大气层，以及各种元素恰到好处的比例，以及地球与其他星球妙不可言的距离——使生命孕育，使人类诞生？

若一味地把人和宇宙分而观之，人是人，宇宙是宇宙，这脑筋就怕要永远伤下去。天人合一，科学也渐渐醒悟到人是宇宙的一部分，这样，问题似乎并不难解：任何部分之于整体，或整体之于部分，都必定密切吻合。譬如一只花瓶，不小心摔下几块碎片，碎片的边缘尽管参差诡异，拿来补在花瓶上也肯定严丝合缝。而要想复制同样的碎片或同样的缺口，比登天还难。

八

世界是一个整体，人是它的一部分，整体岂能为了部分而改变其整体意图？这大约就是上帝不能有求必应的原因。这也就是人类以及个人永远的困境。每个角色都是戏剧的一部分，单捉出一个来宠爱，就怕整出戏剧都不好看。

上帝能否插手人间？一种意见说能，整个世界都是他创造的呀。另一种意见说不能，他并没有体察人间的疾苦而把世界重新裁剪得更好。从后一种理由看，他确是不能。但是，从他坚持整体意图的不可改变这一点想，他岂不又是能吗？对于向他讨要好运的人来说，他未必能。但是，就约伯的醒悟而言，他岂不又是能吗？

九

撒旦不愧是魔鬼，惯于歪曲信仰的意义。撒旦对上帝说：约伯所以敬畏你，是因为你赐福于他，否则看他不咒骂你！上帝想看看是不是这样，便允许撒旦夺走了约伯的儿女和财产，但约伯的信心没有动摇。撒旦又对上帝说：单单舍弃身外之物还不能说明什么，你若伤害他的身体，看看会怎样吧！上帝便又允许撒旦让约伯身染恶病，但信者约伯仍然没有怨言。

撒旦的逻辑正是行贿受贿的逻辑。

约伯没有让撒旦的逻辑得逞。可是，他却几乎迷失在另一种对信仰的歪曲中：“约伯，你之所以遭受苦难，料必是你得罪过上帝。”这话比魔鬼还可怕，约伯开始觉得委屈，开始埋怨上帝的不公正了。

这样的埋怨我们也熟悉。好几次有人对我说过，也许是我什么时候不留神，说了对佛不够恭敬的话，所以才病而又病，我听了也像约伯一样顿生怨愤——莫非佛也是如此偏爱恭维、心胸狭窄？还有，我说约伯的埋怨我们也熟悉，是说，背运的时候谁都可能埋怨命运的不公平，但是生活，正如上帝指给约伯看到的那样，从来就布设了凶险，不因为谁的虔敬就给谁特别的优惠。

十

可是上帝终于还是把约伯失去的一切还给了约伯，终于还是赐福给了那个屡遭厄运的老人，这又怎么说？

关键在于，那不是信心之前的许诺，不是信心的回扣，那是苦难极处不可以消失的希望呵！上帝不许诺光荣与福乐，但上帝保佑你的希望。人不可以逃避苦难，亦不可以放弃希望——恰是在这样的意义上，上帝存在。命运并不受贿，但希望与你同在，这才是信仰的真意，是信者的路。

十一

重病之时，我总想起已故好友周郿英，想起他躺在病房里，瘦得只剩一副骨架，高烧不断，溃烂的腹部不但不愈合反而在扩展……窗外阳光灿烂，天上流云飞走，他闭上眼睛，从不呻吟，从不言死，有几次就那么昏过去。就这样，三年，他从未放弃希望。现在我才看见那是多么了不起的信心。三年，那是一分钟一分钟连接起来的，漫漫长夜到漫漫白昼，每一分钟的前面都没有确定的许诺，无论科学还是神明，都没给他写过保证书。我曾像所有他的朋友一样赞叹他的坚强，却深藏着迷惑：他在想什么，怎样想？

可能很简单：他要活下去，他不相信他不能够好起来。从约伯故事的启示中我知道：真正的信心前面，其实是一片空旷，除了希望什么也没有，想要也没有。

但是他没能活下去，三年之后的一个早晨，他走了。这是对信心的嘲弄吗？当然不是。信心，既然不需要事先的许诺，自然也就不必有事后的恭维，它的恩惠唯在渡涉苦难的时候可以领受。

十二

求神明保佑，可能是人人都会有的心情。“人定胜天”是一句言过其实的鼓励，“人是被抛到这个世界上来的”才是实情。生而为人，终难免苦弱无助，你便是多么英勇无敌，多么厚学博闻，多么风流倜傥，世界还是要以其巨大的神秘置你于无知无能的地位。

有一部电影，《恺撒大帝》。恺撒大帝威名远扬，可谓“几百年才出一个”。其中一个情节：他唯一倾心的女人身患重病，百般医药，千般祈告，终归不治。恺撒，这个意志从未遭遇过抗逆的君主，涕泪横流仰面苍天，一声暴喊：“老天哪！把她还给我，恺撒求你了！”那一声喊让人魂惊魄动。他虽然仍不忘记他是恺撒，是帝王，说话一向不打折扣，但他分明是感到了一种比他更强大的力量，他以一生的威严与狂傲去垂首哀求，但是……结果当然简单——剧场灯亮，恺撒时代与电影时代相距千载，英雄美人早都在黑暗的宇宙中灰飞烟灭。

我也曾这样祈求过神明，在地坛的老墙下，双手合十，满心敬畏（其实是满心功利）。但神明不为所动。是呀，恺撒尚且哀告无功，我是谁？古园寂静，你甚至能感到神明在傲慢地看着你，以风的穿流，以云的变幻，以野草和老树的轻响，以天高地远和时间的均匀与漫长……你只有接受这傲慢的逼迫，曾经和现在都要接受，从那悠久的空寂中听出回答。

史铁生《第三届鲁迅文学奖获奖作品丛书·散文杂文》（华文出版社，2005）

阅读提示

史铁生（1951—2010），1951年出生于北京，当代作家。7岁上小学，13岁上中学，初中“文化大革命”开始，告别了学生时代。18岁时上山下乡运动展开，去陕北农村插队。后因双腿瘫痪回到北京，住院一年有半，治疗结束之时即轮椅生涯开始之日。后来发展到尿毒症，需要靠透析维持生命。他自称“职业是生病，业余在写作”。1979 年后，相继有《我的遥远的清平湾》《命若琴弦》《我与地坛》《务虚笔记》等小说与散文发表。成名作《我的遥远的清平湾》，作品从内容寻常平淡而拙朴，意蕴深沉。透析后，史铁生创作的随笔集《病隙碎笔》，获第三届鲁迅文学奖，2002 年获华语文学传媒大奖年度杰出成就奖，以及多种全国文学刊物奖。一些作品被译成英、法、日等文字，单篇或结集在海外出版。2010 年 12 月史铁生因突发脑溢血在北京宣武医院抢救无效去世。根据其生前遗愿，他的脊椎、大脑将捐给医学研究；他的肝脏将捐给有需要的患者。史铁生是当代中国最令人敬佩的作家之一。

史铁生是中国当代文学中一道独一无二的壮丽风景。年轻时遭遇的身体残疾，使他的人生领受了与常人完全不同的苦难命运。也恰恰是这份不息的苦难，造就了史铁生。他一次一次在病痛与透析之间进行心灵的向内探索，并化为文字，生与死、残缺与情爱、物质与心灵、宗教与世俗、艺术与人生等重大终极问题的关怀，使史铁生的人与文，以其乐观坚定的方向焕发出灯塔般的光亮与价值。《病隙碎笔》的写作体例非常独特，是断章联成的长篇，来自于史铁生与病魔作斗争之时的漫长沉思。面对史铁生的文字，会让人陷入深深的思考：一个人，为什么在苦难的命运面前，会散发出如此隽永的人生智慧与精神光芒？可以说，史铁生以健全而丰富的心灵，为时代也为人类交出了一份深邃的生命哲学画卷。史铁生的文字，是他个人也是整个人类的生命心灵史。

《病隙碎笔》，是史铁生 48 岁时历经一次又一次透析之后所作，他的这部长篇语言是哲学式的冷峻，甚至不乏幽默，在与疾病亲密接触的幽暗光阴里，他向世人奉献了关于生命、苦难、信仰等宝贵的深沉思考。

思考与练习

1. 文中讲到“约伯的信心”，含义是什么？
2. 作者对于命运是怎样的一种人生态度？

思维的乐趣

王小波

一

二十五年前，我到农村去插队时，带了几本书，其中一本是奥维德的《变形记》，我们队里的人把它翻了又翻，看了又看，以致它像一卷海带的样子。后来别队的人把它借走了，以后我又在几个不同的地方见到了它，它的样子越来越糟。我相信这本书最后是被人看没了的。现在我还忘不了那本书的惨状。插队的生活是艰苦的，吃不饱，水土不服，很多人得了病，但是最大的痛苦是没有书看，倘若可看的书很多的话，《变形记》也不会这样悲惨地消失了。除此之外，还得不到思想的乐趣。我相信这不是我一个人的经历：傍晚时分，你坐在屋檐下，看着天慢慢地黑下去，心里寂寞而凄凉，感到自己的生命被剥夺了。当时我是个年轻人，但我害怕这样生活下去，衰老下去。在我看来，这是比死亡更可怕的事。

我插队的地方有军代表管着我们，现在我认为，他们是一批单纯的好人，但我还认为，在我这一生里，再没有谁比他们使我更加痛苦过了。他们认为，所谓思想的乐趣，就是一天二十四小时都用毛泽东思想来占领，早上早请示，晚上晚汇报，假如有闲暇，就去看看说他们自己“亚古都”的歌舞。我对那些歌舞本身并无意见，但是看过二十遍以后就厌倦了。假如我们看书被他们看到了，就是一场灾难，甚至“著迅鲁”的书也不成——小红书当然例外。顺便说一句，还真有人因为带了旧版的鲁迅著作给自己带来了麻烦。有一个知识可能将来还有用处，就是把有趣的书换上无趣的皮。我不认为自己能够在一些宗教仪式中得到思想的乐趣，所以一直郁郁寡欢。像这样的故事有些作者也写到过，比方说，茨威格写过一部以此为题材的小说《象棋》，可称是现代经典，但我不认为他把这种痛苦描写得十全十美了。这种痛苦的顶点不是被拘押在旅馆里没有书看、没有合格的谈话伙伴，而是被放在外面，感到天地之间同样寂寞，面对和你一样痛苦的同伴。在我们之前，生活过无数的大智者，比方说，罗素、牛顿、莎士比亚，他们的思想和著述可以使我们免于这种痛苦，但我们和他们的思想、著述，已经被隔绝了。一个人倘若需要从思想中得到快乐，那么他的第一个欲望就是学习。我承认，我在抵御这种痛苦方面的确是不够坚强，但我绝不是最差的一个。举例言之，罗素先生在五岁时，感到寂寞而凄凉，就想道：假如我能活到七十岁，那么我这不幸的一生才度过了十四分之一！但是等他稍大一点，接触到智者的思想的火花，就改变了想法。假设他被派去插队，很可能就要自杀了。

谈到思想的乐趣，我就想到了我父亲的遭遇。我父亲是一位哲学教授，在五六十年代从事思维史的研究。在老年时，他告诉我自己一生的学术经历，就如一部恐怖电影。每当他企图立论时，总要在大一统的官方思想体系里找自己的位置，就如一只老母鸡要在一个大搬家的宅院里找地方孵蛋一样。结果他虽然热爱科学而且很努力，在一生中却没有得到思维的乐趣，只收获了无数的恐慌。他一生的探索，只剩下了一些断壁残垣，收到一本名为《逻辑探索》的书里，在他身后出版。众所周知，他那一辈的学人，一辈子能留下一本书就不错。这正是因为在那些年代，有人想把中国人的思想搞得彻底无味。我们这个国家里，只有很少的人觉得思想会有乐趣，却有很多的人感受过思想带来的恐慌，所以现在还有很多人以为，思想的味道就该是这样的。

二

“文化大革命”之后，我读到了徐迟先生写哥德巴赫猜想的报告文学，那篇文章写得很浪漫。一个人写自己不懂得的事就容易这样浪漫。我个人认为，对于一个学者来说，能够和同行交流，是一种起码的乐趣。陈景润先生一个人在小房子里证数学题时，很需要有些国外的数学期刊可看，还需要有机会和数学界的同仁谈谈。但他没有，所以他未必是幸福的，当然他比没定理可证的人要快活。把一个定理证了十几年，就算证出时有绝大的乐趣，也不能平衡。但是在寂寞里枯坐就更加难熬。假如插队时，我懂得数论，必然会有陈先生的举动，而且就是最后什么都证不出也不后悔；但那个故事肯定比徐先生作品里描写的悲惨。然而，某个人被剥夺了学习、交流、建树这三种快乐，仍然不能得到我最大的同情。这种同情我为那些被剥夺了“有趣”的人保留着。

“文化大革命”以后，我还读到了阿城先生写知青下棋的小说，这篇小说写得也很浪漫。我这辈子下过的棋有五分之四是在插队时下的，同时我也从一个相当不错的棋手变成了一个无可救药的庸手。现在把下棋和插队两个词拉到一起，就能引起我生理上的反感。因为没事干而下棋，性质和手淫差不太多。我决不肯把这样无聊的事写进小说里。

假如一个人每天吃一样的饭，干一样的活，再加上把八个样板戏翻过来倒过去地看，看到听了上句知道下句的程度，就值得我最大的同情。我最赞成罗素先生的一句话：“须知参差多态，乃是幸福的本源。”大多数的参差多态都是敏于思索的人创造出来的。当然，我知道有些人不赞成我们的意见。他们必然认为，单一机械，乃是幸福的本源。老子说，要让大家“虚其心而实其腹”，我听了就不是很喜欢；汉儒废黜百家，独尊儒术，在我看来是个很卑鄙的行为。摩尔爵士设想了一个细节完备的乌托邦，但我像罗素先生一样，决不肯到其中去生活。在这个名单的末尾是一些善良的军代表，他们想把一切从我头脑中驱除出去，只剩一本 270 页的小红书。在生活的其他方面，某种程度的单调、机械是必须忍受的，但是思想决不能包括在内。胡思乱想并不有趣，有趣是有道理而且新奇。在我们生活的这个世界上，最大的不幸就是有些人完全拒绝新奇。

我认为自己体验到最大快乐的时期是初进大学时，因为科学对我来说是新奇的，而且它总是逻辑完备，无懈可击，这是这个平凡的尘世上罕见的东西。与此同时，也得以了解先辈科学家的杰出智力。这就如和一位高明的棋手下棋，虽然自己总被击败，但也有机会领略妙招。在我的同学里，凡和我同等年龄、有同等经历的人，也和我有同样的体验。某些单调机械的行为，比如吃、排泄、性交，也能带来快感，但因为过于简单，不能和这样的快乐相比。艺术也能带来这样的快乐，但是必须产生于真正的大师，像牛顿、莱布尼兹、爱因斯坦那样级别的人物，时下中国的艺术家，尚没有一位达到这样的级别。恕我直言，能够带来思想快乐的东西，只能是人类智慧至高的产物。比这再低一档的东西，只会给人带来痛苦；而这种低档货，就是出于功利的种种想法。

三

有必要对人类思维的器官（头脑）进行"灌输"的想法，时下正方兴未艾。我认为脑子是感知至高幸福的器官，把功利的想法施加在它上面，是可疑之举。有一些人说它是进行竞争的工具，所以人就该在出世之前学会说话，在三岁之前背诵唐诗。假如这样来使用它，那么它还能获得什么幸福，实在堪虞。知识虽然可以带来幸福，但假如把它压缩成药丸子灌下去，就丧失了乐趣。当然，如果有人乐意这样来对待自己的孩子，那不是我能管的事，我只是对孩子表示同情而已。还有人认为，头脑是表示自己是个好人的工具，为此必须学会背诵一批格言、教条——事实上，这是希望使自己看上去比实际上要好，十足虚伪。这使我感到了某种程度的痛苦，但还不是不能忍受的。最大的痛苦莫过于总有人想要用种种理由消灭幸福所需要的参差多态。这些人想要这样做，最重要的理由是道德；说得更确切些，是出于功利方面的考虑。因此他们就把思想分门别类，分出好的和坏的，但所用的标准很是可疑。他们认为，假如人们脑子里灌满了好的东西，天下就会太平。因此他们准备用当年军代表对待我们的态度，来对待年轻人。假如说，思想是人类生活的主要方面，那么，出于功利的动机去改变人的思想，正如为了某个人的幸福把他杀掉一样，言之不能成理。

有些人认为，人应该充满境界高尚的思想，去掉格调低下的思想。这种说法听上去美妙，却使我感到莫大的恐慌。因为高尚的思想和低下的思想的总和就是我自己；倘若去掉一部分，我是谁就成了问题。假设有某君思想高尚，我是十分敬佩的；可是如果你因此想把我的脑子挖出来扔掉，换上他的，我绝不肯，除非你能够证明我罪大恶极，死有余辜。人既然活着，就有权保证他思想的连续性，到死方休。更何况那些高尚和低下完全是以他们自己的立场来度量的，假如我全盘接受，无异于请那些善良的思想母鸡到我脑子里下蛋，而我总不肯相信，自己的脖子上方，原来是长了一座鸡窝。想当年，我在军代表眼里，也是很低下的人，他们要把自己的思想方法、生活方式强加给我，也是一种脑移植。菲尔丁曾说，既善良又伟大的人很少，甚至是绝无仅有的，所以这种脑移植带给我的不光是善良，还有愚蠢。在此我要很不情愿地用一句功利的说法：在现实世界上，蠢人办不成什么事情。我自己当然希望变得更善良，但这种善良应该是我变得更聪明造成的，而不是相反。更何况赫拉克利特早就说过，善与恶为一，正如上坡和下坡是同一条路。不知道何为恶，焉知何为善？所以他们要求的，不过是人云亦云罢了。

假设我相信上帝（其实我是不信的），并且正在为善恶不分而苦恼，我就会请求上帝让我聪明到足以明辨是非的程度，而绝不会请他让我愚蠢到让人家给我灌输善恶标准的程度。假若上帝要我负起灌输的任务，我就要请求他让我在此项任务和下地狱中做一选择，并且我坚定不移的决心是：选择后者。

四

假如要我举出一生最善良的时刻，那我就要举出刚当知青时，当时我一心想要解放全人类，丝毫也没有想到自己。同时我也要承认，当时我愚蠢得很，所以不仅没干成什么事情，反而染上了一身病，丢盔卸甲地逃回城里。现在我认为，愚蠢是一种极大的痛苦；降低人类的智能，乃是一种最大的罪孽。所以，以愚蠢教人，那是善良的人所能犯下的最严重的罪孽。从这个意义上说，我们决不可对善人放松警惕。假设我被大奸大恶之徒所骗，心理还能平衡；而被善良的低智人所骗，我就不能原谅自己。

假如让我举出自己最不善良的时刻，那就是现在了。可能是因为受了一些教育，也可能是因为已经成年，反正你要让我去解放什么人的话，我肯定要先问问，这些人是谁，为什么需要帮助；其次要问问，帮助他们是不是我能力所及；最后我还要想想，自己直奔云南去挖坑，是否于事有补。这样想来想去，我肯定不愿去插队。领导上硬要我去，我还得去，但是这以后挖坏了青山、造成了水土流失等等，就罪不在我。一般人认为，善良而低智的人是无辜的。假如这种低智是先天造成的，我同意。但是人可以发展自己的智力，所以后天的低智算不了无辜——再说，没有比装傻更便当的了。当然，这结论绝不是说当年那些军代表是些装傻的奸邪之辈——我至今相信他们是好人。我的结论是：假设善恶是可以判断的，那么明辨是非的前提就是发展智力，增广知识。然而，你劝一位自以为已经明辨是非的人发展智力，增广见识，他总会觉得你让他舍近求远，不仅不肯，还会心生怨恨。我不愿为这样的小事去得罪人。

我现在当然有自己的善恶标准，而且我现在并不比别人表现得坏。我认为低智、偏执、思想贫乏是最大的邪恶。按这个标准，别人说我最善良，就是我最邪恶时；别人说我最邪恶，就是我最善良时。当然我不想把这个标准推荐给别人，但我认为，聪明、达观、多知的人，比之别样的人更堪信任。基于这种信念，我认为我们国家在“废黜百家，独尊儒术”之后，就丧失了很多机会。

我们这个民族总是有很多的理由封锁知识、钳制思想、灌输善良，因此有很多才智之士在其一生中丧失了学习、交流、建树的机会，没有得到思想的乐趣就死掉了。想到我父亲就是其中的一个，我就心中黯然；想到此类人士的总和有恒河沙数之多，我就趋向于悲观。此种悲剧的起因，当然是现实世界里存在的种种问题。伟大的人物总认为，假设这世界上所有的人都像他期望的那样善良——更确切地说，都像他期望的那样思想，“思无邪”，或者“狠斗私字一闪念”，世界就可以得救。提出这些说法的人本身就是无邪或者无私的，他们当然不知邪和私是什么，故此这些要求就是：我没有的东西，你也不要有。无数人的才智就此被扼杀了。考虑到那恒河沙数才智之士的总和是一种难以想象的庞大资源，这种想法就是打算把整个大海装入一个瓶子之中。我所看到的事实是，这种想法一直在实行中，也就是说，对于现实世界的问题，从愚蠢的方面找办法。据此我认为，我们国家自汉代以后，一直在进行思想上的大屠杀；而我能够这样想，只说明我是幸存者之一。除了对此表示悲伤之外，我想不到别的了。

五

我虽然已活到了不惑之年，但还常常为一件事感到疑惑：为什么有很多人总是这样的仇恨新奇，仇恨有趣。古人曾说：天不生仲尼，万古长如夜；但我有相反的想法。假设历史上曾有一位大智者，一下发现了一切新奇、一切有趣，发现了终极真理，根绝了一切发现的可能性，我就情愿到该智者以前的年代去生活。这是因为，假如这种终极真理已经被发现，人类所能做的事就只剩下了依据这种真理来做价值判断。从汉代以后到近代，中国人就是这么生活的。我对这样的生活一点都不喜欢。

我认为，在人类的一切智能活动里，没有比做价值判断更简单的事了。假如你是只公兔子，就有做出价值判断的能力——大灰狼坏，母兔子好；然而兔子就不知道九九表。此种事实说明，一些缺乏其他能力的人，为什么特别热爱价值的领域。倘若对自己做价值判断，还要付出一些代价；对别人做价值判断，那就太简单、太舒服了。讲出这样粗暴的话来，我的确感到羞愧，但我并不感到抱歉。因为这种人士带给我们的痛苦实在太多了。

在一切价值判断之中，最坏的一种是：想得太多、太深奥、超过了某些人的理解程度是一种罪恶。我们在体验思想的快乐时，并没有伤害到任何人；不幸的是，总有人觉得自己受了伤害。诚然，这种快乐不是每一个人都能体验到的，但我们不该对此负责任。我看不出有什么理由要取消这种快乐，除非把卑鄙的嫉妒计算在内——这世界上有人喜欢丰富，有人喜欢单纯；我未见过喜欢丰富的人妒恨、伤害喜欢单纯的人，我见到的情形总是相反。假如我对科学和艺术稍有所知的话，它们是源于思想乐趣的浩浩江河，虽然惠及一切人，但这江河绝不是如某些人所想象的那样，为他们而流，正如以思想为乐趣的人不是为他们而生一样。

对于一位知识分子来说，成为思维的精英，比成为道德精英更为重要。人当然有不思索、把自己变得愚笨的自由；对于这一点，我是一点意见都没有的。问题在于思索和把自己变聪明的自由到底该不该有。喜欢前一种自由的人认为，过于复杂的思想会使人头脑昏乱，这听上去似乎有些道理。假如你把深山里一位质朴的农民请到城市的化工厂里，他也会因复杂的管道感到头晕，然而这不能成为取消化学工业的理由。所以，质朴的人们假如能把自己理解不了的事情看作是与己无关的事，那就好了。

假如现在我周围的世界又充满了“文革”时的军代表和道德教师，只能使我惊，不能使我惧。因为我已经活到了四十二岁。我在大学里遇到了把知识当作幸福来传播的数学教师，他使学习数学变成了一种乐趣。我遇到了启迪我智慧的人。我有幸读到了我想看的书——这个书单很是庞杂，从罗素的《西方哲学史》，一直到英国维多利亚时期的地下小说。这最后一批书实在是很不堪的，但我总算是把不堪的东西也看到了。当然，我最感谢的是那些写了好书的人，比方说，萧伯纳、马克·吐温、卡尔维诺、杜拉斯等等，但对那些写了坏书的人也不怨恨。我自己也写了几本书，虽然还没来得及与大陆读者见面，但总算获得了一点创作的快乐。这些微不足道的幸福就能使我感到在一生中稍有所得，比我父亲幸福，比那些将在思想真空里煎熬一世的年轻人幸福。作为一个有过幸福和痛苦两种经历的人，我期望下一代人能在思想方面有些空间来感到幸福，而且这种空间比给我的大得多。而这些呼吁当然是对那些立志要当军代表和道德教师的人而发的。

王小波《中国现当代文学名著导读》（北京大学出版社，2004）

阅读提示

王小波（1952—1997），生于北京，当代著名作家，汉族。先后当过知青、民办教师、工人、工科大学生。其后，王小波在美国匹兹堡大学取得文学硕士，再学电脑，于统计系当助教，回国后在中国人民大学任教。1980 年，王小波结婚，其妻李银河为社会学家。他的代表作品有《黄金时代》《白银时代》《青铜时代》等，被誉为中国的乔伊斯兼卡夫卡。他的唯一一部电影剧本《东宫西宫》获阿根廷国际电影节最佳编剧奖，并且入围 1997 年的戛纳国际电影节，使王小波成为在国际电影节为中国取得最佳编剧奖的第一人。

王小波是中国当代文学领域的一匹黑马，是当代最具创造性的作家之一。从他的代表作品“时代三部曲”和散文集《思维的乐趣》等，可以看出他以自由无缰的思维、坦荡恣意的笔力，建构了一个王小波式的文字世界，这个世界的历史观、思想观、人生观、文学观等都有鲜明的王氏风格。思维方式，是王小波为人为文最为重要的特质，正是凭借着天才儿童般思维的自由、想象、趣味，王小波在一系列作品中找到了自己和自己心中理想的世界。王小波具有颠覆性、革命性的文学作品，在他离世后越来越受到世人的青睐与重视，日益焕发出历久弥新的宝贵思想和文学价值。

《思维的乐趣》是王小波的代表散文作品。这篇文章里，作者以思维为切入点，在剥离了种种世人常识中的思想障碍之后，探讨了人之为人要拥有最理想的生命状态，核心要道不在于别的，而在于一个人思维的自由，唯思维给人生带来至高乐趣。

思考与练习

1. 文中“思维的乐趣”指的是什么？
2. 思考作者主张做思维精英而非道德精英的原因。

花　城

秦　牧

一年一度的广州年宵花市，素来脍炙人口。这些年常常有人从北方不远千里而来，瞧一瞧南国花市的盛况。还常常可以见到好些国际友人，也陶醉在这东方的节日情调中，和中国朋友一起选购着鲜花。往年的花市已经够盛大了，今年这个花海又涌起了一个新的高潮。因为农村人民公社化以后，花木的生产增加了，今年春节又是城市人民公社化之后的第一个春节，广州去年有累万的家庭妇女和街坊居民投入了生产和其他的劳动队伍。加上今年党和政府进一步安排群众的节日生活，花木供应空前多了，买花的人也空前多了，除原来的几个年宵花市之外，又开辟了新的花市。如果把几个花市的长度累加起来，“十里花街”，恐怕是名不虚传了。在花市开始以前，站在珠江岸上眺望那条浩浩荡荡、作为全省三十六条内河航道枢纽的珠江，但见在各式各样的楼船汽轮当中，还划行着一艘艘载满鲜花盆栽的木船，它们来自顺德、高要、清远、四会等县，载来了南国初春的气息和农民群众的心意。“多好多美的花!”“今年花的品种可我啦!”江岸上的人们不禁啧啧称赏。广州有个文化公园，园里今年也布置了一个大规模的“迎春会”，花匠们用鲜艳的盆花堆砌出“江山如此多娇”的大花字，除了各种色彩缤纷的名花瓜果外，还陈列着一株花朵灼灼、树冠直径达一丈许的大桃树。这一切，都显示出今年广州的花市是不平常的。

人们常常有这么一种体验：碰到热闹和奇特的场面，心里面就像被一根鹅羽撩拨着似的，有一种痒痒麻麻的感觉。总想把自己所看到和感觉的一切形容出来。对于广州的年宵花市，我就常常有这样的冲动。虽然过去我已经描述过它们了，但是今年，徜徉在这个特别巨大的花海中，我又涌起这样的欲望了。

农历过年的各种风习，是我们民族在几千年的历史中形成的。我们现在有些过年风俗，一直可以追溯到一两千年前的史迹中去。这一切，是和许多的历史故事、民间传说、巧匠绝技和群众的美学观念密切联系起来的。在中国的年节中，有的是要踏青的，有的是要划船的，有的是要赶会的……这和外国的什么点灯节，泼水节一样，都各有它们的生活意义和诗情画意。过年的时候，我们各地的花样一向都很多：贴春联，挂年画、耍狮子、玩龙灯、跑旱船、放花炮……人人穿上整洁衣服，头面一新，男人都理了发，妇女都修整了辫髻，大姑娘还扎了花饰。那“糖瓜祭灶，新年来到，姑娘要花，小子要炮，老头儿要一顶新毡帽”的北方俗谚，多少描述了这种气氛。这难道只是欢乐欢乐，玩儿玩儿而已么？难道我们从这隆重的节日情调中不还可以领略到我们民族文化的源远流长，和千百年来人们热烈向往美好未来的心境么！在旧时代苦难的日子里，自然劳动人民不是都能欢乐地过年，但是贫苦的农户，也要设法购张年画，贴对门联；年轻的闺女也总是要在辫梢扎朵绒花，在窗棂上贴张大红剪纸，这就更足以想见无论在怎样困苦中，人们对于幸福生活的强烈的憧憬。在新的时代，农历过年中那种深刻体现旧社会烙印的习俗被革除了，赌博、酗酒，向舞龙灯的人投掷燃烧的爆竹，千奇百怪的禁忌，这一类的事情没有了，那些耍猴子的凤阳人、跑江湖扎纸花的天门人，那些摇着串上铜钱的冬青树枝的乞丐，以及号称从五台山峨眉山下来化缘的行脚僧人不见了。而一些美好的习俗被发扬光大起来，一些古老的风习被赋予了崭新的内容。现在我们也燃放爆竹，但是谁想到那和“驱傩”之类的迷信有什么牵连呢！现在我们也贴春联，但是有谁想到“岁月逢春花遍地；人民有党劲冲天”“跃马横刀，万众一心驱穷白；飞花点翠，六亿双手绣山河”之类的春联，和古代的用桃木符辟邪有什么可以相提并论之处呢！古老的节日在新时代里是充满青春的光辉了。

这正是我们热爱那些古老而又新鲜的年节风习的原因。“风生白下千林暗，雾塞苍天百卉殚”的日子过去了，大地的花卉越种越美，人们怎能不热爱这个风光旖旎的南国花市，怎能不从这个盛大的花市享受着生活的温馨呢！

而南方的人们也真会安排，他们选择年宵逛花市这个节目作为过年生活里的一个高潮。太阳的热力是厉害的，在南方最热的海南岛上，有一些像菠萝蜜之类的果树，根部也可以伸出地面结出果子来；有一些树木，锯断了用来做木桩，插在地里却又能长出嫩芽。在这样的地带，就正像昔人咏月季花的诗所说的：“花落花开无日了，春来春去不相关。”早在春节到来之前一个月，你在郊外已经可以到处见到树上挂着一串串鲜艳的花朵了。而在年宵花市中，经过花农和园艺师们的努力，更是人夺了天工，四时的花卉，除了夏天的荷花、石榴等不能见到外，其他各种各样的花几乎都出现了。牡丹、吊钟、水仙、大丽、梅花、菊花、山茶、墨兰……春秋冬三季的鲜花都挤在一起啦！

广州今年最大的花市设在太平路，就是历史上著名的“十三行”一带，花棚有点像马戏的看棚，一层一层衔接而上。那里各个公社、园艺场、植物园的旗帜飘扬，卖花的汉子们笑着高声报价。灯色花光，一片锦绣。我约略计算了一下花的种类，今年总在一百种上下。望着那一片花海，端详着那发着香气、轻轻颤动和舒展着叶芽和花瓣的植物中的珍品，你会禁不住赞叹，人们选择和布置这么一个场面来作为迎春的高潮，真是匠心独运！那千千万万朵笑脸迎人的鲜花，仿佛正在用清脆细碎的声音在浅笑低语：“春来了！春来了！”买了花的人把花树举在头上，把盆花托在肩上，那人流仿佛又变成了一道奇特的花流。南国的人们也真懂得欣赏这些春天的使者。大伙不但欣赏花朵，还欣赏绿叶和鲜果。那像繁星似的金桔、四季桔、吉庆果之类的盆果，更是人们所欢迎的。但在这个特殊的春节黎明即散的市集中，又仿佛一切事物都和花发生了联系。鱼摊上的金鱼，使人想起了水中的鲜花；海产摊上的贝壳和珊瑚，使人想起了海中的鲜花；至于古玩架上那些宝蓝均红、天青粉采之类的瓷器和历代书画，又使人想起古代人们的巧手塑造出来的另一种永不凋谢的花朵了。

广州的花市上，吊钟、桃花、牡丹、水仙等是特别吸引人的花卉。尤其是这南方特有的吊钟，我觉得应该着重地提它一笔。这是一种先开花后发叶的多年生灌木。花蕾未开时被鳞状的厚壳包裹着，开花时鳞苞里就吊下了一个个粉红色的小钟状的花朵。通常一个鳞苞里有七八朵，也有个别到十多朵的。听朝鲜的贵宾说，这种花在朝鲜也被认为珍品。牡丹被誉为花王，但南国花市上的牡丹大抵光秃秃不见叶子，真是“卧丛无力含醉妆”。唯独这吊钟显示着异常旺盛的生命力，插在花瓶里不仅能够开花，还能够发叶。这些小钟儿状的花朵，一簇簇迎风摇曳，使人就像听到了大地回春的铃铃铃的钟声似的。

花市盘桓，令人撩起一种对自己民族生活的深厚情感。我们和这一切古老而又青春的东西异常水乳交融。就正像北京人逛厂甸、上海人逛城隍庙、苏州人逛玄妙观所获得的那种特别亲切的感受一样。看着繁花锦绣，赏着姹紫嫣红，想起这种一日之间广州忽然变成了一座“花城”，几乎全城的人都出来深夜赏花的情景，真是感到美妙。

在旧时代绵长的历史中，能够买花的只是少数的人，现在一个纺织女工从花市举一株桃花回家，一个钢铁工人买一盆金桔托在头上，已经是很平常的事情了。听着卖花和买花的劳动者互相探询春讯，笑语声喧，令人深深体味到，亿万人的欢乐才是大地上真正的欢乐。

在这个花市里，也使人想到人类改造自然威力的巨大，牡丹本来是太行山的一种荒山小树，水仙本来是我国东南沼泽地带的一种野生植物，经过千百代人们的加工培养，竟使得它们变成了“国色天香”和“凌波仙子”！在野生状态时，菊花只能开着铜钱似的小花，鸡冠花更像是狗尾草似的，但是经过花农的悉心培养，人工的世代选择，它们竟变成这样丰腴艳丽了。“天工人可代，人工天不如。”生活的真理不正是这样么！

在这个花市里，你也不禁会想到各地的劳动人民共同创造历史文明的丰功伟绩。这里有来自福建的水仙，来自山东的牡丹，来自全国各省各地的名花异卉，还有本源出自印度的大丽，出自法国的猩红玫瑰，出自马来西亚的含笑，出自撒哈拉沙漠地区的许多仙人掌科植物。各方的溪涧汇成了河流，各地劳动人民的创造汇成了灿烂的文明，在这个熙熙攘攘的市集中不也让人充分感觉到这一点么！

你在这里也不能不惊叹群众审美的眼力。人们爱单托的水仙胜过双托的水仙，爱复瓣的桃花又胜过单瓣的桃花。为什么？因为单托水仙才显得更加清雅，复瓣红桃才显得更加艳丽。人们爱这种和谐的美！一盆花果，群众大抵能够一致指出它们的优点和缺点。在这种品评中，你不也可以领略到好些美学的道理么！

总之，徜徉在这个花海中，常常使你思索起来，感受到许多寻常的道理中新鲜的含义。十一年来我养成了一个癖好，年年都要到花市去挤一挤，这正是其中的一个理由了。

我们赞美英勇的斗争和艰苦的劳动，也赞美由此而获得的幸福生活。因此，花市归来，像喝酒微醉似的，我拉拉扯扯写下这么一些话。让远地的人们也来分享我们的欢乐。

秦牧《花城》（广东人民出版社，2009）

阅读提示

秦牧（1919—1992），原名林觉夫，广东澄海人，出生于香港，中国著名作家。20世纪40年代之初，他即从事多方面的文学创作，文学活动涉及很多领域，秦牧生平著作60多种，主要有散文、小说、诗歌、儿童文学、戏剧、文学理论等。长篇小说《愤怒的海》、中篇小说《黄金海岸》在海内外产生深远影响，儿童文学《秦牧儿童文学全集》获第七届冰心儿童图书奖，文艺理论《艺海拾贝》《语林采英》影响广泛，名篇有《土地》《花蜜与蜂刺》，自选集《长河浪花集》是其散文的代表作。

秦牧是生长于南国土地的著名作家，他的作品内容广泛，题材多样，卓有成就。其中，《花城》文集精选了他30多篇抒情、记事散文，情感饱满充沛，文化内涵深广，视野内容开阔，读之如在中国历史、文化、地理、民俗的艺术森林中漫步，激发出读者热爱祖国、热爱家乡、热爱生活、热爱艺术的美好情怀。

《花城》一文，可谓是生长在南国的一株嘉木。以广州年宵花市的民风民俗为切入点，用审美诗意的眼光，引领读者游历古老而又新鲜的花市，是对生息南国的歌颂，也是对美好生活的向往。

思考与练习

1. 文章讲到南方过年有哪些民俗?

2. 思考花对于现代人生活的意义。

不死鸟

三　毛

一年多前，有份刊物嘱我写稿，题目已经指定了出来：“如果你只有三个月的寿命，你将会去做些什么事?”

我想了很久，一直没有去答这份考卷。

荷西听说了这件事情，也曾好奇的问过我——“你会去做些什么呢?”

当时，我正在厨房揉面，我举起了沾满白粉的手，轻轻的摸了摸他的头发，慢慢的说：“傻子，我不会死的，因为还得给你做饺子呢!”

讲完这句话，荷西的眼睛突然朦胧起来，他的手臂从我身后绕上来抱着我，直到饺子上桌了才放开。

“你神经啦?”我笑问他，他眼睛又突然一红，也笑了笑，这才一声不响的在我的对面坐下来。

以后我又想到过这份欠稿，我的答案仍是那么的简单而固执：“我要守住我的家，护住我丈夫，一个有责任的人，是没有死亡的权利的。”

虽然预知死期是我喜欢的一种生命结束的方式，可是我仍然拒绝死亡。在这世上有三个与我个人死亡牢牢相连的生命，那便是父亲、母亲，还有荷西，如果他们其中的任何一个在世上还活着一日，我便不可以死，连神也不能将我拿去，因为我不肯，而神也明白。

前一阵在深夜里与父母谈话，我突然说：“如果选择了自己结束生命的这条路，你们也要想得明白，因为在我，那将是一个更幸福的归宿。”

母亲听了这话。眼泪迸了出来，她不敢说一句刺激我的话，只是一遍又一遍喃喃的说：“你再试试，再试试活下去，不是不给你选择，可是请求你再试一次。”

父亲便不同了，他坐在黯淡的灯光下，语气几乎已经失去了控制，他说：“你讲这样无情的话，便是叫爸爸生活在地狱里，因为你今天既然已经说了出来，使我，这个做父亲的人，日日要活在恐惧里，不晓得那一天，我会突然失去我的女儿，如果你敢做出这样毁灭自己的生命的事情，那么你便是我的仇人，我不但今生要与你为仇，我世世代代都要与你为仇，因为是——你，杀死了我最最心爱的女儿——。”

这时，我的泪水瀑布也似的流了出来，我坐在床上，不能回答父亲一个字，房间里一片死寂，然后父亲站了起来慢慢的走出去。母亲的脸，在我的泪光中看过去，好似静静的在抽筋。

苍天在上，我必是疯狂了才会对父母说出那样的话来。

我又一次明白了，我的生命在爱我的人心中是那么的重要，我的念头，使得经过了那么多沧桑和人生的父母几乎崩溃，在女儿的面前，他们是不肯设防的让我一次又一次的刺伤，而我，好似只有在丈夫的面前才会那个样子。

许多个夜晚，许多次午夜梦回的时候，我躲在黑暗里，思念荷西几成疯狂，相思，像虫一样的慢慢啃着我的身体，直到我成为一个空空茫茫的大洞。夜是那样的长，那么的黑，窗外的雨，是我心里的泪，永远没有滴完的一天。

我总是在想荷西，总是又在心头里自言自语：“感谢上天，今日活着的是我，痛着的也是我，如果叫荷西来忍受这一分又一分钟的长夜，那我是万万不肯的。幸好这些都没有轮到他，要是他像我这样的活下去，那么我拚了命也要跟上帝争了回来换他。”

失去荷西我尚且如此，如果今天是我先走了一步，那么我的父亲、母亲及荷西又会是什么情况？我从来没有怀疑过他们对我的爱，让我的父母在辛劳了半生之后，付出了他们全部之后，再叫他们失去爱女，那么他们的慰藉和幸福也将完全丧失了，这样尖锐的打击不可以由他们来承受，那是太残酷也太不公平了。

要荷西半途折翼，强迫他失去相依为命的爱妻，即使他日后活了下去，在他的心灵上会有怎么样的伤痕，会有什么样的烙印？如果因为我的消失而使得荷西的余生再也不有一丝笑容，那么我便更是不能死。

这些，又一些，因为我的死亡将带给我父母及丈夫的大痛苦，大劫难，每想起来，便是不忍，不忍，不忍又不忍。

毕竟，先走的是比较幸福的，留下来的，也并不是强者，可是，在这彻心的苦，切肤的疼痛里，我仍是要说——“为了爱的缘故，这永别的苦杯，还是让我来喝下吧！”

我愿意在父亲、母亲、丈夫的生命圆环里做最后离世的一个，如果我先去了，而将这份我已尝过的苦杯留给世上的父母，那么我是死不瞑目的，因为我明白了爱，而我的爱有多深，我的牵挂和不舍便有多长。

所以，我是没有选择的做了暂时的不死鸟，虽然我的翅膀断了，我的羽毛脱了，我已没有另一半可以比翼，可是那颗碎成片片的心，仍是父母的珍宝，再痛，再伤，只有他们不肯我死去，我便也不再有放弃他们的念头。

总有那么一天，在超越我们时空的地方，会有六张手臂，温柔平和的将我迎入永恒，那时候，我会又哭又笑的喊着他们——爸爸、妈妈、荷西，然后没有回顾的狂奔过去。

这份文字原来是为另一个题目而写的，可是我拒绝了只有三个月寿命的假想，生的艰难，心的空虚，死别时的碎心又碎心，都由我一个人来承当吧！

父亲、母亲、荷西，我爱你们胜于自己的生命，请求上苍看见我的诚心，给我在世上的时日长久，护住我父母的幸福和年岁，那么我，在这份责任之下，便不再轻言消失和死亡了。

荷西，你答应过的，你要在那边等我，有你这一句承诺，我便还有一个盼望了。

三毛《三毛经典作品集》(北岳文艺出版社，2001)

阅读提示

三毛（1943—1991），本名陈平，浙江定海人。当代作家。曾在台湾就读中国文化大学哲学系。后留学欧洲，婚后定居西属撒哈拉沙漠迦纳利岛，并以当地的生活为背景，写出一连串脍炙人口的作品。1981 年回台后，曾在文化大学任教，1984 年辞去教职，而以写作、演讲为重心。三毛一生热爱旅行，足迹遍布世界各地，她的主要作品集有《撒哈拉的故事》《万山千山走遍》《稻草人手记》《哭泣的骆驼》《梦里花落知多少》《我的宝贝》《闹学记》等。

三毛的作品，有一个核心的特质，那就是浓烈的情味。无论是年轻时记录过的真实迷惘，还是在撒哈拉沙漠里的婚姻故事，再到后期万山千山走遍的孤独踪迹，三毛的文字与人生，不变的，是她对爱不息的寻求。可以说，爱，是三毛的人生信仰，也是她的文字信仰。三毛的读者遍布世界各地，她文字全部的感染力，也都来自她对爱的信念与抒写，能够唤起读者内心相似的情感，激起读者更加珍惜人间情感的美好向往。

《不死鸟》是篇幅不长的一篇散文，三毛着笔于生活中最日常的几个场景，以与亲人、爱人的对话，真实地探讨了自己对生命与爱的理解，文中特别地讲到生命里的责任，生命不仅是属于自己的，还属于所有爱自己的人们，强烈的抒情性使文章读来极为动人。

思考与练习

1. 思考“不死鸟”指的是什么？

2. 讨论情感与责任对于生命的意义。

·毕业生·

余杰

一

北大的夏天，只有记忆是潮湿的。我们不是植物，不能在这块土地上生生不息。青春在窗边的风中飘逝了。玻璃做的风铃摔下来，发出最后短暂的呼救声。

谁来救我们呢？水瓶躺在床脚，布满灰尘。大四了，没有人像以前那样勤劳，跑到水房去打水。宁可渴着，要么喝凉水。床头女明星的笑容已经苍白，像一朵枯萎的忘忧草。录音机里还是那首令人心恼意乱的老歌，劣质的磁带，快要转不动了。

毕业论文上的字，像蚂蚁，各自回自己的家。我们或留下或离开，这座城市，我们呆了四年，尚未熟悉。

某某人出国了，某某人上研了，某某人找到了一个肥得流油的工作，某某人被遣返到偏远的家乡。一切都以平静的口气诉说，一切都不能引发一点激动。大四的最后几个月是一潭死水。

一位费了九牛二虎之力才考上研的朋友诚恳地对我说：“没意思。”他拿到那张梦寐以求的通知书后，静静地端着一盆衣服，到水房中冲洗去了。水房中哗哗的流水，总有好心的同学去关上。而时间是关不上的，虽然我们谁也不说。

蝉还没有鸣，我们的心便开始鸣了。毕竟我们还年轻。

那枝烟一直燃到尽头也没有吸一口，那根琴弦寂寞了一个星期也没有弹一下。许多老房子消失了，校园里正在大兴土木。老房子留在照片里，我们呢？我们也能留在照片里吗？包括那些做作的微笑和夸张的“V”形手势？

深夜，一长排自行车哗啦啦地倒了，是个丧尽天良的家伙干的。楼上传来几声遥遥的咒骂，却像是上帝在说话。翻个身，又迷迷糊糊地睡去。把愤怒留给新生们，把倦怠留给自己。

快毕业了，粉刺一点也不理会这个变化，依然肆无忌惮地生长，在我们胡须还未茂盛的脸上。随身携带的小镜子摔了好几个缺口，还是舍不得扔进垃圾堆里。照来照去，这个脸庞怎么也不能让女孩喜欢。月光都是伤人的，在一个接一个的不开心的夜晚。

昆德拉说，聚会都是为了告别。

还在想江南吗？还在写那些关于江南的诗吗？还在为那个江南的女孩子牵肠挂肚吗？

“没有”——说没有的时候，有气无力。大讲堂拆除了，没地方看电影了。而那最后一场电影，恰恰又是看过的。

爱和被爱，似乎都没有发生。自行车骑得太快了，蓦然发觉该停下来的时候，才发现停在没有方向的十字路口。

同窗们比陌生人还陌生，即使是那位睡在上铺的兄弟。一直都搞不清楚他的发型是怎么梳出来的。好多次想问，却没有问。

大家都躺在床上看书，不再去教室了，不再去听课，尽管讲课的是妙语连珠的教授。也不去图书馆，尽管图书馆里有460万册藏书。躺在床上是自由的，看不下去的时候，便随手把武侠和爱情扔到床下。

宿舍的墙也会写诗，受诗人们的熏陶，墙上爬满甲骨文，等待下一届的古文字学家们来解读。他们想象得出，自己所住的铁架上曾住过怎样的一位前辈吗?

女生楼前的白杨树，听惯了那五花八门的呼喊，或悠长，或短促，或如巨钟，或如电子琴，或深情，或绝望。那些呼喊的男生站在树下，日复一日地呼唤一个个女生的名字和名字后面的如花似玉。以后，还是同样的场景，同样的呼喊，只是换了不同的名字。

白杨树拱卫着女生楼，一言不发，一对恋人靠着它接吻。另一边，是另一对恋人。

这座宽敞而狭小的校园。

男生都在打扑克，女生都在织毛衣。

打扑克不是为了打扑克，织毛衣不是为了织毛衣。毕业前的日子，必须找一种办法来“打发”。前途是否如意，不是我们所能决定的。对于离开，多少有点恐惧，虽然豪言努力地掩饰着恐惧。毕业的时候，我们发现了彼此的不同，水底的鱼浮到了水面，水面的鱼沉到了水底。

校园是不能缩到鞋底带走的。被单已经洗得发白。系领带的时候依然觉得别扭。教授的批评和表扬都忘记了，因为我们将生活在彼处。

蝉鸣的时候，行李都打点好了。上路吧，毕业生。

二

长亭外，古道边，芳草碧连天。唱到一半，就已泪流满面。仅仅是为了这座圆明园废墟上的校园，为了我们未曾燃烧的青春?

毕业前夕的小饭馆里挤满了毕业生，大声嚷嚷着劝酒的，默默地一杯杯喝光的。酒是青春的象征。那些最撕心裂肺的话，是刚刚喝醉的时候从心里流出来的。

第一次喝醉酒。原来醉酒的滋味这么难受，睡又睡不着，站又站不稳，大脑是停止转动的风车。

老板娘说，每年6月，都会出现这样的场面，她已习以为常。而对这一茬毕业生来说，这是最后的狂欢。

剩下的钱刚够点一盘花生米，那就来一盘花生米吧。

有人提议焚烧教科书，可没有多少人响应。走道里真的有焚烧的痕迹，纸灰在风中飞舞，像是香港鬼片里的镜头。

尘埃落定。把多余的自荐材料揉成一团，扔到屋脚里。那些美丽的字句痛苦地呻吟着，它们的主人又爬到床上去了。世界上有这么小的床吗，书占去了一半的空间，剩下的不到一尺。简陋的床上往往会做出美丽的梦来，因此我们将永远怀念它们。

毕业生是最早光顾食堂的一群。学弟学妹们都还乖乖地坐在教室里听课，他们趿着拖鞋走进食堂，一边皱眉头，一边挑选能够下咽的菜。从凉拌海带里吃出一只壁虎的尸体来的经历，以后将成为一个流传不衰的典故。大学食堂里，好吃的就只有典故了。

毕业生不再给家里写信。每次在电话里，懒洋洋地应付几句。这并不能说明他们不爱父亲和母亲了，他们只是找不到更好的表达方式。毕业生比新生更爱母亲。新生最爱的是女朋友，而经历过酸甜苦辣的毕业生们明白，最可爱的还是母亲。

毕业生们更多地谈论起故乡，无论回乡还是不回乡的，无论语气是炫耀还是鄙薄。谈故乡好像在谈校园，谈校园又好像在谈故乡，谈着谈着就谈混了。校园，即将成为另一座岛屿，另一个故乡。

故乡的小屋和校园的宿舍，两张照片重叠在一起。

哪里才是真正的家？

哪里才有家的感觉？

围墙外，车水马龙。“332 路，开往颐和园。”这是我们出门必坐的公共汽车。以后还会坐么？

一生何求，这是陈百强的歌。

一生何求，这是毕业生的歌。

那么多的哲学著作，还是没有解答这个问题。两点一线间匆忙的日子里，也没有时间思考这个问题。考试分数、名次、奖学金，这是一部分人的生活。及格、无所谓、糊弄过关，这是另一部分人的生活。

两种生活都是一样的。嘲讽对方不如嘲讽自己。试卷就像枯草，绿了又黄，黄了又绿。回想起绞尽脑汁向老师套题时的情形来，每个毕业生都想笑。

怎么就到大四了？能够标识大四的，是蚊帐上的洞洞眼眼，是饭盒上坑坑洼洼的摔掉瓷的地方。而我们自己，失去了什么呢？可惜我们不是蚊帐，也不是饭盒，镜子里还是那张不英俊的脸。

领到毕业证书之后，再看一眼校园，才发现校园陌生得像大观园。

照不照一张穿学士袍、戴学士帽的照片？分辨是庄重多一些还是滑稽多一些？

翻开那些读过的书，密密麻麻的批语是自己写的吗？怎么自己也读不懂了？

每本书都代表着某些时间某些场合某些心情。世界上再也找不到两个像“书”和“学生”一样亲近的名词了，大学里，我们做过的事情中，相同的只有读书。

6点钟，等待在图书馆的门口。门卫一开门，便像一群疯狂的股民冲了进去，其实里面不是阿里巴巴的宝库，里面只有书和看书的座位。有一次，哗啦一声，门上的玻璃被挤得粉碎。

在图书馆的电脑前查自己的名字，查自己所借过的书的名字，像跟遥远的老朋友打电话。第一本书是冰心的《致小读者》。那一瞬间，泪眼朦胧。

毕业了，没有挥手，那太矫情。驼着背，背上背着沉重的行囊。记得来的时候，行囊没有这么重。

三

那辆骑了四年的自行车该传给师弟们了，师弟们还看得上伤痕累累的自行车吗？曾经坐在自行车后座上的女孩远在天涯，天涯真的很远，不是心灵所能包孕的距离。

自行车的轮轴发出悠长的声音，像江南水乡的桨声。江南，江南，诗里梦里的江南，在北国凛冽的风中凝结成一块透明的琥珀。

冬天，校园的小路上多冰雪，骑车摔跤是常事。有时，一长串赶去上课的学生摔成一堆。大家笑笑，爬起来拍拍雪花，又疾驰而去。

只是因为年轻。那些垂垂老矣的高官，在带有恒温装置的高级轿车里，真的比我们舒服吗？他们昏浊的眸子注视着这群在雪地上滚爬的青春的躯体，心里会是怎样的感受呢？是否也忆起了当年的青葱岁月，书生意气？

燕园里，“老人”只有西校门的银杏树，它的年龄肯定比这座学校还要大。从什么时候起，它就在天空与大地之间抖出一片灿烂的辉煌？银杏叶的那种舒展流畅的生命本色，比黄金不知要动人多少倍。

毕业生们都要到银杏树下拍照。人是名，树是影。人的名是虚幻的，花名册一年一换；树的影是真实的，这是天空对大地的给予。什么叫做“成熟”，到银杏树下去找答案。银杏树还会灿烂下去，因为还会有夏天；毕业生们还会灿烂下去，因为他们的心里装着这个校园。

那么，回首的人，自己站在什么地方？

我们拥有的只有青春，但这足够了。

青春意味着铁肩担道义，妙手著文章，那是李大钊的青春。鲁迅却说，青年中也有昏蛋，有懦夫，有叛徒。看来，青春也值得怀疑。

他们的青春在昏睡着，他们自称“九三学社”——上午9点起床，下午3点起床。宿舍里各自为政，找不到“公共空间”。唯有睡觉能够达成默契。在痛苦的哲学家与快乐的猪之间往往选择后者，鼾声组成一曲澎湃的大合唱。我短暂的睡梦，时常被鼾声所惊醒。

毕业生们睡眼朦胧地坐在楼前。负暄琐话，只谈旧闻，不谈新闻，大家只对旧闻有兴趣，即使只是一些平淡得像白开水的往事。毕业前夕的日子宛如在梦中。毕业生不属于校园，也不属于他方，两处茫茫皆不见，脚下踏的是一块浮冰，浮冰正在融化。

坚持或背叛，认同或否定，这不是一个问题，到了哪个村子，便入乡随俗。

电影院和录像厅里，有一半以上是毕业生，无所事事的毕业生。

坐在电影院里和录像厅里，并不意味着喜欢看电影，只是氛围投合心情罢了。在黑暗中，软弱的部分都被精细地包裹起来，屏幕上有一个玫瑰色的世界。故事本身编造得很拙劣，但毕业生们已不再像大一时那样挑剔地批评。他们能体味出导演的无奈。他们是导演，他们也会这么拍。

在黑暗的、封闭的空间里，时间不存在了。凝视着活动的画面，心里却在想着自己。说什么脂正浓，粉正香，如何转眼零落成泥？电影里的主人公在笑，在哭，在爱，在杀戮，而毕业生们静静地观看，坐成古代英雄的石像，脸上没有什么表情。那些表情，留给告别的那一天。弘一大师坐化之前，挥笔写下“悲欣交集”四个字，毕业生们离开之前，脸上的神情也可以用这四个字来形容。

有位年轻的博士调侃说，中文系的学生与其老老实实地听四年课，不如痛痛快快地看四年电影。听课听不出才气和灵感，看电影或许能够看出才气与灵感。

每一个毕业生想说的心里话也就是这一句。

然而，校园生活毕竟不是一部类似于《爱情故事》的电影。

当图书馆前面的大草坪被抹掉后，歌者们移师到静园里。

我不喜欢静园的草坪，在周围院落的包围下，丧失了草坪应有的从容。但毕业生们顾不上这么多了，在那些没有繁星的夜晚，围成一圈，在角落里自弹自唱。

记得刚到北京时，还能看到满天繁星。后来，日渐稀少，到了毕业的时候，居然一颗也没有了。不是繁星消失了，是心灵蒙上了尘埃。怎么擦也擦不去。

今夜，有月皎然，他们在唱卡彭特的歌。我坐在另一个角落，歌声从草尖上传来，这首歌从大一听到大四，从进校听到毕业。也许只有逝者能如此准确地把握生命的本质，也许只有毕业生才会真正眷恋这座已经不可爱的校园。

《旧约·传道书》说：“一代过去，一代又来，地却永远长存。日头出来，日头落下，急归所出之地。风往南刮，又往北转，不住的旋落，而且返回转行原道，江河都往海里转，海却不满，江河从何处流，仍归何处。”

这是毕业生们唯一的信念。

余杰《铁屋中的呐喊》(中华工商联合出版社，1999)

阅读提示

余杰（1973— ），四川成都人。1992 年考入北京大学中文系，本科期间创作了上百万字的作品。2000 年获文学硕士学位。1998 年，部分作品结集为《火与冰》出版，对 20 世纪 90 年代末期中国青年和中国社会、文化、教育等领域的尖锐批判，在读者和学界中引起巨大反响，被视为 90 年代以来知识分子批评立场回归的标志之一。出版文集《铁屋中的呐喊》《文明的创痛》《说，还是不说》《尴尬时代》《想飞的翅膀》《爱与痛的边缘》《老鼠爱大米》等多部著作。近年来，写作的主题主要集中于近代思想史及文学史、基督信仰与文化使命、中国教育制度的变革、美国的宪政制度、俄罗斯的文学传统以及中日关系等方面。

余杰的作品从 1998 年第一部《火与冰》问世以来，就在全国范围内引起了强烈的反响。20 世纪八九十年代中国社会转型期来临之际，出现了很多新生的社会现象，对整个社会思想、文化、观念都形成了强烈的冲击。90 年代以来，一部分中国知识分子发出了呼唤“人文精神”，鞭笞“信仰缺失”的声音。余杰作为一名新生代知识分子，由个体体验与思想沉淀出发，继承了当年鲁迅的忧思与批判传统。他的一系列文章，见得出一个有思想的当代知识分子真诚的心路历程与披肝沥胆的呐喊，这声音，并不全面，有时候难免偏颇之语，但他文字里捧出来的心是真实的、鲜红的、赤诚的。从余杰的作品中，可以见出当代学子在理想与现实之间的困惑、突围、探索，有迷茫，更有坚持、不灭的方向。

《毕业生》是一组真实的大学毕业学子群像。告别的年代，学子褪去了青葱的表情和朦胧的向往，脸上写着这一场结束与下一场出发之间的迷茫，那种心情，是百感交集，可以引起所有毕业生的记忆与共鸣。

思考与练习

1. 文中描写毕业生的青春是怎样的表情？
2. 作者文中引用弘一法师“悲欣交集”有何意义？

纯粹是如此美丽

池　莉

一向血冷，觉得没有什么值得与人争论的，尤其是文学与历史。文学就和空气一样，它自古与人类共生存，用不着你替它瞎操心。事实上你是无法掌握、掂量和规范文学的。历史就更不是东西了。生命破碎处，无物存在。过去的事物可以随便你说。世界上有多少人就会有多少种历史。

但是惟有王立等人的谬论，我是无法听而不闻的。他居然说马拉多纳人品不好。还说因为马拉多纳有吸毒和殴打记者的劣迹，他的球踢得再好又如何呢？王立是我的一个朋友。人倒是一个非常好的人。才华横溢。对于足球也十分内行。可是他看马拉多纳完全是一个政工干部或工会主席的眼光。我实在是不能忍受。我们在头顶烈日穿越新疆准噶尔盆地的时候争吵了起来。我近乎横蛮地对王立嚷嚷：什么叫踢得再好又如何？只要他踢得好，他就是好。对于一个罕见的足球天才，我们是不能用世俗的尺度去衡量他的。世界上任何一个领域的天才或者伟人，都是绝对不适于大众化的通俗标准的。如果我们这么去要求他们，那就是我们的无知！

有一次，往上海开一个文学方面的会。会上讨论文学的时候，许多同行慷慨激扬，我却说不出一句话。我总觉得文学没有什么好说的。会议下面，谈到足球的时候，我却忍不住与人争论了起来。他们认为罗伯特·巴乔面目清朗、英俊倜傥，扎了一条独特的小辫，一看就是一个精英人物。而马拉多纳长着一副憨模样，天生就不可能是精英。还有人说到了罗马里奥，评价他也有点憨。听到这里，我就怎么也坐不住了。我对巴乔也是喜欢的。他的确算得上是一个大牌球星。我甚至热情地为他的写真集撰写过文字稿。但是巴乔的艺术气质浓于足球感觉。这是他迄今为止的踢球生涯可以证明的一点儿。巴乔有时候人在球场，心却难以带来；有时候满场找不准自己的位置。这一届世界杯，巴乔队长率领的意大利队摇摇摆摆，踉踉跄跄进入决赛的身姿就酷似巴乔常有的状态。决赛以巴乔的一记冲天点球把对手巴西队请上冠军宝座。这一脚至今还叫巴乔本人纳闷，他觉得那好像不是他的脚。巴乔是对的，那是上帝的脚。是上帝在教导我们人类，如若巴西不赢得这场决赛，那真是天道不公了。巴西之所以感动了上帝，这里就少不了要提到罗马里奥。罗马里奥是拉美人，也许外表没有欧洲人巴乔那么风流倜傥。但是罗马尼奥的足球感觉绝对一流。他非常懂得什么是前锋，非常懂得自己的优势所在，非常懂得自己要做的是什么。他一般只呆在自己的位置上。但是不论任何时候，一旦足球到了他的脚下，他就会爆发出魔鬼般的激情和智慧将球送进网窝。马拉多纳是一副憨厚模样。随着中年的接近，马拉多纳似乎有点发福的迹象。然而，马拉多纳与足球融为一体的境界也许只有前辈球王贝利可以相提并论。他那独特的香蕉球，他那中场的凝聚力和指挥能力，他射门时候的那份举重若轻的神态，他败走麦城时候无法抑制的热泪，这些都是一般人所力不能及的。马拉多纳就是为足球而生的。

且不说我们不能以相貌来论英雄，即便看相，球星的相貌也是不能用日常的传统的眼光来看的。据说近年美国电影男星片酬最高的是"阿甘"的扮演者。而最受全世界女人青睐的男星则是英国的晓格兰特。阿甘是一个弱智男人。晓格兰特在《四个婚礼与一个葬礼》中扮演的是一个带点儿贵族气质的憨乎乎的青年。他们都不是那种八面玲珑、英俊潇洒的相貌。恰恰相反，他们都有一点憨，有一点天真，有一点儿发窘，有一点儿迟钝。可是他们因此而大受欢迎。我想其中有一个重要的原因，那就他们体现出的一种纯粹感。因为如今的世界，聪明和复杂得像一个神话。人们实在是累了，厌倦了。漂亮的面孔往往显得华而不实，而憨厚才是一个保持着天真的人才可能拥有的。从这一点儿来看，马拉多纳和罗马里奥的外表即便缺乏一份所谓的英俊潇洒，却不容置疑地是大智若愚，天真可爱的。大智若愚，天真可爱才是真正的天才永远的面貌和神情。

其实，在足球场上，不管球星们长得什么模样，他们都是美丽的。难道我们没有发现马拉多纳、罗马里奥他们在场上踢球的时候是如此的美丽吗？维阿是美丽的，巴乔是美丽的，光头维亚利是美丽的，拉瓦内利进球之后孩子一般拉起球衣蒙住脸的动作也是美丽的。当球星们龙腾虎跃在球场上的时候，他们都是无比美丽而且动人的。

如果说电影毕竟是电影的话，那么足球就是活生生的现实了。足球模拟的是一个再理想不过的人类世界。它高度地抽象了我们这个真实的社会。它有追求有目标，有对抗有竞争。它既有方又有圆，既要勇猛又要智慧；既有艰辛的漫长奋斗又有成功的辉煌瞬间。更重要的是足球还摈弃了文字与语言。文字和语言的泛滥使我们失去了生活的真实感和贴切感。华丽的语言常常包装的是干瘪的内容。黑白颠倒是常有的事。喋喋不休的倾诉中夹带着谎言、夸张和自我推销。指导着向左的路标也许实际上是向右。我们每一个人既是警惕的又是惶惑的，既在逃避伤害又在伤害他人。我们越来越理智，越来越装模作样，变得像一个假人。

感谢足球，与我们同在一个地球，它的经纬却只是哨声和动作。一切都不必废话。一切都是这样的明晰。你完全可以相信自己的眼睛。乾坤朗朗，青天白日。在这种情形之下，人的原始激情，甚至是自己都还不知道的潜在的激情喷发了出来，流光溢彩地洋溢在足球场上，变成了优美的力，汹涌的泪，开心的笑和真正认真的竞技。它使足球场上的每一张脸都无比专注，纯净得跟孩子一样。在这个时候，球星们都非常的美丽。他们的美丽使我的心深深地获得了感动、抚慰和沉醉。这就是我喜欢足球的根本原因。

池莉《中国当代作家选集丛书·池莉（卷）》（人民文学出版社，2000）

阅读提示

池莉（1957—），女，生于湖北，先后在武汉冶金医专和武汉大学学习医学和中文。1981年开始发表作品，主要作品有《池莉文集》（七卷），长篇小说《来来往往》《小姐你早》《水与火的缠绵》《所以》等，中篇小说《烦恼人生》《看麦娘》；散文集《熬至滴水成珠》《怎么爱你都不够》等。曾获全国优秀中篇小说奖、首届鲁迅文学奖、大家红河文学奖、《小说选刊》奖、《小说月报》百花奖等，并有多部作品改编成影视剧。

池莉的作品，尤其是小说，大部分取材真实的武汉市民生活，对现实有深刻而独特的透视，使她拥有了广泛的读者群，并在受众群中引起强烈共鸣。而池莉的散文随笔则呈现了另一种风貌，在这些篇章中，她写音乐，写电影，写足球，写友谊，一反小说的写实与冷峻，表现强烈的个人情感和理想主义的诗性情怀，体现人生因纯粹而绽放光芒，成为美丽。

《纯粹是如此美丽》，作者通过对足球比赛和马拉多纳等足球人的赞美，实质上是赞美一种天然去雕饰、纯粹投入的人生状态。

思考与练习

1. 作者认为马拉多纳等人的“纯粹”有何含义？
2. 分析作者喜爱足球的深层原因。

·足球不可演绎·

迟子建

近读足球皇帝贝肯鲍尔的自传《半世球魂》，才知这位足球场上有史以来最为风度翩翩的自由人竟然拍过一部电影，名为《自由中卫》。它于1973年摄制完成，1974年上映。当它出笼后，德国一些新闻媒体对贝氏的表演颇多微词。这使我联想到我看到的有关足球的电影电视剧，的确没有一部让人动心过。我想用影视来演绎足球是极为冒险的，因为足球是激情的产物，它以无与伦比的真实性和现场感牵制着球迷，而影视则不可能达到这种效果。所以它给人一种隔靴搔痒甚至是做作的感觉。哪怕像贝肯鲍尔这样的大牌球星亲自参与的拍摄，也不可能给人一种赏心悦目之感。我很理解那些尖刻的批评，因为球迷希望看到的还是贝肯鲍尔在真正的足球场上像风一样流畅地奔跑的身影，他在电影哪怕使尽浑身解数展览球技，也不可能得观众的喝彩，因为人们感觉他在演戏。

看足球的人大概都有这种体验，对现场直播的比赛总是怀着无比激动的心情，而对录播节目则明显缺乏热情。所以几乎所有的球迷在看录播节目时最恐惧事先知道比赛的结果，他们力图在既成事实的结果中仍然营造出一种悬念感，这样在观赏的过程中还能随着足球场上的风云变幻或喜或悲。即使如此，录播节目因为缺乏中场休息而让人感觉少了点什么。这一点我跟别人大约不一样，我太喜欢中场休息了，在那段时间里，球员们是在休息室里稍事休整，听教练员布置下半场的技战术安排，而我则能在中场休息时离开座位去喝水或吃水果。有时还跑到阳台上看一会儿夜景，感觉着晚风的清爽宜人。最常看的是周六的德甲和周日的意大利联赛的直播，中场休息时基本都是接近午夜的时光，所以若想更舒服地看下半场比赛，就赶紧去卫生间洗漱，然后偎在被窝里舒舒服服地看暂时消避一刻的硝烟又如何在足球场上弥漫。最让人觉得惬意的是中场休息时你可以不知不觉地扮演教练员的角色，上半场哪位锋线队员在频频出现的良机下总是难以洞穿对方的球门，哪位中场球员又不能纵观全局，毫无眼光地把球传到最平庸的不可能撕开对方防线的点上，哪位后卫又在集体造越位时总是戏剧地慢半拍或者在别人的快速反击中只会亦步亦趋地跟着，直至到达禁区才幡然醒悟飞身铲断，而这迟来的决断往往是恭恭敬敬地送给对方一个吃下就可能会饱的点球，却将自己一方推上死亡边缘。凡此种种情况，你会想锋线、中场或者后卫在下半场该进行人员调整了，这时你会有一种忐忑不安的心情，不知自己的预感是否准确。下半场一开球，若是发现教练的想法果然与你不谋而合，你会有一种猜谜者猜中谜底的喜悦，再看锋线球员也许会觉得他充满了灵感，而中场球员则像年轻而健康的人的血管中的血一样充沛地流淌，至于新上场的后卫，也许仅仅因为如你所愿换了人，你觉得他不再呆头呆脑。中场休息带给人的遐想和乐趣简直太多了。所以缺乏了中场休息的录播节目即使再好，也仿佛是看到一座轻隽美观的桥梁断了一个桥墩而充满遗憾。

球迷是挑剔的，就连缺乏了中场休息的录播球赛都让人充满遗憾，更何况是对足球戏剧化的演绎呢，它带给人的肯定是一种如鲠在喉的阻塞感。因为影视是要靠故事来串连的，足球在里面即使作为主线来发展，也肯定给人一种似是而非的感觉，因为它不是纯粹的足球，与足球精神相去甚远。把它消解为诸多故事其实是对它本身魅力的一种败坏。足球是现场感色彩尤为强烈的一种运动，它瞬息万变，我们可以随时领略看台上球迷肝肠欲碎或者欣喜若狂的表情，这种场面影视是要靠“演”才能完成，而演绎激情是不可能成功的。说到底，足球只需要真正的角色，它是演员难以替代的。即使像贝肯鲍尔这样的球星可以积极地以身试法，也是和者寥寥。《自由中卫》尘封在电影资料馆中也就不足为奇了。

足球的不可演绎除了因为它无法与足球场上的激情和真实同步外，还在于它缺乏观赏性和审美感。那些不热爱足球的人对以它为题材的影视肯定不感兴趣，他们不如去看港台电视连续剧或好莱坞的经典爱情片来得过瘾。对此类影视感兴趣的，还是球迷。而球迷是吃过大菜的人，对这类作品中若有若无、不痛不痒的足球景观肯定视其为小菜一碟，不以为然也就在所难免了。战争是可以演绎的，因为战争不可能使每个人身临其境，除了幸存下来的一些新闻资料片外，不会有人看到对战争的现场直播，所以它能演绎出催人泪下的故事。而足球却与人有着水乳交融的关系，它因为较少距离感而使其出现的一切都变得格外丰富多彩和诱人，那么即使你费尽心血地去演绎，也只能给人皮毛之感。足球赛本身就是极富魅力的故事了。它有悲伤、幸福、绝望、快乐、失落等等复杂的情感，你不仅能看到球员的表现，还能随时领略裁判和教练的风采，更有看台上的广大球迷的形形色色的表演使你大饱眼福。这还不够吗？

我曾和同事开过玩笑，我说旧式婚姻一个最大的好处就是，夫妻双方往往是到了入洞房的时候才能目睹对方的容貌。我想新郎为新娘掀红盖头的那一瞬，肯定跟球迷看现场直播的足球赛一样充满激情。因为它具有神秘感。当然盖头掀起之后，也许是彻头彻尾的幸福，也许是苦不堪言的失望，这也与球迷观看足球赛过程中的复杂心情一样。现在德甲和意甲联赛已经硝烟散尽，双休日的夜晚因此也变得黯淡无华。不知《足球之夜》的编导们能否与德方联系，将那部躺在资料馆里的《自由中卫》的拷贝买来，让我们在联赛间歇一饱眼福？尽管我一再申明足球不可演绎，但能够看到二十多年前贝肯鲍尔的风采不也是一件快事吗？

迟子建《听时光飞舞》（广西民族出版社，2001）

阅读提示

迟子建（1964— ），女，出生于黑龙江漠河，当代作家。1983年开始写作，至今作品成果丰厚。主要作品有：长篇小说《晨钟响彻黄昏》《额尔古纳河右岸》《伪满洲国》《树下》《越过云层的晴朗》，小说集《北极村童话》《逝川》《白银那》《朋友们来看雪吧》《当代作家选集丛书——迟子建卷》，散文随笔集《伤怀之美》《听时光飞舞》《女人的手》等，中短篇小说《雾月牛栏》《清水洗尘》《世界上所有的夜晚》等。获过第一、二、四届鲁迅文学奖，第七、十、十一、十二届《小说月报》百花奖。

迟子建的作品，有鲜明的个人风格与地域文化特征，东北故乡，一直是她作品的艺术源泉，她的小说、散文都有北方雪域特有的朴素、优美、悠远。《听时光飞舞》是她的一部代表散文集，像一棵流淌在光阴里优美的树，记录了她在故乡、旅行、交友等生活中一系列心灵的真实感受，读来如一道道温暖而动人的风景。当中，几篇关于足球的体育随笔，以女性特有的细腻与直觉，张扬和抒写了足球对于人类的激情贡献，读来别有一番滋味。

《足球不可演绎》以一个忠实球迷的角度，从切身地感知出发，阐释足球的奇异魅力在于现场的不确定性与无限可能性，绝非影视与录像可以替代。文中的比喻生动形象，是对足球运动的一首赞美诗。

思考与练习

1. 作者认为足球的魅力在于哪里？
2. 足球现场比赛为何不可以影视与录像替代？

球迷永远站在高墙那一边

梁文道

6 月 11 日，2010 年世界杯开赛的那一天，我给朋友们发了一封电邮："从今天开始的这一个月，我不会主动发言，也不会回帖。原因大家都晓得。请谅。"那是一群天天在网上见面的朋友，我们互相交换政局信息，讨论学术界里的最新动向，我就像上了毒瘾一样，每晚都得在群组里说上两句，不说话不舒服。可是在世界杯的面前，这种小资产阶级知识分子的趣味又算得上什么呢？不到一个礼拜，我甚至就已经忘了这个群组的存在。奇怪，竟然没人想过世界杯戒毒这一招？

我平常就有点自闭，不大见人，这时候就更有拒人于千里之外的理由了。比较麻烦的是读书，每天用五六小时看球，剩下的时间也全都拿去分析相关新闻和资料了，睡眠可以再压缩，工作却不能不做，哪还挤得出读书的时间呢？六亲不认，束书不观，游谈无根便是很自然的结果了，难怪每逢世界杯，身边都会忽然涌现一大批"吹水唔抹嘴"的专家，如我。

西班牙败给瑞士那一夜的第二天，我和看起来应该比我内行的苏童一起研究球迷的心理。我们的问题是为什么大部分球迷都喜欢西班牙这样的大热强队，而不愿见到它被二三流的队伍击退。正是文无第一，武无第二，照理说球场是块英雄地，胜负足以说明一切，在世界杯里能胜出能晋级的便是赢家，我们凭什么歧视所谓的弱旅，又凭什么力捧所谓的豪门。可是请设想，假如这一届世界杯杀到最后的四强是韩国、朝鲜、美国和巴拉圭，你会不会有干脆撞墙死掉算了的冲动呢？

我敢打赌，当一支劲旅碰上弱伍，百分之八十的非专业球迷都会自动站在强者那一边，而且狂咽口水，渴望一场惨不忍睹的血腥大屠杀（别理专业球迷，他们一定会说自己喜欢一场“对抗性”大的球赛）。有这样一种说法：“全世界的球迷都有两支心爱的主队，一支是自己的国家队，另一支则是巴西。”也许夸张，可这句话恰到好处地点出了球迷这种嫌贫爱富的庸俗心理。人家巴西是永远的大热门呀，除了中国，只有他们够资格在胸前绣上五颗星；为什么我们还要支持这样一支根本用不着任何人支持的球队呢？

没人喜欢贫富差距，也没人想要看见恃强凌弱的残酷场面。尤其是胸怀左翼心脏的知识分子，几乎天生就要站在弱者那一边。比方说村上春树，他在耶路撒冷领奖的时候慨言：“在鸡蛋与高墙之间，作家应该永远站在鸡蛋那一边”，一时间成了广为传颂的佳话。不过，你要是问他：“村上先生，请问在阿根廷和新西兰之间，你会站在哪一边呢？”我肯定他不会选择新西兰。并非瞎说，这可是我的亲身体会，因为我有一大票左派朋友，他们平常会在谴责富士康的公开信上联署签名，更会在论著里痛陈性别之不公权利之不等；但是到了电视机前，他们却义无反顾地替意大利呐喊，觉得任何弱者被它蹂躏都是活该。你说这是怎么回事呢？可见足球果然是真正左派的最终试金石。

苏童不是专业球评，但他是专业作家，他看出了这里头的人性之恶：“我觉得这说明了我们每一个人心底的法西斯倾向。”跪拜强者，向他交心，正如当年舍弃自由的德国人向希特勒伸出右手一样。

于是我想起了古罗马竞技场上的格斗士，那些文明但又嗜血的罗马公民可曾企盼弱者的复仇？不，他们想要看到的是战无不胜的屠夫像切西瓜一样砍掉别人的脑袋，哪怕后者爬在地上一路打滚哀求。难怪大家都说足球是古代血祭的代替品，在这层意义上，它们确实很像。

五六年前，一位现在已经受戒出家的好朋友告诉我，他可以过午不食，也可以不眠不休地诵经修持；唯独足球他始终放不下，每到半夜都要想起地球另一端的比赛将会是如何的精彩。咗！足球一物，贪嗔痴三毒俱全。所以我老是搞不懂巴治奥，足球场上著名的佛教徒，传说他队长的袖章底下，藏着一张写满了偈语的纸条。他可以超脱在欢呼与嘘声之上，但他要如何克服射球的贪欲呢？

十分明显，我还是得回到书里去寻找这一切问题的答案。当然，那是 7 月 11 号之后的事了。

梁文道．文道非常道——梁文道的 BLOG.

(http://blog.sina.com.cn/liangwendaowenji)

（原文为繁体字，选用时转为简体字）

阅读提示

梁文道（1970—），生于香港，少年长于台湾，毕业于香港中文大学哲学系。1988 年开始撰写艺评、文化及时事评论，并曾参与各种类型的文化及社会活动。首篇剧评见于《信报》文化版。曾为多个文化艺术机构及非政府组织担任董事、主席或顾问之职，为凤凰卫视《开卷八分钟》主持人，凤凰卫视评论员，中国内地、香港及马来西亚多家报纸杂志专栏作家。出版有《常识》《我读》等作品集。

梁文道作为当下一名公共知识分子，身兼多职，他立足大众传媒，视野开阔，所讲所写，往往具有鲜明的当代意识与时事关怀。涉猎广泛是其阅读、讨论、写作上的一大特点，内容包罗万象，涵盖历史、文化、社会、影视、政治等。媒体工作的时效性与受众的互动性，使得他的作品既有学者式的文化性与知识性，又兼具大众的趣味性、可读性。梁文道凭借传媒人的文化身份，将写作自由地游走于精英文化与大众文化之间，拥有不同层次广泛的阅读群。力求在短暂的时间里，传递有效的思想内容，是梁文道作品的总体风貌。

《球迷永远站在高墙那一边》是梁文道的一篇博客文章，写于 2010 年世界杯足球赛后。作者无意于作一篇专业球评，而是将足球当作人性的试金石，从球迷的心理来探讨足球赛事的强弱对抗对人心意味着什么。文章，是一个没有标准答案的隽永提问，不只关乎足球这一体育赛事，更关乎世道人心。

思考与练习

1. 如何理解文章题目中的“高墙”？
2. 探讨球迷看球心理中的人性倾向。

保持正常的奥运心态很重要

杨 明

有人说，举办奥运会，有点像请贵宾到自家做客，通常情况下，东道主都会把家收拾得干干净净、利利落落，大人孩子对来宾客气而有礼貌、面带微笑，希望能给来宾留下好印象。

这个比喻未必恰当，但有一点相同，我以为那就是：心态。如果东道主心态平和，做任何事就会适度、不出格、应酬自如。心态好的标志，我以为，就是做自己，实事求是，不虚伪、不矫情、不过分在乎别人的评说，尤其是对那些故意苛求挑剔的主儿。

但是，对于奥运会，国人想保持一颗平常心非常不容易，因为奥运对于13亿中国人来说，不是件平常事，这次“宴请”盼了整整100年，是中华历史五千年来的第一次，而且，请的是来自全世界的嘉宾。这样一想，意义和目的便非同小可，使得人们的心态凝重起来。

应该说，国人对待奥运的心态经历了不少变化。申办失而复得，欣喜若狂之际，提出“办一届历史上最出色的奥运会”的口号；冷静和理智下来后，“节约办奥运”和办一届“有特色、高水平”的奥运会成为新口号，这种改变是心态走向成熟的标志，既赢得国内老百姓的称赞，也赢得国际奥委会和世界的认同。

对于中国人来说，如何解读奥运，心中一直重叠着两个文本。若论重要意义，说北京举办奥运是中国历史上千载难逢的一次，是向世界展示中国的重要机遇，一点不过分；但如果说奥运会无非就是一次全世界人民的大 Party、四年一次的体育大聚会，也不算错。其实，这两种认知并不矛盾，也不对立，两端之下取其中，便是一届有中国特色的奥运会。

其实，国人对待奥运会的心态一直很正常，但是进入奥运之年，一些意想不到的事情接连发生，使本应十分单纯的体育盛会，搀杂进复杂的政治因素，再加上恐怖和恶意破坏事件的威胁和干扰，伴随着西方一些媒体有偏见的报道，使轻松、和谐、快乐的氛围变了味儿，人们对此相当反感。

体育就应该是体育，一些西方媒体硬给北京奥运会贴上“政治标签”，不客观实际地报道，这种做法既伤害了中国人民的感情，也令世界人民倒胃，违背了奥林匹克精神。在复杂的情势面前，我们就更应该保持清醒和定力，坚信能将奥运举办成功。

对于北京奥运会的成功与否，我们不必过分在意某些人或某些媒体的最终评价，因为最有价值的评价来自世界人民。谁都可以看到，中国人民办奥运，认真和重视的态度绝对超过以往其他的东道主国民，中国人民对待奥林匹克运动的热爱和真诚发自内心，不管最终的评价如何，都无法改变这个事实，我们要守住这份自信。

奥运会对中国是个展示的舞台和良机，但某种意义上，让世界了解中国，比展示中国更重要。一届奥运会承载不了太多体育之外的重任，中国走向世界，只是开始，远没有结束。奥运即将开幕，狂欢、兴奋、激情必将在神州大地涌现，但对于我们来说，保持平常心，笑看奥运，淡对输赢，和世人一起轻松享受这次体育盛宴，我以为，这是正常的奥运心态。

杨明. 保持正常的奥运心态很重要. 新华网.

(http://news.xinhuanet.com/olympics/2008-08/02/content_8906850.htm)

阅读提示

杨明，新华社体育部高级记者，当代著名体育评论员。采访过四届奥运会和多次世界大赛，中英文双语写作，从事体育报道多年。毕业于北京师范大学外语系英文专业，1983 年任新华社体育部记者，1988 年赴加拿大自费留学，1998—2000 年在美国任专职体育记者。1988 年汉城奥运会上采写的《约翰逊“欺骗”了整个世界》和《约翰逊果真欺骗了整个世界》获得当年全国体育好新闻一等奖；1996 年亚特兰大奥运会上采写的《奥林匹克公园大爆炸》获得当年中国新闻奖；2005 年获得美国“罗纳德·里根新闻奖”。出版过《黑哨》《狗仔们的快乐》《天涯不归路》等书；采写的《花蝴蝶传奇》《铿锵玫瑰》，专栏杂文在社会上产生过较大反响。

杨明是长期从事体育评论文章的专业体育媒体人，主要报道领域为田径、足球和篮球。在作体育报道时，杨明除了保持冷静与客观，始终保持了体育人式的激情，观点鲜明、有力，文风犀利、幽默，并擅从体育赛事现象出发，作出深刻的社会原因分析。所作体育文章，常怀忧思，视野开阔，卓有远见，发人深思。

《保持正常的奥运心态很重要》是 2008 年北京奥运会之前杨明发表在新华网上的一篇奥运时评。文章呼唤国人以主人翁应有的胸襟，将对奥运会的关注，从赛事金牌的荣誉感中进一步延伸与扩展，通过体育盛事，使中国更加自信、强大，从良好的心态上抵达体育更高的境界——与世界一起共享体育，一起共同喝彩。

思考与练习

1. 文章倡导的中国奥运心态是什么？

2. 讨论心态对体育人在比赛中的意义和作用是什么。

·伤　　逝·

——涓生的手记（节选）

鲁　迅

如果我能够，我要写下我的悔恨和悲哀，为子君，为自己。

会馆里的被遗忘在偏僻里的破屋是这样地寂静和空虚。时光过得真快，我爱子君，仗着她逃出这寂静和空虚，已经满一年了。事情又这么不凑巧，我重来时，偏偏空着的又只有这一间屋。依然是这样的破窗，这样的窗外的半枯的槐树和老紫藤，这样的窗前的方桌，这样的败壁，这样的靠壁的板床。深夜中独自躺在床上，就如我未曾和子君同居以前一般，过去一年中的时光全被消灭，全未有过，我并没有曾经从这破屋子搬出，在吉兆胡同创立了满怀希望的小小的家庭。

不但如此。在一年之前，这寂静和空虚是并不这样的，常常含着期待；期待子君的到来。在久待的焦躁中，一听到皮鞋的高底尖触着砖路的清响，是怎样地使我骤然生动起来呵！于是就看见带着笑涡的苍白的圆脸，苍白的瘦的臂膊，布的有条纹的衫子，玄色的裙。她又带了窗外的半枯的槐树的新叶来，使我看见，还有挂在铁似的老干上的一房一房的紫白的藤花。

然而现在呢，只有寂静和空虚依旧，子君却决不再来了，而且永远，永远地！……

子君不在我这破屋里时，我什么也看不见。在百无聊赖中，顺手抓过一本书来，科学也好，文学也好，横竖什么都一样；看下去，看下去，忽而自己觉得，已经翻了十多页了，但是毫不记得书上所说的事。只是耳朵却分外地灵，仿佛听到大门外一切往来的履声，从中便有子君的，而且橐橐地逐渐临近，——但是，往往又逐渐渺茫，终于消失在别的步声的杂沓中了。我憎恶那不像子君鞋声的穿布底鞋的长班的儿子，我憎恶那太像子君鞋声的常常穿着新皮鞋的邻院的搽雪花膏的小东西！

莫非她翻了车么？莫非她被电车撞伤了么？……

我便要取了帽子去看她，然而她的胞叔就曾经当面骂过我。

蓦然，她的鞋声近来了，一步响于一步，迎出去时，却已经走过紫藤棚下，脸上带着微笑的酒窝。她在她叔子的家里大约并未受气；我的心宁帖了，默默地相视片时之后，破屋里便渐渐充满了我的语声，谈家庭专制，谈打破旧习惯，谈男女平等，谈伊孛生，谈泰戈尔，谈雪莱……。她总是微笑点头，两眼里弥漫着稚气的好奇的光泽。壁上就钉着一张铜板的雪莱半身像，是从杂志上裁下来的，是他的最美的一张像。当我指给她看时，她却只草草一看，便低了头，似乎不好意思了。这些地方，子君就大概还未脱尽旧思想的束缚，——我后来也想，倒不如换一张雪莱淹死在海里的记念像或是伊孛生的罢；但也终于没有换，现在是连这一张也不知那里去了。

"我是我自己的，他们谁也没有干涉我的权利！"

这是我们交际了半年，又谈起她在这里的胞叔和在家的父亲时，她默想了一会之后，分明地，坚决地，沉静地说了出来的话。其时是我已经说尽了我的意见，我的身世，我的缺点，很少隐瞒；她也完全了解的了。这几句话很震动了我的灵魂，此后许多天还在耳中发响，而且说不出的狂喜，知道中国女性，并不如厌世家所说那样的无法可施，在不远的将来，便要看见辉煌的曙色的。

送她出门，照例是相离十多步远；照例是那鲇鱼须的老东西的脸又紧帖在脏的窗玻璃上了，连鼻尖都挤成一个小平面；到外院，照例又是明晃晃的玻璃窗里的那小东西的脸，加厚的雪花膏。她目不邪视地骄傲地走了，没有看见；我骄傲地回来。

“我是我自己的，他们谁也没有干涉我的权利！”这彻底的思想就在她的脑里，比我还透澈，坚强得多。半瓶雪花膏和鼻尖的小平面，于她能算什么东西呢？

我已经记不清那时怎样地将我的纯真热烈的爱表示给她。岂但现在，那时的事后便已模胡，夜间回想，早只剩了一些断片了；同居以后一两月，便连这些断片也化作无可追踪的梦影。我只记得那时以前的十几天，曾经很仔细地研究过表示的态度，排列过措辞的先后，以及倘或遭了拒绝以后的情形。可是临时似乎都无用，在慌张中，身不由己地竟用了在电影上见过的方法了。后来一想到，就使我很愧恧，但在记忆上却偏只有这一点永远留遗，至今还如暗室的孤灯一般，照见我含泪握着她的手，一条腿跪了下去……

不但我自己的，便是子君的言语举动，我那时就没有看得分明；仅知道她已经允许我了。但也还仿佛记得她脸色变成青白，后来又渐渐转作绯红，——没有见过，也没有再见的绯红；孩子似的眼里射出悲喜，但是夹着惊疑的光，虽然力避我的视线，张皇地似乎要破窗飞去。然而我知道她已经允许我了，没有知道她怎样说或是没有说。

她却是什么都记得：我的言辞，竟至于读熟了的一般，能够滔滔背诵；我的举动，就如有一张我所看不见的影片挂在眼下，叙述得如生，很细微，自然连那使我不愿再想的浅薄的电影的一闪。夜阑人静，是相对温习的时候了，我常是被质问，被考验，并且被命复述当时的言语，然而常须由她补足，由她纠正，像一个丁等的学生。

这温习后来也渐渐稀疏起来。但我只要看见她两眼注视空中，出神似的凝想着，于是神色越加柔和，笑窝也深下去，便知道她又在自修旧课了，只是我很怕她看到我那可笑的电影的一闪。但我又知道，她一定要看见，而且也非看不可的。

然而她并不觉得可笑。即使我自己以为可笑，甚而至于可鄙的，她也毫不以为可笑。这事我知道得很清楚，因为她爱我，是这样地热烈，这样地纯真。

去年的暮春是最为幸福，也是最为忙碌的时光。我的心平静下去了，但又有别一部分和身体一同忙碌起来。我们这时才在路上同行，也到过几回公园，最多的是寻住所。我觉得在路上时时遇到探索，讥笑，猥亵和轻蔑的眼光，一不小心，便使我的全身有些瑟缩，只得即刻提起我的骄傲和反抗来支持。她却是大无畏的，对于这些全不关心，只是镇静地缓缓前行，坦然如入无人之境。

寻住所实在不是容易事，大半是被托辞拒绝，小半是我们以为不相宜。起先我们选择得很苛酷，——也非苛酷，因为看去大抵不像是我们的安身之所；后来，便只要他们能相容了。看了二十多处，这才得到可以暂且敷衍的处所，是吉兆胡同一所小屋里的两间南屋；主人是一个小官，然而倒是明白人，自住着正屋和厢房。他只有夫人和一个不到周岁的女孩子，雇一个乡下的女工，只要孩子不啼哭，是极其安闲幽静的。

我们的家具很简单，但已经用去了我的筹来的款子的大半；子君还卖掉了她唯一的金戒指和耳环。我拦阻她，还是定要卖，我也就不再坚持下去了；我知道不给她加入一点股份去，她是住不舒服的。

和她的叔子，她早经闹开，至于使他气愤到不再认她做侄女；我也陆续和几个自以为忠告，其实是替我胆怯，或者竟是嫉妒的朋友绝了交。然而这倒很清静。

每日办公散后，虽然已近黄昏，车夫又一定走得这样慢，但究竟还有二人相对的时候。我们先是沉默的相视，接着是放怀而亲密的交谈，后来又是沉默。大家低头沉思着，却并未想着什么事。我也渐渐清醒地读遍了她的身体，她的灵魂，不过三星期，我似乎于她已经更加了解，揭去许多先前以为了解而现在看来却是隔膜，即所谓真的隔膜了。

子君也逐日活泼起来。但她并不爱花，我在庙会时买来的两盆小草花，四天不浇，枯死在壁角了，我又没有照顾一切的闲暇。然而她爱动物，也许是从官太太那里传染的罢，不一月，我们的眷属便骤然加得很多，四只小油鸡，在小院子里和房主人的十多只在一同走。但她们却认识鸡的相貌，各知道那一只是自家的。还有一只花白的叭儿狗，从庙会买来，记得似乎原有名字，子君却给它另起了一个，叫作阿随。我就叫它阿随，但我不喜欢这名字。

这是真的，爱情必须时时更新，生长，创造。我和子君说起这，她也领会地点点头。

唉唉，那是怎样的宁静而幸福的夜呵！

安宁和幸福是要凝固的，永久是这样的安宁和幸福。我们在会馆里时，还偶有议论的冲突和意思的误会，自从到吉兆胡同以来，连这一点也还偶有议论的冲突和意思的误会，自从到吉兆胡同以来，连这一点也没有了；我们只在灯下对坐的怀旧谭中，回味那时冲突以后的和解的重生一般的乐趣。

子君竟胖了起来，脸色也红活了；可惜的是忙。管了家务便连谈天的工夫也没有，何况读书和散步。我们常说，我们总还得雇一个女工。

这就使我也一样地不快活，傍晚回来，常见她包藏着不快活的颜色，尤其使我不乐的是她要装作勉强的笑容。幸而探听出来了，也还是和那小官太太的暗斗，导火线便是两家的小油鸡。但又何必硬不告诉我呢？人总该有一个独立的家庭。

这样的处所，是不能居住的。

我的路也铸定了，每星期中的六天，是由家到局，又由局到家。在局里便坐在办公桌前钞、钞、钞些公文和信件；在家里是和她相对或帮她生白炉子，煮饭，蒸馒头。我的学会了煮饭，就在这时候。

但我的食品却比在会馆里时好得多了。做菜虽不是子君的特长，然而她于此却倾注着全力；对于她的日夜的操心，使我也不能不一同操心，来算作分甘共苦。

况且她又这样地终日汗流满面，短发都粘在脑额上；两只手又只是这样地粗糙起来。

况且还要饲阿随，饲油鸡，……都是非她不可的工作。我曾经忠告她：我不吃，倒也罢了；却万不可这样地操劳。她只看了我一眼，不开口，神色却似乎有点凄然；我也只好不开口。然而她还是这样地操劳。

我所豫期的打击果然到来。双十节的前一晚，我呆坐着，她在洗碗。听到打门声，我去开门时，是局里的信差，交给我一张油印的纸条。我就有些料到了，到灯下去一看，果然，印着的就是：

奉

局长谕史涓生着毋庸到局办事

秘书处启

十月九号

这在会馆里时，我就早已料到了；那雪花膏便是局长的儿子的赌友，一定要去添些谣言，设法报告的。到现在才发生效验，已经要算是很晚的了。其实这在我不能算是一个打击，因为我早就决定，可以给别人去钞写，或者教读，或者虽然费力，也还可以译点书，况且《自由之友》的总编辑便是见过几次的熟人，两月前还通过信。但我的心却跳跃着。那么一个无畏的子君也变了色，尤其使我痛心；她近来似乎也较为怯弱了。

鲁迅《鲁迅小说集》（人民文学出版社，1990）

阅读提示

鲁迅介绍见《死火》。

《伤逝》选自鲁迅小说集《彷徨》，是鲁迅唯一以恋爱和婚姻为题材的小说。小说采取“手记”的方式，用诗化语言抒写了青年男女涓生和子君追求个性解放，走自由恋爱之路的爱情悲剧。

小说的叙事、议论、写景都有很强的感染力，作品的内心独白、回忆中的细节及其白描技法都带有浓重的抒情特征。

思考与练习

1. 简析涓生、子君的性格特点。
2. 谈谈你对涓生、子君爱情悲剧的看法，能不能找到其他的出路和解决的办法？

3. 谈谈小说的艺术特点。

4. 分析小说的结构特点。

·金锁记（节选）·

张爱玲

三十年前的上海，一个有月亮的晚上……我们也许没赶上看见三十年前的月亮。年轻的人想着三十年前的月亮该是铜钱大的一个红黄的湿晕，像朵云轩信笺上落了一滴泪珠，陈旧而迷糊。老年人回忆中的三十年前的月亮是欢愉的，比眼前的月亮大、圆、白；然而隔着三十年的辛苦路望回看，再好的月色也不免带点凄凉。

月光照到姜公馆新娶的三奶奶的陪嫁丫头凤箫的枕边。凤箫睁眼看了一看，只见自己一只青白色的手搁在半旧高丽棉的被面上，心中便道："是月亮光么？"凤箫打地铺睡在窗户底下。那两年正忙着换朝代，姜公馆避兵到上海来，屋子不够住的，因此这一间下房里横八七竖睡满了底下人。

凤箫恍惚听见大床背后有窸窸窣窣的声音，猜著有人起来解手，翻过身去，果见布帘子一掀，一个黑影趿着鞋出来了，约摸是伺候二奶奶的小双，便轻轻叫了一声"小双姐姐"。小双笑嘻嘻走来，踢了踢地上的褥子道："吵醒了你了。"她把两手抄在青莲色旧绸夹袄里。下面系着明油绿裤子。凤箫伸手捻了那裤脚，笑道："现在颜色衣服不大有人穿了，下江人时兴的都是素净的。"小双笑道："你不知道，我们家哪比得旁人家？我们老太太古板，连奶奶小姐们尚且做不得主呢，何况我们丫头？给什么，穿什么——一个个打扮得庄稼人似的！"她一蹲身坐在地铺上，拣起凤箫脚头一件小袄来，问道："这是你们小姐出阁，给你们新添的？"凤箫摇头道："三季衣裳，就只外场上看见的两套是新制的，余下的还不是拿上头人穿剩下的贴补贴补！"小双道："这次办喜事，偏赶着革命党造反，可委屈了你们小姐！"凤箫叹道："别提了。就说省些罢，总得有个谱子！也不能太看不上眼了。我们那一位，嘴里不言语，心里岂有不气的？"小双道："也难怪三奶奶不乐意。你们那边的嫁妆，也还射付着，我们这边的排场，可太凄惨了。就连那一年娶咱们二奶奶，也还比这一趟强些！"凤箫愣了一愣道："怎么？你们二奶奶……"

小双脱下了鞋，赤脚从凤箫身上跨过去，走到窗户跟前，笑道："你也起来看看月亮。"凤箫一骨碌爬起来，低声问道："我早就想问你了，你们二奶奶……"小双弯腰拾起那件小袄来替她披上了，道：“仔细着了凉。”凤箫一面扣钮子，一面笑道：“不行，你得告诉我！”小双笑道：“是我说话不留神，闯了祸！”凤箫道：“咱们这都是自家人了，干嘛这么见外呀？”小双道：“告诉你，你可别告诉你们小姐去！咱们二奶奶家里是开麻油店的。”凤箫哟了一声道：“开麻油店！打哪儿想起的？像你们大奶奶，也是公侯人家小姐，我们那一位虽比不上大奶奶，也还不是低三下四的人——”小双道：“这里头自然有个缘故。咱们二爷你也见过了，是个残废，做官人家的女儿谁肯给他？老太太没奈何，打算替二爷置一房姨奶奶，做媒的给找了这曹家的，是七月里生的，就叫七巧。”凤箫道：“哦，是姨奶奶。”小双道：“原来是姨奶奶的，后来老太太想着，既然不打算替二爷另娶了，二房里没个当家的媳妇，也不是事，索性聘了来做正头奶奶，好教她死心塌地服侍二爷。”凤箫把手扶着窗台，沉吟道：“怪道呢！我虽是初来，也瞧料了两三分。”小双道：“龙生龙，凤生凤，这话是有的。你还没听见她的谈吐呢！当着姑娘们，一点忌讳也没有。亏得我们家一向内言不出，外言不入，姑娘们什么都不懂。饶是不懂，还臊得没处躲！”凤箫噗哧一笑道：“真的？她这些村话，又是从哪儿听来的？就连我们丫头——”小双抱着胳膊道：“麻油店的活招牌，站惯了柜台，见多识广的，我们拿什么去比人家？”凤箫道：“你是她陪嫁过来的么？”小双冷笑说：“她也配！我原是老太太跟前的人，二爷成天的吃药，行动都离不了人，屋里几个丫头不够使，把我拨了过去。怎么着？你冷哪？”凤箫摇摇头。小双道：“瞧你缩着脖子这娇模样儿！”一语未完，凤箫打了个喷嚏，小双忙推她道：“睡罢！睡罢！快窝一窝。”凤箫跪了下来脱袄子，笑道：“又不是冬天，哪儿就至于冻着了？”小双道：“你别瞧这窗户关着，窗户眼儿里吱溜溜的钻风。”

两人各自睡下，凤箫悄悄的问道：“过来了也有四五年了罢？”小双道：“谁？”凤箫道：“还有谁？”小双道：“哦，她，可不是有五年了。”凤箫道：“也生男育女的——倒没闹出什么话柄儿？”小双道：“还说呢！话柄儿就多了！前年老太太领着合家上下到普陀山进香去，她坐月子没去，留着她看家。舅爷脚步儿走得勤了些，就丢了一票东西。”凤箫失惊道：“也没查出个究竟来？”小双道：“问得出什么好的来？大家面子上下不去！那些首饰左不过将来是归大爷二爷三爷的。大爷大奶奶碍着二爷，没好说什么。三爷自己在外头流水似的花钱，欠了公账上不少，也说不响嘴。”

她们俩隔着丈来远交谈。虽是极力的压低了喉咙，依旧有一句半句声音大了些，惊醒了大床上睡着的赵嬷嬷。赵嬷嬷唤道：“小双。”小双不敢答应。赵嬷嬷道：“小双，你再混说，让人家听见了，明儿仔细揭你的皮！”小双还是不作声。赵嬷嬷又道：“你别以为还是从前住的深堂大院哪，由得你疯疯癫癫！这儿可是挤鼻子挤眼睛的，什么事瞒得了人？趁早别讨打！”屋里顿时鸦雀无声。赵嬷嬷害眼，枕头里塞着菊花叶子，据说是使人眼目清凉的。她欠起头来按了一按髻上横绾的银簪，略一转侧，菊叶便沙沙作响。赵嬷嬷翻了个身，吱吱格格牵动了全身的骨节，她唉了一声道：“你们懂得什么！”小双与凤箫依旧不敢接嘴。久久没有人开口，也就一个个的朦胧睡去了。

天就快亮了。那扁扁的下弦月，低一点，低一点，大一点，像赤金的脸盆，沉了下去。天是森冷的蟹壳青，天底下黑漆漆的只有些矮楼房，因此一望望得很远。地平线上的晓色，一层绿、一层黄、又一层红，如同切开的西瓜——是太阳要上来了。渐渐马路上有了小车与塌车辘辘推动，马车蹄声得得。卖豆腐花的挑着担子悠悠吆喝着，只听见那漫长的尾声：“花……呕！花……呕！”再去远些，就只听见“哦……呕！哦……呕！”屋子里丫头老妈子也起身了，乱着开房门、打脸水、叠铺盖、挂帐子、梳头。凤箫伺候三奶奶兰仙穿了衣裳，兰仙凑到镜子前面仔细望了一望，从腋下抽出一条水绿洒花湖纺手帕，擦了擦鼻翅上的粉，背对着床上的三爷道：“我先去替老太太请安罢。等你，准得误了事。”正说着大奶奶玳珍来了，站在门槛上笑道：“三妹妹，咱们一块儿去。”兰仙忙迎了出去道：“我正担心着怕晚了，大嫂原来还没上去。二嫂呢？”玳珍笑道：“她还有一会儿耽搁呢。”兰仙道：“打发二哥吃药？”玳珍四顾无人，便笑道：“吃药还在其次——”她把大拇指抵着嘴唇，中间的三个指头握着拳头，小指头翘着，轻轻的“嘘”了两声。兰仙诧异道：“两人都抽这个？”玳珍点头道：“你二哥是过了明路的，她这可是瞒着老太太的，叫我们夹在中间为难，处处还得替她遮盖遮盖，其实老太太有什么不知道？有意的装不晓得，照常的派她差使，零零碎碎给她罪受，无非是不肯让她抽个痛快罢了。其实也是的，年纪轻轻的妇道人家，有什么了不得的心事，要抽这个解闷儿？”

玳珍、兰仙手挽手一同上楼，各人后面跟着贴身丫鬟，来到老太太卧室隔壁的一间小小的起坐间里。老太太的丫头榴喜迎了出来，低声道：“还没醒呢。”玳珍抬头望了望挂钟，笑道：“今儿老太太也晚了。”榴喜道：“前两天说是马路上人声太杂，睡不稳。这现在想是惯了，今儿补足了一觉。”

紫榆百龄小圆桌上铺着红毡条，二小姐姜云泽一边坐着，正拿着小钳子磕核桃呢，因丢下了站起来相见。玳珍把手搭在云泽肩上，笑道：“还是云妹妹孝心，老太太昨儿一时高兴，叫做糖核桃，你就记住了。”兰仙、玳珍便围着桌子坐下了，帮着剥核桃衣子。云泽手酸了，放下了钳子，兰仙接了过来。玳珍道：“当心你那水葱似的指甲，养得这么长了，断了怪可惜的！”云泽道：“叫人去拿金指甲套子去。”兰仙笑道：“有这些麻烦的，倒不如叫他们拿到厨房里去剥了！”

众人低声说笑着，榴喜打起帘子，报道：“二奶奶来了。”兰仙、云泽起身让坐，那曹七巧且不坐下，一只手撑着门，一只手撑了腰，窄窄的袖口里垂下一条雪青洋绉手帕，身上穿着银红衫子，葱白线香滚，雪青闪蓝如意小脚裤子，瘦骨脸儿，朱口细牙，三角眼，小山眉，四下里一看，笑道：“人都齐了。今儿想必我又晚了！怎怪我不迟到——摸着黑梳的头！谁教我的窗户冲着后院子呢？单单就派了那么间房给我，横竖我们那位眼看是活不长的，我们净等着做孤儿寡妇了——不欺负我们，欺负谁？”玳珍淡淡的并不接口，兰仙笑道：“二嫂住惯了北京的屋子，怪不得嫌这儿憋闷得慌。”云泽道：“大哥当初找房子的时候，原该找个宽敞些的，不过上海像这样的，只怕也算敞亮的了。”兰仙道：“可不是！家里人实在多，挤是挤了点——”七巧挽起袖口，把手帕子掖在翡翠镯子里，瞟了兰仙一眼，笑道：“三妹妹原来也嫌人太多了。连我们都嫌人多，像你们没满月的自然更嫌人多了！”兰仙听了这话，还没有怎么，玳珍先红了脸，道：“玩是玩，笑是笑，也得有个分寸，三妹妹新来乍到的，你让她想着咱们是什么样的人家？”七巧扯起手绢子的一角遮住了嘴唇道：“知道你们都是清门净户的小姐，你倒跟我换一换试试，只怕你一晚上也过不惯。”玳珍啐道：“不跟你说了，越说你越上头上脸的。”七巧索性上前拉住玳珍的袖子道：“我可以赌得咒——这三年里头我可以赌得咒！你敢赌么？”玳珍也撑不住噗嗤一笑，咕哝了一句道：“怎么你孩子也有了两个？”七巧道：“真的，连我也不知道这孩子是怎么生出来的！越想越不明白！”玳珍摇手道：“够了，够了，少说两句罢。就算你拿三妹妹当自己人，没什么避讳，现放着云妹妹在这儿呢，待会儿老太太跟着一告诉，管叫你吃不了兜着走！”

张爱玲《张爱玲典藏文集》（哈尔滨出版社，2003）

阅读提示

张爱玲（1920—1995），原名张煐。原籍河北丰润，中国现当代作家。出生于上海一个没落的官宦家庭，清末著名“清流派”官员张佩纶是她的祖父，外曾祖父为李鸿章。父亲张廷重是封建遗少，母亲黄逸梵是出国留洋的新知识女性。在显赫的家世背景下，她一方面受中国传统文化的影响，另一方面接受良好的西式教育。1937 年毕业于上海圣玛利亚女子中学后，1939 年考取伦敦大学，后因战事改入香港大学。1942 年因香港沦陷，未毕业即回上海。1943 年发表成名小说《沉香屑·第一炉香》，同年发表代表作《金锁记》《倾城之恋》等。1944 年出版小说集《传记》和散文集《流言》。1952 年赴香港。1966 年定居美国，1995 年 9 月 8 日在洛杉矶家中去世。自 20 世纪 80 年代以来，“张爱玲热”从学术界开始，扩大到大众公共空间，持续到 90 年代中期。2009 年 2 月，张爱玲完成于 1976 年的尘封之作——《小团圆》的出版，又引起了新一轮的“张爱玲热”。

张爱玲的作品充满都市传奇色彩，她的艺术才华在于吸取纯文学和通俗文学的长处，用章回小说的言语体式，以世俗的姿态，为现代文学创造出了一种特殊的非主流的城市市民文学的表现形式，在功利的人物关系、戏剧化的结局的传奇世界里表现人性苍凉的一面。

《金锁记》写于 1943 年，小说描写了一个麻油铺店老板的女儿曹七巧嫁给旧式大家庭中的从小得了骨痨的残疾丈夫姜二爷，七巧遭受生活上种种压抑后，性格被扭曲，行为乖戾，不但破坏儿女的婚姻，还把儿媳折磨致死，表现了现代女性在情爱欲、生存欲和财物欲的压迫下的痛苦挣扎过程以及沉沦的轨迹。曹七巧的悲剧实质是对封建婚姻制度和封建宗法父权的否定。曹七巧成为中国现代文学史上带着黄金枷的性变态的典型形象。

思考与练习

1. 在《金锁记》文中的开头就提到了月亮。结尾写道："三十年前的月亮早已沉了下去，三十年前的人也死了，然而三十年前的故事还没完——完不了。"请谈谈两次月亮出现的意义及本篇的语言特色。

2. 阅读《金锁记》全篇，概述故事梗概。

3. 从本文对曹七巧的出场描写，分析曹七巧的性格特征。

4. 谈谈你对"张爱玲热"的看法。

大淖记事（节选）

汪曾祺

这地方的地名很奇怪，叫做大淖。全县没有几个人认得这个淖字。县境之内，也再没有别的叫做什么淖的地方。据说这是蒙古话。那么这地名大概是元朝留下的。元朝以前这地方有没有，叫做什么，就无从查考了。

淖，是一片大水。说是湖泊，似还不够，比一个池塘可要大得多，春夏水盛时，是颇为浩淼的。这是两条水道的河源。淖中央有一条狭长的沙洲。沙洲上长满茅草和芦荻。春初水暖，沙洲上冒出很多紫红色的芦芽和灰绿色的蒌蒿，很快就是一片翠绿了。夏天，茅草、芦荻都吐出雪白的丝穗，在微风中不住地点头。秋天，全都枯黄了，就被人割去，加到自己的屋顶上去了。冬天，下雪，这里总比别处先白。化雪的时候，也比别处化得慢。河水解冻了，发绿了，沙洲上的残雪还亮晶晶地堆积着。这条沙洲是两条河水的分界处。从淖里坐船沿沙洲西面北行，可以看到高阜上的几家炕房。绿柳丛中，露出雪白的粉墙，黑漆大书四个字："鸡鸭炕房"，非常显眼。炕房门外，照例都有一块小小土坪，有几个人坐在树桩上负曝闲谈。不时有人从门里挑出一副很大的扁圆的竹笼，笼口络着绳网，里面是松花黄色的，毛茸茸，挨挨挤挤，啾啾乱叫的小鸡小鸭。由沙洲往东，要经过一座浆坊。浆是浆衣服用的。这里的人，衣服被里洗过后，都要浆一浆。浆过的衣服，穿在身上沙沙作响。浆是芡实水磨，加一点明矾，澄去水分，晒干而成。这东西是不值什么钱的。一大盆衣被，只要到杂货店花两三个铜板，买一小块，用热水冲开，就足够用了。但是全县浆粉都由这家供应（这东西是家家用得着的），所以规模也不算小。浆坊有四五个师傅忙碌着。喂着两头毛驴，轮流上磨。浆坊门外，有一片平场，太阳好的时候，每天晒着浆块，白得叫人眼睛都睁不开。炕房、浆坊附近还有几家买卖荸荠、茨菇、菱角、鲜藕的鲜货行，集散鱼蟹的鱼行和收购青草的草行。过了炕房和浆坊，就都是田畴麦垄，牛棚水车，人家的墙上贴着黑黄色的牛屎粑粑，——牛粪和水，拍成饼状，直径半尺，整齐地贴在墙上晾干，作燃料，已经完全是农村的景色了。由大淖北去，可至北乡各村。东去可至一沟、二沟、三垛，直达邻县兴化。

大淖的南岸，有一座漆成绿色的木板房，房顶、地面，都是木板的。这原是一个轮船公司。靠外手是候船的休息室。往里去，临水，就是码头。原来曾有一只小轮船，往来本城的兴化，隔日一班，单日开走，双日返回。小轮船漆得花花绿绿的，飘着万国旗，机器突突地响，烟筒冒着黑烟，装货、卸货，上客、下客，也有卖牛肉，高粱酒、花生瓜子、芝麻灌香糖的小贩，吆吆喝喝，是热闹过一阵的。后来因为公司赔了本，股东无意继续经营，就卖船停业了。这间木板房子倒没有拆去。现在里面空荡荡、冷清清，只有附近的野孩子到候船室来唱戏玩，棍棍棒棒，乱打一气；或到码头上比赛撒尿。七八个小家伙，齐齐地站成一排，把一泡泡骚尿哗哗地撒到水里，看谁尿得最远。

大淖指的是这片水，也指水边的陆地。这里是城区和乡下的交界处。从轮船公司往南，穿过一条深巷，就是北门外东大街了。坐在大淖的水边，可以听到远远地一阵一阵朦朦胧胧的市声，但是这里的一切和街里不一样。这里没有一家店铺。这里的颜色、声音、气味和街里不一样。这里的人也不一样。他们的生活，他们的风俗，他们的是非标准、伦理道德观念和街里的穿长衣念过“子曰”的人完全不同。

由轮船公司往东往西，各距一箭之遥，有两丛住户人家。这两丛人家，也是互不相同的，各是各乡风。

西边是几排错错落落的低矮的瓦屋。这里住的是做小生意的。他们大都不是本地人，是从下河一带，兴化、泰州、东台等处来的客户。卖紫萝卜（紫萝卜是比荸荠略大的扁圆形的萝卜，外皮染成深蓝紫色，极甜脆）的，卖风菱（风菱是很大的两角的菱角，壳极硬）的，卖山里红的，卖熟藕（藕孔里塞了糯米煮熟）的。还有一个从宝应来的卖眼镜的，一个从杭州来的卖天竺筷的。他们像一些候鸟，来去都有定时。来时，向相熟的人家租一间半间屋子，住上一阵，有的住得长一些，有的短一些，到生意做完，就走了。他们都是日出而作，日入而息。吃罢早饭，各自背着、扛着、挎着、举着自己的货色，用不同的乡音，不同的腔调，吟唱吆唤着上街了。到太阳落山，又都像鸟似的回到自己的窝里。于是从这些低矮的屋檐下就都飘出带点甜味而又呛人的炊烟（所烧的柴草都是半干不湿的）。他们做的都是小本生意，赚钱不大。因为是在客边，对人很和气，凡事忍让，所以这一带平常总是安安静静的，很少有吵嘴打架的事情发生。

这里还住着二十来个锡匠，都是兴化帮。这地方兴用锡器，家家都有几件锡制的家伙。香炉、蜡台、痰盂、茶叶罐、水壶、茶壶、酒壶，甚至尿壶，都是锡的。嫁闺女时都要赔送一套锡器。最少也要有两个能容四五升米的大锡罐，摆在柜顶上，否则就不成其为嫁妆。出阁的闺女生了孩子，娘家要送两大罐糯米粥（另外还要有两只老母鸡，一百鸡蛋），装粥用的就是娘柜顶上的这两个锡罐。因此，二十来个锡匠并不显多。

锡匠的手艺不算费事，所用的家什也较简单。一副锡匠担子，一头是风箱，绳系里夹着几块锡板；一头是炭炉和两块二尺见方，一面褙着好几层表芯纸的方砖。锡器是打出来的，不是铸出来的。人家叫锡匠来打锡器，一般都是自己备料，——把几件残旧的锡器回炉重打。锡匠在人家门道里或是街边空地上，支起担子，拉动风箱，在锅里把旧锡化成锡水，——锡的熔点很低，不大一会就化了；然后把两块方砖对合着（褙纸的一面朝里），在两砖之间压一条绳子，绳子按照要打的锡器圈成近似的形状，绳头留在砖外，把锡水由绳口倾倒过去，两砖一压，就成了锡片；然后，用一个大剪子剪剪，焊好接口，用一个木棰在铁砧上敲敲打打，大约一两顿饭工夫就成型了。锡是软的，打锡器不像打铜器那样费劲，也不那样吵人。粗使的锡器，就这样就能交活。若是细巧的，就还要用刮刀刮一遍，用砂纸打一打，用竹节草（这种草中药店有卖的）磨得锃亮。

这一帮锡匠很讲义气。他们扶持疾病，互通有无，从不抢生意。若是合伙做活，工钱也分得很公道。这帮锡匠有一个头领，是个老锡匠，他说话没有人不听。老锡匠人很耿直，对其余的锡匠（不是他的晚辈就是他的徒弟）管教得很紧。他不许他们赌钱喝酒；嘱咐他们出外做活，要童叟无欺，手脚要干净；不许和妇道嬉皮笑脸。他教他们不要怕事，也绝不要惹事。除了上市应活，平常不让到处闲游乱窜。

老锡匠会打拳，别的锡匠也跟着练武。他屋里有好些白蜡杆，三节棍，没事便搬到外面场地上打对儿。老锡匠说：这是消遣，也可以防身，出门在外，会几手拳脚不吃亏。除此之外，锡匠们的娱乐便是唱唱戏。他们唱的这种戏叫做“小开口”，是一种地方小戏，唱腔本是萨满教的香火（巫师）请神唱的调子，所以又叫“香火戏”。这些锡匠并不信萨满教，但大都会唱香火戏。戏的曲调虽简单，内容却是成本大套，李三娘挑水推磨，生下咬脐郎；白娘子水漫金山；刘金定招亲；方卿唱道情，……可以坐唱，也可以化了装彩唱。遇到阴天下雨，不能出街，他们能吹打弹唱一整天。附近的姑娘媳妇都挤过来看，——听。

老锡匠有个徒弟，也是他的侄儿，在家大排行第十一，小名就叫个十一子，外人都只叫他小锡匠。这十一子是老锡匠的一件心事。因为他太聪明，长得又太好看了。他长得挺拔斯称，肩宽腰细，唇红齿白，浓眉大眼，头戴遮阳草帽，青鞋净袜，全身衣服整齐合体。天热的时候，敞开衣扣，露出扇面也似的胸脯，五寸宽的雪白的板带煞得很紧。走起路来，高抬脚，轻着地，麻溜利索。锡匠里出了这样一个一表人才，真是鸡窝里飞出了金凤凰。老锡匠心里明白：唱“小开口”的时候，那些挤过来的姑娘媳妇，其实都是来看这位十一郎的。

老锡匠经常告诫十一子，不要和此地的姑娘媳妇拉拉扯扯，尤其不要和东头的姑娘媳妇有什么勾搭：“她们和我们不是一样的人!”

轮船公司东头都是草房，茅草盖顶，黄土打墙，房顶两头多盖着半片破缸破瓮，防止大风时把茅草刮走。这里的人，世代相传，都是挑夫。男人、女人，大人、孩子，都靠肩膀吃饭。挑得最多的是稻子。东乡、北乡的稻船，都在大淖靠岸。满船的稻子，都由这些挑夫挑走。或送到米店，或送进哪家大户的廒仓，或挑到南门外琵琶闸的大船上，沿运河外运。有时还会一直挑到车逻、马棚湾这样很远的码头上。单程一趟，或五六里，或七八里、十多里不等。一二十人走成一串，步子走得很匀，很快。一担稻子一百五十斤，中途不歇肩。一路不停地打着号子。换肩时一齐换肩。打头的一个，手往扁担上一搭，一二十副担子就同时由右肩转到左肩上来了。每挑一担，领一根“筹子”，——尺半长，一寸宽的竹牌，上涂白漆，一头是红的。到傍晚凭筹领钱。

稻谷之外，什么都挑。砖瓦、石灰、竹子（挑竹子一头拖在地上，在砖铺的街面上擦得刷刷地响），桐油（桐油很重，使扁担不行，得用木杠，两人抬一桶）……因此，一年三百六十天，天天有活干，饿不着。

十三四岁的孩子就开始挑了。起初挑半担，用两个柳条笆斗。练上一二年，人长高了，力气也够了，就挑整担，像大人一样的挣钱了。

挑夫们的生活很简单：卖力气，吃饭。一天三顿，都是干饭。这些人家都不盘灶，烧的是“锅腔子”——黄泥烧成的矮瓮，一面开口烧火。烧柴是不花钱的。淖边常有草船，乡下人挑芦柴入街去卖，一路总要撒下一些。凡是尚未挑担挣钱的孩子，就一人一把竹筢，到处去搂。因此，这些顽童得到一个稍带侮辱性的称呼，叫做“筢草鬼子”。有时懒得费事，就从乡下人的草担上猛力拽出一把，拔腿就溜。等乡下人撂下担子叫骂时，他们早就没影儿了。锅腔子无处出烟，烟子就横溢出来，飘到大淖水面上，平铺开来，停留不散。这些人家无隔宿之粮，都是当天买，当天吃。吃的都是脱粟的糙米。一到饭时，就看见这些茅草房子的门口蹲着一些男子汉，捧着一个蓝花大海碗，碗里是骨堆堆的一碗紫红紫红的米饭，一边堆着青菜小鱼，臭豆腐、腌辣椒，大口大口地在吞食。他们吃饭不怎么嚼，只在嘴里打一个滚，咕冬一声就咽下去了。看他们吃得那样香，你会觉得世界上再没有比这个饭更好吃的饭了。

他们也有年，也有节。逢年过节，除了换一件干净衣裳，吃得好一些，就是聚在一起赌钱。赌具，也是钱。打钱，滚钱。打钱：各人拿出一二十铜元，叠成很高的一摞。参与者远远地用一个钱向这摞铜钱砸去，砸倒多少取多少。滚钱又叫“滚五七寸”。在一片空场上，各人放一摞钱；一块整砖支起一个斜坡，用一个铜元由砖面落下，向钱注密处滚去，钱停住后，用事前备好的两根草棍量一量，如距钱注五寸，滚钱者即可吃掉这一注；距离七寸，反赔出与此注相同之数。这种古老的博法使挑夫们得到极大的快乐。旁观的闲人也不时大声喝彩，为他们助兴。

这里的姑娘媳妇也都能挑。她们挑得不比男人少，走得不比男人慢。挑鲜货是她们的专业。大概是觉得这种水淋淋的东西对女人更相宜，男人们是不屑于去挑的。这些“女将”都生得颀长俊俏，浓黑的头发上涂了很多梳头油，梳得油光水滑（照当地说法是：苍蝇站上去都会闪了腿）。脑后的发髻都极大。发髻的大红头绳的发根长到二寸，老远就看到通红的一截。她们的发髻的一侧总要插一点什么东西。清明插一个柳球（杨柳的嫩枝，一头拿牙咬着，把柳枝的外皮连同鹅黄的柳叶使劲往下一抹，成一个小小球形），端午插一丛艾叶，有鲜花时插一朵栀子，一朵夹竹桃，无鲜花时插一朵大红剪绒花。因为常年挑担，衣服的肩膀处易破，她们的托肩多半是换过的。旧衣服，新托肩，颜色不一样，这几乎成了大淖妇女的特有的服饰。一二十个姑娘媳妇，挑着一担担紫红的荸荠、碧绿的菱角、雪白的连枝藕，走成一长串，风摆柳似的嚓嚓地走过，好看得很！

她们像男人一样的挣钱，走相、坐相也像男人。走起来一阵风，坐下来两条腿叉得很开。她们像男人一样赤脚穿草鞋（脚指甲却用凤仙花染红）。她们嘴里不忌生冷，男人怎么说话她们怎么说话，她们也用男人骂人的话骂人。打起号子来也是“好大娘个歪歪子咧！”——“歪歪子咧……”

没出门子的姑娘还文雅一点，一做了媳妇就简直是“姜太公在此百无禁忌”，要多野有多野。有一个老光棍黄海龙，年轻时也是挑夫，后来腿脚有了点毛病，就在码头上看看稻船，收收筹子。这老头儿老没正轻，一把胡子了，还喜欢在媳妇们的胸前屁股上摸一把，拧一下。按辈分，他应当被这些媳妇称呼一声叔公，可是谁都管他叫“老骚胡子”。有一天，他又动手动脚的，几个媳妇一咬耳朵，一二三，一齐上手，眨眼之间叔公的裤子就挂在大树顶上了。有一回，叔公听见卖饺面的挑着担子，敲着竹梆走来，他又来劲了：“你们敢不敢到淖里洗个澡？——敢，我一个人输你们两碗饺面！”——“真的？”——“真的！”——“好！”几个媳妇脱了衣服跳到淖里扑通扑通洗了一会。爬上岸就大声喊叫：“下面！”

这里人家的婚嫁极少明媒正娶，花轿吹鼓手是挣不着他们的钱的。媳妇，多是自己跑来的；姑娘，一般是自己找人。他们在男女关系上是比较随便的。姑娘在家生私孩子；一个媳妇，在丈夫之外，再“靠”一个，不是稀奇事。这里的女人和男人好，还是恼，只有一个标准：情愿。有的姑娘、媳妇相与了一个男人，自然也跟他要钱买花戴，但是有的不但不要他们的钱，反而把钱给他花，叫做“倒贴”。

因此，街里的人说这里“风气不好”。

到底是哪里的风气更好一些呢？难说。

汪曾祺《汪曾祺小说》（人民文学出版社，2009）

阅读提示

汪曾祺（1920—1997），江苏高邮人，现当代作家。出生于士绅世家，祖父是清朝末科的“拔贡”，父亲汪菊生金石书画皆通，还是体育健将，会多种乐器。1939 年考入昆明国立西南联合大学中文系，受到当时为中文系教授的沈从文的指导和影响。曾任中学教师、北京市文联干部、《北京文艺》编辑、北京京剧院编辑等职。20 世纪 40 年代开始创作，出版第一部作品集《邂逅集》，隔 30 年后他复出文坛，80 年代以他的小说代表作《受戒》《大淖记事》等民俗风情小说在新时期再度崛起，开启了 80 年代“寻根文学”的先河，起承前启后的作用。他的作品大部分收录在《汪曾祺全集》。

汪曾祺散文多选材民间、乡村和日常生活，具有鲜明的民间色彩与价值取向，文风质朴自然、清淡温婉，表现闲适的意趣。汪曾祺的小说多以他故乡高邮为背景，追求小说的写意性和抒情性，淡化了故事情节，淡化了小说和散文的界限，被视为诗化小说。汪曾祺是最后一个京派作家，被誉为“抒情的人道主义者，中国最后一个纯粹的文人，中国最后一个士大夫”。

《大淖记事》采取的是民间化的叙事方式，讲述年轻风流的小锡匠十一子同挑夫的女儿巧云深深相恋而又饱受磨难的故事。他们纯真的爱情遭到野蛮的蹂躏，但他们的爱情竟可使生者死、死者生。他以朴素自然的笔触，灵敏细致地挖掘深藏民间生活中的人性美和人情美，充满了对健康美丽人性的赞美和向往。作品语言简洁传神，人物形象生动，性格鲜明。

思考与练习

1. 小说向读者展现了一个怎样的世界？其风俗民情有什么不同？
2. 结合作品，谈汪曾祺小说的艺术风格。
3. 谈谈“风气不好”的原因何在？
4. 阅读《大淖记事》全篇，概述故事梗概。

·鹿鼎记（节选）·

金　庸

韦小宝回到府中，坐在厢房里发闷。到得午后，宫里宣出旨来，皇上传见。

韦小宝来到上书房叩见。康熙问道："冯锡范忽然失了踪，到底是怎么一回事？"韦小宝吃了一惊，心想："怎么问起我来了？"说道："回皇上：冯锡范失踪的那天晚上，奴才一直跟多总管和御前侍卫们在一起玩儿，后来听说前锋营泰都统把冯锡范找了去，不知怎的，这冯锡范就没了影子。这些台湾降人鬼鬼祟祟的，行事古怪的很，别要暗中在图谋不轨，奴才去仔细查查。"

康熙微微一笑，说道："好，这冯锡范的下落，就责成你去查问清楚，克日回报。我答应过台湾人，维护他们周全。这人忽然不明不白的失了踪，倘若没个交代，可教我失信于天下了。"韦小宝额头汗珠渗出，心想："皇上这话好重，难道他知道是我杀了冯锡范？"只得应道："是，是。"

康熙又问："今儿早上你去银杏胡同，可好玩吗？"

韦小宝一怔，道："银杏胡同？"随即想起，天地会群豪落脚的巷子口头，有两棵大银杏树，看来这条巷子就叫银杏胡同，皇帝连胡同的名字都也知道了，还有什么可隐瞒的？这一下更是全身冷汗，双腿酸软，当即跪倒，磕头道："皇上明见万里。总而言之，奴才对你是一片忠心。"

康熙叹了一口气，说道："这些反贼逼你来害我，你说什么也不肯答应，你跟我很讲义气，可是……可是小桂子，你一生一世，就始终这样脚踏两只船吗？"

韦小宝连连磕头，说道："皇上明鉴：那天地会的总舵主，奴才是决计不干的。皇上放一百二十个心。"

康熙又叹了一口气，抬起头来，出神半晌，缓缓的道："我做中国皇帝，虽然说不上什么尧舜禹汤，可是爱惜百姓，励精图治，明朝的皇帝中有那一个比我更加好的？现下三藩已平，台湾已取，罗刹又不敢来犯边界，从此天下太平，百姓安居乐业。天地会的反贼定要规复朱明，难道百姓们在姓朱的皇帝治下，日子会过得比今日好吗？"

韦小宝心想："这个我就不知道了。"说道："奴才听打凤阳花鼓的人唱歌儿，说什么'自从出了朱皇帝，十年倒有九年荒。大户人家卖田地，小户人家卖儿郎。'现下风调雨顺，国泰民安，皇上鸟生鱼汤，朱皇帝跟您差了十万八千里，拍马也追不上。"

康熙微微一笑，道："你起来罢。"站起身来，在书房里走来走去，说道："父皇是满洲人，我亲生母后孝康皇后是汉军旗人，我有一半是汉人。我对天下百姓一视同仁，决没丝毫亏待了汉人，为什么他们这样恨我，非杀了我不可？"

韦小宝道："这些反贼大逆不道，胡涂得紧，皇上不用把他们放在心上。"

康熙摇了摇头，脸上忽有凄凉寂寞之意，过了好一会，说道："满洲人有好有坏，汉人也有好有坏。世上的坏人多得很，杀是杀不尽的，要感化他们走上正途，我也没这么大本事。唉，做皇帝嘛，那也难得很。"向韦小宝凝视半晌，道："你去罢！"

韦小宝磕头辞出，只觉全身凉飕飕地，原来刚才吓得全身是汗，内衣裤都浸湿了，出得宫门，才吁出一口长气，寻思："天地会的兄弟中又混进了奸细。杀了一个风际中，另外又出了一个。否则的话，他们要我来行刺皇上，他又怎会知道？可不知是谁做了奸细？"回到府中，坐下细细思索，寻不到半点端倪。

又想："皇上责成我查明冯锡范的下落，瞧皇上的神气，是怀疑我做了手脚，只不过不大拿得准。这件事又怎生搪塞过去？刚才双儿在银杏胡同说到我法场换子，相救茅大哥，幸好我事先没跟她说是用冯锡范换的，否则这老实丫头必定顺口说了出来，那奸细去禀报了皇上，我这一等鹿鼎公如不降十七廿八级，我可真不姓韦了。"

东想西想，甚感烦恼。又觉以前进宫，和康熙说说笑笑，两个儿都是开心得很，现下大家年纪大了，皇上的威严日甚，自己许多胡说八道的话，吓得再说不出口，这个抚远大将军、一等鹿鼎公的大官，做来也没什么趣味，倒不如小时候在丽春院做小厮逍遥快活。

心道："天地会众弟兄逼我行刺皇上，皇上逼我去剿灭天地会。皇上说道：'小桂子，你一生一世，就脚踩两只船么？'他奶奶的，老子不干了！什么船都不踩了！"心中一出现"老子不干了"这五个字，突然之间，感到说不出的轻松自在，从怀里摸出骰子，向桌上掷过了出去，嘴里喝道："要是不干的好，掷一个满堂红！"四粒骰子滚将出去，三粒红色朝天，第四粒却是六点，黑得不能再黑。他掷骰之时，本已做了手脚，仍是没成。他骂了一句："他妈的！"拿起骰子掷，直到第八把上，这才掷成四粒全红，欣然说道："原来老天要我给皇上干七件大事，这才不干。"

心想："七件大事早已干过了。杀鳌拜是第一件，救老皇爷是第二件，五台山挡在皇上身前相救驾是第三件，救太后是第四件，第五件大事是联络蒙古、西藏，第六件破神龙教，第七件捉吴应熊，第八件举荐张勇、赵良栋他们破吴三桂，第九件攻克雅克萨……太多了，太多了，小事不算，大事刚好七件，不多不少。"这时也懒得去计算那七件才算大事，总而言之："老子不干了！""一不做官，二不造反，那么老子去干什么？"想来想去，还是上回去扬州最开心。

一想到回扬州，不由得心花怒放，大叫一声："来人哪！"吩咐亲兵取来酒菜，自斟自饮，盘算该当如何，方无后患，要康熙既不会派人来抓，天地会又不会硬逼自己一同造反。

要公主陪着自己去扬州花天酒地，她一定不干，不过要去扬州开妓院，只怕苏荃、阿珂、方怡、沐剑屏、曾柔她们也不答应。“好，咱们走一步，算一步，老子几百万两银子的家产，不开家妓院也饿不死我，只是没这么好玩罢了。”

当晚府中家宴，七位夫人见他笑眯眯的兴致极高，谈笑风生，一反近日来愁眉不展的情状，都要问：“什么事这样开心？”韦小宝微笑道：“天机不可泄露。”公主问：“皇帝哥哥升了你的官吗？”曾柔问：“赌钱大赢了？”双儿问：“天地会的事没麻烦了吗？”阿珂道：“呸，这家伙定是又看中了谁家的姑娘，想娶来做第八房夫人。”韦小宝只是摇头。

众夫人问得紧了，韦小宝说道：“我本来不想说的你们一定要问，只好说了出来。”七位夫人停箸倾听。韦小宝正色道：“我做了大官，封了公爵，一字不识，实在太也不成样子。打从明儿起，我要读书做文章，考状元做翰林了。”

七位夫人面面相觑，跟着哄堂大笑。大家知道这位夫君杀人放火、偷抢拐骗，什么事都干，天下唯一有一件事是决计不干的，那就是读书识字。

金庸《鹿鼎记》（花城出版社，2002）

阅读提示

金庸（1924—），原名查良镛。出生于浙江海宁的名门望族，新闻学家、企业家、政治评论家、社会活动家，《香港基本法》主要起草人之一。1955年在《新晚报》发表第一部武侠小说《书剑恩仇录》，1972年9月最后一部小说《鹿鼎记》完结后，金庸宣布封笔。近20年间先后完成“飞雪连天射白鹿，笑书神侠倚碧鸳”十五部小说：《书剑恩仇录》《碧血剑》《射雕英雄传》《神雕侠侣》《雪山飞狐》《飞狐外传》《倚天屠龙记》《连城诀》《天龙八部》《侠客行》《笑傲江湖》《鹿鼎记》《白马啸西风》《鸳鸯刀》《越女剑》。以上各书均曾被改编为电影、电视连续剧等。有华人的地方就有金庸的小说，其中若干作品已被译成多国文字在海外流传。他是华人世界拥有读者最多的一位作家，其作品成为传播中华民族文化的载体，广为流传，影响深远。由于金庸在文学创作方面的杰出贡献，从1981年起他先后获得英国政府颁发的“英帝国OBE”勋衔、法国政府颁发的“荣誉军团骑士”勋衔、香港“大紫荆”勋衔、英国牛津大学董事会成员及两所学院荣誉院士、多家大学名誉博士。

金庸继承古典白话文的手法，以传统武侠小说的形式，去表达现代的主题——人生的意义与价值。他的新武侠小说“俗极而雅，奇而致真”，创造了传统与现代、雅与俗文化相结合的新武侠世界，提高了武侠小说在文学史上地位，也奠定了其新派武学小说大宗师的地位。

《鹿鼎记》名字的含义为“逐鹿中原、问鼎中原”，“人为鼎镬，我为麋鹿”。小说以清代康熙当政前期的大兴文字狱、诛杀鳌拜等重大历史事件和民间流传的顺治帝出家、天地会反清等传奇为社会历史背景，描写了一个出身于社会底层的少年韦小宝因缘附会，一直向上攀升的传奇经历。在《鹿鼎记》中，金庸表现了人的文学的新观念，将人性彻底解放，在侠义英雄的世界中塑造了一位流氓英雄的形象。本文选自《鹿鼎记》第五十回“鹨立云端原矫矫　鸿飞天外又冥冥”。

思考与练习

1. 以《鹿鼎记》为例，分析金庸的新武侠小说“新”在何处?
2. 谈谈《鹿鼎记》结尾的意义。
3. 分析韦小宝性格特征。
4. 如何理解传统武侠小说中的“宏大叙事”和韦小宝那套“市井话语”的复调。

兄弟（节选）

余　华

宋凡平死后的第四天，一个上了年纪的农民拉着一辆破旧的板车，来到了李兰的家门口。他穿着满是补丁的裤子和汗衫站在门外，不说一句话，老泪纵横地看着屋里的棺材。他就是宋凡平的父亲，宋钢的爷爷，这个解放前拥有过几百亩田地，解放后田地全部分给了村里的农民，只剩下一个地主身份的老地主来了。这个现在比最穷的贫下中农还要穷的老地主，来接他的地主儿子回家了。

在前一天的晚上，李兰已经给宋钢整理了行李，李光头和宋钢坐在床上默默地看着她整理，看着她从印有“上海”的灰色旅行袋里拿出自己的衣物，拿出了染上了宋凡平血迹的那包泥土，还拿出了一袋大白兔奶糖。她又把宋钢的衣物放进了旅行袋，还把整整一袋奶糖全塞进了旅行袋，当她扭头看到李光头充满期待的眼神时，又把奶糖拿了出来，从里面抓出一把递给李光头，也给了宋钢两颗奶糖，其余的又都塞进了旅行袋。李光头和宋钢吃着奶糖的时候不知道明天会发生什么，直到第二天宋钢的地主爷爷出现在门口时，他们仍然不知道兄弟两人就要分手了。

这一天的上午，他们的手臂戴上了黑纱，腰间系上了白布条，宋凡平的薄板棺材放在那辆破旧的板车上，板车上还放着宋钢的旅行袋，老地主低垂着白发苍苍的头，拉着板车走在前面，李兰拉着李光头和宋钢走在后面。

在李光头的记忆里，从来没有见过李兰的表情如此骄傲。李光头的生父给她的是恨和耻辱，宋凡平给她的是爱和尊严。李兰昂首走着，像电影里的红色娘子军。那个老地主弯腰拉着板车，像是正在被批斗似的，他拉着板车向前走去时，不断抬手抹着脸上的眼泪。他们和两支游行的队伍迎面相遇，革命群众的口号停止呼喊了，革命群众手里的小红旗也倒着拿了，革命群众议论纷纷地看着这四个人和一辆板车一具棺材。一个戴红袖章的人走上来问李兰：

“谁在棺材里？”

李兰平静和骄傲地说：“我丈夫。”

“你丈夫是谁？”

“宋凡平，刘镇中学的老师。”

“他怎么死的？”

“被人活活打死的。”

“为什么？”

“他是地主。”

李兰说到宋凡平是地主时，李光头和宋钢哆嗦了一下，前面的老地主吓得不敢抹眼泪了，她却是响亮地说了出来。游行队伍里的革命群众站住了脚，他们惊诧这个瘦小的女人竟然敢这样说话，那个戴红袖章的男人对李兰说：

“你丈夫是地主，你就是地主婆？”

李兰坚定地点点头：“是。”

那个男人回头对游行的革命群众说：“看到了吗？如此嚣张……”

他说完转回身来，挥手给了李兰一巴掌，李兰的头甩了一下，她的嘴角流出了鲜血，可她骄傲地笑了，继续昂首看着他。那个戴红袖章的人又给了她一巴掌，她的头又甩了一下，她仍然骄傲地笑着，仍然昂首看着他，她说：“打够了吗？”

李兰的话让他怔了一下，他看看李兰，又看看游行的人群，满脸的奇怪表情。李兰对他说：

“你要是打够了，我就要走了。”

“他妈的……”戴红袖章的男人破口骂道，他挥手给了李兰两个耳光，让李兰的头左右甩了两下，然后他说：“滚吧……”

李兰嘴角流着鲜血，微笑地拉起李光头和宋钢的手，向前走去。大街上的革命群众惊讶地看着她，她微笑地走着，微笑地告诉他们：

“今天是我丈夫下葬的日子。”

说完这话，她的眼泪夺眶而出。这时候李光头和宋钢也呜呜地哭了起来，前面的老地主也在哭，他的身体抖个不停。李兰训斥李光头和宋钢：

“不要哭。”

她响亮地说：“不要在别人面前哭。”

两个孩子用手捂住了嘴巴，他们止住了哭声，可是止不住眼泪。李兰禁止他们哭，她自己仍然泪流满面，她微笑地流着眼泪向前走去。

他们走出了南门，走过了一座嘎吱嘎吱响着的木桥以后，听到了知了的鸣叫，他们知道已经走上了乡间的泥路。这时候是中午了，一望无际的田野里升起了缕缕炊烟，夏天的田野里空空荡荡，仿佛天空下面只有他们四个人，还有躺在棺材里的宋凡平。宋凡平的老父亲终于发出了他的哭声，他弯着腰像一头耕地的老牛那样拉着他死去的儿子，浑身颤抖地往前走着，他的哭声也在颤抖。他的哭声引爆了宋钢和李光头的哭声，宋钢和李光头从他们的指缝里响亮地哭了出来，他们虽然双手捂住了嘴巴，可是哭声从鼻子里一阵阵地喷发出来，他们伸手去捏住鼻子，哭声又从嘴巴脱颖而出，两个孩子害怕地抬起头来，偷偷看一眼李兰，李兰对他们说：“哭吧。”

说完后李兰的哭声首先响起，这是李光头和宋钢第一次听到她尖利凄楚的哭声，她尽情地哭着，仿佛要把自己全部的声音同时哭出来。宋钢松开了手，嘴里的哭声哇哇地出来了，李光头也跟着自由地哭起来。他们四个人放声大哭地向前走，现在他们什么都不用担心了，他们已经走在乡间的路上了。田野是那么的广阔，天空是那么的高远，他们一起哭着，他们是一家人。李兰像是在看着天空似的，仰起了自己的脸放声痛哭；宋凡平的老父亲弯腰低头地哭，仿佛要把他的眼泪一滴一滴种到地里去；李光头和宋钢的眼泪抹了一把又一把，甩到了宋凡平的棺材上。他们痛快响亮地哭着，他们的哭声像是在一阵阵地爆炸声，惊得路边树上的麻雀纷纷飞起，像是溅起的水花那样飞走了。

他们哭着走了很久，后来宋凡平的老父亲哭得实在走不动了，他放下了板车，跪在地上，他把自己的腰都哭疼了，哭得不能动了。他们站住了脚，直到哭声渐渐平息下来。李兰擦干了眼泪，说她来拉板车，宋凡平的老父亲不答应，他说儿子的最后一程让他来送。

后来的路上他们不再哭泣，他们无声地走着，只有板车在嘎吱地响着。他们走进了宋凡平出生的村庄，几个衣着破烂的亲戚等在村口，他们已经挖好了坟墓，拄着铁锹站在那里。

宋凡平就埋葬在村口的一棵榆树下。当宋凡平的棺材放进土坑，几个亲戚将泥土盖上去时，他的老父亲跪在旁边一颗一颗往外捡着石子，李兰也跪了下去，一起往外捡石子。

随着土坑被填满，坟墓隆起来，他们两个人捡石子的身体也慢慢抬了起来。

然后他们来到了宋凡平父亲的茅屋，里面摆着一张床和一个破旧的衣柜，还有一张吃饭的破桌子，几个穷亲戚坐在桌前吃饭，李光头和宋钢也吃起了这顿咸菜白饭。宋凡平的老父亲坐在墙角的矮凳上，低头抹着眼泪，他一口饭都没吃。李兰也是一口没吃，她打开了那个破旧衣柜，把宋钢旅行袋里的衣服拿出来叠好放进去，李光头看着她把那袋大白兔奶糖也放进了衣柜。放完衣服以后，她就不知道该做什么了，站在了衣柜旁呆呆地看着两个孩子。

这是一个无声的下午，那几个吃完饭的穷亲戚走了以后，他们四个人在茅屋里还是无声无息。李光头看到了屋外的树木和池塘，看到了麻雀在树上跳跃，看到了燕子从屋檐里飞出去，宋钢也看到了。两个孩子很想出去看看，可是他们不敢，只能坐在板凳上，偷偷看着悲戚中的李兰和宋凡平的老父亲。后来李兰说话了，她说该回去了，要在天黑前赶回城里。宋凡平的老父亲颤巍巍地站起来，走到那个破衣柜前，从里面拿出一个小罐，手伸进去摸索了一会儿，抓出了一把炒熟的蚕豆塞进了李光头的裤袋。

他们又来到了村口，宋凡平隆起的坟墓上多了几片树叶，李兰走过去捡起树叶扔在一旁，李兰没有哭泣，两个孩子听到她低头对着坟墓说："等孩子长大了，我就来陪你。"

李兰转身走到宋钢身前，蹲下来摸了摸宋钢的脸，宋钢也伸手摸了摸李兰的脸，李兰一把抱住了宋钢，忍不住哭起来，李兰对宋钢说："儿子，你要好好照顾爷爷，爷爷年纪大了，他要你留在身边……儿子，妈妈会经常来看你的……"

宋钢不知道李兰为什么要说这样的话，他点点头后，又抬起头看看李光头。李兰抱着宋钢哭了一阵，然后擦着眼泪站起来，她看看宋凡平的老父亲，嘴巴动了一下却没有声音，她转身拉起了李光头的手。

李兰拉着李光头走上了乡间的泥路，她没有回头，她的步伐沉重的像是两条拖把在地上拖过去。这时候李光头仍然不知道要和宋钢分开了，他的手被李兰拉着，身体侧着去看宋钢，心想他为什么不和他们一起走？宋钢的爷爷拉着宋钢的手，宋钢站在他父亲的坟前，疑惑不解地看着李光头和李兰慢慢走去，他也不知道自己为什么留下来了？李兰拉着李光头越走越远时，宋钢抬头看到爷爷正在向李光头和李兰挥手道别，他也犹豫地抬起了手，他的手在肩膀的地方挥动着。李光头被李兰拉着走去时一直扭头看着宋钢，看到远处的宋钢向他挥手，他的手也抬到肩膀的地方挥动了

余华《兄弟》（上）（上海文艺出版社，2005）

阅读提示

余华（1960—），浙江海盐人。出身于医生之家，在做了5年牙医后，弃医从文，进入海盐县文化馆和嘉兴文联，开始文学创作，并曾在北京鲁迅文学院与北师大中文系合办的研究生班学习。从1984年开始发表小说，发表于1987年的短篇小说《十八岁出门远行》是他的成名作，与叶兆言和苏童等被称为先锋派小说的代表人物。这时期余华的作品以冷酷的笔调揭示人

性丑陋阴暗的一面，他以罪恶、暴力、死亡的描写给人以震撼。20 世纪 90 年代以来，他创作的小说由“先锋”转向“写实”，《在细雨中呼喊》《活着》和《许三观卖血记》，接近生活真实，提供了当代小说中历史叙事的典范，以简单的结构、原生态的语言，表达了哲学意味的历史内容。死亡仍是其作品中的一大主题。

《兄弟》讲述“文化大革命”前后中国江南的一个小城镇两个家庭的悲欢离合，用两个再婚家庭的没有血缘关系的兄弟作为叙事主线，将“文件大革命”历史和当代社会连接起来，完成关于两个时代的历史叙事。《兄弟》中所描写的中国人的生存时代，正是一个全民以阶级斗争为纲的社会时代。作者自己在小说《后记》是这样定义当时的中国社会的：“那是一个精神狂热、本能压抑和命运惨烈的时代，相当于欧洲的中世纪。”简洁的叙事方式，近似白描式的语言，零度情感的叙事仍然是余华的擅长之处。

本文选自《兄弟》第 21 章。李兰在上海治病就要出院了，宋凡平答应妻子，亲自去上海接她回家。但他是“群众专政”的对象，被关押在一个仓库里，由手持木棍的“红袖章”们看守着，当他跑出来到城东长途汽车站售票口准备买车票去上海时，被众多“红袖章”们当成“逃犯”乱棍当场活活打死，并不知情的李兰回到家乡的时候，看见的是丈夫那支离破碎的遗体。她藏起眼泪，坚强地将丈夫收尸下葬。“宋凡平之死”是《兄弟》的高潮部分。

思考与练习

1. 余华把最良好的道德美德全部赋予给了宋凡平夫妇。在余华看来，宋凡平并不是死于简单的政治运动，而是那隐藏在政治运动后面的什么？

2. 如何看余华笔下的“地主人物”？

3. 如何评价余华的反讽的语言风格？

4. 如何评价余华的暴力叙事？

·北京人（节选）·

曹禺

第二幕

陈奶妈 （走上前）孙少爷！（低声）你爷爷要问你爹，你可别说你爹没有走成。

小柱儿 （正好好坐着，忽然回头，机灵地）就说老早赶上火车走了。

陈奶妈 （好笑）谁告诉你的？

小柱儿 （小眼一挤）你自个儿告诉我的。

陈奶妈 这孩子！（对曾霆）走吧，孙少爷你背完书，就回屋睡觉去。老爷子再要上书，就说陈奶妈催你歇着呢！

曾　霆 嗯。（向书斋走）

曾文清 霆儿！

曾　霆 干嘛，爹？

曾文清 （关心地）你这两天怎么啦？

曾　霆 （闪避）没有怎么，爹。（由书斋小门快快下）

陈奶妈 （看曾霆走出去，赞叹的样子，不觉回首指着小柱儿）你也学学人家，人家比你也就大两岁，念的书比你吃的饭米粒还要多。你呢，一顿就四大碗干饭，肚子里尽装的是—— 小柱儿 （突然）奶奶，你听，谁在叫我呢？

陈奶妈 放屁！你别当我耳朵聋，听不见。

小柱儿 真的，你听呀，这不是袁小姐——

陈奶妈 哪儿？

小柱儿 你听。

陈奶妈 （谛听）人家袁小姐帮他父亲画画呢。

小柱儿 （故意作弄他的祖母）真的，你听："小柱儿，小柱儿！"这不是袁小姐！你听："小柱儿，你给我喂鸽子来！"（突然满脸顽皮的笑容）真的，奶奶，她叫我喂鸽子！（立刻撒"鸭子"就向大客厅跑）

陈奶妈 （追在后面笑着）这皮猴又想骗你奶奶。

小柱儿连笑带跑，正跑到那巨幕似的槅扇门前。接着曾宅到十一点就得灭灯的习惯，突然全屋暗黑！在那雪白而宽大的纸幕上由后面蓦地现出一个猿人的黑影，蹲伏在人的眼前。

小柱儿 （望见，吓得大叫）奶奶！（跑到奶奶怀里）

陈奶妈 哟！这是什么？

曾文清 （立起，对奶妈）点上蜡吧。

陈奶妈 嗯。（走去点蜡）

大客厅内袁任敢的声音："你看，这就是当初的北京人。那时候的人要爱就爱，要恨就恨，要哭就哭，要喊就喊，他们自由地活着，没有礼教来拘束，没有文明来捆绑，没有虚伪，没有欺诈，没有阴险，没有陷害，太阳晒着，风吹着，雨淋着，没有现在这么多人吃人的文明，而他们是非常快活的！"

猛地槅扇打开了一扇，大客厅里的煤油灯洒进一片光，江泰拿着一根点好的小半截残蜡，和袁任敢走进来。江泰穿一件洋服坎肩，袁任敢还是那件棕色衬衣，袖口又掠起，口里叼着一个烟斗，冒出一缕缕的浓烟。

江　泰 （有些微醺，应着方才最后一句话，非常赞同地）而他们是非常快活的。

在大客厅里袁圆的声音："小柱儿，你来。"

小柱儿 唉。（抽个空儿跑进大客厅）

江　泰 （兴奋地放下蜡烛，咀嚼方才那一段话的意味，不觉连连地）而他们是非常快活的。对！对！袁先生，你的话真对，简直是不可更对。你看看我们过的是什么日子？成天垂头丧气，要不就成天胡发牢骚。整天是愁死，愁活，愁自己的事业没有发展，愁精神上没有出路，愁活着没有饭吃，愁死了没有棺材睡，成天的希望、希望，而永远没有希望！譬如，（指文清）他——

曾文清 别再发牢骚，叫袁先生笑话了。

江　泰 （肯定）不，不，袁先生是个研究人类的学者，他不会笑话我们人的弱点的。坐坐，袁先生！坐坐，坐着谈。（他与袁任敢围炉坐下，由红木几上拿起一支香烟，忽然）咦，刚才我说到哪里了？

袁任敢 （微笑）你说，（指着）"譬如他吧，"——

江　泰 哦，譬如他吧，哦，（对文清，苦恼地）我真不喜欢发牢骚，可你再不让我说几句，可我，我还有什么？我活着还有什么？（对袁任敢）好，譬如他，我这位内兄，好人，一百二十分的好人，我知道他就有情感上的苦闷。

曾文清 你别胡说啦。

江　泰 （黠笑）啊，你瞒不过我，我又不是傻子。（对袁任敢，指文清，爽快地）他有情感上的苦闷，他希望有一个满意的家庭，有一个真了解他的女人同他共处一生。但是他就因为胆小，而不敢找她；找到了她，又不敢要她。他就让这个女人由小孩而少女，由少女而老女，像一朵花似的把她枯死，闷死，他忍心让自己苦，人家苦，一直到今天，现在这个女人还在——

曾文清 （忍不住）你真喝多了！

江　泰 （笑着摇手）放心，没喝多，我只讲到这点为止，决不多讲。（对袁任敢）你想，让这么个人，成天在这样一个家庭里朽掉，像老坟里的棺材慢慢地朽，慢慢地烂，成天就知道叹气、做梦、忍耐、苦恼、懒、懒、懒得动也不动；爱不敢爱，恨不敢恨，哭不敢哭，喊不敢喊，这不是堕落，人类的堕落？那么，（指着自己）就譬如我，——（划地一声点着了烟，边吸边讲）读了二十多年的书——

袁任敢 （叼着烟斗，微笑）我就猜着你一定还有一个"譬如我"的。

江　泰 （滔滔不绝）自然我决不尽批评人家，不说自己。譬如我吧，我爱钱，我想钱，我一直想发一笔大财，我要把我的钱，送给朋友用，散给穷人花。我要像杜甫的诗说的，盖起无数的高楼大厦，叫天下的穷朋友白吃、白喝、白住、研究科学、研究美术、研究文学、研究他们每个人喜欢的东西，为中国，为人类，谋幸福。可是袁先生，我的运气不好，处处倒楣，碰钉子，事业一到我手里，就莫名其妙地弄到一塌糊涂。我们整天在天上计划，而整天在地下妥协。我们只会叹气、做梦、苦恼，活着只是给有用的人糟蹋粮食，我们是活死人，死活人，活人死！一句话，你说的，（指着自己的胸）像我们这样的人才真是（指那"北京人"的巨影）他的不肖的子孙！

袁任敢 （一直十分幽默地点着头，此时举起茶杯微笑）请喝茶！

江　泰 （接下茶杯）对了，譬如喝茶吧，我的这位内兄最讲究喝茶。他喝起茶来，要洗手、漱口、焚香、静坐。他的舌头不但尝得出这茶叶的性情、年龄、出身、做法，他还分得出这杯茶用的是山水、江水、井水、雪水还是自来水，烧的是炭火、煤火或者柴火。茶对我们只是解渴的，可一到他口里，就会有无数的什么雅啦、俗啦的这些个道理。然而，这有什么用？他不会种茶，他不会开茶叶公司，不会做出口生意，就会一样，"喝茶！"喝茶喝得再怎么精，怎么好，还不是喝茶，有什么用？请问，有什么用？

曹禺《曹禺代表作》（河南人民出版社，1986）

【阅读提示】

曹禺（1910—1996），原名万家宝，字小石，祖籍湖北潜江，现代剧作家。1910 年 9 月 24

日生于天津。曹禺出身于封建官僚家庭。幼年时在家庭中的所见所闻，使他熟悉这些封建家庭在社会急剧变革中的兴衰变迁，遇上“五四”新文化运动来临，这两方面对他的创作影响巨大。1922年入读南开中学，后加入南开新剧团，成为骨干。1928年入读南开大学政治系，1931年转入清华大学西洋文学系，期间阅读学习了大量外国戏剧作品。1933年，在“五四”新文化运动的感召之后，曹禺凭借着自己对戏剧的热爱与才情，创作了《雷雨》。这部作品先后引起巴金、郑振铎、郭沫若的注意，20世纪30年代末期在上海演出时，一时震惊剧坛。1935年，曹禺发表了《日出》，对当时的现实社会提出了更为激烈的全面批判，该剧被喻为是30年代畸形社会的一面镜子。1936年，曹禺创作了《原野》，这部剧作把焦点对准了农民问题，表现了农民在民国初年北洋军阀混战初期的痛苦与反抗。1940年，曹禺创作了《北京人》，这部作品的风格与他前几部有所不同，有沉郁与悲凉之感，对现实对命运对人性的探索更加深厚。《晴朗的天》是新中国成立后他的第一部剧作。1954—1957年，曹禺创作了《迎春集》。1960年，曹禺完成了《胆剑篇》。“文化大革命”中，曹禺被迫搁笔。1978年，曹禺完成历史剧《王昭君》。

曹禺是中国现代杰出的戏剧家。他在新文化运动的深刻影响下，广泛借鉴和吸收了中国古典戏曲和欧洲近代戏剧的表现方法，把中国的话剧艺术提到了一个新的高度。他的《雷雨》成为中国话剧艺术成熟的标志。其后的《日出》《原野》《北京人》也都是杰出作品。《北京人》创作时间稍晚，这一时期的曹禺对社会、时代、人性有了更深厚的认识与体会，他将早期戏剧作品中人物命运强烈的矛盾、对抗、冲突，渐渐转化为深沉地低吟、反思、追问，茅盾在《读〈北京人〉》中说：“绝不能低估北京人的价值，低估它的社会意义。”当同一时期，人们普遍在关注外部世界的革命时，曹禺的《北京人》已开始关注人们内心的心灵革命了。这部作品，在看似并不尖锐的北京庭院生活里，涌动的却是社会变迁时期人们丰富的内心面临的困境与风暴，同时也于衰败中塑造了理想的人物形象，作为新生的希望。

《北京人》第二幕里，以一个北京人家庭中的生活场景与对话，集中表现了曹禺对时代变迁当中，人心所遭受枷锁、捆绑、痛苦的揭示与追问，什么是理想的人、理想的生活、理想的人性，是这部作品主要探索的主题。

思考与练习

1. 剧中袁任敢说“当初的北京人”是什么样的品质？
2. 剧中人物对话时代里的“北京人”有哪些人格上的缺失？

外国文学

Waiguo Wenxue

·罗伯特 ·彭斯诗二首·

往昔的时光[1]

老朋友哪能遗忘，
哪能不放在心上？
老朋友哪能遗忘，
还有往昔的时光？

为了往昔的时光，老朋友
为了往昔的时光，
再干一杯友情的酒，
为了往昔的时光。

你来痛饮一大杯，
我也买酒来相陪。
干一杯友情的酒又何妨？
为了往昔的时光。

我们曾遨游山岗，
到处将野花拜访。
但以后走上疲惫的旅程，
逝去了往昔的时光！

我们曾赤脚蹚过河流，
水声笑语里将时间遗忘。
如今大海的怒涛把我们隔开，
逝去了往昔的时光！

忠实的朋友，伸出你的手，
让我们握手聚一堂。
再来痛饮一杯欢乐酒，
为了往昔的时光！

（王佐良　译）

《彭斯诗选》（人民文学出版社，1959）

【注释】

①《往昔的时光》是18世纪苏格兰诗人罗伯特·彭斯根据当地父老口传录下的。这首诗后来被谱了乐曲。在很多西方国家，这首歌通常会在除夕夜演唱，有除旧迎新之意，也象征告别或结束的情感。

我的心儿在高原[1]

我的心儿在高原，我的心不在这里，
我的心儿在高原，追逐着鹿儿，
追逐着野鹿，跟踪着獐儿，
我的心儿在高原，不管我上哪儿。
别了啊高原，别了啊北国，
英雄的家乡，可敬的故国，
不管我上哪儿流浪，我上哪儿遨游，
我永远爱着高原上的山丘。

别了啊，高耸的积雪的山丘，
别了啊，山下的溪壑和翠谷，
别了啊，森林和枝桠纵横的树林，
别了啊，急川和洪流的轰鸣。
我的心儿在高原，我的心不在这里，
我的心儿在高原，追逐着鹿儿，
追逐着野鹿，跟踪着獐儿，
我的心儿在高原，不管我上哪里。

（袁可嘉　译）

《彭斯诗钞》（上海译文出版社，1981）

【注释】

①高原在本诗中是指苏格兰北部地区。

阅读提示

罗伯特·彭斯（1759—1796），苏格兰农民诗人，在英国文学史上占有特殊重要的地位。他复活并丰富了苏格兰民歌，他的诗歌富有音乐性，可以歌唱。彭斯生于苏格兰民族面临被异族征服的时代，因此，他的诗歌充满了激进的民主、自由的思想；诗人生活在破产的农村，和贫苦的农民血肉相连，他的诗歌歌颂了故国家乡的秀美，抒写了劳动者纯朴的友谊和爱情。

罗伯特·彭斯的创作淳朴、活泼，表现出自由、平等的思想追求。主要作品有《苏格兰人》《自由树》《两只狗》《威利长老的祈祷》《一朵红红的玫瑰》《我的心儿在高原》《往昔的时光》。早期创作的苏格兰民歌《往昔的时光》（又译《友谊地久天长》）曾作为电影《魂断蓝桥》的主题曲，一直以来被人们所传唱。

思考与练习

1. 诗歌《往昔的时光》抒发了什么样的情怀？谈谈自己的感受。
2. 体会诗歌《我的心儿在高原》所表达的情感。
3. 朗读并背诵这两首诗。

·华兹华斯诗二首·

我们是七个①

我碰见一个乡村小姑娘：
她说才八岁开外；
浓密的发丝一卷卷从四方
包裹着她的小脑袋。

她带了山林野地的风味，

衣着也带了土气：
她的眼睛很美，非常美；
她的美叫我欢喜。

“小姑娘，你们一共是几个，
你们姊妹弟兄？”
“几个？一共是七个，”她说，
看着我像有点不懂。

“他们在哪儿？请给我讲讲。”
“我们是七个，”她回答，
“两个老远的跑去了海上，
两个在康韦住家。

“还有我的小姐姐、小弟弟，
两个都躺在坟园，
我就住在坟园边的小屋里，
跟母亲，离他们不远。”

“你跑来跑去，我的小姑娘，
你的手脚都灵活；
既然有两个埋进了坟园，
你们就只剩了五个。”

小姑娘回答说，“他们的坟头
看得见一片青青，
十二步就到母亲的门口，
他们俩靠得更近。

“我常到那儿去织我的毛袜，
给我的手绢缝边；
我常到那儿的地上去坐下，

唱歌给他们消遣。

“到太阳落山了，刚近黄昏，
要是天气好，黑得晚，
我常把小汤碗带上一份，
上那儿吃我的晚饭。”

我就说，“既然他们俩升了天，
你们剩几个了，那么？”
小姑娘马上又回答一遍：
“先生，我们是七个。”

（卞之琳　译）

《华兹华斯抒情诗选》（译林出版社，1995）

【注释】

①本诗通过一个小女孩稚气的口语，写出了浓郁的诗意，表达出骨肉之情，不承认死亡的存在。

丁登寺赋①

五年过去了，五个夏天，还有
五个漫长的冬天！并且我重又听见
这些水声，从山泉中滚流出来，
在内陆的溪流中柔声低语。
——看到这些峻峭巍峨的山崖，
这一幕荒野的风景深深地留给
思想一个幽僻的印象：山水呀，
联结着天空的那一片宁静。

这一天到来，我又在此休憩
在无花果树的浓荫之下，远眺
村舍密布的田野，簇生的果树园，

在这一个时令，果子呀尚未成熟，
披着一身葱绿，将自己掩没
在灌木丛和乔木林中。我又一次
看到树篱，或许那并非树篱，而是一行行
顽皮的树精在野跑：这些田园风光，
一直绿到家门；袅绕的炊烟
静静地升起在树林顶端！
……

（汪剑钊 译）

《华兹华斯抒情诗选》（译林出版社，1995）

【注释】

①本诗抒写诗人在一个古寺废墟上的深刻感受。诗人努力表达的主旨是：自然界最平凡、最卑微之物都有灵魂，同整个宇宙合为一体。喧闹的都市使人孤独，唯有在大自然的怀抱中，诗人才得到安宁，得到人生的启迪。

阅读提示

威廉·华兹华斯（1770—1850），英国浪漫主义文学先驱，“湖畔派”三诗人之一。“湖畔派”诗人是指华兹华斯、柯勒律治、骚塞，他们是英国文学中最早出现的浪漫主义作家。他们喜爱大自然，描写宗法制农村生活，厌恶资本主义的城市文明和冷酷的金钱关系，他们远离城市，隐居在昆布兰湖区和格拉斯米尔湖区，由此得名“湖畔派”。

“湖畔派”三诗人中成就最高者为华兹华斯，他于1798年和柯勒律治合作发表了《抒情歌谣集》，宣告了英国浪漫主义新诗的诞生。两年后再版，华兹华斯加了一个长序，在这篇序中，华兹华斯详细阐述了他的浪漫主义文学主张，主张以平民的语言抒写平民的事物、思想与感情，被誉为浪漫主义诗歌的宣言。

1843年，华兹华斯被授予“桂冠诗人”称号，其诗歌成就是突出的，不愧为继莎士比亚、弥尔顿之后的一代大家。艺术评论家罗斯金称他为那个时代英国诗坛上的风景画家。他的诗歌不尚奇幻，以其宁静的沉思和富于想象力的风格写得真挚自然，亲切质朴，既注重自然的可感性而着意捕捉细节，又从人们的日常生活中开掘感情宝藏，以取得新鲜感和奇特的效果。

华兹华斯收在《抒情歌谣集》里的诗作，就是他对自己的理论所作的部分实践。诗集里著名的诗有：《坎伯兰的老乞丐》《我们是七个》《艾丽丝·菲尔》《写于早春的诗句》《丁登寺赋》。

思考与练习

1. 诗歌《我们是七个》如何体现华兹华斯的诗歌创作主张?
2. 比较华兹华斯诗歌与我国古代山水田园诗的异同。
3. 朗读并背诵这两首诗。

西风颂[①]

(英)雪莱

一

哦，犷野的西风，秋之实体的气息!
由于你无形无影的出现，万木萧疏，
似鬼魅逃避驱魔巫师，蔫黄，魃黑，

苍白，潮红，疫疠摧残的落叶无数，
四散飘舞；哦，你又把有翅的种籽
凌空运送到他们黑暗的越冬床圃；
仿佛是一具具僵卧在坟墓里的尸体，
他们将分别蛰伏，冷落而又凄凉，
直到阳春你蔚蓝的姐妹向梦中的大地

吹响她嘹亮的号角(如同牧放群羊，
驱送香甜的花蕾到空气中觅食就饮)
给高山平原注满生命的色彩和芬芳。

不羁的精灵，你啊，你到处运行；
你破坏，你也保存，听，哦，听!

二

在你的川流上，在骚动的高空，
纷乱的乌云，那雨和电的天使，

正像大地凋零枯败的落叶无穷，

挣脱天空和海洋交错缠接的柯枝，
飘流奔泻；在你清虚的波涛表面，
似酒神女祭司头上扬起的蓬勃情丝，

从那茫茫地平线阴暗的边缘
直到苍穹的绝顶，到处散布着
迫近的暴风雨飘摇翻腾的发卷。

你啊，垂死残年的挽歌，四合的夜幕
在你聚集的全部水汽威力的支撑下，
将构成他那庞大墓穴的拱形顶部。

从你那雄浑磅礴的氛围，将迸发
黑色的雨、火、冰雹；哦，听啊！

三

你，哦，是你把蓝色的地中海
从梦中唤醒，他在一整个夏天
都酣睡在贝伊湾[2]一座浮石岛外，

被澄澈的流水喧哗声催送入眠，
梦见了古代的楼台、塔堡和宫闱，
在强烈汹涌的波光里不住地抖颤，

全都长满了蔚蓝色苔藓和花卉，
馨香馥郁，如醉的知觉难以描摹，
哦，为了给你让路，大西洋水

豁然开裂，而在浩森波澜深处，
海底的花藻和枝叶无汁的丛林，
哦，由于把你的呼啸声辨认出，

一时都惨然变色，胆怵心惊，
战栗着自行凋落；听，哦，听！

四

我若是一朵轻捷的浮云能和你同飞，
我若是一片落叶，你所能提携，
我若是一头波浪能喘息于你的神威，

分享你雄强的脉搏，自由不羁，
仅次于，哦，仅次于不可控制的你；
我若能像在少年时，作为伴侣，

随你同游天际，因为在那时节，
似乎超越你天界的神速也不为奇迹；
我也就不至于像现在这样急切，

向你苦苦祈求。哦，快把我飏起，
就像你飏起波浪、浮云、落叶！
我倾覆于人生的荆棘！我在流血！

岁月的重负压制着的这一个[③]太像你，
像你一样，骄傲，不驯，而且敏捷。

五

像你以森林演奏，请也以我为琴，
哪怕我的叶片也像森林的一样凋谢！
你那非凡和谐的慷慨激越之情，

定能从森林和我同奏出深沉的秋乐，
悲怆却又甘洌。但愿你勇猛的精灵
竟是我的魂魄，我能成为剽悍的你！

请把我枯萎的思绪播送宇宙，

就像你驱遣落叶催促新的生命，
请凭借我这韵文写就的符咒，

就像从未灭的余烬飏出炉灰和火星，
把我的话语传遍天地间万户千家，
通过我的嘴唇，向沉睡未醒的人境，

让预言的号角奏鸣！哦，风啊，
如果冬天来了，春天还会远吗？

（江枫　译）

《雪莱诗选》（湖南人民出版社，1983）

【注释】

①这首诗构思在佛罗伦萨附近阿诺河畔的一片树林里，主要部分也在那里写成。那一天，孕育着一场暴风雨的暖和而又令人振奋的大风集合着常常倾泻下滂沱秋雨的云霭。不出我的预料，雨从日落下起，狂风暴雨里夹带着冰雹，并且伴有阿尔卑斯山南地区所特有的气势宏伟的电闪雷鸣。（雪莱原注）

②贝伊湾：意大利那不勒斯附近的一处海湾。

③这一个：诗人自指。

阅读提示

珀西·比希·雪莱（1792—1822），英国伟大的诗人，革命的浪漫主义者。他出身于贵族家庭，曾参加爱尔兰民族独立运动，旅居意大利时在一次乘舟海行中遇风暴罹难。

雪莱的诗作纯洁无邪，经常以云彩、山花、流水、飞鸟入诗，赞美民族自由，向往理想社会，鞭挞专制暴政，鼓吹革命思想。他的爱情诗往往将爱情同高远的理想结合，显示了不羁的想象、瑰丽的色彩和动人的音韵。杰作有《西风颂》《仙后麦布》《解放了的普罗米修斯》《致云雀》等名句。“如果冬天来了，春天还会远吗？”预言美好的世界必将来临，发人深思，恩格斯称他为“天才的预言家”。

思考与练习

1. 如何理解诗歌《西风颂》中“西风”这个意象？

2. 有表情地朗诵《西风颂》。

·裴多菲诗二首·

我愿意是激流……①

我愿意是激流，
山里的小河，
在崎岖的路上、
岩石上经过……
只要我的爱人
是一条小鱼，
在我的浪花中
快乐地游来游去。

我愿意是荒林，
在河流的两岸，
面对一阵阵狂风，
勇敢地作战……
只要我的爱人
是一只小鸟，
在我的稠密的
树枝间做窠，鸣叫。

我愿意是废墟，
在峻峭的山岩上，
这静默的毁灭
并不使我懊丧……
只要我的爱人
是青青的长春藤，
沿着我荒凉的额，

亲密地攀援上升。

我愿意是草屋，
在深深的山谷底，
草屋的顶上
饱受风雨的打击……
只要我的爱人
是可爱的火焰，
在我的炉子里，
愉快地缓缓闪现。

我愿意是云朵，
是灰色的破旗，
在广漠的空中，
懒懒地飘来荡去……
只要我的爱人
是珊瑚似的夕阳，
傍着我苍白的脸，
显出鲜艳的辉煌。

（孙用　译）

《裴多菲诗选》（人民文学出版社，1959）

【注释】

①这首诗大约作于1847年6月，写在诗人与尤丽娅热恋时期，是一首表白爱情的诗。

谷子成熟了……①

谷子成熟了，
天天都很热，
到了明天早晨，
我就去收割。
我的爱也成熟了，

很热的是我的心；
但愿你，亲爱的，
就是那收割的人！

（孙用　译）

《裴多菲诗选》（人民文学出版社，1959）

【注释】

①这首诗作于1843年。

阅读提示

裴多菲·山陀尔（1823—1849），19世纪匈牙利最伟大的资产阶级民主主义革命家。他出身于一个贫困的屠户家庭，自幼生活清贫，做过演员，当过兵。少年时期的流浪生活使他有机会同劳苦人民接近，15岁开始写诗，用民歌体，题材多取自民间生活，一生共写了800多首短诗和8首长篇叙事诗。格言诗《自由与爱情》是诗人走向革命的里程碑。著名长诗有《亚诺什勇士》《使徒》等，其作品对匈牙利文学的发展影响极大。

裴多菲曾为恋人森德莱·尤丽娅写了不少动人的爱情诗，也写了许多对祖国的热爱，对革命前途的关怀和鞭笞反动的专制统治的诗篇，以及鼓舞战士的战歌和进行曲。1848年秋天，奥地利侵略者向刚刚获得胜利的匈牙利进攻。伟大的卫国战争爆发了。1849年1月，裴多菲参加了贝姆将军的部队，任贝姆的少校副官，战斗在特兰西瓦尼亚一带。同年7月31日，裴多菲英勇地“死在哥萨克兵的矛尖上”，牺牲时年仅26岁零7个月。

思考与练习

1. 诗歌《我愿意是激流……》有哪些意象？结合这些意象谈谈作者的爱情观？
2. 诗歌《谷子成熟了……》运用了哪些修辞手法？
3. 有表情地朗诵这两首诗歌。

·普希金诗二首·

致凯恩[1]

我记得那美妙的一瞬：
在我的面前出现了你，
有如昙花一现的幻想，
有如纯洁之美的天仙。

在那无望的忧愁的折磨中，
在那喧闹的浮华生活的困扰中，
我的耳边长久地响着你温柔的声音，
我还在睡梦中见到你可爱的倩影。

许多年过去了，暴风骤雨般的微笑
驱散了往日的梦想，
于是我忘却了你温柔的声音，
还有你那天仙似的倩影。

在穷乡僻壤，在囚禁的阴暗生活中，
我的日子就那样静静地消逝，
没有倾心的人，没有诗的灵感，
没有眼泪，没有生命，也没有爱情。

如今心灵已开始苏醒：
这时在我面前又重新出现了你，
有如昙花一现的幻影，
有如纯洁之美的天仙。

我的心在狂喜中跳跃，
心中的一切又重新苏醒，
有了倾心的人，有了诗的灵感，
有了生命，有了眼泪，也有了爱情。

（戈宝权 译）

《普希金文集》（时代出版社，1947）

【注释】

①这首诗写于1825年，1824年8月，普希金在宪警的押送下被发配到原籍米哈伊洛夫斯克村，陪伴他的只有年老的奶娘。凯恩（1800—1879），普希金在彼得堡和她相识，后来他幽禁在米哈伊洛夫斯克村时，凯恩又来到该村附近的三山村作客，和普希金时常来往，凯恩离开时，普希金将这首诗送给她。此诗被誉为“爱情诗卓绝的典范”。

我曾经爱过你①

我曾经爱过你：爱情，也许
在我的心灵里还没有完全消亡，
但愿它不会再打扰你，
我也不想再使你难过悲伤。
我曾经默默无语地、毫无指望地爱过你，
我既忍受着羞怯，又忍受着嫉妒的折磨，
我曾经那样真诚、那样温柔地爱过你，
但愿上帝保佑你，另一个人也会像我爱你一样。

（戈宝权 译）

黎华选编《外国情诗选》（山东文艺出版社，1985）

【注释】

①这首诗写于1829年，这首著名爱情诗不但被译成中文受到中国读者的喜爱，也被谱成歌曲，经歌唱家的演唱后更是广为流传，俄罗斯著名浪漫抒情歌曲歌唱家奥列格·波古金就曾演唱过普希金的这首诗。

这首诗是献给安娜·阿列克谢耶夫娜·奥列尼娜（1808—1888）的。奥列尼娜（乳名安涅塔）是美术学院院长、彼得堡公共图书馆馆长、考古学家奥列宁的千金小姐。奥列尼娜生活在著名学者家中，受到文学艺术的熏陶，文化素质较高，同时又颇具魅力，相当活泼，惹人喜爱。奥列尼娜和普希金接触之后，她曾表白说，普希金是“当时她所见到的最有趣的人”，普希金对她也充满了情意。他们一起在沙龙见面，在郊外同游，在彼得堡夏园幽会。1828 年夏天，普希金很想和奥列尼娜结为夫妻，但却遭到了她的父亲的拒绝。普希金遭到拒绝后，很快就离开了彼得堡。后来，普希金与奥列尼娜一家关系大大疏远了，其中很重要的原因是她的父亲越来越靠近沙皇，而且这位要人对社会上流传的普希金的讽刺短诗极为不满。

据奥列尼娜的孙女说：1833 年普希金在《我曾经爱过你》这首原来写在她的祖母纪念册上的诗的下边，用法文加了一句话：“这是很久以前的事情了。”

阅读提示

亚历山大·谢尔盖耶维奇·普希金（1799—1837），是俄罗斯 19 世纪最伟大的诗人，俄罗斯文学的鼻祖。他出身贵族家庭，从小受到良好的文学教育。在皇村中学学习时，受到当时爱国思潮和进步思想的影响，结交了一些未来的十二月党人（俄国的贵族革命家）为朋友，毕业后到彼得堡进外交部任职。在此期间写出了《自由颂》《致恰达耶夫》等政治抒情诗，歌颂自由、进步，反对封建农奴制，抨击暴君专制，表现了开明贵族的理想，对当时的革命者曾产生过巨大影响。

1820 年普希金被沙皇流放到高加索。不久又以他的无神论思想为借口，把他幽禁在他母亲的领地米哈伊洛夫斯克村。1825 年 12 月党人起义失败后，沙皇为了拉拢他，把他召回莫斯科，企图使他成为宫廷诗人。终因普希金的进步思想和创作活动与统治阶级利益格格不入，引起了沙皇宫廷贵族集团的仇视。1837 年在沙皇及其党羽策划的决斗中，普希金受重伤而死，临死前最后一句话是：“这个世界容不得我活下去。”

普希金是俄罗斯语言文学的创始者。他的创作奠定了近代俄罗斯文学的基础，宣告了它的黄金时代的到来，并哺育了一代又一代俄罗斯优秀作家，因此被称为“近代俄国文学之父”。果戈理说：“他的作品，像一部辞典，包含了我们语言全部的丰富、力量和灵魂。”

普希金有着巨大的创作天分，一生总共写了近 900 多首抒情诗，他的诗篇丰满、优美、完整、匀称、精巧，真情淳朴，铿锵有力，具有明快的哀歌式的忧郁、旋律般的美和强烈的艺术魅力。别林斯基赞誉他的诗“所表现的音调的美和语言的力量到了令人惊异的地步，它像海波一样柔和、优美，像松脂一样醇厚，像闪电一样鲜明，像水晶一样透明、洁净，像春天一样芬芳，像勇士手中的剑击一样铿锵有声”。

思考与练习

1. 结合这两首诗歌，讨论普希金的爱情观。

2. 结合这两首诗歌，说说普希金诗歌的艺术特点。
3. 有表情地朗诵这两首诗歌。

·自己之歌[①]·

（美）惠特曼

我赞美我自己，歌唱我自己，
我所讲的一切，将对你们也一样适合，
因为属于我的每一个原子，也同样属于你。

我邀了我的灵魂同我一道闲游，
我俯首下视，悠闲地观察一片夏天的草叶。
我的舌，我的血液中的每个原子，都是由这泥土，这空气构成，
我在这里生长，我的父母在这里生长，他们的父母也同样在这里生长，
我现在是三十七岁了，身体完全健康，
希望继续不停地唱下去直到死亡。

教条和学派且暂时搁开，
退后一步，满足于现在它们所已给我的一切，但绝不能把它们全遗忘，
不论是善是恶，我将随意之所及，
毫无顾忌，以一种原始的活力述说自然。

屋宇和房间里充满了芳香，
框架上也充满了芳香，
我自己呼吸到这种芳香，
我知道它，我欢喜它，
这种芬芳的气息，要使我沉醉，
但我不让自己沉醉。

大气并不是一种芳香，
它没有熏香之气，它是无臭的物质，
但它永远适宜于我的呼吸，我爱它，
我愿意走到林边的河岸上，
去掉一切人为的虚饰，赤裸了全身，
我疯狂地渴望能这样接触到我自己。

我自己呼出的气息，
回声、水声、切切细语，爱根草、
合欢树、枝杈和藤蔓，
我的呼气和吸气，我的心的跳动，
血液和空气在我的肺里的流动，
嫩绿的树叶和干黄的树叶，
海岸和海边的黝黑的岩石和放在仓房里面的
谷草所吐的气息，
我吐出来散布在旋风里的文字的声音。

几次轻吻，几次拥抱，手臂的接触，
在柔软的树枝摇摆着的时候，
枝头清光和暗影的嬉戏，
独自一人时的快乐，或在拥挤的大街上、
在田边、在小山旁所感到的快乐。

（屠岸、楚图南　译）

周熙良《外国文学作品选》（第三卷）（上海译文出版社，1979）

【注释】

①《自己之歌》是惠特曼的代表作，集中反映了《草叶集》一书的主要思想。《自己之歌》是一首“我”的赞歌，但更是一首“我们”的赞歌，是人类生活的赞歌，是民主、自由的赞歌，也是大地、宇宙及一切属于美好的精神世界的赞歌。《自己之歌》以赞颂自己开始，步步深入、层层展开，歌颂了属于劳动阶层的男男女女、生与死、灵魂与肉体、民主与自由、民族与人民以及美国土地上的一草一木、宇宙间的一切富有生命力的、富有创造力的力量。《自己之歌》中的“我”是自己又非自己。他跨越时代又能在人类生活的舞台上驰骋。他伟大

却又渺小、不显眼，只是一叶小草，但这一叶小草却象征生命和力量。长诗就是在寓意深刻的关于小草的描述和联想中走向高潮而终结的。

阅读提示

瓦尔特·惠特曼（1819—1892），19 世纪美国杰出的民主主义诗人。生于纽约，家庭贫苦，当过信差、教师、排字工人、编辑。他热爱自然，热爱人生，热爱文学；曾在美国各地流浪，与各行各业的劳动人民结交朋友，开始诗歌创作。1855 年《草叶集》第一版问世，以其崭新的内容和崭新的风格在美国诗坛上别树一帜。以后每再版一次，即增加一些新作，直到他去世的时候，一共出了九版，诗集的名字始终是《草叶集》。

“草叶”是平凡的人和平凡的事物的象征。《草叶集》里所吟唱的就是美国的平凡的人和平凡的事物：辛苦地为生活而奋斗的劳动人民，为了祖国未来而流血牺牲的普通士兵，经过人们劳动耕作而美丽如锦的田野，繁忙热闹的港口码头，以及高山大海日月星辰等自然景象，在时而高昂时而低回的滔滔流水般的诗句中，表达出了诗人对生活的热爱，对人生的理想。

思考与练习

1. 如何理解惠特曼的诗歌《自己之歌》？
2. 有表情地朗诵这首诗歌。

·泰戈尔诗选·

《吉檀迦利》[1]（节选）

（1）

你已经使我永生，这样做是你的欢乐。这脆薄的杯儿，你不断地把它倒空，又不断地以新生命来充满。

这小小的苇笛，你携带着它逾山越谷，从笛管里吹出永新的音乐。

在你双手的不朽的按抚下，我的小小的心，消融在无边快乐之中，发出不可言说的词调。

你的无穷的赐予只倾入我小小的手里。时代过去了，你还在倾注，而我的手里还有余量待充满。

（6）

摘下这朵花来，拿了去罢，不要迟延！我怕它会萎谢了，掉在尘土里。

它也许配不上你的花冠，但请你采折它，以你手采折的痛苦来给它光宠。我怕在我警觉之先，日光已逝，供献的时间过了。

虽然它颜色不深，香气很淡，请仍用这花来礼拜，趁着还有时间，就采折罢。

（12）

我旅行的时间很长，旅途也是很长的。

天刚破晓，我就驱车起行，穿遍广漠的世界，在许多星球之上，留下辙痕。

离你最近的地方，路途最远，最简单的音调，需要最艰苦的练习。

旅客要在每个生人门口敲叩，才能敲到自己的家门，人要在外面到处漂流，最后才能走到最深的内殿。

我的眼睛向空阔处四望，最后才合上眼说："你原来在这里！"

这句问话和呼唤"呵，在哪儿呢？"融化在千股的泪泉里，和你保证的回答"我在这里！"的洪流，一同泛滥了全世界。

（20）

莲花开放的那天，唉，我不自觉地在心魂飘荡。我的花篮空着，花儿我也没有去理睬。

不时地有一段的幽愁来袭击我，我从梦中惊起，觉得南风里有一阵奇香的芳踪。

这迷茫的温馨，使我想望得心痛，我觉得这仿佛是夏天渴望的气息，寻求圆满。

我那时不晓得它离我是那么近，而且是我的，这完美的温馨，还是在我自己心灵的深处开放。

（39）

在我的心坚硬焦躁的时候，请洒我以慈霖。

当生命失去恩宠的时候，请赐我以欢歌。

当烦杂的工作在四周喧闹，使我和外界隔绝的时候，我的宁静的主，请带着你的和平与安息来临。

当我乞丐似的心，蹲闭在屋角的时候，我的国王，请你以王者的威仪破户而入。

当欲念以诱惑与尘埃来迷蒙我的心眼的时候，呵，圣者，你是清醒的，请你和你的雷电一同降临。

（79）

假如我今生无份遇到你，就让我永远感到恨不相逢——让我念念不忘，让我在醒时梦中都怀带着这悲哀的苦痛。

当我的日子在世界的闹市中度过，我的双手满捧着每日的赢利的时候，让我永远觉得我是一无所获——让我念念不忘，让我在醒时梦中都带着这悲哀的苦痛。

当我坐在路边，疲乏喘息，当我在尘土中铺设卧具，让我永远记着前面还有悠悠的长路——让我念念不忘，让我在醒时梦中都怀带着悲哀的苦痛。

当我的屋子装饰好了，箫笛吹起，欢笑声喧的时候，让我永远觉得我还没有请你光临——让我念念不忘，让我在醒时梦中都怀带着这悲哀的苦痛。

（100）

我跳进形象海洋的深处，希望能得到那无形象的完美的珍珠。

我不再以我的旧船去走遍海港，我乐于弄潮的日子早已过去了。

现在我渴望死于不死之中。

我要拿起我的生命的弦琴，进入无底深渊旁边，那座涌出无调的乐音的广厅。

我要调拨我的琴弦，和永恒的乐音合拍，当它呜咽出最后的声音时，就把我静默的琴儿放在静默的脚边。

（冰心　译　1912 年）

《泰戈尔诗选》（人民文学出版社，1937）

【注释】

①《吉檀迦利》是“亚洲第一诗人”泰戈尔中期诗歌创作的高峰，也是最能代表他思想观念和艺术风格的作品。这部宗教抒情诗集，是一份“奉献给神的祭品”，风格清新自然，带着泥土的芬芳。泰戈尔向神敬献的歌是“生命之歌”，他以轻快、欢畅的笔调歌唱生命的枯荣、现实生活的欢乐和悲哀，表达了作者对祖国前途的关怀。

泰戈尔在 1913 年获得诺贝尔文学奖的作品就是他在英国出版的诗集《吉檀迦利——饥饿的石头》（国内一般翻译为《吉檀迦利》）。获奖理由是：“由于他那至为敏锐、清新与优美的诗，这诗出之于高超的技巧，并由于他自己用英文表达出来，使他那充满诗意的思想业已成为西方文学的一部分。”

《新月集》① （节选）

第一次的茉莉

呵，这些茉莉花，这些白的茉莉花！

我仿佛记得我第一次双手满捧着这些茉莉花，这些白的茉莉花的时候。

我喜爱那日光，那天空，那绿色的大地；

我听见那河水淙淙的流声，在黑漆的午夜里传过来；

秋天的夕阳，在荒原上大路转角处迎我，如新妇揭起她的面纱迎接她的爱人。

但我想起孩提时第一次捧在手里的白茉莉，心里充满着甜蜜的回忆。

我生平有过许多快活的日子，在节日宴会的晚上，我曾跟着说笑话的人大笑。

在灰暗的雨天的早晨，我吟哦过许多飘逸的诗篇。

我颈上戴过爱人手织的醉花的花圈，作为晚装。

但我想起孩提时第一次捧在手里的白茉莉，心里充满着甜蜜的回忆。

榕 树

喂，你站在池边的蓬头的榕树，你可会忘记了那小小的孩子，就像那在你的枝上筑巢又离开了你的鸟儿似的孩子？

你不记得是他怎样坐在窗内，诧异地望着你深入地下的纠缠的树根么？

妇人们常到池边，汲了满罐的水去，你的大黑影便在水面上摇动，好像睡着的人挣扎着要醒来似的。

日光在微波上跳舞，好像不停不息的小梭在织着金色的花毡。

两只鸭子挨着芦苇，在芦苇影子上游来游去，孩子静静地坐在那里想着。

他想做风，吹过你的萧萧的枝杈；想做你的影子，在水面上，随了日光而俱长；想做一只鸟儿，栖息在你的最高枝上；还想做那两只鸭，在芦苇与阴影中间游来游去。

（郑振铎　译　1913 年）

《泰戈尔诗选》（湖南人民出版社，1981）

【注释】

①《新月集》（1903）主要译自 1903 年出版的孟加拉文诗集《儿童集》，有的是用英文直接创作的。诗集中，诗人生动描绘了儿童们的游戏，巧妙地表现了孩子们的心理，以及他们活泼的想象。它特殊的隽永的艺术魅力，把我们带到了一个纯洁的儿童世界，勾起了我们对童年生活的美好回忆。

《园丁集》[1]（节选）

（16）

我的心，这只野鸟，在你的双眼中找到了天空。

它们是清晓的摇篮，它们是星辰的王国。

我的诗歌在它们的深处消失。

只让我在这天空中高飞，翱翔在静寂的无限空间里。
只让我冲破它的云层，在它的阳光中展翅吧。

(18)

我爱你，我的爱人。请饶恕我的爱。
像一只迷路的鸟，我被捉住了。
当我的心抖战的时候，它丢了围纱，变成赤裸。
用怜悯遮住它吧。爱人，请饶恕我的爱。

如果你不能爱我，爱人，请饶恕我的痛苦。
不要远远地斜视我。
我将偷偷地回到我的角落里去，在黑暗中坐地。
我将用双手掩起我赤裸的羞惭。
回过脸去吧，我的爱人，请饶恕我的痛苦。

如果你爱我，爱人，请饶恕我的快乐。
当我的心被快乐的洪水卷走的时候，不要笑我的汹涌的退却。
当我坐在宝座上，用我暴虐的爱来统治你的时候，
当我像女神一样向你施恩的时候，
饶恕我的骄傲吧，爱人，也饶恕我的欢乐。

(19)

不要不辞而别，我爱。
我看望了一夜，现在我脸上睡意重重。
只恐我在睡中把你丢失了。
不要不辞而别，我爱。

我惊起伸出双手去摸触你，
我问自己说：“这是一个梦么?"
但愿我能用我的心系住你的双足，紧抱在胸前！
不要不辞而别，我爱。

(冰心　译　1913 年)

《泰戈尔诗选》(人民文学出版社，1937)

【注释】

①《园丁集》是泰戈尔的代表作之一，是一部“生命之歌”，它更多地融入了诗人青春时

代的体验，细腻地描述了爱情的幸福、烦恼与忧伤，可以视为一部青春恋歌。诗人在回首往事时吟唱出这些恋歌，在回味青春心灵的悸动时，无疑又与自己的青春保有一定距离，并进行理性的审视与思考，使这部恋歌不时地闪烁出哲理的光彩。阅读这些诗篇，如同漫步在暴风雨过后的初夏里，一股挡不住的清新与芬芳，仿佛看到一个亮丽而清透的世界，一切都是那样的纯净、美好，使人于不知不觉中体味爱与青春的味道。

《飞鸟集》[1]（节选）

（1）

夏天的飞鸟，飞到我的窗前唱歌，又飞去了。

秋天的黄叶，它们没有什么可唱，只叹息一声，飞落在那里。

（6）

如果你因失去了太阳而流泪，那么你也将失去群星了。

（35）

鸟儿愿为一朵云。

云儿愿为一只鸟。

（57）

当我们是大为谦卑的时候，便是我们最接近伟大的时候。

（65）

小草呀，你的足步虽小，但是你拥有你足下的土地。

（68）

错误经不起失败，但是真理却不怕失败。

（82）

使生如夏花之绚烂，死如秋叶之静美。

（129）

“可能”问“不可能”道：

“你住在什么地方呢?”

它回答道：“在那无能为力者的梦境里。”

（200）

燃烧着的木块，熊熊地生出火光，叫道：“这是我的花朵，我的死亡。”

(223)

生命因为付出了的爱情而更为富足。

(277)

当我死时，世界呀，请在你的沉默中，替我留着“我已经爱过了”这句话吧。

(279)

让死者有那不朽的名，但让生者有那不朽的爱。

(郑振铎　译　1916年)

《泰戈尔诗选》(湖南人民出版社，1981)

【注释】

①《飞鸟集》是印度诗人泰戈尔的代表作之一，也是世界上最杰出的诗集之一，它包括300余首清丽的小诗。白昼和黑夜、溪流和海洋、自由和背叛，都在泰戈尔的笔下合二为一，短小的语句道出了深刻的人生哲理，引领世人探寻真理和智慧的源泉。

郑振铎在译完泰戈尔的这部散文诗集后，曾深情地称它“包涵着深邃的大道理”，并形象地指出，泰戈尔的这部散文诗集“像山坡草地上的一丛丛的野花，在早晨的太阳光下，纷纷地伸出头来。随你喜爱什么吧，那颜色和香味是多种多样的”。

阅读提示

罗宾德拉纳德·泰戈尔（1861—1941），印度近代著名诗人、小说家、剧作家和社会活动家。生于孟加拉省加尔各答市的一个富有的地主之家，父亲是哲学家和社会改革家，家庭的文学艺术气氛极浓。他从少年时代开始写作。1878 年赴英国留学，在伦敦大学学习英国文学和西洋音乐。1880 年回国，专门从事文学活动。他共写了 50 多部诗集，被称为“诗圣”。写了 12 部中长篇小说，100 多篇短篇小说，20 多部剧本，以及大量文学、哲学、政治论著，并创作了 1500 多幅画，谱写了的众多歌曲。

泰戈尔是印度有巨大世界影响的作家。他的作品反映了印度人民在帝国主义和封建种姓制度压迫下要求改变自己命运的强烈愿望，描写了他们不屈不挠的反抗斗争，充满了鲜明的爱国主义和民主主义精神，同时又富有民族风格和民族特色，具有很高艺术价值，深受人民群众喜爱。1913 年泰戈尔获诺贝尔文学奖。

泰戈尔的诗歌受到西方唯美主义、象征主义等诗派的影响，也受到印度古代梵文诗歌和民间文化的影响，所以我们从他的诗歌里既能感受到他那无处不在的象征性和层层的隐喻与暗示，也能感受到他那浓郁的神性与宗教意味。他的诗歌境界丰富而博大，始终有一种最高贵的感情主线，那就是博爱与泛爱。他的爱像纯净的新月。他用爱心去探寻生命的本质、精神的源头，泛神与泛爱构成了他的诗歌的生命哲学与底蕴。他的散文诗清新朴素，与抒情诗一样富于音乐性。

泰戈尔的作品早在1915年就已介绍到中国，现已出版了10卷本的中文《泰戈尔作品集》。

他的诗歌深受中国人民喜爱，其诗集《故事诗集》(1900)、《吉檀迦利》(1910)、《新月集》(1913)、《飞鸟集》(1916)、《边缘集》(1938)、《生辰集》(1941)等为中国读者所熟知。泰戈尔曾于1924年访问中国。

思考与练习

1. 如何理解印度诗人泰戈尔的诗歌？
2. 概述印度诗人泰戈尔的诗歌的艺术特点。
3. 朗读节选的诗歌。

体育颂[①]

（法）顾拜旦

啊，体育，天神的欢娱，生命的动力。你猝然降临在灰蒙蒙的林间空地，受难者，激动不已。你像是容光焕发的使者，向暮年人微笑致意。你像高山之巅出现的晨曦，照亮了昏暗的大地。

啊，体育，你就是美丽！你塑造的人体，变得高尚还是卑鄙，要看它是被可耻的欲望引向堕落，还是由健康的力量悉心培育。没有匀称协调，便谈不上什么美丽。你的作用无与伦比，可使二者和谐统一；可使人体运动富有节律；使动作变得优美，柔中含有刚毅。

啊，体育，你就是正义！你体现了社会生活中追求不到的公平合理。任何人不可超过速度一分一秒，逾越高度一分一厘。取得成功的关键，只能是体力与精神融为一体。

啊，体育，你就是空气！肌肉用力的全部含义是敢于搏击。若不为此，敏捷、强健有何用？肌肉发达有何益？我们所说的勇敢，不是冒险家押上全部赌注似的蛮干，而是经过慎重的深思熟虑。

啊，体育，你就是荣誉！荣誉的赢得要公正无私，反之便毫无意义。有人要弄见不得人的诡计，以此达到欺骗同伴的目的。他内心深处却受着耻辱的纹缢，有朝一日被人识破，就会落得名声扫地。

啊，体育，你就是乐趣！想起你，内心充满欢喜，血液循环加剧，思路更加开阔，条理愈加清晰。你可使忧伤的人散心解闷，你可使快乐的人生活更加甜蜜。

啊，体育，你就是培育人类的沃地！你通过最直接的途径，增强民族体质，矫正畸形躯体；防病患于未然，使运动员得到启迪；希望后代长得茁壮有力，继往开来，夺取桂冠的胜利。

啊，体育，你就是进步！为人类的日新月异，身体和精神的改善要同时抓起。你规定良好的生活习惯，要求人们对过度行为引起警惕。你告诫人们遵守规则，发挥人类最大能力而又无损健康的肌体。

啊，体育，你就是和平！你在各民族间建立愉快的联系。你在有节制、有组织、有技艺的体力较量中产生，使全世界的青年学会相互尊重和学习，使不同民族特质成为高尚而和平竞争的动力。

（刘汉全，邹丽　等译）

《奥林匹克主义——顾拜旦文选》（人民体育出版社，2008）

【注释】

①顾拜旦以霍罗德和艾歇巴赫的笔名创作的这首散文诗——《体育颂》，在 1912 年斯德哥尔摩奥运会“缪斯五项艺术比赛”中获得奥林匹克文学艺术比赛金奖。顾拜旦在这篇传世的散文诗中，充满激情地讴歌体育和奥林匹克运动，高度评价了奥林匹克运动在现代社会文明中的作用和地位，同时也讽刺和批判了奥林匹克运动中的种种弊端，其主导思想是“体育就是和平”，这也是他以“奥林匹克理想”为题多次阐释的奥林匹克主义，且被《奥林匹克宪章》所强调。

顾拜旦用一个法国名字和一个德国名字署名，发表这首散文诗，是用心良苦的。首先，是基于他所倡导的“费厄泼赖”（fair play）的公平竞争原则，为使评委能公平评判而用了笔名；其次，根据国际奥委会委员、匈牙利人梅佐博士的解释，顾拜旦先生是想告诉人们：即使像法、德这样有着世仇的国家，也能在奥林匹克运动的大家庭中，增进了解而友好相处。

阅读提示

顾拜旦（1863—1937），法国著名教育家，现代奥林匹克运动创始人。他出生于巴黎的一个贵族家庭，中学毕业后入巴黎大学攻读法律与政治，后去英国学教育学，其杰出成就主要在学校教育和社会竞技运动方面。1888 年 5 月，顾拜旦针对学生“学业过劳”问题，提出“唯一解决的办法是叫孩子们游戏”。1889 年 5 月，他利用万国博览会召开体育会议和学生运动会。1892 年，他呼吁复兴奥林匹克运动。之后于 1894 年 6 月 23 日成立了奥林匹克委员会，并于1896年4月6日在雅典召开了第一届奥林匹克运动会，从此，他被国际体育界誉为“奥林匹克之父”。

首届奥运会后，顾拜旦接任国际奥委会主席。在他近30年的国际奥委会主席任期内，他为奥运会留下了丰富的遗产，包括先后起草了国际奥委会章程，设计了奥运五环旗，起草了运动员誓言，赋予奥运火炬崭新的时代意义，主张奥林匹克运动是一个“自由超越的领域”，将法国一位神学院院长为本校体育协会写的题词——“更快、更高、更强”推广传播成为奥运格言等，他还用诗一样的语言，写下了体育史上的名篇《体育颂》。

由于第一次世界大战使奥林匹克运动陷于停顿，国际奥委会从巴黎迁往洛桑。1925年6月4日，在国际奥委会布拉格大会上，62岁的顾拜旦正式宣布辞职，奥委会授予他终身名誉主席的称号。1937年9月2日，他在瑞士日内瓦湖边散步时，因心脏病突发而去世。根据他的遗愿，他的心脏于1938年移葬到希腊奥林匹亚，而他的遗体则安葬在瑞士洛桑的市郊公墓里。

思考与练习

1. 《体育颂》体现了哪些体育精神？
2. 有表情地朗诵《体育颂》。

堂吉诃德[1]（节选）

（西班牙）塞万提斯

第一部 第八章[2]

骇人的风车奇险；堂吉诃德的英雄身手；以及其他值得大书特书的事情。

这时候，他们远远望见郊野里有三四十架风车。堂吉诃德一见就对他的侍从说：

“运道的安排，比咱们要求的还好。你瞧，桑丘·潘沙朋友，那边出现了三十多个大得出奇的巨人。我打算去跟他们交手，把他们一个个杀死，咱们得了胜利品，可以发财。这是正义的战争，消灭地球上这种坏东西是为上帝立大功。”

桑丘·潘沙道：“什么巨人呀？”

他主人说：“那些长胳膊的，你没看见吗？有些巨人的胳膊差不多二哩瓦[3]长呢。”

桑丘说：“您仔细瞧瞧，那不是巨人，是风车；上面胳膊似的东西是风车的翅膀，给风吹动了就能推转石磨。”

堂吉诃德道：“你真是外行，不懂冒险。他们确是货真价实的巨人。你要是害怕，就走开些，做你的祷告去，我一人单干，跟他们大伙儿拼命好了。”

他一面说，一面踢着坐骑冲出去。他侍从桑丘大喊说，他前去冲杀的明明是风车，不是巨人；他满不理会，横着念头那是巨人，既没听见桑丘叫喊，跑近了也没看清是什么东西，只顾往前冲，嘴里嚷道：

“你们这伙没胆量的下流东西！不要跑！来跟你们厮杀的只是个单枪匹马的骑士！”

这时微微刮起一阵风，转动了那些庞大的翅翼。堂吉诃德见了说：

“即使你们挥舞的胳膊比巨人布利亚瑞欧[4]的还多，我也要和你们见个高下！”

他说罢一片虔诚向他那位杜尔西内娅小姐祷告一番，求她在这个紧要关头保佑自己，然后把盾牌遮稳身体，横托着长枪飞马向第一架风车冲杀上去。他一枪刺中了风车的翅膀；翅膀在风里转得正猛，把长枪迸作几段，一股劲把堂吉诃德连人带马直扫出去；堂吉诃德滚翻在地，狼狈不堪。桑丘·潘沙趱[5]驴来救，跑近一看，他已经不能动弹，驽骍难得[6]把他摔得太厉害了。

桑丘说：“天啊！我不是跟您说了吗，仔细着点儿，那不过是风车。除非自己的头脑给风车转糊涂了，谁还不知道这是风车呢？”

堂吉诃德答道：“甭说了，桑丘朋友，打仗的胜败最拿不稳。看来把我的书连带书房一起抢走的弗瑞斯冬法师对我冤仇很深，一定是他把巨人变成风车，来剥夺我胜利的光荣。可是到头来，他的邪法毕竟敌不过我这把剑的锋芒。”

桑丘说：“这就要瞧老天爷怎么安排了。”

桑丘扶起堂吉诃德；他重又骑上几乎跌歪了肩膀的驽骍难得。他们谈论着方才的险遇，顺着往拉比塞峡口的大道前去，因为据堂吉诃德说，那地方来往人多[7]，必定会碰到许多形形色色的奇事。可是他长枪断了，心上老大不痛快，和他的侍从计议说：

“我记得在书上读到一位西班牙骑士名叫狄艾果·贝瑞斯·台·巴尔咖斯，他一次打仗把剑斫断了，就从橡树上劈下一根粗壮的树枝，凭那根树枝，那一天干下许多了不起的事，打闷不知多少摩尔人，因此得到个绰号，叫做‘大棍子’。后来他本人和子孙都称为‘大棍子’巴尔咖斯。我跟你讲这番话有个计较：我一路上见到橡树，料想他那根树枝有多粗多壮，照样也折它一枝。我要凭这根树枝大显身手，你亲眼看见了种种说来也不可信的奇事，才会知道跟了我多么运气。”

桑丘说：“这都听凭老天爷安排吧。您说的话我全相信；可是您把身子挪正中些，您好像闪到一边去了，准是摔得身上疼呢。”

堂吉诃德说：“是啊，我吃了痛没作声，因为游侠骑士受了伤，尽管肠子从伤口掉出来，也不得哼痛[8]。”

桑丘说：“要那样的话，我就没什么说的了。不过天晓得，我宁愿您有痛就哼。我自己呢，说老实话，我要有一丁丁点儿疼就得哼哼，除非游侠骑士的侍从也得遵守这个规矩，不许哼痛。”

堂吉诃德瞧他侍从这么傻，忍不住笑。他声明说：不论桑丘喜欢怎么哼，或什么时候哼，不论他是忍不住要哼，或不哼也可，反正他尽管哼好了，因为他还没读到什么游侠骑士的规则不准侍从哼痛。桑丘提醒主人说，该是吃饭的时候了。他东家说这会子还不想吃，桑丘什么时候想吃就可以吃。桑丘得了这个准许，就在驴背上尽量坐舒服了，把褡裢袋里的东西取出来，慢慢跟在主人后面一边走一边吃，还频频抱起酒袋来喝酒，喝得津津有味，玛拉咖最享口福的酒馆主人见了都会羡慕。他这样喝着酒一路走去，早把东家对他许的愿抛在九霄云外，觉得四出冒险尽管担惊受怕，也不是什么苦差，倒是很惬意的。

长话短说。他们当夜在树林里过了一宿。堂吉诃德折了一根可充枪柄的枯枝，把枪头移上。他曾经读到骑士们在穷林荒野里过夜，想念自己的意中人，好几夜都不睡觉。他要学样，当晚彻夜没睡，只顾想念他的意中人杜尔西内娅。桑丘·潘沙却另是一样。他肚子填得满满，又没喝什么提神醒睡的饮料，倒头一觉，直睡到大天亮。阳光照射到他脸上，鸟声嘈杂，欢迎又一天来临，他都不理会，要不是东家叫唤，他还沉睡不醒呢。他起身就去抚摸一下酒袋，觉得比昨晚越发萎瘪了，不免心上烦恼，因为照他看来，在他们这条路上，没法立刻弥补上这项亏空。堂吉诃德还是不肯开斋，上文已经说过，他决计靠甜蜜的相思来滋养自己。他们又走上前往拉比塞峡口的道路；约莫下午三点，山峡已经在望。

堂吉诃德望见山峡，就说：“桑丘·潘沙兄弟啊，这里的险境和奇事多得应接不暇，可是你记着，尽管我遭了天大的危险，也不可以拔剑卫护我。如果我对手是下等人，你可以帮忙；如果对手是骑士，按骑士道的规则，你怎么也不可以帮我，那是违法的。你要帮打，得封授了骑士的称号才行。”

桑丘答道：“先生，我全都听您的，决没有错儿。我生来性情和平，最不爱争吵。当然，我们要保卫自己的身体，就讲究不了这些规则。无论天定的规则，人定的规则，总容许动手自卫。”

堂吉诃德说：“这话我完全同意。不过你如要帮我跟骑士打架，那你得捺下火气，不能使性。”

桑丘答道：“我一定听命，把您这条戒律当礼拜日的安息诫一样认真遵守。”

他们正说着话，路上来了两个圣贝尼多教会的修士。他们好像骑着两匹骆驼似的，因为那两头骡子简直有骆驼那么高大。两人都戴着面罩[9]，撑着阳伞。随后来一辆马车，有四五骑人马和两个步行的骡夫跟从。原来车上是一位到塞维利亚去的比斯盖贵夫人；她丈夫得了美洲的一个贵职要去上任，正在塞维利亚等待出发。两个修士虽然和她同路，并不是一伙。可是堂吉诃德一看见他们，就对自己的侍从说：

“要是我料得不错，咱们碰上破天荒的奇遇了。前面这几个黑魆魆的家伙想必是魔术家——没什么说的，一定是魔术家；他们用这辆车劫走了一位公主。我得尽力量除暴惩凶。”

桑丘说：“这就比风车的事更糟糕了。您瞧啊，先生，那些人是圣贝尼多教会的修士，那辆马车准是过往客人的。您小心，我跟您说，您干事要多多小心，别上了魔鬼的当。”

堂吉诃德说：“我早跟你说过，桑丘，你不懂冒险的事。我刚才的话是千真万确的，你这会儿瞧吧。”

他说罢往前几步，迎着两个修士当路站定，等他们走近，估计能听见自己的话，就高声喊道：

“你们这起妖魔鬼怪！快把你们车上抢走的几位贵公主留下！要不，就叫你们当场送命；干了坏事，得受惩罚！”

两个修士带住骡子，对堂吉诃德那副模样和那套话都很惊讶，回答说：

“绅士先生，我们不是妖魔，也并非鬼怪。我们俩是赶路的圣贝尼多会修士。这辆车是不是劫走了公主，我们也不知道。”

堂吉诃德喝道：“我不吃这套花言巧语！我看破你们是撒谎的混蛋！”

他不等人家答话，踢动驽骍难得，斜绰着长枪，向前面一个修士直冲上去。他来势非常凶猛，那修士要不是自己滚下骡子，准被撞下地去，不跌死也得身受重伤。第二个修士看见伙伴遭殃，忙踢着他那匹高大的好骡子落荒而走，跑得比风还快。

桑丘瞧修士倒在地下，就迅速下驴，抢到他身边，动手去剥他的衣服。恰好修士的两个骡夫跑来，问他为什么脱人家衣服。桑丘说，这衣服是他东家堂吉诃德打了胜仗赢来的战利品，按理是他份里的。两个骡夫不懂得说笑话，也不懂得什么战利品、什么打仗，瞧堂吉诃德已经走远，正和车上的人说话呢，就冲上去推倒桑丘，把他的胡子拔得一根不剩，又踢了他一顿，撇他直挺挺的躺在地下，气都没了，人也晕过去了。跌倒的修士心惊胆颤，面无人色，急忙上骡，踢着它向同伴那里跑；逃走的修士正在老远等着，看这番袭击怎么下场。他们不等事情结束，马上就走了，一面只顾在胸前画十字；即使背后有魔鬼追赶，也不必画那么多十字。

上文已经说了，堂吉诃德正在和车上那位夫人谈话呢。他说：

“美丽的夫人啊，您可以随意行动了，我凭这条铁臂，已经把抢劫您的强盗打得威风扫地。您不用打听谁救了您；我省您的事，自己报名吧。我是个冒险的游侠骑士，名叫堂吉诃德·台·拉·曼却；我倾倒的美人是绝世无双的堂娜杜尔西内娅·台尔·托波索。您受了恩不用别的报酬，只须回到托波索去代我拜见那位小姐，把我救您的事告诉她。”

有个随车伴送的侍从是比斯盖人，听了堂吉诃德的话，瞧他不让车辆前行，却要他们马上回托波索去，就冲到他面前，一把扭住他的长枪跟他理论，一口话既算不得西班牙语，更算不得比斯盖语，似通非通的说：

“走哇！骑士倒霉的！我凭上帝创造我的起誓：不让车走啊你，我比斯盖人杀死你是真！好比你身在此地一样是真！”

这话堂吉诃德全听得懂。他很镇静地答道：

“你呀，不是个骑士；你要是个骑士，这样糊涂放肆，我早就惩罚你了，你这奴才！”

比斯盖人道：

“我不绅士[10]？对上帝发誓：你很撒谎！好比我跟基督徒一样！如果你长枪放下，拔出来剑，马上可以你瞧瞧，你是把水送到猫儿旁边去[11]呢！陆地上比斯盖人，海上也绅士！哪里都绅士[12]！你道个不字，撒谎你就是！”

堂吉诃德答道：“阿格拉黑斯说的：‘你这会儿瞧吧[13]。’”

他把长枪往地下一扔，拔出剑，挎着盾牌，直取那比斯盖人，一心要结果他的性命。比斯盖人因为自己的坐骑是雇来的劣骡子，靠不住；他想要下地，可是瞧堂吉诃德这般来势，什么也顾不及，只有拔剑的工夫，幸亏正在马车旁边，就从车上抢了个垫子，权当盾牌使用，两人就像不共戴天的冤家那样打起来。旁人想劝解，可是不行，比斯盖人用他那种支离破碎的话向大家声明：他们要是不让他把这一仗打到底，他就亲手把女主人杀掉，把所有阻挡他的人都杀掉。车上那位太太看到这样情况，又惊又怕，忙叫车夫把车赶远些，就在那边遥遥观看这场恶战。当时比斯盖人伸手越过堂吉诃德的盾牌，在他肩上狠狠劈了一剑；要不是他身披铠甲，腰以上早劈做两半了。这一剑好不凶猛，堂吉诃德觉得分量不轻，大喊道：

“啊！我心上的主子、美人的典范杜尔西内娅！你的骑士为了不负你的十全十美，招得大难临头了！请你快来帮忙呀！”

他说着话，一手握剑，一手用盾牌，护严身子，直向比斯盖人冲去。说时迟，那时快，他一股猛劲，要一剑劈去立见输赢。

比斯盖人瞧堂吉诃德这股冲劲，看出对手的勇猛，决计照样跟他拼一拼；可是坐下的骡子已经疲乏不堪，况且天生也不是干这种玩意儿的，所以一步也挪移不动，左旋右转都不听使唤，他只好把坐垫护严身子，站定了等候。上文说过，堂吉诃德举剑直取这机警的比斯盖人，一心要把他劈做两半；比斯盖人也举着剑，把坐垫挡着身子迎候；旁人不知道这两把恶狠狠的剑下会生出什么事来，惴惴不安地等待着；车上那位太太和几个侍女只顾向西班牙所有的神像和礼拜堂千遍万遍的许愿，求上帝保佑这侍从和她们自己逃脱当前这场大难。可是偏偏在这个紧要关头，作者把一场厮杀半中间截断了，推说堂吉诃德生平事迹的记载只有这么一点。当然，这部故事的第二位作者决不信这样一部奇书会被人遗忘，也不信拉·曼却的文人对这位著名骑士的文献会漠不关怀，让它散失。因此他并不死心，还想找到这部趣史的结局。靠天保佑，他居然找到了。如要知道怎么找到的，请看本书第二部。

（杨绛　译）

塞万提斯《堂吉诃德》（人民文学出版社，1978）

【注释】

①《堂吉诃德》是塞万提斯的代表作。小说全名为《奇情异想的绅士堂吉诃德·台·拉·曼却》，共两部，主要描写一个瘦弱的没落贵族堂吉诃德因迷恋古代骑士小说，竟像古代骑士那样用破甲驽马装扮起来，以丑陋的牧猪女作美赛天仙的崇拜贵妇，再以矮胖的农民桑丘·潘沙作侍从，三次出发周游全国，去创建扶弱锄强的骑士业绩，以致闹出不少笑话，到处碰壁受辱，被打成重伤或被当作疯子遣送回家。小说中出现的人物近700个，描绘的场景从宫廷到荒野遍布全国。揭露了16世纪末到17世纪初正在走向衰落的西班牙王国的各种矛盾，谴责了贵族阶级的荒淫腐朽，展现了人民的痛苦和斗争，触及了政治、经济、道德、文化和风俗等诸方面的问题。小说塑造了可笑、可敬、可悲的堂吉诃德和既求实胆小又聪明公正的农民桑丘这两个世界文学中的著名典型人物，将现实主义和浪漫主义有机地结合起来，既有朴实无华的生活真实，也有滑稽夸张的虚构情节，在反映现实的深度、广度上，在塑造人物的典型性上，都迈上了一个新的台阶。

②这里节选的部分，描写自封为骑士的堂吉诃德游历途中的三次寻衅行为：一次是尽人皆知的与大风车作战，另外两次是向两个僧侣和一个贵妇人的护送侍从的胡乱挑战。世界本来是平静安宁的，唯独堂吉诃德先生一出场便有了“战争”，那是他时时受“消灭地球上这种坏东西是为上帝立大功”的意念驱使造成的。他的所作所为不仅败坏了“骑士”的名声，似乎也歪曲了“正义”与“勇敢”的意义。作者通过这一漫画式人物向世人昭示，读骑士小说入迷了会带来怎样严重的后果。

③二哩瓦：约12.8千米。

④布利亚瑞欧：希腊神话里和神作战的巨人，有100条手臂。

⑤趱（zǎn）：驱赶。

⑥驽骍（xīng）难得：堂吉诃德出行骑的马。

⑦因为在马德里到塞维利亚的大道上。

⑧骑士规则第九条：“骑士不论受了什么伤，不得哼痛。”

⑨西班牙人旅行用的面罩，上面安着护眼的玻璃，防尘土入目，也防太阳晒脸。

⑩原文双关，又指骑士，又指绅士。堂吉诃德指的是骑士，比斯盖人指的是绅士。

⑪西班牙谚语，“送猫儿下水”指一桩非常难办的事，因为猫儿是不肯下水的，比斯盖人恼怒中把成语说颠倒了。

⑫西班牙人只要是比斯盖世家子弟，就是贵族。

⑬阿格拉黑斯是《阿马狄斯·台·咖乌拉》里的人物。每当他拔剑在手，总说：“你这会儿瞧吧。”

阅读提示

米盖尔·台·塞万提斯·萨阿维德拉（1547—1616），是文艺复兴时期西班牙伟大的作家。他生于阿尔卡拉一个没落的小贵族家庭，幼年受过当时的新教育。1569 年底，他到了文艺复兴的发源地意大利。当西班牙与土耳其作战的时候，他参加了西班牙驻扎在意大利的军队。在 1571 年有名的勒班多海战中，他表现得异常英勇，曾三次受伤，成了残废。1575 年，他在归途中为土耳其海盗所浮，囚居阿尔及利亚，受到极残酷的虐待，曾三次组织逃跑，都告失败，直到 1580 年才由亲属筹款为他赎身，回到祖国。

回国后，他生活很困难，为国家流了血，却找不到一份工作。他开始从事文学创作，写出了爱国主义的悲剧《奴曼西亚》（1584）等作品。《奴曼西亚》描写古代西班牙人为保卫奴曼西亚城抵抗罗马统治阶级进攻的英勇斗争，歌颂为祖国自由而牺牲的英雄。1590 年，他生活更困难了，曾几次被诬控入狱。据说《堂吉诃德》的最初稿本就是在狱中写成的。1605 年《堂吉诃德》第一部出版，立即风行一时，但是只在几个星期之内，就出现了三个盗印的版本，因此塞万提斯的经济情况并未获得很大的改善。他对封建制度和宫廷贵族的辛辣讽刺招致了当时的统治阶级、反动集团的不满与憎恨，而这部作品的成功也遭到了许多文人的嫉妒，那些受到他讽刺的骑士小说的作者更是万分仇恨。1614 年，就有人用化名写了一部伪《堂吉诃德》第二卷，对塞万提斯进行最恶毒的辱骂和揶揄。这部伪书的出现促使塞万提斯加速《堂吉诃德》第二部的写作，1615 年，他以卓越的才华迅速地完成了无论在艺术上还是在思想上都更加成熟的第二部。第二年，他因患水肿病在马德里自己的家中去世，身后萧条，连墓碑也没有一块。

自《堂吉诃德》问世以来，人们对它的理解与认识并不相同。塞万提斯一再声明他写《堂吉诃德》是为了讽刺当时盛行的骑士小说，“把骑士小说的那一套扫除干净”。而作品的实际效果远远超出了这一“宗旨”。它通过堂吉诃德的游侠冒险，描绘了 16 世纪末 17 世纪初西班牙社会广阔的生活画面，展示了封建统治的黑暗和腐朽，具有鲜明的人文主义倾向，表现了强烈的人道主义精神。至今已用 100 多种文字译成数百种译本。

《堂吉诃德》是文艺复兴时期的现实主义杰作，自问世以来，经受住了时间的考验，堂吉诃德的名字在不同历史年代、不同国家都流传着。别林斯基曾说，堂吉诃德是一个“永远前进的形象”。堂吉诃德的名字已经变成一个具有特定意义的名词，成了脱离实际、热忱幻想、主观主义、迂腐顽固、落后于历史进程的同义语。革命导师马克思、恩格斯、列宁在著作里不止一次地提到堂吉诃德。今天，塞万提斯和《堂吉诃德》铭刻在世界文学的丰碑上，放射着夺目的光辉。

思考与练习

1. 概述《堂吉诃德》的主题。
2. 分析《堂吉诃德》同名主人公“堂吉诃德”的形象意义。

·最后的常春藤叶①·

（美）欧·亨利

在华盛顿广场西面的一个小区里，街道仿佛发了狂似地，分成了许多叫做“巷子”的小胡同。这些“巷子”形成许多奇特的角度和曲线。一条街本身往往交叉一两回。有一次，一个艺术家发现这条街有它可贵之处。如果一个商人去收颜料、纸张和画布的账款，在这条街上转弯抹角、大兜圈子的时候，突然碰上一文钱也没收到，空手而回的他自己，那才有意思呢！

因此，搞艺术的人不久都到这个古色天香的格林威治村②来了。他们逛来逛去，寻找朝北的窗户，18 世纪的三角墙，荷兰式的阁楼，以及低廉的房租。接着，他们又从六马路买来了一些锡蜡杯子和一两只烘锅，组成了一个“艺术区”。

苏艾和琼珊在一座矮墩墩的三层砖屋的顶楼设立了她们的画室。“琼珊”是琼娜的昵称。两人一个是从缅因州来的；另一个的家乡是加利福尼亚州。她们是在八马路上一家“德尔蒙尼戈饭馆”里吃客饭时碰到的，彼此一谈，发现她们对于艺术、饮食、衣着的口味十分相投，结果便联合租下那间画室。

那是五月间的事。到了十一月，一个冷酷无情，肉眼看不见，医生管他叫“肺炎”的不速之客，在艺术区里潜蹑着，用他的冰冷的手指这儿碰碰那儿摸摸。在广场的东面，这个坏家伙明目张胆地走动着，每闯一次祸，受害的人总有几十个。但是，在这错综复杂，狭窄而苔藓遍地的“巷子”里，他的脚步却放慢了。

“肺炎先生”并不是你们所谓的扶弱济困的老绅士。一个弱小的女人，已经被加利福尼亚的西风吹得没有什么血色了，当然经不起那个有着红拳头，气吁吁的老家伙的常识。但他竟然打击了琼珊；她躺在那张漆过的铁床上，一动也不动，望着荷兰式小窗外对面砖屋的墙壁。

一天早晨，那位忙碌的医生扬扬他那蓬松的灰眉毛，招呼苏艾到过道上去。

“依我看，她的病只有一成希望。”他说，一面把体温表里的水银甩下去。“那一成希望在于她自己要不要活下去。人们不想活，情愿照顾殡仪馆的生意，这种精神状态使医药一筹莫展。你的这位小姐满肚子以为自己不会好了。她有什么心事吗?”

“她——她希望有一天能去画那不勒斯海湾。”苏艾说。

“画画？——别扯淡了！她心里有没有值得想两次的事情——比如说，男人?”

“男人?”苏艾像吹小口琴似地哼了一声说，“难道男人值得——别说啦，不，大夫；根本没有那种事。”

“那么，一定是身体虚弱的关系。”医生说，“我一定尽我所知，用科学所能达到的一切方法来治疗她。可是每逢我的病人开始盘算有多少辆马车送他出殡的时候，我就得把医药的治疗力量减去百分之五十。要是你能使她对冬季大衣的袖子式样发生兴趣，提出一个问题，我就可以保证，她恢复的机会准能从十分之一提高到五分之一。”

医生离去之后，苏艾到工作室里哭了一场，把一张日本纸餐巾擦得一团糟。然后，她拿起画板，吹着拉格泰姆[③]音乐调子，昂首阔步地走进琼珊的房间。

琼珊躺在被窝里，脸朝着窗口，一点儿动静也没有。苏艾以为她睡着了，赶紧停止吹口哨。

她架起画板，开始替杂志画一幅短篇小说的钢笔画插图。青年画家不得不以杂志小说的插图来铺平通向艺术的道路，而这些小说则是青年作家为了铺平文学道路而创作的。

苏艾正为小说里的主角，一个爱达荷州的牧人，画上一条在马匹展览会里穿的漂亮的马裤和一片单眼镜，忽然听到一个微弱的声音重复了几遍。她赶紧走到床边。

琼珊的眼睛睁得大大的。她望着窗外，在计数——倒数上来。

“十二,”她说，过了一会儿，又说“十一”；接着是“十”、“九”；再接着是几乎连在一起的“八”和“七”。

苏艾关切地向窗外望去。有什么可数的呢？外面见到的只是一个空荡荡、阴沉沉的院子，和二十英尺外的一幢砖屋的墙壁。一株极老极老的常春藤，纠结的根已经枯萎，攀在半墙上。秋季的寒风把藤上的叶子差不多全吹落了，只剩下几根几乎是光秃秃的藤枝依附在那堵松动残缺的砖墙上。

“怎么回事，亲爱的？”苏艾问道。

“六。”琼珊说，声音低得像是耳语，“它们现在掉得快些了。三天前差不多有一百片。数得我头昏眼花。现在可容易了。喏，又掉了一片。只剩下五片了。”

“五片什么，亲爱的？告诉你的苏艾。”

“叶子，常春藤上的叶子。等最后一片掉落下来，我也得去了。三天前我就知道了。难道大夫没有告诉你吗？”

“哟，我从没听到这样荒唐的话。”苏艾装出满不在乎的样子数落地说，“老藤叶同你的病有什么相干？你一向很喜欢那株常春藤，得啦，你这淘气的姑娘。别发傻啦。我倒忘了，大夫今天早晨告诉你，你很快康复的机会是——让我想想，他是怎么说的——他说你好的希望是十比一！哟，那几乎跟我们在纽约搭街车或者走过一幢新房子的工地一样，碰到意外的时候很少。现在喝一点儿汤吧。让苏艾继续画图，好卖给编辑先生，换了钱给她的病孩子买点儿红葡萄酒，也买些猪排填填她自己的馋嘴。”

“你不用再买什么酒啦。”琼珊说，仍然凝视着窗外，“又掉了一片。不，我不要喝汤。只剩四片了。我希望在天黑之前看到最后的藤叶飘下来。那时候我也该去了。”

“琼珊，亲爱的，”苏艾弯着身子对她说，“你能不能答应我，在我画完之前，别睁开眼睛，别瞧窗外？那些图画我明天得交。我需要光线，不然我早就把窗帘拉下来了。”

“你不能到另一间屋子里去画吗？”琼珊冷冷地问道。

“我要呆在这儿，跟你在一起。”苏艾说，“而且我不喜欢你老盯着那些莫名其妙的藤叶。”“你一画完就告诉我。”琼珊闭上眼睛说，她脸色惨白，静静地躺着，活像一尊倒塌下来的塑像，“因为我要看那最后的藤叶掉下来。我等得不耐烦了。也想得不耐烦了。我想摆脱一切，像一片可怜的、厌倦的藤叶，悠悠地往下飘，往下飘。”

“你争取睡一会儿。”苏艾说，“我要去叫贝尔曼上来，替我做那个隐居的老矿工的模特儿。我去不了一分钟。在我回来之前，千万别动。”

老贝尔曼是住在楼下底层的一个画家。他年纪六十开外，有一把像米开朗琪罗[④]的摩西雕像上的胡子，从萨蒂尔[⑤]似的脑袋上顺着小鬼般的身体卷垂下来。贝尔曼在艺术界是个失意的人。他要了四十年的画笔，还是同艺术女神隔有相当距离，连她的长袍的边缘都没有摸到。他老是说就要画一幅杰作，可是始终没有动手。除了偶尔涂抹了一些商业画或广告画之外，几年没有画过什么。他替“艺术区”里那些雇不起职业模特儿的青年艺术家充当模特儿，挣几个小钱，他喝杜松子酒总是过量，老是唠唠叨叨地谈着他未来的杰作。此外，他还是个暴躁的小老头儿，极端瞧不起别人的温情，却认为自己是保护楼上两个青年艺术家的看家恶狗。

苏艾在楼下那间灯光暗淡的小屋子里找到了酒气扑人的贝尔曼。角落里的画架上绷着一幅空白的画布，它在那儿静候杰作的落笔，已经有了二十五年。她把琼珊的想法告诉了他，又说她多么担心，惟恐那个虚弱得像枯叶一般的琼珊抓不住她同世界的微弱联系，真会撒手而去。

老贝尔曼的充血的眼睛老是迎风流泪，他对这种白痴般的想法大不以为然，连讽带刺地咆哮了一阵子。

“什么话!”他嚷道，“难道世界上竟有这种傻子，因为可恶的藤叶落掉而想死？我活了一辈子也没有听到过这种怪事。不，我没有心思替你当那无聊的隐士模特儿。你怎么能让她脑袋里有这种傻念头呢？唉，可怜的小琼珊小姐。”

“她病得很厉害，很虚弱，”苏艾说，“高烧烧得她疑神疑鬼，满脑袋都是稀奇古怪的念头。好吗，贝尔曼先生，既然你不愿意替我当模特儿，我也不勉强了。我认得你这个可恶的老——老贫嘴。”

“你真女人气!”贝尔曼嚷道，“谁说我不愿意？走吧。我跟你一起去。我已经说了半天，愿意替你替你效劳。天哪！像琼珊小姐那样好的人实在不应该在这种地方害病。总有一天，我要画一幅杰作，那么我们都可以离开这里啦。天哪！是啊。”

他们上楼时，琼珊已经睡着了。苏艾把窗帘拉到窗槛上，做手势让贝尔曼到另一间屋子里去。他们在那儿担心地瞥着窗外的常春藤。接着，他们默默无言地对瞅了一会儿。寒雨夹着雪花下个不停。贝尔曼穿着一件蓝色的旧衬衫，坐在一口翻转过身的权充岩石的铁锅上，扮作隐居的矿工。

第二天早晨，苏艾睡了一个小时醒来的时候，看到琼珊睁着无神的眼睛，凝视着放下来的绿窗帘。

“把窗帘拉上去，我要看。”她用微弱的声音命令着。

苏艾困倦地照着做了。

可是，看那！经过了漫漫长夜的风吹雨打，仍旧有一片常春藤的叶子贴在墙上。它是藤上最后的一片了。靠近叶柄的颜色还是深绿的，但那锯齿形的边缘已染上了枯败的黄色，它傲然挂在离地面二十来英尺的一根藤枝上面。

“那是最后的一片叶子。”琼珊说，“我以为昨夜它一定会掉落的。我听到刮风的声音。它今天会脱落的，同时我也要死了。”

“哎呀，哎呀!”苏艾把她困倦的脸凑到枕边说，“如果你不为自己着想，也得替我想想呀。我可怎么办呢?”

但是琼珊没有回答。一个准备走上神秘遥远的死亡道路的心灵，是全世界最寂寞、最悲哀的了。当她与尘世和友情之间的联系一片片地脱离时，那个玄想似乎更有力地掌握了她。

那一天总算熬了过去。黄昏时，她们看到墙上那片孤零零的藤叶仍旧依附在茎上。随夜晚同来的北风的怒号，雨点不住地打在窗上，从荷兰式的低屋檐上倾泻下来。

天色刚明的时候，狠心的琼珊又吩咐把窗帘拉上去。

那片常春藤叶仍在墙上。

琼珊躺着对它看了很久。然后她喊苏艾，苏艾正在煤气炉上搅动给琼珊喝的鸡汤。

“我真是一个坏姑娘，苏艾，”琼珊说，“冥冥中有什么使那最后的一片叶子不掉下来，启示了我过去是多么邪恶。不想活下去是个罪恶。现在请你拿些汤来，再弄一点掺葡萄酒的牛奶，再——等一下；先拿一面小镜子给我，用枕头替我垫垫高，我想坐起来看你煮东西。”

一小时后，她说：

“苏艾，我希望有朝一日能去那不勒斯海湾写生。”

下午，医生来，他离去时，苏艾找了个借口，跑到过道上。

“好的希望有了五成。”医生抓住苏艾瘦小的、颤抖的手说，“只要好好护理，你会胜利。现在我得去楼下看看另一个病人。他姓贝尔曼——据我所知，也是搞艺术的。也是肺炎。他上了年纪，身体虚弱，病势来得很猛。他可没有希望了，不过今天还是要把他送进医院，让他舒服些。”

第二天，医生对苏艾说：“她已经脱离危险，你成功了。现在，你只需要好好护理，给她足够的营养就行了。”

那天下午，苏艾跑到床边，琼珊靠在那儿，心满意足地在织一条毫无用处的深蓝色肩巾，苏艾连枕头把她一把抱住。

“我有些话要告诉你，小东西。”她说，“贝尔曼在医院里去世了。他害肺炎，只病了两天。头天早上，看门人在楼下的房间里发现他难过得要命。他的鞋子和衣服都湿透了，冰凉冰凉的。他们想不出，在那种凄风苦雨的夜里，他究竟是到什么地方去了。后来，他们找到了一盏还燃着的灯笼，一把从原来地方挪动过的梯子，还有几支散落的画笔，一块调色板，上面和了绿色和黄色的颜料，末了——看看窗外，亲爱的，看看墙上最后的一片叶子。你不是觉得纳闷，它为什么在风中不飘不动吗？啊，亲爱的，那是贝尔曼的杰作——那晚最后的一片叶子掉落时，他画在墙上的。”

（王仲年　译）

《欧·亨利短篇小说选》（人民文学出版社，1986）

【注释】

①《最后的常春藤叶》讲述了老画家贝尔曼为了鼓励贫病交加的青年画家顽强地活下去，

在风雨之夜挣扎着往墙上画了一片永不凋零的常春藤叶。他为绘制这杰作付出了生命的代价，但青年画家却因此获得勇气而活了下来。

②格林威治村：当时美国纽约市西区的一个地方，住在这里的多半是作家、艺术家。

③拉格泰姆（ragtime）：美国流行音乐形式之一，产生于1900前后。当时美国经济繁荣，芝加哥、圣路易斯等地都纷纷举办世界博览会。一些从南部和中西部来的乐师，在公共场所弹奏娱乐宾客的钢琴曲，这种乐曲只注重节奏变化而不注重旋律，情绪欢快，类似于令人发笑的节拍，被称为“拉格泰姆”。

④米开朗琪罗（1475—1564）：意大利著名画家、雕塑家、建筑师。他曾在罗马教皇朱利二世的墓上雕刻了摩西的像。摩西，《圣经》中犹太人的领袖，他带领在埃及为奴的犹太人逃回了迦南（今巴勒斯坦一带）。

⑤萨蒂尔：古希腊神话中半人半兽的森林之神。

阅读提示

欧·亨利（1862—1910），原名威廉姆斯·西德尼·波特，是美国现代最著名的短篇小说家之一，曾被评论界誉为曼哈顿桂冠散文作家和美国现代短篇小说之父。他出生于美国北卡罗来纳州格林斯波罗镇一个医师家庭。他当过药房学徒、牧牛人、会计员、土地局办事员、新闻记者、银行出纳员，一生富于传奇性。

在美国文学史上，欧·亨利属于南北战争至第一次世界大战时期现实主义作家的行列。他写过一部长篇小说和300多篇短篇小说。作为一位具有独特艺术风格的短篇小说家，他善于通过描写“小人物”的不幸命运，揭示资本主义社会的不平等与虚伪。在艺术上，他的小说常常以“带泪的微笑”和辛酸的欢乐打动读者，善于构思一个出人意料的结局，这种写法被称为“欧·亨利笔法”。代表作主要有《警察与赞美诗》《最后的常春藤叶》和《麦琪的礼物》等。

《最后的常春藤叶》刻画了一位舍己为人、不惜用自己生命的最后心血创作出“最后的杰作”的老画家形象，使人们看到了穷艺术家之间相濡以沫的友谊，感到了一种美好高贵的道德力量。这篇小说，表面上看像一泓静静的秋水，水面上却拂过一丝透骨的寒意。读着它，就像乘着一叶小舟从秋水上划过。但是，当我们弃舟上岸，再来顾盼这秋水时，才发现在它的底层，奔涌着一股股汹涌的波涛，这涛声撞击着你的心弦，拍打着你的肺腑。贝尔曼，这位在美术园地辛勤耕耘了四十载却一无所获的老艺术家，凭着他博大的爱心，用他的生命为代价，完成了一幅不朽的杰作。

思考与练习

1. 分析欧·亨利小说的艺术特点。

2. 分析短篇小说《最后的常春藤叶》中老画家“贝尔曼”的形象。

我是猫[1]（节选）

(日本)夏目漱石

一

……

我的主人很少和我见面。他的职业据说是教师。从学校一回来，他就跑进书房，几乎整天都不出来。家里的人都以为他非常用功；他自己也装出用功的样子。但实际上他并非家里人所想的那么用功。我常常偷着到他书房去看，发现他很爱睡懒觉，常常口涎都拖在面前的书本上了。他害着胃病，皮肤是淡黄色，看上去精神不振，有气无力似的。可是，他的饭量却不小。每次大吃一顿之后，就吃胃药；然后把书摊开；读上两三页就睡着了，口涎拖在书上，这是他每天晚上的日程。

我虽然是猫，有时却也想些问题。

我觉得当教师真是再舒服不过了；生而为人，一定要当教师。像这样老是睡觉也能作得下去，那么猫儿不是也能做的么。可是按主人的意见来说，似乎世间最辛苦的都是教师，每当朋友们来访的时候，他总是七七八八地发一顿牢骚。

在初进这家屋子的时候，除了主人以外，大家都很不喜欢我。无论到哪里，他们总是把我一脚踢开，不来理我。一直到今天，他们连名字都还没有给我起一个，单从这一点看，我是怎样不为人所重视了。我没有办法，只好尽可能地挨近把我收容下来的主人。每天早上他看报纸的时候，我一定爬到他的膝上；白天他睡懒觉的时候，我就一定爬上他的背脊。这倒不是因为我喜欢主人，只是因为别人不理我，不得已只好这样罢了。

以后，我也积了种种经验，早上就睡在饭桶上；晚上就睡在脚炉边；天气晴和的白昼里就睡在走廊边头。但是，最舒服不过的是在夜晚偷偷地钻到孩子们的床上，和他们睡在一起。在家的孩子一个五岁，一个三岁，两人在一间房里，睡在一个铺上。我总是在他们中间找一个可以容身之地，设法挤了进去。碰着运气不好，弄醒一个孩子，那可就了不得了。小孩——特别是小的一个品质很坏——不管什么深更半夜就大声号叫起来：猫儿来了，猫儿来了！这样一来，一向是神经胃弱性的主人一定闹醒，从隔壁房间跑过来。就在前几天的一个夜里，我的屁股还狠狠给他用尺子打了一顿哩。

我和人类住在一起，越是观察他们，越不能不断定他们是任性放恣的。尤其是常常和我同衾的那些小孩，更是无理透顶。在他们高兴的时候，就把我倒提起来，或者用袋子套住我的脑袋，或者把我丢出门外，或者把我塞进灶里。要是我稍微抵抗一下，他们就全家出动，四处追赶，加以迫害。前些日子，我在垫席上轻轻地磨了几下爪子，女主人就大发雷霆，从此不准我进客厅。人家在厨房的地板上冻得发抖，他们也不闻不问。

每次街对过我尊敬的白毛君和我见面时，总是谈到再没有像人类不讲情理的。白毛君前些时生了四只像玉般的小猫，据说那家的书生在产后第三天，就把它们一起扔到后面的池子里去了。白毛君流着眼泪说完全部经过之后，发表它的意见说：我们猫族为了要保全亲子之爱，为了要过美好快乐的家庭生活，不能不和人类斗争，将他们剿灭。它这个意见是很有道理的。

隔壁的花毛君也说起人类不懂得什么叫所有权，大为愤慨。原来，在我们猫族之间有一种规约：不管是干鱼头也好，还是鲜鱼汤也好，最先看到的就有吃它的权利。要是对方不守这个规约，是可以诉诸武力的。然而，他们人类似乎一点也没有这种观念，总是把我们所找到的好吃的东西夺为己有。他们仗着强大的势力，把应该归我们吃的东西毫无顾忌地横加抢掠。

白毛君的主人是军人，花毛君的主人是个律师。我因为是住在教师家里的，所以对于这些事情，比起它们两人来倒是达观得多。只要勉勉强强把日子度过去也就行了。尽管是人类吧，也没有千秋万载这么一直繁荣下去的。也罢，咱们伸长脖子耐心等待猫的时代的来临吧。

……

四

……

我照例潜入金田的邸宅。

所谓照例，这里没有多加解释的必要，它是表示我一次又一次，一次又一次，老是到金田的家里去的意思。凡是做过一次的事情，就想做第二次，做过第二次的事情，就想做第三次，这也不只限于人类才有的好奇心；就是我们猫儿，也是带有这种心理的特权而出生到这个世界来的——这一点是要务请认定的。大凡一种行为，如果重复到三次以上，就可称之为习惯；这时这种行为也就进化成为生活上必不可少的东西。在这一点上，我们猫族也和人类并没有什么两样。假如有人觉得奇怪，问我为什么要再三再四地跑到金田的邸宅里去，那么我倒有话想问他一下：人类为什么要从嘴里吸进烟去，又把它从鼻孔吐了出来？人类既然无所忌惮，毫不害羞地吞吐着那种既不能果腹，又不能养血的东西，那么，对于我在金田家里的进进出出，也就不必大声斥责了。金田的邸宅，便是我的香烟。

要说“潜入”，倒是有点语病的。潜入这个话，听起来不大雅驯，叫人觉得那好像是小偷呀奸夫一类人的行径。我到金田的家里去，虽然并未受到邀请，但却决不是为了去偷干鱼片，也不是为了要去和那个鼻眼像抽筋似地挤在脸中央的哈巴狗姐儿幽会。——那么，去做侦探么？——那更是笑话了。如果要问世间什么职业最下贱，我认为第一要算侦探和放印子钱的了。诚然，为了寒月先生的缘故，我曾起了一般猫儿所不应有的侠义心，一度从旁窥探过金田家里的动静，但那仅仅只做过一回，后来我可绝对没有再做那种有愧于猫的良心的卑劣的行为了。——既然如此，为什么还要使用“潜入”这个可怪的字呢？啊，这其中是颇有一番道理的。

原来，按照我的意见，太空是为覆盖万物而生，大地是为负载万物而成。——这是无论怎样喜欢议论的人也不能否定的。但是，为了制造这个太空和大地，他们人类究竟花过多少的劳力呢？不是连尺寸之功也都没有吗？把并非自己制造的东西硬要当作是自己所有，这样的法理恐怕是没有的吧。就算可以硬说是自己所有，也总没有禁止别人出入的理由。然而，他们却玩弄小聪明，在这茫茫的大地上，砌起围墙，树起木桩，划为某某所有；这种行为，正像把苍天划分界线，然后向官府呈报说这一部分是我的天，那一部分是他的天，是同样可笑的。如果把土地分割起来，规定一亩的所有权是多少钱而进行买卖的话，那么，我们也可把呼吸的空气一立方尺一立方尺地匀分起来，拿来零卖了。

假如空气不能零卖，天空也不能分割的话，那么，土地的私有不是也不合理么？抱着如是的看法，信着如是的道理的我，因而也就不管什么地方也要走了进去。不想去的地方自然是不去；想去的地方，那就不分东西南北，也要洒洒落落，随随便便，满不在乎地走它一趟了。金田的公馆当然是用不着客气的。——但可悲的是，我们猫儿在实力方面到底不能和人类同日而语。既然生存在这竟有“强权即公理”的格言的尘世之中，我们猫族就算有怎样充足的理由，我们的理论也是行不通的。倘要勉强地使它行得通的话，就会像车夫家的老黑一样，有在不意之中挨鱼贩子的扁担的危险。真理虽然在我们这一面，而权力却握在对方手里的时候，我们只有或则事事屈从；或则是钻权力的空子去贯彻合理的主张。不待说，我是选择后者的。因为扁担非躲开不可，我就不得不“潜”。因为踏进人家公馆并没有什么妨碍，我就不得不“入”。由于这个缘故，我就“潜入”了金田的公馆。

……

五

……

据说宇宙的一切，都是神所制作的，那么，人类也是神所制作的吧。就连所谓《圣经》也明白地有这样的记录。就拿这个“人”来说吧，人类研究了几千年，积了不知多少经验，感到“人”这个东西实在太玄妙不能理解，因而更加倾向于承认神的全智全能。

旁的不谈，单说人类这样蝇蝇密密，但全世界上却没有一个人的面貌是相同的。面部的器官当然只有那几种，大小也没有什么很大的差别。换句话说，就是他们都是用同样的材料制造出来的。可是材料虽然都是同样的材料，结果却又一个人也不完全相同。一想到用那么简单的材料，却设计出那么众多的不同的面貌来，我们真不能不感佩制作者的技巧了。要是没有丰富的独创的想象力，决不能制作出那么多的变化。一代宗匠的画师竭尽精力所能创作出来的人物相貌，至多也不会超过十二三个。从这一点推测起来，一手包办人类制造工作的神的本领，实在是太伟大了。这种本领，到底不是在人类社会中所能见到的，所以说它是“全能”也不算过分。

人类似乎就是在这一点上对于神非常敬畏。从人类的观察点来说，这种敬畏确实有它的道理。但从猫的观察点来说，这同一的现象也可以作为神的无能的证据。即使不是全然无能，也决不在人类以上，这是可以断定的。人们说神制造了多少人，就制造了多少不同的面相；但究竟是神从一开始就胸有成算地做出这许多的不同来呢？还是原想把张三李四都造成一个相貌，只因手艺不高，结果做得各不相同，因而陷于了这种杂乱无章的状态？这不是很难断定的么？人类多歧的面相固然可以看作神的成功的证据；但同时不也可以看作神的失败的说明么？说神是全能当然也可以；但要说他无能也未尝不可的呀。人类的两只眼睛是并排地长在一个平面上面的，所以不能同时看到左右两边；他们的眼所能看的只是事物的半面，这是很可怜的。要是换一个立场来看，像这种简单的事实在人类社会里可说日夜不断地都在涌现着的，然而人们痰迷心窍，慑于神力，竟一点也看不出来。

如果说在制造时要表现变化是非常困难的话，那么要作出彻头彻尾地一模一样的东西，也是同样困难的。要请拉斐尔[②]画两张分厘不相差的圣母像，也就跟逼他画两幅完全不相同的圣母像一样，会使他感到无从下手的吧。不，不，画两张完全相同的东西也许更为困难。又如向弘法大师[③]提出请求，要他用昨天的笔法再写一幅空海，这比请他完全换一种书体写字，会使他更觉为难吧。再打个譬喻来说，人类所用的语言就完全是用模仿主义习得的。他们从母亲、乳母以及其他的人学习实用语言的时候，除了听到什么便学着说什么之外别无野心，他们只知道竭尽所有的能力模拟别人。然而，像这样从模拟之中建立起来的语言，经过十年二十年之后，发音上也自然而然地生出变化。这一点，证明了他们是没有完全的模仿能力的。纯粹的模仿是这样的困难，所以，假使神能够把每一个人制造成无从和别人区别开来，个个都像用模型铸造出来的乌龟一样，那才算真正表现了神的全能；反之，像今天这样，把随手捏成的各种面孔暴露于光天化日之下，变化多端到了叫人头昏目眩的地步，倒是可以作为推断神的无能的根据。

我已忘记有什么必要发了上面这番议论。好在“忘本”这种事情，在人类也是司空见惯的现象，在猫类更是理所当然，还请不要对我责备。……

六

……

天气热得这个样子，就是一只猫儿也觉受不住了。听说英国有一个叫做什么西得尼·斯密士[④]的人，曾经这样叫苦道："恨不得刳下皮，挖下肉，单剩下骨头来凉一下。"就我来说，即使不能单剩下骨头来凉一下，也实在希望能够把这件带花斑的浅灰色的皮袍脱下来洗一洗，或者暂时把它押放在当铺里才好呢。在人类看来，也许以为我们猫儿一年到头都是一个脸色，都穿着同样的一套衣裳，过着最简单最经济最安适的生活吧；但在实际上，哪怕是一只猫，却也有相应的寒暑的感觉。有时我也很想洗一个澡，但我的这件皮袍，泡了水就不容易晒干，因此，我只好忍住汗臭，活到今天还不曾进过一次澡堂哩。有时我也并非不想用扇子扇扇，但又手不能拿，只好作罢了。一想到这些事情，我总觉得人类实在是太穷奢极欲了。本来可以生吃的东西，他们却偏要拿来煮一煮，烧一烧，添些醋，加些油，花上许多不必要的手续，这才觉得满意。服饰方面也是这样。对于生来就有许多缺陷的他们来说，要叫他们也和猫儿一样终年老穿着那么一套，也许是不大合理的吧；但是，也用不着在身上披戴那么多乱七八糟的玩意儿呀。他们有时要受羊儿的恩惠，有时要领蚕子的恩情，有时甚至也要接受棉田的照顾，这种奢靡的生活，实在不妨说是无能的结果。

衣食上的问题，且不再吹毛求疵，听随他们的尊便。但是，对于在生存上并无直接利害的事情，也要按照那种调儿乱搞，我是绝对不能同意的。首先，就拿头发来说，头发本是自生自长的一种东西，如果听其自然，不加过问，实在最为简便，而且对他们也有益无害；然而，他们却要玩弄许多不必要的手法，弄出各种花样而自鸣得意。他们中有所谓"推光"派，头皮老是青青的。天儿一热就得撑伞；一冷又得包上头巾。既是这样，又何必剃个青皮脑瓜呢？这不是太没有主意了吗？和这一派的人相反，另有一派的人，用着叫做木梳那么一个锯子模样的无聊东西，把头发等分起来，引以为乐。要是不等分的话，就以七分三分的比例，在头盖骨上作起人为的区划来。这种分梳，有的通过旋窝，直分到脑后，看去活像一张伪造的芭蕉叶。还有一种剃法，把脑顶上的头发剪得平平的，左右两面修得笔直，仿佛在圆脑袋上罩上了一个四方桌子，因而叫人看了只觉得那是一幅由花匠栽植起来的松柏篱笆的写生。此外甚至还有五分剃[⑤]，三分剃，一分剃之类的剃法，最后说不定还要剃进脑袋里去，流行起剃进一分，剃进二分，剃进三分等等的新花样来吧。总之，搞不清楚他们到底为什么要劳神苦思地搞出这些名堂来。

再说，他们明明有四只脚，却偏偏只用两只，这也是一种浪费。用四只脚走路本是便当得多，但他们老是只用两只；其余的两只就像风干的干鱼一样，无所事事地吊在那里，实在太没意思了。这样看来，人类确比猫类有闲得多，他们闷得无事可做，就想出这些无聊的玩意，拿来开心了。

可笑的是这帮闲人只要碰在一起，就忙呀忙呀的喧嚷起来；不仅这样喧嚷，脸上也显出十分忙碌的样子。说句不好听的话，像他们那样热锅上蚂蚁似地滚来滚去，真叫我担心他们迟早是不是要忙死的。他们之中有的见了我还常常这样说："像它那样就快活了。"既然觉得像我这样就快活的话，那就学我这样便成了，谁也没有拜托他们，要他们像那样忙来忙去的呀！自己胡乱地搞出一些事情来，搞得自己也没法应付，就忙呀忙呀的叫苦；这和自己点起了熊熊的大火，却又喊热呀热呀，是没什么不同的。就说是猫儿吧，如果连剃头的方式也要它想出二十多种来，那它也就快活不起来了。要想能够快活，就得有我这样的修养，就得有我这种穿皮袍过夏天的修养——话虽这么说，热却是有点热的。夏天穿皮袍，确是太热呀！

……

（胡雪、由其　译）

《夏目漱石选集》（第一卷）（人民文学出版社，1958）

【注释】

①夏目漱石发表于1905年的构思奇特而匠心独运的处女作《我是猫》奠定了这位杰出的小说家在日本近代文学史上的崇高地位。这部富于诙谐的作品，以洋溢于字里行间的笑声引导人们驱散郁积在心头的愁云，振奋精神，从对现实的反思中燃起爱与恨的火焰。

这部别出心裁的长篇小说以幽默与讽刺为主要特征，由一只被拟人化的善于思索、乐于议论又富于正义感的猫担任叙述者与评论者，通过这只猫的眼睛俯视日本当时的社会与20世纪所谓现代文明的大潮，并以连珠般的妙语警句极尽嬉笑怒骂之能事。这只猫的主人苦沙弥，是个"像牡蛎一般把自己藏在壳里"、只知从书本中讨生活、一有机会就大讲知识可贵的教师。作品以直叙法表现了这个显然是作者自身影子的主人公自甘寂寞的自负心志，同时又使用旁敲侧击的手法揭示了知识分子因清贫而招致社会轻蔑的可悲现实；不仅如此，小说更通过穷教师苦沙弥与暴发户金田之间的矛盾与冲突，揭露了明治时代的黑暗，批判了"金钱万能"的世态。

②拉斐尔（1483—1520）：意大利文艺复兴时期画家，和达·芬奇、米开朗琪罗并称文艺复兴三杰。他博采众家之长，形成了独特的风格，给世人留下了300多幅珍贵的艺术作品，代表了当时人们最崇尚的审美趣味，成为后世古典主义者不可企及的典范。其代表作有油画《西斯廷圣母》、壁画《雅典学院》等。

③弘法大师（774—835）：日本佛教真言宗开山祖空海的谥号，曾到唐长安青龙寺学习，

精于书法及雕刻。

④西得尼·斯密士（1771—1845）：美国牧师、作家。

⑤五分剃：剪发时头发只留五分长短，下同。

阅读提示

夏目漱石（1867—1916），日本近代杰出的现实主义作家。原名夏目金之助，出生于明治维新前一年，一个世袭地方官吏的家庭，是家中末子。他从小爱好汉文，具有深湛的汉文修养。夏目漱石以优异的成绩毕业于东京帝国大学之后，曾做过几年教员。1901 年，他赴英留学，1903 年回国后，任大学讲师，并开始创作诗歌。

夏目漱石在日本近代文学史上享有很高的地位，被称为“国民大作家”。主要作品有《我是猫》《哥儿》《旅宿》《三四郎》《从此以后》，以及《过了春分时节》《行人》《心》三部曲，其中，最为成功的、影响最大的作品，是《我是猫》《旅宿》《从此以后》这类在艺术结构上很不像小说的小说。夏目漱石的小说不仅体现了作家严肃的艺术态度和高妙的艺术才华，更凸显出作家深刻的现实主义艺术精神，既让浑然天成的小说作品成为现实生活的直接的投影，又使读者在阅读中非常自然地引发出对自己置身于其中的社会现实的深入的理解和思考。

《我是猫》（1905）是夏目漱石小说创作的处女作，也是他的代表作之一，小说以独特的艺术风格、强烈的讽刺和批判精神，惊动了日本文坛，为夏目漱石赢得了不朽的文学声誉。小说采用幽默、讽刺、滑稽的手法，借助一只猫的视觉、听觉、感觉，以主人公中学教员苦沙弥的日常起居为主线，穿插了邻居资本家金田企图嫁女不成、阴谋报复苦沙弥的矛盾冲突，嘲笑了明治时代知识分子空虚的精神生活，讥讽他们自命清高，却无所事事；不满现实，却无力反抗；平庸无聊，却贬斥世俗的矛盾性格，鞭挞金田等资产阶级人物及帮凶的势利、粗鄙、凶残的本性。小说构思奇巧，描写夸张，结构灵活，具有鲜明的艺术特色。

思考与练习

1. 讨论小说《我是猫》中的“猫”指什么？
2. 分析小说《我是猫》的社会意义。
3. 概述夏目漱石小说创作的特点。

变形记[1]（节选）

（奥地利）卡夫卡

三

格里高尔所受的重创使他有一个月不能行动——那个苹果还一直留在他的身上，没人敢去取下来，仿佛这是一个公开的纪念品似的——他的受伤好像使父亲也想起了他是家庭的一员，尽管他现在很不幸，外形使人看了恶心，但是也不应该把他看成是敌人，相反，家庭的责任正需要大家把厌恶的心情压下去，而用耐心来对待，只能是耐心，别的都无济于事。

虽然他的创伤损害了，而且也许是永久的损害了他行动的能力，目前，他从房间的一端爬到另一端也得花好多好多分钟，活像个老弱的病人——说到上墙在目前更是谈也不用谈——可是，在他自己看来，他的受伤还是得到了足够的补偿，因为每到晚上——他早在一两个小时以前就一心一意等待着这个时刻了，起坐室的门总是大大地打开，这样他就可以躺在自己房间的暗处，家里人看不见他，他却可以看到三个人坐在点上灯的桌子旁边，可以听到他们的谈话，这大概是他们全都同意的。比起早先的偷听，这可要强多了。

的确，他们的关系中缺少了先前那种活跃的气氛。过去，当他投宿在客栈狭小的寝室里，疲惫不堪，要往潮滋滋的床铺上倒下去的时候，他总是以一种渴望的心情怀念这种气氛的。他们现在往往很沉默。晚饭吃完不久，父亲就在扶手椅里打起瞌睡来；母亲和妹妹就互相提醒谁都别说话；母亲把头低低地俯在灯下，在给一家时装店做精细的针线活；他妹妹已经当了售货员，为了将来找更好的工作，在利用晚上的时间学习速记和法语。有时父亲醒了过来，仿佛根本不知道自己已经睡了一觉，还对母亲说："你今天干了这么多针线活呀！"话才说完又睡着了，于是娘儿俩又交换一下疲倦的笑容。

父亲脾气真执拗，连在家里也一定要穿上那件制服，他的睡衣一无用处地挂在钩子上，他穿得整整齐齐，坐着坐着就睡着了，好像随时要去应差，即使在家里也要对上司唯命是从似的。这样下来，虽则有母亲和妹妹的悉心保护，他那件本来就不是簇新的制服已经开始显得脏了，格里高尔常常整夜整夜地望着钮扣老是擦得金光闪闪的外套上的一摊摊油迹，老人就穿着这件外套极不舒服却又是极安宁地坐在那里沉入了睡乡。

一等钟敲十下，母亲就设法用婉言款语把父亲唤醒，劝他上床去睡，因为坐着睡休息不好，可他最需要的就是休息，因为六点钟就得去上班。可是自从他在银行里当了杂役以来，不知怎的得了犟脾气，他总想在桌子旁边再坐上一会儿，可是又总是重新睡着，到后来得花九牛二虎之力才能把他从扶手椅弄到床上去。不管格里高尔的母亲和妹妹怎样不断用温和的话一个劲儿地催促他，他总要闭着眼睛，慢慢地摇头，摇上一刻钟，就是不肯站起来。母亲拉着他的袖管，对着他的耳朵轻声说些甜蜜的话，他妹妹也扔下了功课跑来帮助母亲。可是格里高尔的父亲还是不上钩。他一味往椅子深处退去。直到两个女人抓住他的胳肢窝把他拉了起来，他才睁开眼睛，看看这个，又看看那个，而且总要说："我过的是什么日子呀。这就算是我安宁、平静的晚年了吗。"于是就由两个人搀扶着挣扎站起来，好不费力，仿佛自己对自己都是一个沉重的负担，还要她们一直扶到门口，这才挥挥手叫她们回去，独自往前走，可是母亲还是放下了针线活，妹妹也放下笔，追上去再搀他一把。

在这个操劳过度疲倦不堪的家庭里，除了做绝对必需的事情以外，谁还有时间替格里高尔操心呢？家计日益窘迫；使女也给辞退了；一个蓬着满头白发高大瘦削的老妈子一早一晚来替他们做些粗活；其它的一切家务事就落在格里高尔母亲的身上。此外，她还得做一大堆一大堆的针线活。连母亲和妹妹以往每逢参加晚会和喜庆日子总要骄傲地戴上的那些首饰，也不得不变卖了，一天晚上，家里人都在讨论卖得的价钱，格里高尔才发现了这件事。可是最使他们悲哀的就是没法从与目前的景况不相称的住所里迁出去，因为他们想不出有什么法子搬动格里高尔。可是格里高尔很明白，对他的考虑并不是妨碍搬家的主要原因，因为他们满可以把他装在一只大小合适的盒子里，只要留几个通气的孔眼就行了；他们彻底绝望了，还相信他们是注定了要交上这种所有亲友都没交过的厄运，这才是使他们没有迁往他处的真正原因。世界上要求穷人的一切他们都已尽力做了：父亲在银行里给小职员卖早点，母亲把自己的精力耗费在替陌生人缝内衣上，妹妹听顾客的命令在柜台后面急急地跑来跑去，超过这个界限就是他们力所不及的了。把父亲送上了床，母亲和妹妹就重新回进房间，他们总是放下手头的工作，靠得紧紧地坐着，脸挨着脸，接着母亲指指格里高尔的房门说："把这扇门关上吧，葛蕾特。"于是他重新被关入黑暗中，而隔壁的两个女人就涕泗交流起来，或是眼眶干枯地瞪着桌子；逢到这样的时候，格里高尔背上的创伤总要又一次地使他感到疼痛难忍。

……

可是，即使妹妹因为一天工作下来疲累不堪，已经懒得像先前那样去照顾格里高尔了，母亲也没有自己去管的必要，而格里高尔倒也根本不会给忽视，因为现在有那个老妈子了。这个老寡妇的结实精瘦的身体使她经受了漫长的一生中所有最最厉害的打击，她根本不怕格里高尔。她有一次完全不是因为好奇，而纯粹是出于偶然打开了他的房门，看到了格里高尔，格里高尔吃了一惊，便四处奔跑了起来，其实老妈子根本没有追他，只是叉着手站在那儿罢了。从那时起，一早一晚，她总不忘记花上几分钟把他的房门打开一些来看看他。起先她还用自以为亲热的话招呼他，比如："来呀，嗨，你这只老屎壳郎!"或者是："瞧这老屎壳郎哪，吓!"对于这样的攀谈格里高尔置之不理，只是一动不动地待在原处，就当那扇门根本没有开。与其容许她兴致一来就这样无聊地滋扰自己，还不如命令她天天打扫他的房间呢，这粗老妈子！有一次，是在清晨——急骤的雨点敲打着窗玻璃，这大概是春天快来临的征兆吧——她又来啰嗦了，格里高尔好不恼怒，就向她冲去，仿佛要咬她似的，虽然他的行动既缓慢又软弱无力。可是那个老妈子非但不害怕，反而把刚好放在门旁的一张椅子高高举起，她的嘴张得老大，显然是要等椅子往格里高尔的背上砸去才会闭上。"你又不过来了吗?"看到格里高尔掉过头去，她一面问，一面镇静地把椅子放回墙角。

格里高尔现在简直不吃东西了。只有在他正好经过食物时才会咬上一口，作为消遣，每次都在嘴里嚼上一个小时，然后又重新吐掉。起初他还以为他不想吃是因为房间里凌乱不堪，使他心烦，可是他很快也就习惯了房间里的种种变化。家里人已经养成习惯，把别处放不下的东西都塞到这儿来，这些东西现在多得很，因为家里有一个房间租给了三个房客。这些一本正经的先生——他们三个全都蓄着大胡子，这是格里高尔有一次从门缝里看到的——什么都要井井有条，不光是他们的房间理得整齐，因为他们既然已经是这个家庭的一员了，他们就要求整个屋子所有的一切都得如此，特别是厨房。他们无法容忍多余的东西，更不要说脏东西了。此外，他们自己用得着的东西几乎都带来了。因此就有许多东西多了出来，卖出去既不值钱，扔掉也舍不得。这一切都千流归大海，来到了格里高尔的房间。同样，连煤灰箱和垃圾箱也来了。凡是暂时不用的东西都干脆给那老妈子扔了进来，她做什么都那么毛手毛脚；幸亏格里高尔往往只看见一只手扔进来一样东西，也不管那是什么。她也许是想等到什么时机再把东西拿走吧，也许是想先堆起来再一起扔掉吧，可是实际上东西都是她扔在哪儿就在哪儿，除非格里高尔有时嫌碍路，把它推开一些，这样做最初是出于必须，因为他无处可爬了，可是后来却从中得到越来越多的乐趣，虽则在这样的长途跋涉之后，由于悒郁和极度疲劳，他总要一动不动地一连躺上好几个小时。

……

就在这天晚上，厨房里传来了小提琴的声音——格里高尔蛰居以来，就不记得听到过这种声音。房客们已经用完晚餐了，坐在当中的那个拿出一份报纸，给另外两个人一人一页，这时他们都舒舒服服往后一靠，一面看报一面抽烟。小提琴一响他们就竖起耳朵，站起身来，蹑手蹑脚地走到前厅的门口，三个人挤成一堆，厨房里准是听到了他们的动作声，因为格里高尔的父亲喊道："拉小提琴妨碍你们吗，先生们？可以马上不拉的。""没有的事，"当中那个房客说，"能不能请小姐到我们这儿来，在这个房间里拉，这儿不是方便得多舒服得多吗?”“噢，当然可以。”格里高尔的父亲喊道，仿佛拉小提琴的是他似的。于是房客们就回进起坐室去等了。很快，格里高尔的父亲端了琴架，母亲拿了乐谱，妹妹挟着小提琴进来了。妹妹静静地作着一切准备；他的父母从来没有出租过房间，因此过分看重了对房客的礼貌，都不敢在自己的椅子上坐下来了；父亲靠在门上，右手插在号衣两颗钮扣之间，钮扣全扣得整整齐齐的；有一位房客端了一把椅子请母亲坐，他正好把椅子放在墙角边，她也没敢挪动椅子，就在墙角边坐了下来。格里高尔的妹妹开始拉琴了；在她两边的父亲和母亲用心地瞧着她双手的动作。格里高尔受到吸引，也大胆地向前爬了几步，他的头实际上都已探进了起坐室。他对自己越来越不为别人着想几乎已经习以为常了；有一度他是很以自己的知趣而自豪的。这样的时候他实在更应该把自己藏起来才是，因为他房间里灰尘积得老厚，稍稍一动就会飞扬起来，所以他身上也蒙满灰尘，背部和两侧都沾满了绒毛、发丝和食物的渣脚，走到哪里就带到哪里；他现在对一切都无动于衷，已经不屑于像过去有个时期那样，一天翻过身来在地毯上擦上几次了。尽管现在这么邋遢，他却老着脸皮地走前几步，来到起坐室一尘不染的地板上。

显然，谁也没有注意到他。家里人完全沉浸在小提琴的音乐声中；房客们呢，他们起先双手插在口袋里，站得离乐谱那么近，以致都能看清乐谱了，这显然对他妹妹是有所妨碍的，可是过不了多久他们就退到窗子旁边，低着头窃窃私语起来，使父亲向他们投来不安的眼光。的确，他们表示得不能再露骨了，他们对于原以为是优美悦耳的小提琴演奏已经失望，他们已经听够了，只是处于礼貌才让自己的宁静受到打扰。从他们不断把烟从鼻子和嘴里喷向空中的模样，就可以看出他们的不耐烦。可是格里高尔的妹妹琴拉得真美。她的脸侧向一边，眼睛专注而悲哀地追逦着乐谱上的音符。格里高尔又向前爬了几步，而且把头低垂到地板上，希望自己的眼光也许能遇上妹妹的视线。音乐对他有这么大的魔力，难道因为他是动物吗？他觉得自己一直渴望着某种营养，而现在他已经找到这种营养了。他决心再往前爬，一直来到妹妹的跟前，好拉拉她的裙子让她知道，她应该带了小提琴到他房间里去，因为这儿谁也不像他那样欣赏她的演奏。他永远也不让她离开他的房间，至少，只要他还活着；他那可怕的形状将第一次对自己有用；他要同时守望着房间里所有的门，谁闯进来就啐谁一口；他妹妹当然不受任何约束，她愿不愿和他待在一起那要随她的便；她将和他并排坐在沙发上，俯下头来听他吐露他早就下定的要送她进音乐学院的决心，要不是他遭到不幸，去年圣诞节——圣诞节准是早就过了吧？——他就要向所有人宣布了，而且他是完全不容许任何反对意见的。在听了这样的倾诉以后，妹妹一定会感动得热泪纵横，这时格里高尔就要爬上她的肩膀去吻她的脖子，由于出去做事，她脖子上现在已经不系丝带，也没有高领子。“萨姆沙先生!”当中的那个房客向格里高尔的父亲喊道，一面不多说一句话地指着正在慢慢往前爬的格里高尔。小提琴声戛然而止，当中的那个房客先是摇着头对他的朋友笑了笑，接着又瞧起格里高尔来。父亲并没有来赶格里高尔，却认为更要紧的是安慰房客，虽然他们根本没有激动，而且显然觉得格里高尔比小提琴演奏更为有趣。他急忙向他们走去，张开胳膊，想劝他们回到自己房间去，同时也是挡住他们，不让他们看见格里高尔。他们现在倒真的有点儿恼火了，也说不上来到底是因为老人的行为呢还是因为他们如今才发现住在他们隔壁的竟是格里高尔这样的邻居。他们要求父亲解释清楚，也跟他一样挥动着胳膊，不安地拉着自己的胡子，万般不情愿地向自己的房间退去。

格里高尔的妹妹从演奏突然给打断后就呆若木鸡，她拿了小提琴和弓垂着手不安地站着，眼睛瞪着乐谱，这时也清醒了过来。她立刻打起精神，把小提琴往坐在椅子上喘得透不过气来的母亲的怀里一塞，就冲进了房客们房间，这时，父亲像赶羊似地把他们赶得更急了。可以看见被褥和枕头在她熟练的手底下在床上飞来飞去，不一会儿就铺得整整齐齐。三个房客尚未进门她就铺好了床溜出来了。老人好像又一次让自己犟脾气占了上风，竟完全忘了对房客应该尊敬。他不断地赶他们，最后来到卧室门口，那个当中的房客都用脚重重地顿地板了，这才使他停下来。那个房客举起一只手，一边也对格里高尔的母亲和妹妹扫了一眼，他说："我要求宣布，由于这个住所和这家人家的可憎的状况。"——说到这里他斩钉截铁地往地上啐了一口——"我当场通知退租。我住进来这些天的房钱当然一个也不给；不但如此，我还打算向您提出对您不利的控告，所依据的理由——请您放心好了——也是证据确凿的。"他停了下来，瞪着前面，仿佛在等待什么似的。这时他的两个朋友也就立刻冲上来助威，说道："我们也当场通知退租。"说完为首的那个就抓住把手砰的一声带上了门。格里高尔的父亲用双手摸索着踉踉跄跄地往前走了几步，跌进了他的椅子；看上去仿佛打算摊开身子像平时晚间那样打个瞌睡，可是他的头分明在颤抖，好像自己也控制不了，这证明他根本没有睡着。在这些事情发生前后，格里高尔还是一直安静地待在房客发现他的原处。计划失败带来的失望，也许还有极度饥饿造成的衰弱，使他无法动弹。他很害怕，心里算准这样极度紧张的局势随时都会导致对他发起总攻击，于是他就躺在那儿等待着。就连听到小提琴从母亲膝上、从颤抖的手指里掉到地上，发出了共鸣的声音，他还是毫无反应。

"亲爱的爸爸妈妈，"妹妹说话了，一面用手在桌子上拍了拍，算是引子，"事情不能再这样拖下去了。你们也许不明白，我可明白。对这个怪物，我没法开口叫他哥哥，所以我的意思是：我们一定得把他弄走。我们照顾过他，对他也算是仁至义尽了，我想谁也不能责怪我们有半分不是了。"

"她说得对极了。"格里高尔的父亲自言自语地说。母亲仍旧因为喘不过气来憋得难受，这时候又一手捂着嘴干咳起来，眼睛里露出疯狂的神色。

他妹妹奔到母亲跟前，抱住了她的头。父亲的头脑似乎因为葛蕾特的话而茫然不知所从了；他直挺挺地坐着，手指抚弄着他那顶放在房客吃过饭还未撤下去的盆碟之间的制帽，还不时看看格里高尔一动不动的身影。

“我们一定要把他弄走，”妹妹又一次明确地对父亲说，因为母亲正咳得厉害，根本连一个字也听不见，“他会把你们拖垮的，我知道准会这样。咱们三个人都已经拼了命工作，再也受不了家里这样的折磨了。至少我是再也无法忍受了。”说到这里她痛哭起来，眼泪都落在母亲脸上，于是她又机械地替母亲把泪水擦干。

“我的孩子，”老人同情地说，心里显然非常明白，“不过我们该怎么办呢？”

格里高尔的妹妹只是耸耸肩膀，表示虽然她刚才很有自信心，可是哭过一场以后，又觉得无可奈何了。

“如果他能懂得我们的意思。”父亲半带疑问地说；还在哭泣的葛蕾特猛烈地挥了一下手，表示这是不可思议的。

“如果他能懂得我们的意思，”老人重复说，一面闭上眼睛，考虑女儿的反面意见，“我们倒也许可以和他谈妥。不过事实上——”

“他一定得走，”格里高尔的妹妹喊道，“这是唯一的办法，父亲。你们一定要抛开这个念头，认为这就是格里高尔。我们好久以来都这样相信，这就是我们一切不幸的根源。这怎么会是格里高尔呢？如果这是格里高尔，他早就会明白人是不能跟这样的动物一起生活的，他就会自动地走开。这样，我虽然没有了哥哥，可是我们就能生活下去，并且会尊敬地纪念着他。可现在呢，这个东西把我们害得好苦，赶走我们的房客，显然想独霸所有的房间，让我们都睡到沟壑里去。瞧呀，父亲，”她立刻又尖声叫起来，“他又来了！”在格里高尔所不能理解的惊惶失措中她竟抛弃了自己的母亲，事实上她还把母亲坐着的椅子往外推了推，仿佛是为了离格里高尔远些，她情愿牺牲母亲似的。接着她又跑到父亲背后，父亲被她的激动弄得不知如何是好，也站了起来张开手臂仿佛要保护她似的。

可是格里高尔根本没有想吓唬任何人，更不要说自己的妹妹了。他只不过是开始转身，好爬回自己的房间去，不过他的动作瞧着一定很可怕，因为在身体不灵活的情况下，他只有昂起头来一次又一次地支着地板，才能完成困难的向后转的动作。他的良好的意图似乎给看出来了；他们的惊慌只是暂时性的。现在他们都阴郁而默不作声地望着他。母亲躺在椅子里，两条腿僵僵地伸直着，并紧在一起，她的眼睛因为疲惫已经几乎全闭上了；父亲和妹妹彼此紧靠地坐着，妹妹的胳膊还围在父亲的脖子上。

也许我现在又有气力转过身去了吧，格里高尔想，又开始使劲起来。他不得不时时停下来喘口气。谁也没有催他；他们完全听任他自己活动。一等他调转了身子，他马上就径直爬回去。房间和他之间的距离使他惊讶不已，他不明白自己身体这么衰弱，刚才是怎么不知不觉就爬过来的。他一心一意地拼命快爬，几乎没有注意家里人连一句话或是一下喊声都没有发出，以免妨碍他的前进。只是在爬到门口时他才扭过头来，也没有完全扭过来，因为他颈部的肌肉越来越发僵了，可是也足以看到谁也没有动，只有妹妹站了起来。他最后的一瞥是落在母亲身上的，她已经完全睡着了。

还不等他完全进入房间，门就给仓促地推上，闩了起来，还上了锁。后面突如其来的响声使他大吃一惊，身子下面那些细小的腿都吓得发软了。这么急急忙忙的是他的妹妹。她早已站起身来等着，而且还轻快地往前跳了几步，格里高尔甚至都没有听见她走近的声音，她拧了拧钥匙把门锁上以后就对父母亲喊道："总算锁上了！"

"现在又该怎么办呢？"格里高尔自言自语地说，向四周围的黑暗扫了一眼。他很快就发现自己已经完全不能动弹了。这并没有使他吃惊，相反，他依靠这些又细又弱的腿爬了这么多路，这倒真是不可思议。其它也没有什么不舒服的地方了。的确，他整个身子都觉得酸疼，不过也好像正在减轻，以后一定会完全不疼的。他背上的烂苹果和周围发炎的地方都蒙上了柔软的尘土，早就不太难过了。他怀着温柔和爱意想着自己的一家人。他消灭自己的决心比妹妹还强烈呢，只要这件事真能办得到。他陷在这样空虚而安谧的沉思中，一直到钟楼上打响了半夜三点。从窗外的世界透进来的第一道光线又一次地唤醒了他的知觉。接着他的头无力地颓然垂下，他的鼻孔里也呼出了最后一丝摇曳不定的气息。

（李文俊　译）

周熙良《外国文学作品选》（上海译文出版社，1979）

【注释】

①《变形记》是卡夫卡的代表作品之一，写于 1912 年，发表于 1915 年。在这篇小说中，卡夫卡以怪诞的形式反映了资本主义社会中人的命运的难以捉摸以及人与人之间关系的冷酷。

阅读提示

弗朗兹·卡夫卡（1883—1924），奥地利作家，犹太血统，出生于布拉格，他的父亲是百货批发商。1901 年，卡夫卡中学毕业，18 岁入布拉格大学学习文学和法律。1906 年，他取得法学博士学位，到法院实习一年，1907 年又去保险公司见习。1908—1922 年，他一直在半官方的工伤事故保险公司任职。1923 年卡夫卡因病辞职，离开布拉格到外地休养，1924 年病情恶化，病逝于维也纳附近的基尔林疗养院。

卡夫卡在大学时代就开始写作，并参加了当时布拉格文学界的一些活动，和表现主义作家比较接近。1909 年开始发表作品。1915 年获得冯塔纳德国文学奖金。在生前发表的为数不多的作品中，他认为"值得一提"的有：《判决》（1912）、《伙夫》（1915）、《变形记》（1912）、

《在流放地》(1914)、《乡村医生》(1919)、《饥饿的艺术家》(1922)。卡夫卡是欧洲著名的表现主义作家。他生活在奥匈帝国行将崩溃的时代，又深受尼采、柏格森哲学影响，对政治事件也一直抱旁观态度，故其作品大都用变形荒诞的形象和象征直觉的手法，表现被充满敌意的社会环境所包围的孤立、绝望的个人。

卡夫卡是西方现代派文学的宗师和探险者。他的创作风格是表现主义，是表现主义作家中创作上最有成就者。其作品主题曲折晦涩，情节支离破碎，思路不连贯，跳跃性很大，语言的象征意义很强，这给阅读和理解他的作品带来了一定的困难。他生活和创作的主要时期是在一战前后，当时经济萧条，社会腐败，人民穷困，这一切使得卡夫卡终生生活在痛苦与孤独之中。于是，对社会的陌生感、孤独感与恐惧感，成了他创作的永恒主题。美国诗人奥登评价卡夫卡时说："卡夫卡对我们至关重要，因为他的困境就是现代人的困境。"

思考与练习

1. 什么是表现主义？有哪些特点？
2. 为什么说小说《变形记》是表现主义的成功之作？
3. 讨论小说《变形记》的社会意义。